《江西省新文科发展报告（2021）》编委会

《江西省新文科发展报告（2021）》编辑部

江西省新文科发展报告

（2021）

梅国平　主编

图书在版编目（CIP）数据

江西省新文科发展报告 . 2021 / 梅国平主编 . -- 南昌：江西人民出版社，2022.7

ISBN 978-7-210-14025-2

Ⅰ . ①江… Ⅱ . ①梅… Ⅲ . ①高等学校—文科（教育）—学科建设—研究报告—江西— 2021 Ⅳ . ① G642.3

中国版本图书馆 CIP 数据核字（2022）第 114492 号

江西省新文科发展报告（2021）　　梅国平　主编

JIANGXI SHENG XIN WENKE FAZHANG BAOGAO（2021）

责任编辑：邓丽红
封面设计：章　雷

地　　址：江西省南昌市三经路 47 号附 1 号（330006）
网　　址：www.jxpph.com
电子邮箱：551904078@qq.com
编辑部电话：0791-86898702
发行部电话：0791-86898815
承　印　厂：江西千叶印彩有限公司
经　　销：各地新华书店

开　　本：787 毫米 ×1092 毫米　1/16
印　　张：22.25
字　　数：400 千字
版　　次：2022 年 7 月第 1 版
印　　次：2022 年 7 月第 1 次印刷
书　　号：ISBN 978-7-210-14025-2
定　　价：78.00 元
赣版权登字 -01-2022-308

前言

QIANYAN

文科的高度反映着国家的精神高度。2016 年习近平总书记在哲学社会科学工作座谈会上的讲话指出："一个国家的发展水平，既取决于自然科学发展水平，也取决于哲学社会科学发展水平。一个没有发达的自然科学的国家不可能走在世界前列，一个没有繁荣的哲学社会科学的国家也不可能走在世界前列。"这段讲话为哲学社会科学发展指明了方向：坚持和发展中国特色社会主义必须高度重视哲学社会科学。

为者常成，行者常至。为落实习近平总书记的指示精神，回应新时代新需求，教育部提出大力发展新文科，构建以育人育才为中心的哲学社会科学发展新格局。江西省教育厅应时而动，主动求变，积极探索新文科建设实践，走在了全国第一方阵。在 2019 年 11 月教育部召开新文科工作会议之后，江西省教育厅多次就江西省新文科建设进行研究论证，召开新文科建设会议，研究部署加快江西新文科建设工作，制定出台新文科建设方案，举办全省新文科启动大会，成立新文科教育研究中心，组建新文科建设专家委员会，目标是构建国内一流水平的新文科人才培养体系，建成具有江西特色的新文科建设高地。

文科教育是培养自信心、自豪感、自主性，产生影响力、感召力、塑造力，形成国家民族文化自觉的主战场、主阵地、主渠道。因此，建设新文科必须将思想引领放在主要位置。在推进新文科践行以文化人、以文育人、以文培元使命的进程中，我们总结了江西省一年来探索新文科的基本经验和典型做法，并面向全省 40 余所高校及一级教师广泛征集新文科思政建设与改革的实践案例，邀请评审专家从思想性、代表性、价值度等方面全方位把关，最终形成《江西省新文科发展报告（2021）》。这些内容立足于中国特色社会主义进入新时代的新节点，着眼于实现传统文化的创造性转化、创新性发展的新任务，从学院、管理、专业、课群、课程、项目等不同角度反映了江西省新文科思政建设与改革的典型经验，从新理念、新结构、新模式、新质量、新标准、新方法等不同侧面展示了江西新文科的探索成果，以期为高校深入开展新文科思政改革提供有价值、可推广的样板，助推新文科建设创新发展。希望本书能给广大文科教育从业者、研究者及有兴趣的读者带来新的启发和思考。

江西省新文科教育研究中心

2022 年 1 月 2 日

目　录
CONTENTS

人才培养篇

南昌大学：

新闻传播类专业紧密型产学协同育人体制的创建与实施……………………………2

南昌大学：

基于乡村振兴示范村建设的“政产学研”协同育人模式创新与实践………………11

江西吉安：这个乡镇来了10名博士！……………………………………………18

江西财经大学：

“四史”教育融入新文科人才培养价值引领的探索与实践…………………………19

江西师范大学：

“红色引领＋实践驱动”理念下财经类人才培养模式研究与实践……………………26

江西师范大学：

新文科背景下“学科融合+检校协同+志愿服务+实践平台”

四位一体司法社工人才培养模式创新……………………………………………33

江西师范大学：

综合实践课“红色音乐+思政”育人模式 …………………………………………48

江西农业大学：

环境设计类“四元协同”工作室人才培养模式探索与实践…………………………57

江西农业大学：

政产学研社“五位一体”协同育人…………………………………………………64

景德镇陶瓷大学：

“文化强国”背景下的新文科创新人才培养探索与实践……………………………74

豫章师范学院：

新文科背景下“豫章师范学院大思政”育人体系创新构建……82

豫章师范学院：

新文科建设视域下音乐学科“艺术实践+”融合教学新范式……90

江西理工大学：

四科融合·五色育人·六共协同：服务革命老区高质量发展的新文科人才培养模式探索与实践……97

专业建设篇

南昌大学：

新文科视域下全景内嵌式思政建设模式的创新与实践

——以公共关系学专业公众号“闻道PR”为例……106

南昌大学：

经济学新文科项目建设进展情况……118

华东交通大学：

会计学专业新文科建设典型案例……127

华东交通大学：

物流管理专业新文科建设典型案例……139

井冈山大学：

地方高校新文科“中文+”人才培养模式改革与实践

——以井冈山大学汉语言文学专业为例……148

江西财经大学现代经济管理学院：

产品设计专业新文科思政建设典型案例……153

宜春学院：

建构红色创意写作　打造专业思政典型……164

宜春学院：

新文科建设背景下“思政引领、双核驱动、多元目标”的旅游管理专业创新实践……173

课程教学实践篇

南昌大学：

“田野调查与史学研究”教学研究与田野实践……184

南昌大学：

新文科背景下学科交叉融合的产品设计专业课程体系建设研究……191

南昌大学：

习近平新时代中国特色社会主义思想实践研修课程建设研究……199

南昌大学：

新文科建设背景下“地方口述历史”实践教学改革与探索……208

江西师范大学：

课程思政与新文科建设的有机融合

——大思政视角的“经济思想史”……216

江西师范大学：

新时代“苏区学”引领思政课“五位一体”全过程改革……224

江西师范大学：

文学理论课程教学范式改革与创新……230

江西财经大学：

秉承价值引领，坚持立德树人 推进课程思政建设……238

江西财经大学：

“中国税制”课程思政示范课程……244

东华理工大学：

新文科背景下中国文化“双金”课程“五育并举”实践模式探索……252

东华理工大学：

党的光辉照我心

——新文科背景下“舞蹈表演与实践”课程体系建设……259

豫章师范学院：

新文科背景下专业课思政育人的探索与实践

——以“个别化教育与教学”为例……266

南昌师范学院：

用“流动的思政课”增强立德树人实效……275

江西财经大学现代经济管理学院：

基于“掌上+线下”双平台的“西方经济学”课程思政的实践与成效……282

江西财经大学现代经济管理学院：

国际经济与贸易专业“国际商务谈判”课程思政研究……290

九江学院：

新文科背景下的“旅游学”课程与思政教育融通路径探索……297

九江学院：

新文科建设背景下的国际贸易专业课程思政

——以“外贸商品学”为例……309

萍乡学院：

慕课平台SPOC混合式教学模式的应用与实践

——以课程思政示范课教育心理学为例……320

其 他

江西农业大学：

耕读传家　劳动育人……330

宜春学院：

以“青马文化工作室”为平台，培育青年马克思主义信仰者……338

人才培养篇

南昌大学：

新闻传播类专业紧密型产学协同育人体制的创建与实施

一、团队负责人及主要成员简介

（一）负责人简介

陈信凌，南昌大学新闻与传播学院院长、博士生导师、赣江杰出教授。入选“赣鄱英才555工程”人文学科领军人才，享受国务院政府特殊津贴。兼任教育部新闻与传播类学科教学指导委员会委员、中国新闻史学会党报党刊研究会会长、中国认知传播学会副会长、中国新闻史学会常务理事等。主持承担国家社科基金项目四项，其中一项为国家社科基金重大招标项目，一项为国家社科基金重点项目，一项为国家社科基金及中央宣传部特别委托项目，一项为国家社科基金一般项目；主持省级项目18项。出版《国内电视媒体制度变迁与绩效评估研究》《江西苏区报刊研究》等著作8部，在《求是》《马克思主义研究》《新闻与传播研究》《新闻大学》《现代传播》等期刊发表论文28篇。

（二）主要成员简介

陈佳丽，南昌大学新闻与传播学院讲师。兼任中国新闻史学会党报党刊研究委员会副秘书长、江西媒体融合研究中心副主任。

邢祥，南昌大学新闻与传播学院讲师。兼任国务院新闻办新闻发布评估组成员、江西省新闻发布专家组成员、江西省省级职能部门和地级市级新闻发布评估组组长、江西省省级核心网络评论员、江西媒体融合发展研究中心成员。

二、解决的主要问题及工作目标

（一）解决的主要问题

1.一定程度上存在专业观念落伍问题

中央“两办”在《关于加快推进媒体深度融合发展的意见》提出“坚持移动优先”“要推动主力军全面挺进主战场，以互联网思维优化资源配置”。诸如此类提法意味着我国新闻舆论工作的观念已经发生明显的调整，而学校多数师生还未及时跟进。

2.一定程度上存在专业技能恐慌问题

一般新闻传播类专业教师的知识背景是人文社会科学，对于网络传播技术涉猎不深，存在着对技术恐慌的心理。只有将计算机信息技术相关内容引进课堂，深度加强与业界的融合，才能基本保证人才培养不与科技发展脱节。

3.一定程度上存在专业设备滞后问题

国内高校的新闻传播院系一般都建立了规模不等的实验场所，但是它们基本上是应对传统的新闻信息采集、制作与播发的。虽然近些年都对实验场所进行了不同程度的改造，但却跟不上迅速发展的传播技术。

（二）工作目标

通过本项目研究推进马克思主义新闻观教育，用中国特色社会主义新闻理论育人，使本项目马克思主义新闻观教育基地、教学典型案例与精品课程入选教育部“卓越新闻传播人才教育培养计划”，实现培养造就具有家国情怀、国际视野的高素质全媒化复合型、专家型新闻传播后备人才的育人目标。

1.专业教育力争与时代发展同向

习近平总书记指出，当前中国处于近代以来最好的发展时期，世界处于百年未有之大变局，两者同步交织、相互激荡。作为社会的感官系统，新闻传播行业一定会感受与反映这种新发展与大变局的征象，新闻教育必须把习近平总书记关于新闻舆论重要论述讲深讲透，因为这是马克思主义新闻观发展的最新形态，也是新闻实践中的马克思主义新闻观，是当下新闻舆论工作的根本指南与基本遵循。

2.专业教育力争与业界发展同步

当前很多人特别是年轻人都从网上获取信息。基于此，现在的新闻传播业正在加快推进媒体深度融合发展，准备把更多优质内容、先进技术、专业人才、项目资金向互联网主阵地汇集、向移动端倾斜。随着移动媒体的不断精进与拓展，5G、大数据、云计算、物联网、人工智能等技术也将大面积高强度进入新闻传播流程。基于这个现实，传播技术的传授应该争取获得与业界发展相适配的效果。

三、改革实践的思路和主要举措

（一）改革实践的思路

依托相关协议，进一步推动校园与业界联姻的产学协同育人的体制化、常态化运行，有效突破新闻传播类专业教学中存在的新闻教学与媒体发展两张皮的困境，培养一大批具有家国情怀与理论素养的实践型特色化新闻传播后备人才。

（二）主要举措

1.通过无缝衔接，使学生领悟业界工作的现实情境

课堂教授。江西省新闻宣传机构与媒体领导与专家进入课堂为学生讲授专业课程。他们讲授的内容同样也属于新闻理论与实践范畴，其主要特点是：讲授的理论是源自实践过程中的理论，讲授的实践是理论视野中的实践，而且是与时俱进的理论与实践，是当下与此刻的理论与实践。这样的讲授，既可以让学生避免面对新闻实例却无法运用学理进行阐释与解读的问题，又能解决学生从事新闻实操时缺乏理论关注与学理高度的问题。

实践教学。以参与新闻实务、参加项目调研等方式直接将学生引入社会与媒体，打通专业知识教育和专业实践教育在新闻传播专业教学上的区隔，在实践情境中领会理论。有意识地在新闻生产流程中提升学生的实践能力和专业水平，以培养拥有理论知识的实践型特色化新闻传播后备人才，实现本项目的育人目的。

2.通过学科交叉，使学生掌握网络传播技术要领

本项目倡导的学科交叉的定义有广义与狭义两种。

广义的学科交叉：倡导打破专业与学科的边界，实施大类招生大类培养的统一方案，以及跨学科选择课程的自主规划。

狭义的学科交叉：本项目强力推动的是本学院与本校信工学院建立合作育人框架，其核心是邀请信工学院计算机系段隆振教授参与本项目的实施，他不仅要为学生讲授相关必修课，还要在智能传播方面对学生进行整体规划和更具针对性的指导。在此基础上，学院要求学生选修计算机系老师开设的“数据结构与算法导论”与“数据库原理与应用”课程，要求学生对网络传播技术有比较深入的了解与掌握。

3.通过“中央厨房”，让学生研习融媒体的实操技能

在新闻媒体中推行融媒体建设，集中体现在“中央厨房”的打造上面。不同的媒体虽然根据自身的特色与实情打造了不同格局、不同质地的“中央厨房”，但其功能大致相近，即新旧融合、一次采集、多种生成、多元发布、全天滚动、多元覆盖。学校的实验室虽然可以利用相关设备进行仿真性构建，但其区别显而易见。根据江西省委宣传部与南昌大学部校共建新闻传播学院的方案，学院可以充分利用省内媒体进行业务实训、锻炼，可以把学生直接带入江西省融媒体中心，以及江西日报社系统的赣鄱云和江西广播电视台系统的赣云，开展专业观摩与实习，解决学校实验条件难以满足教学需求的问题。

四、特色及创新点

（一）呈现了新闻业界的本真性

新闻专业教学的核心部分是新闻理论与新闻实务。新闻理论与新闻实务虽有各自独立的系统，教学中被安排在不同的课程讲授，但实际上它们是一体两面。通常的教学难免把现实中完整的“新闻”生硬地切割成理论与实务两半，本项目业界导向与现实关照的教学模式、稳定的课程框架和与时俱进的教学内容恢复了新闻的本真，呈现出新闻的整体状态。更重要的是，它们还能在此基础上，给学生展示一个全面真实的新闻业、新闻界，学生接收到的不再是一个与现实存在隔膜的书本中的媒体版图、舆论空间。

（二）突破了原有教材的滞后性

本项目教学内容的特点是稳定性与开放性的统一，其中既有相对稳定的核心框架部分，也有每年更换的大量来自业界的鲜活案例。授课的基本格局是通过近期出现的典型性新闻报道、新闻创新案例的剖析，阐释马克思主义新闻观，尤其是马克思主义新闻观最新发展成果的基本框架与内涵。注重教学内容的新颖性和时效性，做到常态与时效并存。而且，这里体现出的一种对教材的态度对新闻学科发展更显珍贵。也就是说，一个有追求的新闻专业教师不能唯现有的教材马首是瞻，跟随着现成的教材亦步亦趋，而应该把自己对最新出现的议题的成熟思考补充进课堂。

（三）降低了本院教师的局限性

校内教师讲授新闻学专业课程具有局限性，新闻运作过程中的许多技巧与路径，

规范与惯例，不是深度置身其间的人很难讲述清楚的。本项目教师队伍中有来自业界的领导与专家，有几位还多次获得中国新闻奖、长江韬奋奖，拥有全国新闻出版行业领军人才、全国宣传文化系统“四个一批人才”的称号，通过他们对新闻运作、新闻案例、新闻政策的分析，降低授课的局限性；有的教师有计算机科学专业背景，他们的加入，可以使新闻专业教育突破学科的边界，让学生克服可能存在的技术恐慌，在一种更加轻松的状态中领会新闻传播事业发展的新趋势、新技术。

五、实践效果、推广应用情况及校内外评价

（一）实践效果

1.依托部校共建平台让校园课堂与行业一线无缝对接

“当代中国新闻理论与实践”作为部校共建的精品课程，由本院教师与省内新闻行业的领导与专家合作讲授，在讲授新闻的职业道德、行业纪律及媒体发展趋势等内容时，让学生产生身处媒体一线的感受。

2.发挥综合性大学优势将计算机类课程纳入常规教学体系

在学校打破学院壁垒、学科边界的背景下，让计算机专业的教授直接进入课堂授课。学生在这种情境下学习“计算机网络”等课程时，就会产生一种学习专业理论与技能的投入感，而不再带着听非专业课程的闲散心态。

3.以一线记者职业精神培养学生的家国情怀与职业精神

以新闻传播学类专业教指委主办“传媒大讲堂活动”为例，将“来自武汉抗疫一线的报道”作为教学案例，作为课程作业让学生在课余观看，让学生们对新闻行业的意义与价值有了更深层的认识。

（二）推广应用情况

多年来，项目负责人通过成果交流、经验介绍、发表论文等多种形式，在省内乃至全国推广本团队倡导的教学理念经验。

（1）负责人作为教育部新闻传播类专业教学指导委员会委员，在2020年教育部高等学校新闻传播学类专业教学指导委员会全体大会上，结合新文科建设背景，推广马克思主义新闻观教育成果，与全国各新闻院系负责人进行经验介绍、交流研讨。

（2）项目负责人担任江西省高校新闻传播类专业教学指导委员会主任、江西省学科联盟牵头人、中国新闻史学会党报党刊分会会长、红色文化传播与马克思主义新闻观教育联盟副理事长等多个学术兼职，充分利用学术会议、学术研讨、受邀学术讲座

等多种形式与兄弟院校就本项目教学经验进行推广。

（3）将本项目成果凝练为理论成果，撰写教研论文发表在权威教育期刊上。包括：《马克思主义新闻观教材的新探索与新趋向》发表于《中国大学教学》,《依托本土红色文化资源　深化马克思主义新闻观教育》发表于中宣部《三项学习教育通讯》,《从新闻学子职业认同看新闻教育改革》发表于《新媒体与社会》。

（4）将本项目教学团队建设与教学改革项目研究结合，相关项目包括《“马工程”教材〈新闻学概论〉特色化教学研究》《新媒体时代新闻传播类专业实践教学体系的构建》《马克思主义新闻观特色化教育的实践与研究》。

（三）校内外评价

1.校内评价

南昌大学学术委员会评价“当代中国新闻理论与实践”课程：“以新闻事件新近出现的典型案例为讲授节点，并在理论的关照下对其进行深度剖析与评点，实现新闻理论与新闻实践的深度融合。”

《当代中国新闻理论与实践》课程学术性评价意见

陈信凌教授负责的《当代中国新闻理论与实践》课程，是他与赣省新闻宣传的领导与专家倾心打造的精品课程，是江西省一流线下课程。该课程自 2014 年向大学二年级新闻学、广播电视学本科生开设，成功运行了 8 个教学周期。

陈信凌教授是教育部新闻与传播类专业教学指导委员会委员、中国新闻史学会党报党刊研究会会长、中国认知传播学会副会长，以及江西省高校新闻传播学科教学指导委员会主任、江西省高校新闻传播学科牵头人。本课程教学内容完全是陈信凌教授及其教学团队原创性的成果，教学内容的编写是基于相关国家社科基金项目研究与团队成员新闻工作实践经验之上的。

本课程用马克思主义新闻观发展的最新形态——习近平关于新闻舆论重要论述的基本立场、核心框架、关键理念，阐述当下新闻传播发展的最新态势、格局与技术。课堂上以新闻实践新近出现的典型案例为讲授节点，并在理论的关照下对其进行深度剖析与评点，实现新闻理论与新闻实践的深度融合。

课程授课团队教师，均有丰富的实践经验，对课程讲授的内容进行了长期的积累、深度的研究，在学界、业界无缝链接之间，共同营造出高质量的教学效果。

综上所述，该课程在学术性方面具备了申报国家一流线下课程的条件。

审查小组专家签字：

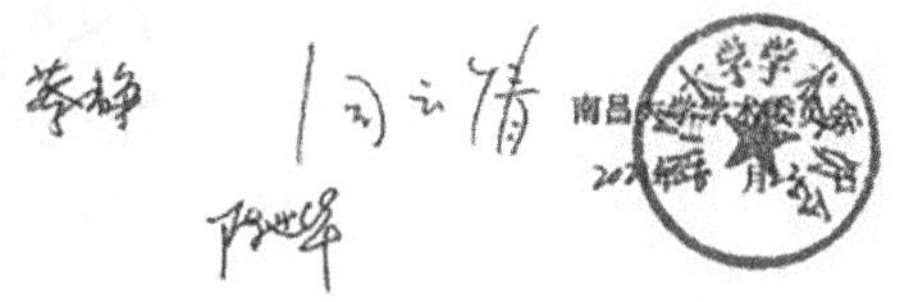

图1　南昌大学学术委员会的评价

2.校外评价

《光明日报》的《情况反映》于 2017 年 6 月 15 日刊发《南昌大学新闻与传播学院院长陈信凌建议：为高校新闻学子社会实践注入红色基因》，充分肯定人才培养的特色化路径探索。

人民日报社给南昌大学党委发来感谢信，写道："贵校同学行程数千公里，寻访红色足迹，缅怀革命先辈。行程中精神饱满，不辞劳苦，展现出高昂的政治热情、过硬的综合素养、出色的协作精神和扎实的写作能力。他们在活动期间发表的博客、微博、照片和各类文章，记录下一路的所见所闻、所感所悟，真实生动，亲切感人。经人民日报、人民网编辑见报、上网后，获得了受众的广泛好评，产生了强烈的社会反响。"

人民日报社

感　谢　信

中共南昌大学委员会：

为纪念中国共产党建党90周年，在青年学生中进行党史、国情、革命传统和爱国主义教育，人民日报社于5月至6月间举办了全国性大型主题活动"追寻"，贵校五位同学全程参与了这一活动。

十天中，贵校同学行程数千公里，寻访红色足迹，缅怀革命先辈。行程中精神饱满，不辞劳苦，展现出高昂的政治热情、过硬的综合素养、出色的协作精神和扎实的写作能力。他们在活动期间发表的博客、微博、照片和各类文章，记录下一路的所见所闻、所感所悟，真实生动，亲切感人。经人民日报、人民网编辑见报、上网后，获得了受众的广泛好评，产生了强烈的社会反响。

在此，我们对贵校五位同学的辛勤工作和良好表现提出表扬，并致以诚挚的感谢！同时，对于贵校在此次活动组织工作中给予的大力支持深表谢意！

此致

敬礼

图2　人民日报社给南昌大学的感谢信

情况反映

知识界动态清样

第165期

光明日报总编室编　　2017年6月15日

南昌大学新闻与传播学院院长陈信凌建议

为高校新闻学子社会实践注入红色基因

本刊讯（记者董城）重视社会实践环节的教育，是我国开设新闻传媒类专业高校的普遍性认识和传统育人优势。记者调研发现，随着传媒格局的深刻变革，一些高校在新闻人才培养中，出于担心学生不能及时掌握新技术从而落后于新媒体发展大趋势，存在重技术性培养而轻思想道德教育的倾向。为此，南昌大学新闻与传播学院院长陈信凌建议，新闻类院校在人才培养实践中，一方面应注意向学生传授新技术，帮助学生了解媒体格局发展变化的大趋势；另一方面，必须采用多渠道、多形态的理论讲授与现实启发等方式，继续推动马克思主义新闻观"进教材、进课堂、进头脑"。近年来，南昌大学新闻与传播学院依托江西丰富的红色文化资源，发挥学院主办中国新闻史学会中共新闻传播史研究会学术优势，有意识、有规划、有步骤地为新闻学子注入红色基因，成效比较明显。

·1·

图3　《光明日报》的《情况反映》刊发陈信凌的建议

专版

中国新闻出版广电报 08

懂国情厚基础　强双语重实践

——中央民族大学新闻学院双语实验班特色教学侧记

中山大学传播与设计学院：

办新锐学院 育融创人才

南昌大学新闻与传播学院

运用红色资源探索教育路径

图4　《中国新闻出版广电报》刊登《南昌大学新闻与传播学院运用红色资源探索教育路径》

图5　央视新闻、江西卫视等媒体报道教学活动“瑞金马克思主义新闻观现场教研行——中国共产党百年新闻事业寻根之旅”

南昌大学：

基于乡村振兴示范村建设的“政产学研”协同育人模式创新与实践

一、团队负责人及主要成员简介

（一）负责人简介

尹利民，南昌大学公共管理学院教授、院长，法学博士，兼任江西省政府发展中心研究员，江西省发改委社会稳定风险评估专家，中国农村综合改革协同创新研究中心研究员。主持“四百工程”人才培养模式改革与创新，成果获2019年江西省教学成果奖二等奖。现主要从事贫困治理和乡村振兴研究。

（二）主要成员简介

刘建生，南昌大学公共管理学院教授，南昌大学中国乡村振兴研究院执行院长，主要研究贫困治理、乡村振兴和第三方绩效评估，探索深度服务国家战略的实践育人机制研究，在省级一流课程、国家一流课程的建设方面取得了一定的成绩。

文卫勇，南昌大学公共管理学院教授，主要研究农村治理。

魏丹，南昌大学公共管理学院讲师，主要研究社会学研究和乡村治理。

王佳，南昌大学旅游学院副教授，主要研究乡村旅游资源嵌入与开发。

龙春英，南昌大学建筑工程学院副教授，主要研究城乡规划和乡村旅游资源开发。

郑博福，南昌大学资源与环境学院教授，主要研究乡村生态治理。

罗铭，南昌大学软件学院教授，主要研究大数据治理和应用程序的开发与运营。

二、解决的主要问题及工作目标

（一）解决的主要问题

1.“专业分割”与“学科壁垒”问题

传统人才培养，过于注重学科专业性，学科之间界线清晰，难以通博，易造成专业间的分割;学科建设以学院为单位,学科资源单一,学科壁垒严重,教学资源流动性弱，难以形成学科间的交叉。

2.“学科导向单一”与“需求导向弱化”问题

传统公共管理学科建制将知识教授框定在本学科范围内，形成了学科独有的问题领域、研究范式和方法系统,学科导向单一。然而,基于学科导向的课程设置,对新产业、新业态发展所亟需的知识综合型、思维创新型人才培养存在一定程度的滞后，人才培养供给侧对社会发展需求的感知较弱，需求导向弱化。

3.“合作通道不畅”与“协同机制缺失”问题

传统人才培养也非常注重高校、行业企业、科研院所的作用，但各自的功能定位、资源和能力、发展目标存在差异，各主体之间缺乏整合资源、合作发展的桥梁和契机，因而育人协同效应不明显。另外，政产学研协同育人的政策支持、运行保障、正向激励等方面机制的缺失，有碍于合作育人目标的达成和协同育人机制的有效运行。

（二）工作目标

1.构建“文文优势互补，文理、文工交叉渗透”的“大文科”新形态

模糊专业界限、打破学科壁垒，将旅游学院、建筑工程学院、资源环境与化工学院、软件学院与公共管理学院相近、相通、相融的教学资源按照教学改革的设计和需求进行整合，实现教学资源在不同学科之间的流动，构建优势互补、交叉融通的“大文科”新形态。

2.以需求为导向，打造“专业课程重组、邻近课程融通、实践课程优化”的“复合课程”新集群

从课程体系来说，对传统公共管理类课程进行重组，融入具有中国特色的管理理论与实践经验，将旅游管理、城乡规划与管理、生态治理等邻近学科的课程进行融通，构建跨学科的复合课程；优化调整实践类课程结构，打造实践类“金课”，从而达到培养“一精多会，一专多能”的综合型人才的目的。从教师队伍组成来看，除了整合本学科和其他邻近学科的教师资源外，还引入政府类事务型“教师”、企业类实干派“教

师”，实景教学，形成“政产学研”协同育人模式，达到培养符合社会现实需求的应用型和技能型新文科人才。

3.借助实践平台，形成“贴合国家战略，融入信息技术，扎根中国大地”的“政产学研”协同育人新模式

以国家推动乡村振兴战略为驱动，将大数据、人工智能等信息技术融入乡村振兴示范村建设与管理，同时，将此作为扎根中国大地社会实践教学的主要内容，激活政府、企业、高等院校各育人主体的功能与效用，充分发挥业界和学界教学资源优势，形成人才培养合力。

三、改革实践的思路和主要举措

（一）改革实践的思路

依托“乡村振兴示范村建设”为项目载体，本项目将遵循“需求导向分析、育人目标重构、实践平台搭建、育人模式构建、推广与应用”的思路推进“政产学研”协同育人模式的创新与实践，具体思路如下：

1.基于乡村振兴示范村建设的“政产学研”协同育人模式的需求导向分析

一是以社会需求为导向，探究“政产学研”融合下人才培养的适需性；二是以协同主体需求为导向，对政府、企业、高校、研究机构等进行需求性分析，凝练各主体需求，搭建协同育人的桥梁。

2.基于乡村振兴示范村建设的“政产学研”协同育人目标的研究与重构

一是总结传统文科人才培养目标的局限性，以此作为协同育人目标重构的起点；二是兼顾“政产学研”协同育人主体的需求性，以此作为协同育人目标重构的关键点；三是适应新文科人才培养目标的发展性，以此作为协同育人目标重构的增长点。

3.基于乡村振兴示范村建设的“政产学研”协同育人平台与基地的搭建

一是在主体需求性分析和人才培养目标重构的基础上，选取“政产学研”协同育人平台；二是借助前期项目合作关系，落实搭建工作；三是依托平台与各协同主体需求，厘清“政产学研”协同育人运行思路，设计协同育人平台和基地的运行方案。

4.基于乡村振兴示范村建设的“政产学研”协同育人模式的创新与实践

一是基于乡村振兴示范村建设项目，创新协同育人教学体系。以项目为基础，发挥公共管理学科基层治理优势的同时，融入建筑与工程、旅游管理、资源环境和软件等邻近学科的优势，构建一个学科交叉、专业互通的综合型教学体系。二是基于乡村振兴示范村建设平台，打造协同育人实践模式。以平台为依托，在实践过程中，发挥

学界、业界协同育人优势，明确“政—产—学—研”作用机制，构建协同育人实践方案。三是构建保障机制。建立相关支持与保障机制、激励与约束机制，确保实践过程中，政府、企业、高校与研究机构通力合作，协同育人，保障“政产学研”协同育人模式有效运行。

5.基于乡村振兴示范村建设的“政产学研”协同育人模式的推广与应用

一是“政产学研”协同育人模式的试用与完善。将构建的“政产学研”协同育人模式首先应用于学院博士生培养层面，观察运行状况，评估育人效果，及时改进试运行中存在的问题，优化“政产学研”协同育人模式。二是“政产学研”协同育人模式的应用和推广。将优化后的协同育人模式推广至学校层面，对模式进行总结与提升，进一步推广至省内外其他高校，为其他专业的新文科建设提供可借鉴的经验。

（二）主要举措

本项目将围绕“政产学研”协同育人模式“实现需求导向，搭建实践平台与基地，创新与实践育人模式”等方面，提出科学化、合理化举措，具体内容如下：

1.以乡村振兴示范村建设需求为导向，搭建“实体化”实践平台，制定协同育人的“项目化”运行方案

一是以需求导向为桥梁，创造“政产学研”协同育人新机遇。乡村振兴战略实施背景下，政府肩负落实乡村振兴战略的主体责任，企业寻求乡村产业发展的机会，高校师生亟需贴合社会需求的实践机会，而“乡村振兴示范村建设”项目契合各主体需求，为“政产学研”融合发展提供机遇。二是借助已有平台，搭建“实体化”实践新平台。借助江西省乡村振兴局和南昌大学中国乡村振兴研究院两个平台，已在江西省搭建双撸村、清水村等20个乡村振兴示范村建设基地，并逐步推广，为“政产学研”协同育人提供新平台。三是以项目为驱动，制定协同育人教学新方案。以“乡村振兴示范村建设”项目为驱动，吸引多学科教学资源融入其中，实现其他学科的村庄规划与建设、乡村文旅资源开发、智慧乡村建设等教学资源与公共管理学科在基层治理方面的优势相融合。

2.构建基于乡村振兴示范村建设的“政产学研”多元协同的人才培养体系

一是开展“集群化”课程重组策略，建立专业互通、知识综合的新课程群。明确乡村振兴示范村建设的课程需求导向，将社会治理课程、旅游规划与管理课程、城乡规划与管理课程、生态环境保护课程和智慧乡村建设课程重新组合，实现多学科的交叉，多专业的互通。二是实施“集成化”师资建设策略，组建跨界融合教学团队。一方面，以课程重组为基础，实现学科之间跨界融合；另一方面，以乡村振兴示范村建设项目为基础，实现“政—产—学—研”的融合，打造“知识综合型教学育人共同体”。三是开辟“行走体验式”动态课堂，创新协同育人新方式。学生参与“乡村振兴示范村建设”

的社会实践，以“行走体验式”的教学方式实现静态课堂向动态课堂的转换，以实践基地为教学课堂，在体验过程中实现单向度教授向双向度互动的转换。四是将现代信息技术融入专业教学与实践，构建跨学科专业学习平台。将地理信息技术、大数据、“互联网 +”和各种绘图软件用于乡村振兴示范村建设过程，为学生学习与实践构建跨学科的专业化操作平台。

3.构建基于乡村振兴示范村建设的“政产学研”协同育人模式实践运行机制

多元主体协同参与人才培育是本项目的最大特色。一是政府作用机制，一方面，搭建实践平台和基地，为学生参与和了解乡村振兴示范村建设项目提供机会；另一方面，为“政产学研”协同育人实践提供政策支持与保障。二是企业或行业部门作用机制，为乡村振兴示范村建设提供产业规划建议和方案，为学生参与社会实践提供指导。三是高校、研究机构作用机制，按照新文科建设要求，构建符合乡村振兴示范村建设需求的人才培养方案、教学计划、教学内容，合理调整实践课程设置，以新理念、新方法、新内容、新标准培养适应国家战略需求和社会需求的应用型复合人才。四是建立“校—政”“校—企”之间师资互聘制度，联合政府类事务型和企业类实干派等社会导师与学校专职教师联合组织教学，建设“双师型”实践教师队伍；形成政府、企业和高校之间“双选式”实践岗位匹配机制，为参与乡村振兴示范村建设的学生匹配“师徒式”顶岗教学指导模式。

四、特色及创新点

1.教学理念创新：紧扣“政产学研”协同育人理念，回应社会需求

基于乡村振兴示范村建设的“政产学研”协同育人理念，是新文科回应社会关切的直接体现。一方面，服务国家战略发展，以乡村振兴示范村建设为载体，通过实践教学，拓展知识外延，使深入基层的学生更好地服务于国家乡村振兴战略。另一方面，契合社会人才需求导向，“政产学研”协同育人模式，实现多元主体育人资源的整合，形成业界与学界优势互补，达成培养“一精多会”与“一专多能”的复合人才培养目标，回应新文科建设“培养什么样人才”的问题。

2.教学方法创新：依托“乡村振兴示范村建设”平台与基地，打造行走的课堂

以“行走体验式”的社会实践动态课堂延伸了静态化的课堂教学，弥补了传统文科教学重理论轻实践的短板。在“行走体验式”实践课堂中，采纳“双师型”教学方法，培养学生的通博性；运用“双选式”实践方式，给予学生体验、学习乡村振兴规划与管理业务、产业规划与发展业务等“全业务流程”的机会，培养适需性技能型人才。

3.教学手段创新：运用“智能化”信息技术手段，创建智慧课堂

传统公共管理教学主要采用“PPT+ 课件”的教学手段，然而以乡村振兴示范村建设为载体的新公共管理教学，在多学科交叉背景下，将现代信息技术融入教学，如地理信息技术、大数据、CAD 等绘图软件，极大地激发学生学习兴趣和动手能力。

五、实践效果、推广应用情况及校内外评价

（一）实践效果

2021 年 3 月，“政产学研”协同育人团队教师带领学生前往江西省吉水县进行乡村振兴示范村建设调研；2021 年 8 月，“政产学研”协同育人团队组建“博士团”，带领 6 名博士生和十余名硕士生前往江西省“十四五”乡村振兴重点帮扶村——吉安县浬田镇清水村进行乡村振兴调研。2021 年 11 月，团队赴万载县仙源村调研，取得了初步的效果。

1.“实景课堂”扎根中国大地，学生的知识通博屏障不攻自破

以摸清村庄乡村振兴建设基本问题为导向，围绕“村级产业兴旺发展、基础设施提档升级、人居环境整洁宜居、城乡基本公共服务均等化建设、乡村治理水平提升”等方面进行综合性思考。将村庄规划、旅游产业规划、生态环境治理、公共服务供给、乡村治理等多学科交叉知识融合于一堂乡村振兴建设“实景课程”，将课程理论与实践经验有机结合，提升了学生知识体系的通博性，培养服务国家战略需求的实用型、创新型人才。

2.“圆桌讨论”嵌入多学科知识，“双师”协同育人效果显著

采用“圆桌讨论”的方式，以解决乡村振兴建设问题为切入点，引导学生进行头脑风暴，进行启发式教学。“学术导师”以两个调研村乡村建设实际问题为教学案例，将“城乡规划与管理课程、旅游规划与管理课程、社会治理课程、生态环境保护课程和智慧乡村建设课程”等邻近相通课程重新组合，多学科导师协同培养“一专多能”的综合型人才。“社会导师”则从实践经验的角度出发，从经验主义的角度为学生讲解基层乡村振兴的重点与难点。“双师”优势互补，协同育人效果显著。

3.“把脉问诊”助力乡村振兴，地方干部振兴难题迎刃而解

培养贴合国家战略的适需性人才是“政产学研”协同育人模式的终极目标。实践过程中“双师”引导，学生主动发问、自主探究。在浬田镇清水村调研时，归纳总结了“饮水、人才、人居环境、产业发展、村民参与、基础设施和公共服务”六方面的问题，并针对问题提出具体化的解决方案，形成规范性的调研报告，为破解地方乡村振兴建设难题出谋划策，助力乡村振兴发展。

（二）推广应用情况

（1）培养重心逐渐下沉，本硕培养逐步纳入“政产学研”协同育人模式中。“政产学研”协同育人模式探索初期，仅在博士生培养这一层次进行试点，正在摸索建立一套成熟完整、运行有效的“政产学研”协同育人方案，并逐步将培养范围扩展至本硕阶段培养。

（2）“政产学研”协同育人平台逐渐拓宽，现已覆盖5市6县（市、区）。截至2021年11月，“政产学研”协同育人平台由之前的1市2县，拓展到如今的5市6县（市、区），其中吉安县浬田镇清水村与团队签订为期5年的“校地共建”合作协议。

（三）校内外评价

1.学生争先参与，高度肯定“政产学研”协同育人模式

一方面，从学生参与度来看，每次“政产学研”社会实践课程均有百余人报名，但需要层层选拔，挑选其中十几位学生参与。另一方面，从参与学生的切身感受来看，“政产学研”协同育人模式能够让学生在社会实践中自觉地将多学科知识进行融合，运用理论知识和实践经验解决实际问题；“双师”进行启发式教学，能够培养学生自主思考、自主探究的思考习惯，培养学生的创新能力；深入基层农村，全面了解基层农村的民情、事情和农情，激发学生服务基层的意识。

2.媒体广泛报道，社会关注度高、评价好

2021年8月，“政产学研”协同育人团队组建“博士团”，4名博士（其中2名博士生导师）带领6名博士生和十余名硕士生前往江西省“十四五”乡村振兴重点帮扶村——吉安县浬田镇清水村进行乡村振兴调研，此次调研的新闻报道被新华社的转发，浏览量达119.6万。

校党委书记喻晓社将“政产学研”协同育人机制凝练成一篇名为《智库引领、人才支撑，助力江西乡村振兴》的主旨演讲，2021年8月31日刊载于《江西日报》的“中银非常关注”栏目的《聚焦乡村振兴　打造新时代“五美”乡村》话题，引起社会广泛关注和热议。

3.地方政府络绎不绝洽谈合作，高度赞扬“政产学研”协同育人模式

“政产学研”协同育人项目提出的初期，团队负责人积极谋求与地方政府的合作，与吉安市吉安县、吉水县达成合作关系。团队借助“社会导师”协同育人的同时，积极带领学生承担社会责任，反哺乡村，为乡村振兴建设出谋划策，赢得良好口碑。庐山市、临川区、万载县、会昌县等地方干部积极主动地与团队洽谈合作事宜，“校地共建”，共谋发展。

江西吉安：这个乡镇来了10名博士！

为实现巩固拓展脱贫攻坚成果同乡村振兴有效衔接，进一步加强高校与地方政府在乡村振兴方面的合作，近日，南昌大学中国乡村振兴研究院、公管学院选派10名博士组成党员博士团来到江西省吉安县浬田镇，为当地发展建言献策。博士团参加了“三支”党建共促乡村振兴校地共建基地现场签约揭牌仪式，并与当地干部共同开展了为期三天的乡村振兴实地调研。

图1　2021年8月28日，新华社对南昌大学公共管理学院尹利民教授带领的乡村振兴博士服务团服务吉安县浬田镇清水村的事迹进行报道，该篇推送浏览量达119.6万。

江西财经大学：

“四史”教育融入新文科人才培养价值引领的探索与实践

一、团队负责人及主要成员简介

（一）负责人简介

陈始发，江西财经大学马克思主义学院院长，中组部国家级人才，中宣部文化名家暨“四个一批”人才，教育部全国高校黄大年式教师团队负责人，教育部“全国高校思政课名师工作室”负责人，博士，二级教授、博士生导师、博士后合作导师，享受国务院政府特殊津贴。教育部思政课教指委委员，全国思政课有影响力十大标兵人物，教育部“新世纪优秀人才支持计划”和“首届中青年思政课教师择优资助计划”人选，江西省“赣鄱英才 555 工程”和“新世纪百千万人才工程”人选，省中青年学科带头人、思想政治理论课名师。

（二）主要成员简介

舒前毅，马克思主义学院副院长、博士、副教授，获江西省“五一劳动奖章”、江西省优秀思政课教师，其负责的工作室获批“江西省教育系统劳模创新工作室”。主持国家社科基金一项，主持博士后面上基金一项。主持并完成省级教育部首批国家级一流本科课程。

程艳，马克思主义学院副教授、博士、硕士研究生导师，教育部“全国高校思政课名师工作室”成员。主要从事党史党建、思想政治教育研究，主要完成省级课题 5 个，参与国家社科重大招标课题 5 项。

李凤凤，全国高校黄大年式教师团队、江西省优秀教学团队核心成员，江西财经大学金牌主讲教师，曾先后获省级教学比赛奖项 5 项，江西省教学改革成果二等奖。主持教育部优秀中青年思想政治理论课教师择优资助计划 1 项、国家社科基金后期资助项目 1 项、全国博士后面上基金项目 1 项、省级项目 4 项，参与国家级项目 3 项。

刘晓泉，马克思主义学院党委书记，教授，博士生导师。主持国家社科基金项目2项、教育部人文社科项目、省社科规划项目、省高校人文社科项目等7项，参与国家社科基金重大项目、国家社科基金一般项目、教育部重点项目等共8项，出版专著4部，曾获江西省十大优秀思想政治理论课教师、江西省教学比赛一等奖、江西省社科优秀成果二等奖、江西省优秀教学成果二等奖、赣粤桂滇琼五省区教学比赛三等奖、江西财经大学金牌主讲教师、江西财经大学先进工作者等荣誉10多项。

刘晓根，马克思主义学院教授、副院长，硕士生导师。江西省优秀社科普及专家。先后获得全国首届高校微课比赛三等奖、江西省高校微课比赛一等奖、全省高校思政课教案比赛一等奖等多个教学成果奖。主持国家社科课题1项，各类省级课题10余项。发表论文30余篇，其中多篇被人大复印资料、报刊文摘等转载。出版著作2部，译著1部。

李德满，马克思主义学院副院长，副教授，硕士生导师。获得第十四届霍英东教育基金会高校青年教师奖，入选江西省“四个一批”人才。荣获全国高校思政课教学能手称号，三次获得江西省高校思政课青年教师教学比赛一等奖。发表论文数十篇，主持完成国家社科基金项目、教育部人文社科项目、江西省社科规划项目、江西省人文高校项目等共十来项。

庄秋菊，博士，副教授，主要从事中国近现代史研究。获江西省教学比赛一等奖、赣粤桂滇琼五省区教学比赛一等奖、江西财经大学金牌主讲教师等多项荣誉。

熊小欣，博士，主要从事思想政治教育与近代中国法律史研究。

尹业通，历史学博士，马克思主义学院讲师，主要研究中国近现代史、社会文化史。

夏方胜，历史学博士。

二、解决的主要问题和工作目标

（一）解决的主要问题

在新文科建设中，教师必须把立德树人摆在首要和突出的位置，做到以“树人”为核心，以“立德”为根本。本团队关注新时代人才培养的价值引领问题，通过深入挖掘“四史”蕴含的丰富内涵，提升新文科的思想性和理论性，解决目前存在的偏重知识讲授，价值观教育比重偏低的问题，发挥“四史”教育在新文科人才培养中的价值引领作用。团队对江西财经大学校新文科课程情况开展了调研，发现存在以下相关问题：

1.文学、历史学和哲学类专业课程存在的主要问题

这几类课程容易受到社会上错误思潮的影响。譬如，有人肆意断章取义、捕风捉影，其拼凑起来的“研究”严重偏离历史原貌，已非史之实。个别媒体大肆散布和传播旨

在抹黑、歪曲和诋毁党史、新中国史、改革开放史和社会主义发展史的言论，对部分青年学生产生误导和消极影响。

2.政治学、经济学、管理学和法学类专业课程存在的问题

这几类课程深受西方话语体系影响。西方话语体系以自由主义为其基本内容，用西方模型、西方话语来表述和表达中国，由此造成了一系列价值观上冲突和紧张。

3.艺术类课程存在的问题

艺术类学生容易存在快速成名的非理性、功利性追求。艺术教育存在失去本质内涵的不良现象，更多地追求形式的艺术性，忽视正确艺术观的培养和对真善美的追求。

（二）工作目标

针对不同专业的学生特点，团队探索差异化的人才培养价值引领路径和方法。

1.针对文学、历史学和哲学类专业，着重引导学生树立正确的文学观、历史观和哲学观

“四史”主要讲的是中国共产党成立以来团结带领人民抵御外来侵略、争取民族独立、实现人民解放和民族伟大复兴的历史，反映我们党的政治奋斗历程和中华民族的政治选择历程。有鉴于此，文学、历史学和哲学类专业课程，应该着重引导学生树立正确的文学观、历史观和哲学观。

2.针对经济学、管理学和法学类专业，着力提升融通理论与现实的能力，增强青年学生的使命担当

这类课程重在引导学生深入社会实践，关注现实问题，了解国家方略、法律法规和相关政策。引导学生善于进行历史的纵向思考、国际的横向比较，善于讲好中国故事，善于分析中国的国情和特色，善于联系社会实践来深化知识学习，牢固树立中国特色、中国风格、中国气派的学科创新意识。围绕学生关注的热点问题，解疑释惑，帮助学生树立崇高理想，为国家发展和民族振兴培养更多拥护中国共产党领导和我国社会主义制度、立志为中国特色社会主义奋斗终生的有用之才。

3.针对艺术类专业，着力破解人文艺术精神匮乏的问题

这类课程对于健全人格、提升气质、改善形象具有重要作用。结合“四史”教育，融入正确艺术观和创作观教育，全面提高大学生审美和人文素养，引导学生立志作为社会提供正能量的艺术人才，以美育人、以美化人，全面提高学生审美水平，增强文化自信。

三、改革实践的思路和主要举措

（一）改革实践的思路

“四史”教育是以历史为基础的政治教育，是落实立德树人根本任务和培养大学生政治信仰的关键环节。本项目牢牢把握文科教育的价值导向性，坚持立德树人，紧紧围绕课堂教学的主阵地，以“四史”教育作为新时代文科教育改革的突破口，根据各学科专业特点，结合行业领域特定问题，促进文史哲经管法教艺八大学科门类特色发展，注重各学科的学术性、知识性、价值性、思想性相统一，强化价值引领，提高学生思想觉悟、道德水准、文明素养，培养担当民族复兴大任的新时代人才。

（二）主要举措

1.因课程而异，因内容而异，差异化探索教学重点和方法

党史、新中国史、改革开放史、社会主义发展史，都涵盖了经济史、社会史、文化史、法律史、制度史、思想史、艺术史、教育史、管理史等诸多课程领域的丰富内容，因此应根据文史哲经管法教艺八大学科门类的特点和内容，汲取“四史”教育资源，充分挖掘专业教育中的“四史”元素，把“四史”教育和专业知识教育相融合，以“四史”教育助力学生理想信念养成。课堂教学的渠道有两条：一是利用思政课的主渠道，推进“四史”教育的融入。团队经过集体备课，针对不同学院的专业背景，量身定做专题化教学课件。二是开设“四史”选修课，已经在艺术学院开设“中国共产党历史”和“改革开放史”两门选修课作为试点，后期将在全校继续开设“新中国史”“社会主义发展史”等课程。

2.文学、历史学和哲学类等专业，主要采用“故事讲述法”，倡导参与式教育

注重讲述党史、新中国史、改革开放史、社会主义发展史中的重要作家、历史学家、哲学家的经典故事及相关作品，讲活历史故事、用活红色资源，运用研究式、辩论式、讨论式、互动式等多种教学方法，引导学生积极参与教学过程中来，感悟故事和作品背后蕴藏的革命精神和勇气力量，正确认识和把握历史发展的主题和主线、主流和本质，理解和掌握马克思主义文艺观、历史观和哲学观，自觉抵制历史虚无主义等错误言论，树立道路自信、理论自信、制度自信和文化自信，自觉弘扬传统文化、革命文化和社会主义先进文化。

3.经济学、管理学和法学类等专业，主要采用“问题探究法”，倡导研讨式教育

深刻把握党史、新中国史、改革开放史、社会主义发展史的历史逻辑、理论逻辑、

实践逻辑，深刻解读历史性变革中蕴藏的内在逻辑，用中国理论解读中国实践，引导学生在思想上真正弄清楚、理解透中国共产党为什么“能”、马克思主义为什么“行”、中国特色社会主义为什么“好”，在与世界各国发展的多元互鉴、共生共存中讲好中国故事，激发学生的爱国情怀和使命担当，引导学生将历史结合现实、理论联系实际，学以致用，为新一轮改革开放提供强大精神动力和理论支撑。

4.艺术、教育类等专业，主要采用“体验式教学法”

以史为师，涵养初心，充分挖掘“四史”中的艺术、教育类故事和作品，进行正确艺术观、创作观、教育观教育，培养学生的文化理解、审美情趣、艺术表现、创意表达能力，全面提高大学生的审美观能力和人文素养，为社会提供正能量的艺术人才，观照现实生活，回应社会关切，反映时代巨变，描绘时代精神图谱，从当代创造中发现创作主题，捕捉创新灵感，以美育人、以美化人、以美培元。

5.课堂教学与课外实践相结合

利用思政课实践教学单元，全校范围内积极开展“家乡‘四史’宣讲”实践活动，让大学生在假期,结合所学专业,调研家乡与“四史”相关的重要人物、事件、纪念地等，搜集史实资料，通过故事编写、讲解、视频录制等多种方式，讲述身边的“四史”故事，传承家国情怀，帮助学生强化“在场意识”，理顺“叙事逻辑”，增强“青年担当”。

6.线上线下相结合

制作“四史”慕课，建设完善网络“四史”资源，搭建校园网站、微博、微信群、公众号等网上宣传交流平台，通过开展“四史”展览、“红色走读”“朗诵红色家书　讲述红色故事”“国旗日日升　党史天天讲”“一二·九大合唱”等活动，营造红色校园文化，引导师生把爱党兴国荣校相统一，知识价值行动相融合；打造线上线下相结合的“四史”教育主题展馆，搭建学科群“红色故事”共享平台，成立“红色故事”团队，进行红色故事的编写和宣传工作，拟编写《百年党史百个红色故事》《红土地百年百个红色故事》，为高校“四史”教育融入新时代文科人才培养提供了丰富的素材库。

7.以平台打造和品牌项目建设为抓手，探索“四史”融入新文科人才培养价值引领新路径

已经取得较好效果的实践路径有：第一，搭建虚拟仿真实验教学网络共享平台。团队研发的“中国革命新道路的开辟之旅虚拟仿真实验”相继在江西高校虚拟仿真实验教学共享服务平台和国家虚拟仿真实验教学课程共享平台上线，截至 2021 年 10 月，已有 4484 人次登陆“实验空间”开展虚拟仿真实验教学项目学习。第二，团队与校团委联合开发系列校园文化精品。一是打造党史学习精品讲堂：“江·山·情”红色讲堂，致力于红色精神的青年表达。二是情景模拟沙盘课，开展“党史足迹”党史学习教育

情景模拟沙盘课程示范课教学。授课采用任务模拟、沙盘推演、情景重现、小组研讨、竞赛通关等方式再现跌宕起伏的历史事件，围绕中国共产党成立以来的发展脉络，以时间为轴，以事件为点，从党史、新中国史、改革开放史、社会主义发展史的峥嵘岁月中选取典型情景，将学员带入筚路蓝缕的历史情境中学习党史、重温初心、坚定信仰。

四、特色及创新点

1.育人理念创新：聚焦课程育人，让“四史”融入新文科教育教学全过程

聚焦课程育人，让“四史”融入新文科教育教学全过程，促使师生将其内化于心、外化于行。充分发挥课堂教学的主渠道作用，将“四史”内容细化落实到各学科课程的教学目标之中，融入渗透课堂教学和课外实践、线上线下等教育教学全过程，真正做到以文化人、以德育人，不断提高学生思想水平、政治觉悟、道德品质、文化素养。

2.育人内容创新：以史为鉴，结合学科特色，融入“四史”教育内容

在育人内容上，充分挖掘文史哲经管法教艺八大学科门类中的“四史”元素，从中华民族伟大复兴战略全局和世界百年未有之大变局的高度出发，对话过去、立足现实、面向未来，感受历史智慧，探寻历史规律，总结历史经验，提升历史思维，培养历史眼光，实现文史哲促人修身铸魂、经管法助力治国理政、教育学培元育才、艺术学美人化人，培养具有忠诚的政治品格、浓厚的家国情怀、扎实的理论功底、突出的能力素质的青年人才。

3.教学方法创新：因课程而异，探索“四史”融入新文科教育新教法

文史哲专业课程主要采用故事讲述法，经管法专业课程主要采用问题探究法，艺术教育专业主要采用体验式教学法，同时采用线上线下相结合、课堂教学与课外实践相结合等多种教学方法，全校范围内打造虚拟实验平台和精品项目，既重点推进，又全校覆盖，使“四史”教育接地气，强化教学的凝聚力，提升学生接受信仰教育的悦纳感，使青年学生学史明理、学史增信、学史崇德、学史力行。

五、实践效果、推广应用情况及校内外评价

（一）实践效果

问卷调查中，学生纷纷留下“更加坚定了马克思主义信仰”“更深领悟了‘中国共产党是以人民为中心的政党’”“更深体会到了责任、使命和担当的意义”等心得体会。江财学子获得“扶贫能手”“全国高校践行社会主义核心价值观示范团支部”“全

国五四红旗团委”“弘扬红色文化活动基层优秀项目”等国家级、省级德育荣誉200多项，出版《江财学子看十九大》《江财学子看改革开放40周年》等系列论文集。

（二）推广应用情况

遵循“平台+资源+机制”三位一体的建设原则，高度重视思政教育资源建设，完成了从课件、教案、讲义、红色故事素材库到线上慕课、虚拟仿真项目的配套资源库，为教师开展线上学习、线上线下混合式教学提供了丰富的资源支撑。截至2021年10月，已有4484人次登录“实验空间”开展虚拟仿真实验教学项目学习，28567人浏览该实验，涉及省内外20多所高校。虚拟仿真实验教学项目正得到越来越广泛的应用，为高校人才培养立德树人价值引领提供了强有力的资源支持。

（三）校内外评价

2021年，本团队入选教育部“全国高校思政课名师工作室”。教改成果“基于立德树人根本任务的高校思政课‘讲好红色故事’的探索与实践”被评为江西省教学成果一等奖。

2020年9月，23件大学生暑期“红色走读”作品在省赛中获奖，在省内高校中名列前茅。“诵读红色家书　讲述英烈故事”作品获江西省高校优秀创作奖。红色微电影作品获全国大中专学生志愿者暑期三下乡社会实践“千校千项”最具影响好项目。“四史”教育对立德树人价值引领典型做法“国旗日日升、好事月月评、红歌年年唱——围绕主旋律构建德育长效机制”被新华社、《人民日报》《中国教育报》等新闻媒体广泛宣传。舞台剧《江·山·情》以“江山就是人民，人民就是江山”为主题，受到新华网、人民网、凤凰网等媒体广泛关注，浏览量达69万人次。

江西师范大学：

“红色引领＋实践驱动”理念下财经类人才培养模式研究与实践

一、团队负责人及主要成员简介

（一）负责人简介

江新喜，江西师范大学财政金融学院党委副书记，副教授，主持、参与省级及以上课题10余项，发表学术论文30余篇，多次获得学校学生工作先进个人、就业工作先进个人、“三育人”先进个人、优秀党员等荣誉。

（二）主要成员简介

彭巧巧，江西师范大学财政金融学院团委副书记。曾获第十三届“挑战杯”课外学术科技竞赛全国特等奖，指导学生参加第十七届“挑战杯”课外学术科技竞赛红色专项赛获全国特等奖。

付立新，江西师范大学财政金融学院学生工作办公室主任、学生资助工作负责人。

谢玉娇，江西师范大学财政金融学院学生工作办公室副主任。

伍月，江西师范大学财政金融学院学生工作办公室副主任。

赵灵飞，江西师范大学财政金融学院学生辅导员。

徐林婧，江西师范大学财政金融学院学生辅导员。

李观祥，江西师范大学财政金融学院学生辅导员。

朱吉，江西师范大学财政金融学院学生辅导员。

贺维，江西师范大学财政金融学院学生辅导员。

二、解决的主要问题及工作目标

（一）解决的主要问题

1.专业教学模式单一，思想引领功能不足

传统课堂教学模式以知识讲授为中心，注重理论教学和结果导向型考核，易忽视学生专业实用技能和实践拓展能力的培养。专业知识和教学内容与现实应用联系不够紧密，缺乏丰富性和新颖性。教师上课内容涉及面窄，学生掌握的知识不丰富，局限于单一的学科内容，很难适应新时代经济、金融、管理发展的需要。

同时，在教学过程中淡化了思政教育与专业课程的有机融合，追求专业课程的学术性、专业性而忽略了思政教育的价值引领性。结合专业特点来开展思政教育的针对性、特色性不强，简单输入思政元素的引领性偏弱。课程思政缺乏统一规划和有效指导，无法实现专业教育、能力教育、思政教育三者的有机统一，形成课程思政育人大格局。

2.实践指导力度不够，系统协调机制不完善

在社会实践活动组织上“重安全、轻指导”“多监管、少反馈”，尤其对红色社会实践的思想引领实施缺乏顶层设计和精准指导，导致部分青年学生对社会实践主题盲目、流程陌生、问题困惑、报告茫然。青年学生在实践活动过程中遇到的问题与困惑，难以得到教师的及时解决和有效指导。

组织学生社会实践活动缺乏科学严谨的管理体系、分工负责的组织机构、密切配合的协作关系，尤其是红色社会实践层次不高，缺乏社会实践指导、实施、合作方面的系统协调机制。对社会实践活动的政策资金投入较少，激励奖励办法覆盖面不足、力度不够。

（二）工作目标

依据财政金融学院学科建设总体思路和发展目标，立足专业课程和社会实践两大重点领域进行改革创新，有目的、有组织、有计划地制定实施方案。以思政教学、专业教学、科研培养、企业实训、多元实践作为具体突破路径，坚持思政课程与专业教学相融合、科研创新与社会实践相契合、整体提升和品牌塑造相结合，深入挖掘红色思想引领，稳定育人阵地平台，规范实践组织管理，构建系统协调机制，着力提升学院教育质量和教学水平，推进学院新文科建设稳步向前发展。

三、改革实践的思路和主要举措

（一）改革实践的思路

以产教融合发展计划为指引，通过专业和培养方案对接、专业和课程讲授对接、专业和科研项目对接、专业和社会实践对接、专业与企业实训对接的五种对接方式，实施“红色育人、实践促学”的“思政—实践”融合的育人机制，推进红色教育及“思政课程＋专业教学＋科研平台＋企业实训＋多元实践”融合的“1+5+N”人才培养模式，打破传统文科重理论轻实践的瓶颈，努力实现认知学习、教学学习、科研学习、企业学习、社会学习五大学习全覆盖，大力推进新文科建设。

结合学院情况和特色，以经济学、金融学、会计学三个专业建设为主线，以课程和实践为着力点实施“红色引领＋实践驱动”育人机制。第一，全过程思政教学，多元化人才培养。将红色故事、红色案例、价值理念融入课程教学、专业体验、社会研学、企业实习、社会实践等全教育教学过程中，依托江西经济发展研究中心、国际金融研究院、管理决策与评价中心等多平台提供人才培养途径。第二，课程紧扣实践，实践寓于教学。推动线上＋线下、学生＋教师翻转课程等新方式，运用网络化、信息化手段上好思政大课，增强传统教学的趣味性。将市场调查、行业分析、专题报告等第二课程实践形式寓于课程教学中，避免单层教学的浅层化。第三，突出实践导向，推动产学结合。以学科竞赛、双创活动、社会公益、校企实训为四大突破口，推动知识应用型转化，丰富专业对接方式，让学生在实践中学习、成长、成才，成为堪当时代重任的新文科专业人才。

（二）主要举措

1.推动红色理论教育入教材、入课堂、入实践

（1）组织编纂《中央银行学》《江西经济发展》《会计学原理》等专业教材，发掘赣鄱文化特色和红色资源，强化学科交叉融合的教育意义、学科意义，在教材中充分体现中国特色社会主义的显著特色和优势，启迪学生关注时政、关注社会；组织申报“经济思想史”等教育部思政示范课程，寓学于思，以思促学，深刻领会经济社会发展的历史脉络、学术脉络、现实脉络。（2）推动红色教育入课堂，注重红色人物、红色故事等内容的课堂教学，除了政治理论学习外，还注重典型案例的教育意义等讲授；积极推进“互联网+课堂”，运用智慧树、学习通等平台打造“经济法实务”等一大批网络精品课程。（3）组织开展“学党史、强信念、跟党走”等教育实践活动，组

织青年学生通过理论宣讲、主题团日、唱响红色、书写诗信、Vlog视频日志等多种方式抒发爱国情怀；组织学生利用寒暑假围绕经济社会发展重难点和重要领域开展“三下乡”等社会实践等。

2.实现实践育人多样化、信息化、国际化

（1）逐步加强教学的过程考核，相应减少结果导向型考核，引导学生参与市场分析、行业调查、企业研学等实践活动；丰富第二课堂形式，开展思政活动、专项活动、文体活动、学科竞赛、双创活动、社会公益等多种形式活动的学分认证机制。（2）明确网络建设服务精神育人这一目标任务，加强“Young财金”、微博、微信等新媒体平台整合；利用证券投资实训、会计自动化核算等专业平台，加强大数据金融的感知、掌握和运用。（3）在全省范围内首倡会计学ISEC，开展本科学术课程国际化互认项目，每年邀请海外优秀教师、领军人才入院宣讲、授课，着力提高课程教学的国际化水平。

3.推进科研教育全面性、多元化、纵深化

（1）动员全院学生参与中国国际“互联网+”大学生创新创业大赛、“挑战杯”全国大学生课外学术科技作品竞赛、“挑战杯”中国大学生创业计划竞赛等比赛，参加学术课题、大学生创新创业训练计划等科研项目，实现创新创业教育和学术科研教育全员参与、全面覆盖。（2）实行导师带领制，鼓励学生参与导师的社科基金、省改课题等重大科研项目，了解科研规范和学术前沿，增强学术理解能力和领会能力；以产业为导向，了解企业、行业的发展动态，将实践所学运用到创新创业竞赛中；加强公益组织、社会机构、政府部门合作，组织学生参与公益项目中，形成“导师+院校+企业+社会”四重多元化科研保障机制。（3）组织学生深入农村田野和城市基层调查，围绕经济社会重大疑难问题如革命老区苏区经济振兴重大议题的某一细分方面，结合所学所知提出切实可行的解决方案，形成有逻辑、有学理、有思想、有意义的调查报告、学术论文和咨询报告，“把论文写在大地上”，推动科研教育纵深化发展。

4. 深化学科交叉、专业互补、专创融合

“红色引领 + 实践驱动”的“思政—实践”融合的育人机制，关键在于学科建设。（1）实施双学位、主辅修，支持跨院、跨学科、跨专业联合培养，为学生提供更多选择，培育“经济 + 英语能力”“金融 + 软件技术”“会计 + 法学”等多方位人才。（2）丰富科研资源，构建乡村振兴、金融创新、管理优化等创新训练教学体系，培养人才创新思维和能力；建设多媒体教学平台、智慧教室，为研究性教学、线上线下混合式教学、基于在线课的翻转教学提供技术保障。（3）适当提高课程的挑战度、高阶性和创新性等，强化课程的过程考核；改革现有学生评教指标体系，开发基于学生体验的本科教学质量评价问卷，体现师生互动、主动与合作学习等新理念。（4）承办中国经济史学会年会、江西省产业经济发展等研讨会，鼓励学生广泛参与，提升学术热情。

四、特色及创新点

（一）挖掘财经类课程思政元素，推动“课程思政”与“思政课程”协同育人

财经类专业的各学科课程与社会经济发展的进程联系密切。赣鄱经济发展特征、中西部产业结构变动等熟悉的经济社会议题，为财经类专业课程教学与思政育人相结合提供了较好的融合契机与结合点。财政金融学院坚持以落实新文科立德树人为根本任务，以教材为依托，渗透融入思政教育；以媒介为依托，传播赣鄱优秀文化；以社会为依托，探讨苏区等社会热点问题。打破传统财经课程教学思维，通过思政课教师与专业课教师共建教学团队、共同开发课程项目、构建课程思政素材库等方式，使成熟的思政课程教学方式融入专业课程的育德功能，提高专业课程教师的育德教育感染力，树立起全员育人、全面育人、全过程育人的教育理念，达到较好的协同育人教育效果。

（二）将“红色基因”融入第二课堂，开展“思政+”专业实践

红色基因是天然的教育素材和历史遗迹。财政金融学院充分利用江西红色资源优势，将思政融入实践全过程，选拔优秀大学生组建财经专业课程思政“学生宣讲团”，走进社区、街道和乡村等进行专题宣讲，全面推动学生从“我来听”向“我来讲”转变。寒暑期通过开展“三下乡”“红色走读”“普惠金融进乡村”等活动，让学生多元化地了解思政教育相关知识。支持青年学生返回家乡看变化、重走故地看新颜、深入乡村看振兴、走进一线看发展，感受我国经济快速发展和社会长期稳定的生动实践。

（三）牢抓“双创+思政”教育，建设“五位一体”创新创业人才培养机制

在新时代新文科背景下，财政金融学院牢抓“创新创业教育＋思政引领”，充分发挥“挑战杯”、“互联网＋”和“创青春”等国家级竞赛科研育人功能，培育出一批政治素质过硬、专业技术扎实的德才兼备的复合型拔尖创新人才，并将优秀的学生吸收发展为党员、将党员培养成综合素质优秀的大学生。致力于构建创新创业教育、学业指导与思想政治教育有机结合的新型人才培养模式，立足于“教学、科研、竞赛、产业、实践”五位一体的协同育人平台建设，为思政引领者植入创新创业基因，建设创新创业人才全程协同培养机制。

五、实践效果、推广应用情况及校内外评价

（一）实践效果

1.课程科研成果突出

财政金融学院的金融学专业入选2020年国家一流课程，经济学和会计学专业入选省级一流课程；打造了省级实验教学示范中心、省高校人文社科重点研究基地、江西省社科重点研究基地等5个研究中心。在《经济研究》《管理世界》《金融研究》等国内重要经济管理类核心期刊发表论文700多篇，在国家级出版社出版专著近20部，获得省级以上科研课题300余项；1项研究成果获得中央领导认可与批示，近20项研究成果获得省领导认可与批示。

2.思政实践多次表彰

财政金融学院暑期“三下乡”社会实践服务队被授予2019年“江西省大中专学生志愿者暑期社会实践活动优秀服务队”称号；“零距离”志愿者服务队荣获第八届江西省青年志愿服务“优秀组织奖”。2021年8月，“寻红色足迹，助乡村振兴”暑期“三下乡”社会实践服务队前往江西省赣州市石城县丹溪村与秋溪村开展红色村落走访活动，并对蕴含其中的红色精神进行调研，学生们深入了解了中国共产党的光辉历史与革命先辈的崇高精神，坚定了“传承好红色基因”“把红色江山世世代代传下去”的决心。

3.学科竞赛屡创佳绩

在“创新创业教育+思政引领”的培养下，学生在学科竞赛上取得丰硕成果。继2013年财政金融学院作品获得江西省历史上首个“挑战杯”全国特等奖后，2021年参赛作品《幸福的味道：“党建+颐养之家”铺就农村养老幸福路——基于江西省6市8县区农村养老的调查》斩获第十七届“挑战杯”红色专项赛全国特等奖、最具感染力作品奖。此外，近两年财政金融学院学生主持参与的“互联网+”“创青春”项目获得了国家级荣誉10项，省级21项；国家级、省级大学生创新创业课题结题20余项。

（二）推广应用情况

课程思政建设能力专题培训线下研讨会、青年教师“课堂练兵”等活动多次入选江西师范大学教务公报，通过媒体平台对财政金融学院在专业课程教学、实践中融入思政元素，融合教学方式，实现课程思政的价值引领以及最终实现大思政格局等相关经验展开了多方位的宣传和推广。

财政金融学院举办了首届江西发展论坛、中国经济史学会年会、马克思理论研究

与建设工程研讨会等重要学术会议 20 次；与北京师范大学、香港大学、中国农业大学、南昌大学、中南财经政法大学、江西财经大学等省内外 60 多所高校学院多次进行经验交流。

“五位一体”创新创业人才全程协同培养机制得到多方认可，汪洋老师的“中央银行学”和许莉老师“微观经济学原理（ISEC 双语）”作为学校思政示范项目教学经典案例公开教学进行推广；邓久根老师的“经济思想史”课程获批 2020 年教育部思政示范课程立项建设项目。

（三）校内外评价

1.校内评价

自财政金融学院实施“红色育人、实践促学”的“思政—实践”融合的育人机制以来，在学校内形成良好影响，科研排名位居全校前列，校方对“思政 + 实践”的做法及成就表示高度肯定和赞扬，形成较好的正向影响和示范作用。财政金融学院打造的“思政 + 财经”课堂得到了院内教师学生的一致认可，还吸引了计算机、法学、英语等专业的学生积极参加，并且表示获得感强、受益匪浅，对其他专业开展课程思政建设有很好的借鉴作用。

2.校外评价

财政金融学院依托第二课堂开展的红色教育实践深入基层，让学生走进农村、社区，从当地最突出的需求出发，精心设计推出服务项目、服务清单，利用专业知识、专业技能，特长和优势，力所能及地为基层提供专业化、高质量的志愿服务。所开展的“关爱留守儿童”“关爱环卫工人之夏日送清凉”“普惠金融知识社区宣讲”以及“党史学习教育宣讲”志愿服务活动获得了当地政府和村民的支持与肯定。

学生深入农村开展基层党建和农村养老调查，探究新余市“党建 + 颐养之家”农村养老模式的成效，总结其成功经验和借鉴价值，得到了中共分宜县委统战部、分宜县民政局等相关部门的肯定；在“挑战杯”线下终审现场获得了评委专家认可；并且被人民网、中青网、大江网等媒体多次报道。

江西师范大学：

新文科背景下“学科融合+检校协同+志愿服务+实践平台”四位一体司法社工人才培养模式创新

一、团队负责人及主要成员简介

（一）负责人简介

颜三忠，江西师范大学政法学院党委委员、副院长，江西师范大学法治乡村研究中心主任，教授。中央政法委双千计划入选专家、全国法律硕士优秀教师、全国明德教师奖获得者，江西省高校中青年骨干教师。江西省人大常委会立法顾问、江西省人民政府立法咨询专家、江西省人民检察院专家咨询委员、江西省普法讲师团成员、江西省民法典宣讲团成员、江西省委政法委案件评查专家、江西省委办公厅决策信息咨询专家、江西省委政法委特约评论员、江西省人民检察院网宣智库咨询专家、江西省食品药品稽查办案法律咨询专家、江西省消费者权益保护委员会公益律师团成员、江西省总工会职工法律援助律师。中国法学会法学教育研究会理事、江西省法学会理事、江西省刑法学研究会副会长、江西省高水平本科教学团队领衔教授。

（二）主要成员简介

周琴，江西师范大学政法学院教授，江西洪宇社会工作服务社名誉理事长，江西省志愿者协会副会长。第六届全国“互联网＋”大学生创新创业大赛国家金奖“洪宇：打造一站式涉罪未成年人帮教新模式”优秀指导教师。

刘小峰，江西师范大学政法学院讲师，社会学博士，江西师范大学乡村治理与发展研究中心研究人员。曾在《中国农村观察》《读书》《中国农业大学学报（社会科学版）》等CSSCI刊物发表论文10多篇，两次获得费孝通田野调查三等奖。

林欢欢，江西师范大学政法学院讲师，社会学博士，江西省社会学会副秘书长，出版《躁动的少年——涉罪未成年人社会调查案例》专著1部、发表相关论文3篇，指导的学生作品参与和承担相关国家和省部级教研课题 3 项；获第六届中国国际“互联网 +”大学生创新创业大赛“青年红色筑梦之旅”国赛金奖，大学生创新创业大赛优秀创新创业导师；获省级教学成果二等奖 1 项、三等奖 2 项，江西省高水平本科教学团队成员。

李建斌，江西师范大学政法学院副教授，博士，江西师范大学社会学系主任，江西省社会工作专业教育指导委员会委员，江西省宗教文化交流协会专家。主要从事农村社会学、农村社会工作、宗教社会学等领域的研究。主持或参与 10 余项国家级、省级科研课题，发表学术论文 20 余篇。

二、解决的主要问题及工作目标

（一）解决的主要问题

《未成年人检察工作白皮书（2014—2019）》显示，我国共有 240 多万未成年人涉嫌犯罪，而仅有 0.5% 得到成功帮教，因此，加快培养未成年人帮教司法社工专业人才刻不容缓。本项目就是要通过涉罪未成年人矫正社会工作项目实践，培养公益创新创业的专业人才。

目前司法社会工作专业人才培养面临以下难题：

1.专业教师实践能力欠缺

专业学生实践教育的专业化程度如何，直接取决于教师实践能力的强弱，要发展好社会工作专业实践教育，就必须提升专业教师的实践能力。高校的社会工作专业实践教育相对缺乏，虽教师自身对本专业很热爱，教学中也保持很高的积极性，但大多受学科背景的影响，其自主学习过程中可能对专业知识把握不明确，难以达到充分内化的效果，实践教学上不能很好地将理论与实践有机结合。另外，社会工作专业教师参与培训进修和参加各种相关学术、科研会议的机会相对较少，使得与发达城市教师的实践能力相差甚远。

2.课程设置上实践性不足

要培养一批优秀社会工作专业人才，首先应该合理配置培养方案、增加实践性课程，以保证学生学以致用，提高学生的专业水平。课程设置应该遵循以培养专业人才为目标，以适应社会需要为原则，增强专业学生实践能力，建立以传授知识、培养能力、提高素质三位一体的人才培养模式。由于社会工作专业发展受到各方面条件的限制，有些重要的课程没有出现在培养方案上，有些课程在教学过程中也没能严格执行培养方案，绝大多数实践性课程，只能继续运用理论教学的方式完成，直接影响了学生的实践能力和对专业技能的把握。

3.实践性教学基地及实验室缺乏

社会工作专业作为一门应用性很强的学科，一旦脱离了实践，就无法掌握本专业的核心内容及服务理念。个案工作、小组工作等实践课程必须依靠实验室使学生正确理解及运用本专业理论方法。社会工作专业学生培养离不开实践教育这一环节，此环节对学生正确理解社会工作领域、对象、价值和专业伦理至关重要。相关部门对本专业的了解不够，缺乏认同感，因此在专业实习、见习基地等方面的发展较为缓慢。学生实习期间大多是协助政府、民政、社区、青妇等部门工作人员做些材料及日常管理等工作，可以开展专业实习、见习的非政府组织、非营利组织缺乏，使得学生在实践能力的培养上受到制约。

4.实践教育中督导缺乏，形式较单一

本专业实践教育上主要以集体和固定形式完成。在学生看来，实践教育的效果不明显，毕业实习流于形式，起不到真正的培养学生实践能力的目的，课程见习也仅仅停留在表面。其主要原因是社会工作专业缺乏高素质的督导。社会工作专业机构及相关制度缺乏，专业教师大多没有受过专业督导训练，严重影响社会工作专业实践教育的发展。

（二）工作目标

1.专业教育与课程思政深度融合

社会工作专业课程思政教学体系的构建要坚持“课程蕴含思政”“思政浸润课程”的理念，要根据时代特征、现实特点，坚持以学生为中心、以问题为导向修订人才培养方案，切实落实高校社会工作专业的教学标准，构建社会工作与思政教育协同发展的教学体系，重点建设能够提高学生人文素养、法治意识、服务精神的公共课程。

2.理论教学与实践教学深度融合

做实“洪宇”专业实践平台，学生进行实践性学习。约200平方米的新型现代化社会工作实验室，硬件设施齐全，可开展社会工作实务的模拟实验、视频录制等。洪宇社会工作服务社通过十年坚守，探索出“541”服务模式。其中“5项服务”是指“宣传教育、司法社会调查、精准帮教、人员培训、专家咨询”，“4个赋能”是指“个人赋能、家庭赋能、学校赋能、社会赋能”，为各个主体提供不同的增能服务；“1个平台”是指“宇你护航”网络平台，专注于提供心理测评、亲职教育、行为矫正等护航服务。

3.“社会工作+法学+心理学”学科专业深度融合

探索五年基准学制的“双专业双学位”制度。学生自主选修第二专业，获得记载两个专业学习经历的一张毕业证书以及相应的学士学位证书，打通专业间壁垒，形成“社会工作 + 法学 + 心理学”的多专业融合，实现社会工作与其他学科的深度融合。

4.司法社会工作专业与人工智能深度融合

社会工作专业要重视对科技的应用，反思当前偏重知识传授的教育理念，应更重视学生的职业技能训练，必须重视社会工作专业学生的法律思维、小组工作能力培养，采取与人工智能相符的教学模式，开设相关课程及开展相关研究。

5.高校与实务部门育人深度融合

拓宽“检校协同”培养模式，学生进行参与式学习。《未成年人检察工作白皮书（2014—2019）》统计数据显示，全国检察机关受理审查起诉涉罪未成年人 383414 名，仅有 8% 的人得到专业帮教，行业痛点：帮教差、回归难、诱因多。从 2016 年开始以洪宇实践平台为依托，与省市检察院系统协同合作，已对上千名涉罪未成年人开展了社会调查和帮教。本专业与省团委、南昌市各区检察院、未成年犯管教所等校外单位合作开展涉罪未成年人司法矫正工作，为学生提供参与式学习的实践平台。

6.专业教育与创新创业深度融合

通过学科竞赛，具体贯彻落实实践创新的教育理念，使学生可以学以致用，将理论知识灵活运用到虚拟的实战场所。

7.推进志愿服务活动，学生自主式学习

青年已经成为当代志愿者的中坚力量，因此青年志愿者的行为也在方方面面影响着社会的变革。社会工作专业作为助人自助精神的专业科学，一直在践行“用生命影响生命”的志愿服务活动。以“创动社会工作协会”为依托学生的志愿活动领域广泛涉及关爱留守、夕阳老人、预防校园暴力、未成年人司法矫正等。“助人自助、无私奉献、不求回报”的志愿者精神也正被越来越多的学生所接受。

三、改革实践的思路和主要举措

（一）改革实践的思路

2020 年 2 月 23 日习近平总书记强调，要发挥社会工作的专业优势，支持广大社工、义工和志愿者开展心理疏导、情绪支持、保障支持等服务。但是，作为一门实务性学科，当前高校社会工作人才培养普遍存在如下难题：专业实务教学容易成为“水课”，学生专业兴趣、热情不高，所学难有所用，社会实践难有收获。

2010 年江西师范大学社会学系成立洪宇社会工作服务社。依托洪宇社会工作服务社，学校搭建与省内检察系统协同的学生实习实践平台，助推社会公益性志愿服务。

学校司法社会工作实务教学形成了“学科融合+校地协同+实践平台+志愿服务”的人才培养模式，凝练了“学以致用，用以促学，学用相长”的育人生态体系（见图1）。

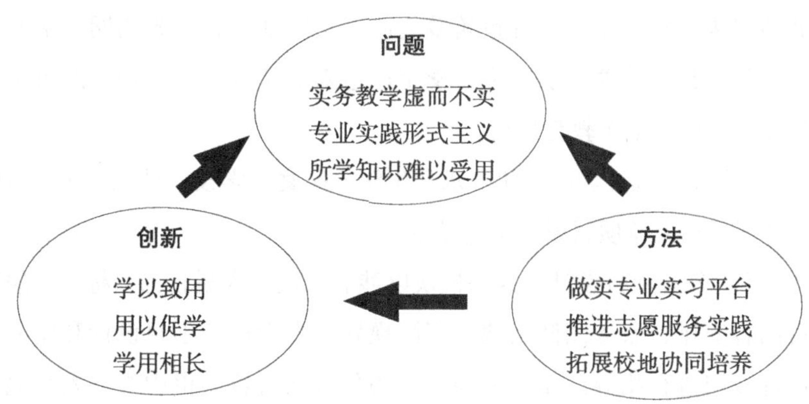

图1 社会工作务实教学“学以致用”育人生态体系

（二）主要举措

1.创新“学科融合+检校协同+志愿服务+实践平台”育人模式

针对当前国内高校社会工作专业人才培养模式中普遍出现的学生学习兴趣不高、教学满堂灌本本主义、老师重教学、学生轻实践、教材知识与社会现实脱钩等问题，学校通过不断地探索改进和实践最终确立了学以致用的改革实践路径，即“学科融合+检校协同+志愿服务+实践平台”司法社会工作教学模式。

“学科融合”主要是指发挥学校多学科优势，将法学专业、社会工作专业、心理学专业进行专业学科知识融合。

“检校协同”主要是指以省内检察院系统为依托，聚焦预防校园暴力和帮教涉罪未成年人，重点发展司法社会工作和社区矫正社会工作方向。

“志愿服务”主要是指以学生社团组织为依托发挥社会工作助人自助的专业精神，积极参与服务社会弱势群体的救助、帮教和增能活动，通过志愿服务“用青春守护青春、用生命影响生命”，将课程思政融入育人全过程。

“实践平台”主要是指由江西师范大学社会学系师生发起创立的公益性社会组织“洪宇社会工作服务社”，已成为业内知名的社工机构。

2.模块化的公益项目设计

本项目由公益初心塑造、社会需求调查、矫正公益项目设计、MPE评估训练四大模块构成。

模块 1:公益初心塑造。公益初心塑造模块包括寻初心、识初心、塑初心三块内容。通过到八一起义纪念馆等红色教育基地研学，参观公益社会服务机构，让学生受到感召，找寻艰苦奋斗的动力和创新创业的决心，以饱满热情投入创新实践中。学生曾前往贵州望谟开展涉罪未成年人帮教“红色筑梦之旅”实践活动，被光明网、学习强国等主流媒体报道。除了帮教涉罪未成年人，学生还追随龚全珍“老阿姨”的脚步，自发前往江西莲花县开展社会工作教育扶贫。

模块 2：社会需求调查。本模块要求学生深入家庭、学校、社区、矫正机构开展社会调查，为开展矫正公益项目设计奠定基础。

模块 3：矫正公益项目设计。这一模块以涉罪未成年人矫正为目标，围绕项目主题选择、项目内容安排、服务团队组建、资源规划等方面进行项目设计和路演，并邀请公益项目设计专家进行指导。学生参与设计的公益项目曾获得中央部委和地方政府立项 200 余项。

模块 4:MPE 评估训练。即通过对前述 3 个模块的复盘，推进学生互评、服务对象、指导老师多主体、全过程评估，形成评估报告，并邀请资深社工、社会组织评估专家进行点评和指导，提升学生项目评估的能力，增强对公益创新创业和实现人生价值关系的理解，回归公益服务的初心。

3.标准化的一站式帮教体系

洪宇社会工作服务社形成了从检察机关批捕到回归社会的涉罪未成年人帮教标准流程和整体服务方案，有效提供专业的司法社工一体化全程跟进服务。

“1”即 1 套资源体系，洪宇社会工作服务社搭建起“1+2+N”资源体系，在全国率先形成了“洪宇（社会组织）+ 检察机关、共青团 + 企业、基金会等”的“1+2+N”资源体系，整合政府、社会资源，获得了从中央到地方完整的资源保障，为洪宇社会工作服务社开展未成年人服务保驾护航。

“9”即 9 项主要服务内容，包括社会调查服务、涉罪未成年人帮教服务、合适成年人服务、刑事和解服务、被害未成年人救助、心理测评及健康管理服务、亲职教育服务、临界预防服务、就业培训。

“4”即 4 维帮教方法（PFSS 法），指从个人、家庭、学校和社会这四个维度提供专业社工服务，从影响未成年人犯罪的内因和外因入手，进行“两手抓”，标本兼治，助力帮教效果高效、稳定、持续。

“4”即 4 个创新支撑，指创新制定社会调查执行标准、构建“四・二六”犯罪原因分析模型、强化心理测评及危机干预机制、搭建智能化系统管理平台，为项目提供技术支撑。

（1）创新制定社会调查执行标准

开展司法社会调查，服务于司法人员量刑过程；全方位搜集信息、专业化评估诊断。

标准流程如下：

①案情预估。整理检察院所提供的基本信息，并由此预估涉罪未成年人犯罪原因、所需个性化服务和案件基本走向。

②信息收集。对涉罪未成年人及其家属进行访谈，并走访其邻居、老师、朋辈、同事等密切接触者，调查了解涉罪未成年人成长经历、个性特征、家庭环境、同辈关系、社会支持现状等，全方位掌握该犯罪行为和犯罪主体的信息。

③分析评估。对涉罪未成年人犯罪原因和犯罪心理、家庭社会支持状态、改正行为和回归社会的必要条件进行综合分析，并评估其人格健全性、人身危险性、再犯罪可能性以及行为矫正的可能性、回归社会的风险影响。

④撰写司法调查报告。由调研走访和专业分析形成涉罪未成年人社会调查报告，附上"房树人绘画心理分析""二十个我""个人成长生命线""家庭关系结构图""社会关系生态系统图"、再犯罪风险评估报告等相关材料一起递交检察院，成为检察院判决涉罪未成年人起诉与否的重要依据。

洪宇社会工作服务社制定出《未成年犯罪嫌疑人刑事案件社会调查表》，通过调研和专业分析最终形成的涉罪未成年人社会调查报告已经得到公安局、检察院的一致认可，成为江西省的官方档案规范和行业规范。

（2）构建"四·二六"犯罪原因分析模型

为解决帮教方案设计的精准化问题，洪宇社会工作服务社从源头入手，自主创新研发，构建了"四·二六"犯罪原因分析模型。"四"即四个维度，指身体、成就、关系、未来；"二六"即二十六项能力，分为第一能力（爱的能力）和第二能力（认知能力），第一能力包括爱、榜样、耐心、实践、交往、性、信任、自信、希望、信仰、怀疑、坚定、整合，第二能力包括准时、清洁、条理、顺从、礼貌、坦白、忠诚、公正、成就、节俭、信赖、谨慎、精确。

在司法社会调查的基础上，洪宇社会工作服务社对搜集到的涉罪未成年人及犯罪信息进行定性分析，全方位进行犯罪行为画像和能力检测，从能力视角准确定位犯罪行为原因，由调研诊断得出的数据分析报告有针对性地指导具体的帮教，并帮助设计个性化帮教方案，解决帮教精准化问题，让涉罪未成年人更好地回归社会。

（3）强化心理测评及危机干预机制

依托江西师范大学一流专业和江西省心理与认知科学重点实验室，结合《一种光伏供电的心理防护干预方舱》《一种心理学问题行为纠正的装置》《青少年核心心理健康素质测评系统》等专利软著，洪宇社会工作服务社在心理测评及危机干预方面进行了大幅度升级，采用眼动仪等测验工具或者用访谈法、实验法、心理物理法等方法对未成年人进行心理测量，通过科学、客观、标准的测量手段对未成年进行测量、分析、评价；同时，关注开发青少年积极心理，对产生心理危机及常态心理运行不良等情况进行干预与矫正，通过一对一心理辅导和周期性的心理健康管理助推青少年疏导非理性情绪，提高心理素养，正向引导其形成健康心态。

（4）搭建智能化系统管理平台

采用“互联网＋社工＋服务”的数据融合与应用技术，建立了集法律法规科普、亲职教育课程、校园防欺凌宣传以及个性化专家咨询服务等功能的一体化未成年人护航服务平台，并且融合了分众式靶向服务技术，实现了基于手机定位的社工定向服务；此外，建立了5000余例关于涉罪未成年人的司法调查、心理测评、个案帮教等方面的信息数据库，同时为全职社工、兼职社工和社会各类志愿者建档，实现社工信息和服务数据的智能化系统管理和分析处理。

线上课程已开发180余门，主要包括法律法规（60门，为未成年人提供一站式的法律法规科普学习资源，做好必要的社会普法），亲职教育（49门，为家长提供如何成为一个合格称职的好家长的专业教育课程），校园欺凌（42门，杜绝校园欺凌行为，营造和谐育人氛围，促进学生身心健康发展），自我管理（35门，从自我认知、时间管理、情绪表达、人际交往等多重角度赋能未成年人）。

四、特色及创新点

（一）特色

1.“学以致用”，探索了实务教学的“检校协同”培养路径

本院师生发起成立的江西洪宇社会工作服务社，作为江西省第一家社工机构，在国内司法矫正领域起步早、发展快、前景广，为本课程提供了稳定的实践平台。以此平台为拓展延伸，实现了学校、社工机构、检察院、未管所、团委、医院等多部门的有效协同。同时，在学生的专业成长方面探索了“双师教学”模式。除了校内老师的教学，还有社工机构的督导和实习单位的校外导师进行督导实习；真正让学生忙起来、管理严起来、效果实起来。在学生实践方面还广泛运用新媒体如微信等和服务对象及时沟通、反馈情况并跟踪心理辅导和社会支持。

2.“用以促学”，构建了社会工作的社会实践和志愿活动体系

学生能否“学以致用”，不仅是检验社会工作专业教学成绩的标尺，也是检验人才

培养得失成败的关键。在校内以学生社团组织“创动社会工作协会”为依托，在校外以社会服务组织“洪宇社会工作服务社”为基础，校内外联动为学生的专业实习和志愿公益活动提供广泛开阔的实践舞台。青年学生是志愿者精神最好的弘扬载体，通过志愿活动和社会实践直接接触、关怀和帮助弱势群体，青年学生不仅可以在志愿服务中增长见识，而且能履行社会责任。

3.“学用相长”，破解社会工作教学、实务和学术之间脱钩问题

社会工作相关的学术体系是“教科书式”的，并不具备实操价值的体系、标准和框架，限定了实务工作和教育工作反思提高的空间。教学、实务、研究三方各有所长也各有所短，为破解它们各自都“圈地自萌”，在社会工作人才培养中开设了四门专业实训课：个案社会工作实训、小组社会工作实训、社区社会工作实训、社会调查实训。实训课都配合相关的理论课程和实践任务，做到理论与实践相结合。

（二）创新点

经过多年摸索，本项目形成了四大创新特色：

（1）公益引领、个人成长、创新创业“三位一体”的目标导向：项目以公益社会服务为宗旨，引领学生将个人成长发展与国家治理、社会建设相结合，主动承担社会责任，做到创新创业精神与坚定理想信念相结合。

（2）思政、专业、实践、创业“四素融合”的育人路径：将江西红色资源和精神融入课堂教学，形成“专业＋专业”“专业＋创业”“理论＋实践”“校内＋校外”多维融合，在专业知识传授与创新创业能力训练的有机融合中，提升实践的价值感，贯彻落实了国家关于推动创新创业高质量发展的要求。项目以社会公益为宗旨，引领学生将个人成长发展与国家建设相结合、将创新创业精神与坚定理想信念相结合。项目凝聚了一支专创融合的导师队伍，在专业知识传授与创新创业能力训练的有机融合中，贯彻落实了国家关于推动创新创业高质量发展的要求。

（3）学校、社会组织、司法机关、政府机关、基层社区“五方协同”的协同培养机制：课程先后与社工机构、检察院、民政局、基层社区、中小学等签订实习基地协议，建立起合作伙伴关系，搭建了多元实践平台，真正做到了学校、政府和社会多方协同培养人才。

五、实践效果、推广应用情况及校内外评价

（一）实践效果

1.帮教成效

十年坚守，洪宇社会工作服务社直接挽救涉罪未成年人 5318 人，间接帮扶工作使得 31 余万人受益。

洪宇社会工作服务社用创新有效的 1944 帮教模式做好了涉罪未成年人岔路口上的引路人。在帮教对象中有 3082 个帮教对象重返校园，有的还考上了大学；还有 198 人自愿反哺，也加入帮教工作中；帮教对象中有 1503 人实现就业或自主创业，仅 2019 年创造社会经济价值过 1 亿元。

为提升帮教对象回归社会的质量，洪宇社会工作服务社将就业渠道分为提供就业信息、就业岗位和创业指导三大板块。洪宇社会工作服务社主动链接的中国人寿保险、太平洋保险、中铁建业养老集团、江西慈孝竹居家养老服务有限公司、新力物业集团有限公司新发展中心、江西中深实业有限公司、江西饭店等百余个合作单位，为空档期的青年提供每年 500 多个就业岗位。同时，线上线下为服务对象提供就业帮扶 4800 余人次，将涉罪未成年人拉出“群管无人管”的尴尬境地，为有意创业的服务对象提供创业指导和技能培训，做好了帮教工作的收尾环节，有始有终，保质保量。

洪宇社会工作服务社的创新司法调查和四维帮教模式有效降低了服务对象的被起诉比率和再犯罪风险。经洪宇社会工作服务社帮教，涉罪未成年人起诉率持续下降，再犯罪率大大降低。以江西省为例，2013 年起诉率 81%，随着帮教人数逐渐增加，2019 年起诉率已降至 47%；以全国为参照，全国涉罪未成年人再犯罪率 3.8%，洪宇社会工作服务社帮教后再犯罪率降为 0，有力提升了社会治理水平，推动了社会和谐稳定发展。

2.普法宣讲

对于一般青少年群体，洪宇社会工作服务社抓住家庭、学校、社会三个逐渐升级的“战场”全面开展普法宣讲工作，让青少年远离犯罪、学会自护，为青少年营造知法懂法守法的健康成长环境。

洪宇社会工作服务社成立至今累计开展家庭教育宣传 650 余场、家庭教育培训 1080 余场、家庭教育咨询 6700 余人次、家庭关系修复 4800 余个；送法进校园 30000 余场，覆盖 5000 余所中小学，受众人数达到 2000 万；组织防欺凌、防性侵等自护教育 800 余场；组织欺凌、盗窃等不良行为帮教矫正 2370 余人；组织班主任培训 1200 余场；组织学

干培训 3200 余场；组织教管老师培训 670 余场，培训维权教师 18300 余人。

在更为广阔的社会层面，洪宇社会工作服务社通过法律知识宣传、政策建议、法律咨询等多种形式开展工作。法律知识宣传方面，已开展千乡万村法律宣传 13480 余场；政策建议方面，参与政策研讨 27 次、进行政策提案 4 项、共建 16 个双零（“0 犯罪，0 批捕”）社区；法律咨询方面，建立了何东个人调解室并开展调解 480 余次、提供法律咨询 8700 余人次。

截至 2019 年，因校园欺凌和暴力犯罪提起公诉人数为 2914 人，同比下降 36.15%。其中，批准逮捕人数为 1667 人，同比下降 40.14%。洪宇社会工作服务社的预防犯罪普法宣讲，防患于未然，将犯罪的毒苗扼杀在摇篮里。

3.引领教育

洪宇社会工作服务社不仅踏实于帮教工作，也注重行业长远发展，用自身实践经验培育更多司法社会工作人才，引领行业发展。

（1）理论成效：十年间，洪宇社会工作服务社联合高校开设 4 门专业课程，编著了《涉罪未成年人社会调查和帮教服务指南》《优秀案例选编》《未成年人犯罪的原因分析》《司法矫正的理论与实务》《司法社工的伦理原则》等 17 本专业教材，180 多门线上课程，助力司法社会工作行业规范，得到广泛认可和推广，吸引省内外多家公益组织前来学习交流并签订合作合同。

（2）专项培训：2013 年，洪宇社会工作服务社与江西师范大学共建了教学实践基地，开设了司法社工课程，成了社会工作、心理学、法学、思想政治教育等专业人才的培养基地，每年可为 160 余名社会工作专业学生、120 余名心理专业学生、110 名法学专业学生、80 名思想政治教育专业学生、60 名公共管理专业学生提供教学实践机会。

截至目前，洪宇社会工作服务社已搭建 32 个大学实践基地，实现 5000 余专业人才输出，其中不乏优秀的学生秉持着洪宇社会工作服务社的精神将专业的道路越走越宽广。例如，志愿者杨雨涵，之后入选团中央派遣联合国国际志愿者，全国仅有 7 人；心理学研究生李铭悦，创立长谈心理咨询工作室，为大众提供平价心理服务；法学专业学生李游，创立江西凡宇律师事务所，与洪宇社会工作服务社保持深度合作；社会工作专业刘传龙，创立众力社会工作发展中心，与洪宇社会工作服务社共担社会工作。

（3）技术指导：向社会开展了 12 万余人次的社工服务培训活动。根据不同人群所遇司法问题展开集中指导 800 余场，为未检人员解决社会调查技术问题 100 余次，与团委维权干部合作进行青少年权益维护培训 300 余场。

4.公益影响

十年间，人民网、新华网、江西卫视、《江西日报》等 120 多家媒体对洪宇社会工作服务社的工作进行了报道，这使得少年司法工作更高频地出现在公众视野，让社会工作被更多人知晓，获得了广泛的社会影响，让公益事业产生了更深远的影响。

（二）推广应用情况

洪宇社会工作服务社的工作也为社会工作和少年司法工作的推进做出了较大的贡献。2013 年,洪宇社会工作服务社创新构建“洪宇 + 检察机关、共青团 + 企业、基金会等”的“1+2+N”资源体系，得到了江西省检察机关和社工行业机构的认可和推广;2015 年，团省委向全省推广了洪宇社会工作服务社经验；2016 年，最高人民检察院在全国综治会议上向全国推广了洪宇社会工作服务社经验；2018 年，洪宇社会工作服务社推动了最高检和团中央共同签署了《关于构建未成年人检察工作社会支持体系合作框架协议》;2019 年，洪宇社会工作服务社被最高检确立为全国首批共同推进未成年人检察工作社会支持体系建设试点单位，洪宇社会工作服务社的帮教模式从此在全国范围内进行试点推广。

（三）校内外评价

1.社会工作学生的专业能力与就业情况显著提升

毕业生实现 92% 就业，主要就业方向为社会组织、教师、机关和事业单位、企业以及自主创业，其中就职于社会组织人员为 26 人（占 21.67%）。有超过三分之一的毕业生在深圳、广州、厦门、上海等地从事专职社会工作；本专业的毕业生中有 14 人创办了相关的社会工作机构、社会组织，遍及南昌、深圳、广州、中山等地。毕业生专业能力受到用人单位好评，3 名毕业生获得“中国最美社工”荣誉称号。近 3 年考研成功率为 46%，多人考上武汉大学等名校。历届社会工作专业学生都进行了累计 3 个月的专业实习，在涉罪未成年人矫正社会工作、预防校园暴力和校园欺凌、关爱留守儿童家庭成长方面等进行了大量专业实践活动。累计超 400 次的社会调查实习报告，2000 余次入户访谈和志愿帮教活动，5000 余次心理咨询，同时组织学校教育宣传、家庭关系修复培训、普法工作下乡入社区等社会赋能的公益性活动百余次。

2.构建了社会工作教学、实务、研究的一体化发展模式

通过社会工作教学、实务和研究的纵深结合，凝聚了理论与实务分工明确、团结协作的强大教学团队。首先，在教学绩效上，多人次获学校十佳百优称号，一人获全国挑战杯优秀指导教师、一人获 2016 年度江西十大法治人物称号等。教学团队不断探索引入信息技术从线下课程的实训教学到线上课程的网络教学。其次，团队实务论文《真诚敲开涉罪少年心门》《走进未管所 带走自卑心》刊载于《中国社会工作》。十年间，

制定了《涉罪未成年人社会调查和帮教服务指南》《优秀案例选编》等 10 多项实务手册，助力司法社会工作行业规范化。最后，在青少年研究和矫正社会工作领域取得了丰硕的研究成果，在《青年研究》等 CSSCI 期刊发表论文多篇，相关研究报告呈发于国务院参事室的《国是咨询》。学生获得第十四届“挑战杯”全国大学生课外学术科技作品竞赛全国一等奖，国务院参事室颁发的第二届费孝通田野调查三等奖等。

3.“三位一体”的育人生态体系得到肯定和推广

在“校社协同”方面，研究成果《社会工作方法在涉罪未成年人矫治中的应用研究》被江西省人民检察院采纳，并在基层未成年矫正实践中得到广泛运用和推广。五年坚守，以洪宇社会工作服务社为实践平台直接帮教涉罪未成年人 2300 余名，间接帮扶“问题”未成年人 2 万余名，涉罪未成年再犯罪率 0.5%（远低于江西省 7.3%）；洪宇品牌建设不断深入，省内外多家公益组织前来学习，并与省内各级检察院、团委、妇联、医院系统等签订合作合同。

实践平台是江西师范大学优秀教学实践基地，获评江西省青少年维权岗（2014）、全国首届青少年事务社工项目 100 强（2015）、南昌市优秀社工机构（2017）等，获得了 2019 年最高检察院、团中央“全国首批委托开展未成年人检察工作社会支持体系建设工作单位”（全国 40 家试点单位中江西省是唯一入选单位）以及 2016 年荣获团中央、中央综治委等 13 部委共同授牌的“全国青少年维权岗”。洪宇社会工作服务模式受到《人民日报》、环球网、《江西日报》、《法制日报》、青年网、中国文明网等主流媒体报道，阅读量达百万余次。共青团中央书记处书记徐晓等中央领导与省市领导也多次到洪宇实践平台进行参观指导调研。

十年来，洪宇社会服务工作社踏实的工作得到了帮教对象的 100% 好评。从十年前创业伊始的不被人理解，被拉掉工作室电闸，到现在的被社区居民广泛认可，冬天收到热腾腾的水饺、夏天收到甜丝丝的西瓜，洪宇社会服务工作社的工作得到了帮教对象的百分百肯定，这些肯定都是洪宇社会服务工作社继续前进的动力。

洪宇社会服务工作社的做法也得到了教育专家的高度赞扬。中国当代教育名家、中国教育学会副会长、基础教育专家宋乃庆教授说：“江西洪宇社会工作服务社为岔路口的孩子回归社会做了不少富有成效的社会工作，不愧为新时代中国社会工作的排头兵！”未来的工作中，洪宇社会服务工作社也将牢记帮教服务的初心，用专业情怀继续服务社会。

历经 17 年建设，本项目已培养 580 余名从事矫正社会工作的专业人才，课程孕育的江西首家社工机构——江西洪宇社会工作服务社于 2016 年获得全国“青少年维权岗”荣誉称号。项目引导学生开发的矫正公益项目“洪宇——打造一站式涉罪未成年人帮教新模式"获 2020 年第六届中国国际"互联网 +"大学生创新创业大赛"青年红色筑梦之旅"国赛金奖。

图 3　洪宇社会工作服务社所获荣誉

8 江西日报 JIANGXI DAILY 综合 News

“岔路口”的温暖

——走近江西洪宇社会工作服务社

本报记者 齐美煜

凤凰網江西 江西 > 教育 > 院校动态 > 正文

江西师范大学江西洪宇社会工作服务社荣获全国表彰

2016年10月19日 15:12

来源：江西师范大学新闻网

0人参与 0评论   

近日，江西师范大学江西洪宇社会工作服务社被团中央命名为2014-2015年度全国“青少年维权岗”。该项活动由团中央主办，中央综治办、最高人民法院、最高人民检察院、教育部、公安部、民政部、司法部、人力资源和社会保障部、文化部等12家部委共同评选，原则上每1-2年评选一次。此次共有630家单位被命名为全国“青少年维权岗”，其中，全国共青团系统42家，江西共青团系统2家，我校江西洪宇社会工作服务社也是此批获得命名的唯一一个来自高校系统的机构。

江西师范大学江西洪宇社会工作服务社自2009年注册登记成立以来，一直以“关爱青少年成长，情系社会服务”为使命，利用专业优势，着力践行青少年权益维护工作，优化青少年成长环境，矫正青少年偏差行为。先后开展了《未成年犯增能坊服务项目》、《涉罪未成年人社区矫正社工介入项目》、《危机青少年干预项目》、《闲散青少年成长计划》、《心灵港湾—流动人口子女预防犯罪服务项目》、《重点青少年服务管理项目》等多个专业服务项目，受到社会各界广泛好评。（文/校团委）

图4 《江西日报》、凤凰网（江西）对江西洪宇社会工作服务社的报道

江西师范大学：

综合实践课“红色音乐+思政”育人模式

一、团队负责人及主要成员简介

（一）负责人简介

熊小玉，江西师范大学音乐学院院长、教授、博士生导师，江西省文联兼职副主席、江西省音协副主席、江西省百千万人才、江西省第一批本科音乐学专业高水平教学团队领衔专家。主持全国社科艺术学重点项目1项，主持国家艺术基金项目1项，出版专著多部并在《音乐研究》《中国音乐学》发表高质量论文20余篇，出版个人作品专辑1张，获省社科优秀成果二等奖3项，省教学成果奖二等奖2项，多首声乐作品分获江西省“五个一工程”奖、江西省文艺精品工程和教育部大奖。

（二）主要成员简介

陈立芳，江西师范大学副教授、硕导，江西省第一批本科音乐学高水平教学团队主要成员，出版个人作品专辑2张，作品获江西省2017年度优秀作品奖，担任“主旋律歌曲歌词创作与鉴赏”课程教师。

李盼，江西师范大学副教授、硕导，江西省第一批本科音乐学高水平教学团队主要成员。为多部电视剧、专题片配唱主题歌和插曲，出版个人专辑1张，主持的“通俗唱法”获得全省精品课和国家三类精品课，获得全校十佳百优和青年教师大奖赛一等奖。

胡晓东，江西师范大学音乐学院教授、博导，江西省第一批本科音乐学高水平教学团队主要成员，主持全国社科艺术学一般项目2项，出版专著多部并在《音乐研究》《中国音乐学》发表高质量论文10多篇，获得江西省社科优秀成果二等奖2项，指导多位学生获得全国优秀论文大奖。

纪德纲，江西师范大学音乐学院副教授、硕导，江西省第一批本科音乐学高水平教学团队主要成员，主持1项教育部人文科学项目，在《中国音乐学》等刊物发表高质量论文多篇。

二、解决的主要问题及工作目标

（一）解决的主要问题

1.要解决全员育人的问题

学院现有合唱团、交响乐团、瓷乐团、舞蹈团、轻音乐团、键盘团、民族管弦乐团、戏剧表演团八大艺术团体，每年的各类演出尽量做到全员参与。比如《长征组歌》演出就有五个团队参与：映山红合唱团（126人）和中至青蓝交响乐团（94人），另加朗诵队（8人）、领唱（13人）、后勤队（8人），实际演出场次不同人员不尽相同，分为若干个组合梯队进行轮流上场，每场240余人，11场总计2500余人次参演。各团除了部分大一学生没有参与，高年级学生（毕业班大部分学生就业择业而未参与），几乎“全员”参与。

其中，在学校也演出了三场，上万名学生也接受了《长征组歌》的熏陶，“长征精神”引起全校师生强烈的观看反响。

2.要解决全方位育人的问题

借助综合实践课程实现全方位育人，是该育人模式的一大特点。比如《长征组歌》的演出，校领导为演出团队亲自上思政课。有多位教师亲临《长征组歌》排练现场做专题辅导。在这次巡演中，教师们还率先垂范，领唱、范唱，积极引领提升团队水平，为学生领悟长征精神树立了榜样。

3.要解决全程育人的问题

全程育人也是我们教学模式改革的一大特点。还是以《长征组歌》巡演为例，作为音乐学院一个传统表演节目，不仅教育今天正在参加巡演的学生，同时也伴随他们整个学习过程，还将教育之后的学生，使其在江西师范大学期间能够全程得到长征精神的洗礼，而这种精神还会伴随和影响他们今后的奋斗历程。早在20年前，学院就曾经排练和演出过《长征组歌》，现在乐团的部分教师就曾经作为学生参与过当年演出，由于他们曾经深受长征精神的熏陶和感染，他们身上才始终洋溢和保持着一种积极向上的工作态度，并影响和引导他们辅导的多届学生，使学生都铭记着那难忘的艺术实践经历。

（二）工作目标

学院每年都制定全院年度综合实践课程计划，根据每年的校内外大型活动，比如新中国成立七十周年、建党一百周年、新年音乐会、建校八十周年、高雅艺术进校园等各类庆典与大型演出等，院内小型活动如星期音乐会、艺术实践周、艺术沙龙、中期汇报音乐会、天浪杯基本功技能大赛、珠江杯奖学金比赛等，选择传统经典红色音乐作品或者原创红色音乐作品，布置具体任务和进行排练，通过综合艺术实践课程的排演，达到全员、全方位、全过程的“三全育人”目标。

三、改革实践的思路和主要举措

（一）改革实践的思路

（1）打破传统课堂教学的思路与做法，将音乐艺术课堂教学与艺术实践高度结合，且把课堂教学延伸到更广阔的天地，一边进行学习理论，一边进行艺术实践，通过多种途径来提高学生的音乐艺术表演技能，即校内发展路径：琴房→教室→排练厅→音乐厅→实验剧场→正大广场→走向社会；而校外发展路径：社区→中小学→企事业→部队警营→兄弟院校→艺术中心→全国→国际。

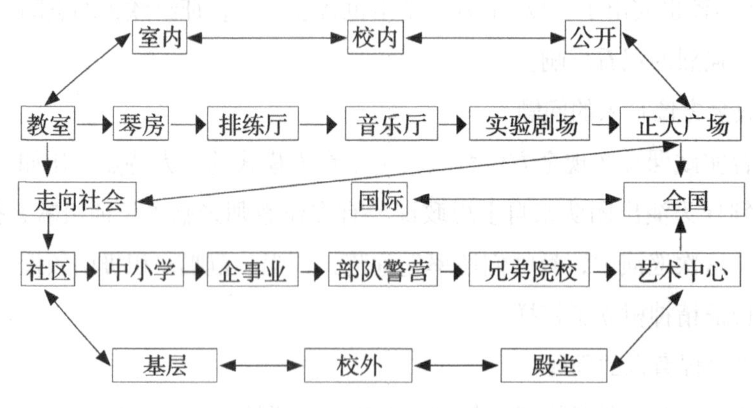

图1　艺术实践“双循环”发展路径图

（2）由任课教师与各乐团首席、次席乐手合作，搭建“双师型”教师队伍并引领、示范、指导，高年级学生传帮带的方式形成浓郁的音乐舞蹈艺术实践氛围。

（3）通过“以赛促练”“以练备赛”“全员动员”等方式来构建“立德树人”和“全员参与”“全过程”“全方位”之“三全”育人体系，建立音乐舞蹈艺术实践梯队发展的方针策略，为八大团输送过硬人才，而这些人才又对新生起到强大的吸引力，进而形成良性循环。

（4）采取经典曲目与原创曲目结合的艺术实践发展思路，努力打造江西特色的新音乐名片，丰富和储备江西本土经典优秀曲目。

（二）主要举措

1.课程建设

（1）开设新课程

打造一批与红色音乐文化有密切关联的音乐与舞蹈方面的新课程，如“主旋律歌词创作与鉴赏”“江西红色音乐文化发展简史”“红色音乐与党史教育”“毛泽东思想发展雏形”等新课程，同时也要进一步加强对传统课程的改进和完善，使之与红色文化能够无缝链接。

（2）课程延伸

以音乐舞蹈学术讲座（周末全校本科生学术讲座、学院教学质量月和学术质量月讲座），音乐舞蹈沙龙，音乐经典作品“快闪”，高雅艺术进高校，红色经典音乐艺术进社区、进工厂、进军营、进中小学、进监狱等多种途径与形式的演出活动来扩展和延伸课程，使红色音乐舞蹈艺术能够走进赣鄱大地更多的角落，使绝大部分学生乃至每位学生都能够有机会参与其中，并得到很好的锻炼。

（3）江西红色文化资源（详见表 1）

表 1　江西红色资源盘点

序号	红色资源	发展区域	发生时间
1	工人运动发源地	萍乡安源	1922 年 9 月
2	八一起义	南昌	1927 年 8 月
3	秋收起义	铜鼓、永新	1927 年 9 月
4	井冈山革命根据地	井冈山	1927—1929 年
5	井冈会师	井冈山等	1928 年 4 月
6	赣东北革命根据地	弋阳横峰等	1930 年 6 月
7	毛泽东思想雏形	寻乌、瑞金等	1930 年 5 月
8	中央苏区	赣南地区	1929—1934 年
9	长征源头	赣州于都	1934 年 10 月
10	南方游击战	赣南油山等	1934—1937 年
11	新四军军部	南昌	1937 年 10 月
12	小平小道	南昌	1969—1972 年

以这些红色资源为支点，一方面选取反映诞生在这片红土地上的经典红色故事创作歌舞剧、清唱剧、组歌等音乐舞蹈作品进行片段式或集锦演出，目前学院正在紧锣密鼓排练之中；另一方面组织专门的创作人员围绕这些经典人物、感人故事进行多种

艺术形式的创作，创作歌曲、舞蹈、音乐剧、歌舞剧、山歌剧、交响乐等群众喜闻乐见的表演形式，利用音乐学院师资与表演团队的资源优势，进行排练、演出，计划在近两年推出若干部红色经典剧目。目前这方面已经初见成效，如熊小玉创作的交响乐《井冈颂》、民乐《老表》、室内乐《红色记忆》等作品多次登上江西新年音乐会的舞台，受到国内外受众的普遍好评。

2.人才引进（聘请特殊人才）

（1）引进国外特殊人才

近年来学院先后聘任了俄罗斯籍男中音歌唱家安德烈·布拉霍夫斯基教授、白俄罗斯籍女高音歌唱家柳德米拉·卡尔布克教授等外籍教授来学院任教，最近又拟引进两名弦乐方向的外教，他们不仅参与教学，每年还要举办独唱音乐会，与师生分享他们的教学理念与教学成果，还利用他们的国际平台优势，与音乐学院师生一起参加世界各地巡回演出或参加重要国际声乐比赛，极大地提升了学院教学水平和域外影响力。他们先进的艺术技巧与表演理念，结合我国的厚重文化基础和正确的“思政”方向，从而达到洋为中用的实际功用。

（2）引进国内特殊人才

音乐学院引进国内在红色音乐文化方面研究与表演等成果显著的专家，聘请他们为客座教授，《国歌》立法提案者，著名指挥家于海先生；国家级非物质文化遗产传承人、著名赣南采茶舞代言人陈宾茂先生等，都是国内该领域最顶尖级的专家，他们应邀定期或不定期来音乐学院授课，经常与师生进行多途径沟通、交流、座谈，极大地提高了师生的艺术修为与舞台表现力。

3.实施“红色音乐文化”走出去战略

积极创造条件，与国外对口大学建立友好校际关系，继续利用学校在国外打造孔子学院的便利条件，组织相应的演出团队，“送戏到国外”，把我们创作的优秀红色经典文艺作品推上国际舞台，打造“一带一路”的红色音乐文化阵地和大舞台。

4.打造高水平创新教师团队

学院秉承务实创新高效超前的工作作风，在“教、演、创、研”领域打造一个个极具特色的团结奋进的团队。

在教学方面，积极组织表现优秀的教师参与到艺术实践表演与教学中来，起到示范作用；通过省级精品课程、一流本科课程、优秀表演人才实验班等教学手段，积极开设特色课程，逐渐打造并形成不同专业方向、各具特色的优秀教学群体。

在表演方面，积极参与省内外各类艺术大赛，老师获得省内外各类重大比赛的重要奖项近百项。学院参赛排演的作品大都是围绕红色经典音乐文化和戏剧文化以及原创音乐舞蹈文化进行。

在创作方面，作曲与指挥系 12 位教师中，具有博士学位的老师 5 人（其中 2 位博导），多位教师具有在美国知名大学做过高级访问学者的经历，学院近年来形成了以邓伟民、熊小玉、徐翀、张湧、张波、麻峰、陈南宏、陈欣星等教师为代表的创作群体。推出一批“立得住”“唱得响”“传得远”的好作品，如《那一片红》《你我约定》《我是谁》等红色作品。

在研究方面，熊小玉、陈乃良、胡晓东、孙胜华、纪德纲、麻峰、李星杰等教师组成理论研究团队，在《音乐研究》《中国音乐学》《舞蹈》等国内权威音乐学术刊物与权威的学术刊物上发表高质量的红色音乐文化论文；熊小玉、邓伟民、胡晓东、李星杰、陈乃良等老师带领团队不断获得国家社科基金（重点、一般、青年）项目，在红色音乐文化研究上起到引领示范作用。

四、特色及创新点

（一）加强课程建设，突出原创性扩展新课程内涵丰富学生视阈与眼界

开展以实践为主实践课，同时增加一定的理论课程，来加强“红色音乐文化 + 思政”的广度、高度与深度。“主旋律歌词创作与鉴赏”“江西红色音乐文化发展简史”“红色音乐与党史教育”等新课程的渗入，使学生更深刻地认知红色文化。

“主旋律歌曲歌词创作与鉴赏”课程，选用老师自创的音乐作品作为教材，让学生有种更直观、更熟悉、更亲切的感受，拉近作品与学生的距离，提高学生的学习兴趣（详见表 1）。

表2　“主旋律歌曲歌词创作与鉴赏”课程选用的原创曲目

歌曲名称	作词	作曲	类型	演唱	创作时间
我是谁	田信国	熊小玉	红色歌谣	王传越	2018
你我约定	张艳国	熊小玉	战疫歌曲	李盼	2020
我在瑶湖等你来	陈立芳	熊小玉	校园民谣	万志等	2019
挑战·梦想	陈立芳	熊小玉	挑战杯会歌	青春派	2021
师爱无边	陈立芳	熊小玉	校园民谣	李盼	2021
姚名达	陈立芳	熊小玉	话剧主题歌	李盼	2020
桃花朵朵开	陈立芳	熊小玉	村歌	李盼	2019

图2　江西省第十七届大学生“挑战杯”会歌由江西师范大学音乐学院教师创作

（二）加强艺术实践环节的力度与强度，使人才培养走向良性循环的发展路径

近年来音乐学院通过大量的艺术实践，充分解决了学生在艺术实践过程中与红色音乐文化的无缝链接。

活动场地：学院专门开设了合唱排练厅、瓷乐排练厅、民乐排练厅、交响乐排练厅、舞蹈排练厅（多个）、歌剧音乐剧排练厅，除了学生专有的琴房，教师琴房课余时间也面向学生开放，音乐厅、实验剧场、大礼堂也为学生艺术实践活动场所。

活动时间：周五下午开展综合实践课，周一到周五每天下午课外活动时间作为排练时间。

活动平台：利用“星期音乐会”“艺术沙龙”“红五月”“天浪杯”等活动给学生提供广阔的艺术实践机会，还有高雅艺术进校园，兄弟院校访问，国家重大庆典活动，新年音乐会，国外孔子学院巡演等各类实践平台。

演奏曲目：主要有经典、传统、改编、原创红色音乐作品等。

指导教师：乐团和高年级优秀学生作为专门指导和辅助指导，采取“以老带新”“新老轮换”等方式，注重梯队成员的锤炼，使乐团一直处于稳定提高的状态。

（三）加强国际合作，提高办学水平，为师生走向更高平台创造条件

学院鼓励教师走出国门到欧美等音乐舞蹈比较发达的国家访学，同时也引进更多博士等高学历人才，引进外籍教师，与欧美等大学教师和演出团体高水平演奏家合作。

近年来学院先后引进16位博士和博士后，引进外籍教师3名（声乐2名、器乐1名），出国访学教师10余人，在国外举办独唱音乐会、演奏会的教师有近10位，学生在国际获奖、出访演出等，其中不乏表演红色音乐作品，不仅扩大学校知名度，也传播了中国传统经典红色音乐文化。

（四）丰富延展第二课堂教学平台，使学生有学习红色音乐文化的多重机会

学院通过周末优秀作品音乐会、音乐沙龙、星期音乐会、音乐茶座、读书报告会、汇报音乐会等多种形式的活动，传播、传承红色音乐文化。而且每个活动都要由教师主导，并给予相应的点评、指导和辅导，使学生产生民族认同感与文化自信。

五、实践效果、推广应用情况及校内外评价

（一）实践效果

这种“红色音乐文化＋思政”的育人模式能够达到全员、全过程和全方位育人的效果。其中除大型活动外，学院极富特色的“星期音乐会”（每学期至少16场音乐会，全年32场）、“汇报音乐会”“教学质量月”、“红五月”歌手赛、“天浪杯”器乐赛、合唱艺术节等多种形式的第二课堂活动，确保每位学生每学期都有机会登上音乐厅大舞台甚至江西省艺术中心大舞台参加不同形式的艺术实践，表演红色音乐作品，同时接受多位教师的指导，受到革命精神熏染，树立起坚定信念。

（二）推广应用情况

该项育人模式得到国内音乐界著名媒体《音乐周报》（A10“教育专刊”《从实践到实践，助攻学生创业晋级》2019年4月10日）大篇幅报道，引起国内同类高校的认可与赞许。2021年10月“交响乐＋合唱＋思政”的《长征组歌》的巡回演出总计为12场，总计有2500人次参加演出，学生们得到了锤炼，演唱与演奏水平大幅度提高，尤其是对“红色音乐文化”有更加深层次的认识，思想觉悟得到极大提升。人民网、新华网、《中国青年报》、中国新闻网、学习强国，中国教育在线、腾讯新闻、手机江西台、大江视频、凤凰资讯、网易等国内主流媒体、知名网站都相继报道过《长征组歌》的演出情况。

应《音乐生活》编辑部的约稿，陈立芳老师撰写一篇1.3万字的大篇幅文章《创新驱动发展　特色引领未来》全方位介绍“红色音乐＋思政”教学模式特色，在业界产生较大反响。

举办国际论坛、学术交流会议、学科联盟论坛等一系列学术会议，邀请国内外著

名学者来讲学，同时也向他们介绍了“红色音乐+思政”培养模式。在论坛或交流会期间，举办了以红色音乐为特色的专题文艺晚会，展示了“红色音乐+思政”的成果（详见表3）。

表3　学院举办或承办的有影响力的大型学术研讨会

学术研讨会名称	举办地点	举办时间	举办或承办单位
跨界与融合——当代中国音乐创作与分析国际论坛	南昌	2018.05	江西师范大学
中国红色音乐文化高端论坛	南昌	2019.04	江西师范大学、科技出版集团
中国当代音乐创作学术研讨会	井冈山	2019.08	江西师范大学、人民音乐出版社
第三届中国音乐理论话语体系学术研究会	南昌	2019.10	江西师范大学、中国音协理论作曲委员会
2020年全国高校理论作曲学术研讨会	南昌	2020.11	江西师范大学、中国教育学会音乐分会
江西南昌现代室内音乐周	南昌	2021.10	江西师范大学、人民音乐出版社

（三）校内外评价

学校采取的“红色音乐+思政”育人模式不仅深得广大师生的大力支持，也受到社会各界广泛关注，不少学生家长对这种做法大力支持，尤其是“交响乐与合唱《长征组歌》”在2021年全省巡演过程中，每到一地，总有学生、家长及其亲朋好友来到演出场地观看。

现已有多家企事业单位与学校联系，希望《长征组歌》也走进他们单位，把这种红色音乐文化艺术送到职工心中，截至2021年国庆，受众人数为3万余人，江西卫视、大江网等媒体先后做了跟踪报道，好评如潮。

这种育人模式在课程建设方面也受到广大学生的好评，学院学生参与的积极性极高。另外，其相关公共课程也增加了吸引力。其中“主旋律歌曲歌词创作与鉴赏”“音乐鉴赏”“古琴欣赏与演奏”“歌唱技巧与表演”“学校文艺活动的组织与管理”等一批通识课程因特色显著，每学期有5700多名学生选课，而且有些学生因没有选课，都慕名听课，课堂气氛十分活跃，课程效果深受学生好评！

江西农业大学：

环境设计类“四元协同”工作室人才培养模式探索与实践

一、团队负责人及主要成员简介

（一）负责人简介

刘青，江西农业大学园林与艺术学院副教授，硕士研究生导师，江西农业大学优秀教师，优秀班主任，就业先进个人，大学生创新创业导师，园林与艺术学院无境景观工作室创始人。主持国家自然科学基金项目 1 项，省级科研项目 3 项；省级教改课题 2 项（其中重点教改课题 1 项），参与省级课题 5 项；发表学术论文 40 余篇；以第一完成人获得江西省教学成果二等奖 1 项，杜天真林业教育基金优秀教学奖 1 项；指导国家级大学生创新创业项目 3 项，校级 9 项，指导学生获各级别竞赛奖近百项。

（二）主要成员简介

刘沫，江西农业大学园林与艺术学院教师，讲师，设计教研室主任，江西农业大学优秀班主任，校先进工作者。主持省级课题 3 项，主持校级课题 2 项，参与省级课题 3 项；以第二完成人获得江西省教学成果二等奖 1 项，参与校级教学成果奖 3 项；指导大学生校级创新创业项目 4 项，指导学生获得各级别竞赛奖项数十项。

刘苑秋，江西农业大学首席教授，博士生导师，获国务院政府特殊津贴，全国优秀教师，全国巾帼建功标兵，江西省教学名师，江西省优秀研究生指导教师，首届全国林业创新创业大赛优秀创新创业导师，江西省高等学校中青年学科带头人，教育部自然保护与环境生态类专业教学指导委员会委员、全国林业专业学位研究生教育指导委员会委员、中国生态学会科普工作委员会委员、中国环境资源与生态保育学会理事，江西省生态学会常务理事、江西省林学会常务理事，江西庐山森林生态系统国家定位观测研究站站长。获得国家科技进步奖二等奖 1 项，国家优秀教学成果奖二等奖 1 项，获得省级科技进步奖、教学成果奖多项。

邹昌锋，江西农业大学园林与艺术学院副教授，硕士研究生导师，环境设计专业学科负责人。参与国家自然科学基金项目 1 项；主持省级课题 3 项，参与省级课题 2 项；发表学术论文 20 余篇；以第一完成人获得教育部高校廉政文化大赛一、二、三等奖各 1 项；指导学生获各级别竞赛奖 30 余项。

姚婧兮，江西农业大学园林与艺术学院讲师，硕士，无境景观工作室骨干指导教师，主持校级课题 1 项，横向课题 1 项，参与省级课题 1 项，发表学术论文 3 篇，指导学生获各级别竞赛奖多项。

二、解决的主要问题及工作目标

（一）解决的主要问题

高校在环境设计类人才培养中的三个突出问题：

1. 环境设计类人才个性化的培养

环境设计类教育在人才培养中长于基础知识和理论教育，短于实践训练和能力培养，特别是现有教育模式难以解决因材施教的精细化、个性化，使学生个体潜能很难被有效激发。

2. 个性化人才培养载体的构建

个性化人才培养载体是人才个性化培养的重要基础，目前高校人才培养中更多注重于课堂教学改革创新、实践基地建设，对人才个性化培养载体构建涉及较少，未形成一个有效的载体模式，导致人才培养工作不能实现全时段、全过程、全方位。

3. 载体生态可持续运行机制的形成

工作室人才培养载体易于建设，难以可持续运行是目前普遍存在的问题。载体靠输血而不能造血的被动运行，使教师疲惫、学生松懈、平台松散，难以适应个性化人才培养的复杂性、综合性、动态性，导致载体运行效率低下，不可持续。

（二）工作目标

让工作室人才培养突破传统教学的均一化培养模式，采用目标引领、四力培养、内外结合、内生推动的“四元协同”工作室人才培养模式，打造学生课堂之外的个性化、全时段、全过程、全方位的创新创业培养孵化基地。

三、改革实践的思路和主要举措

（一）改革实践的思路

紧紧围绕“生态文明建设”和“创新驱动发展”两项国家战略，结合高校人才培养的现实问题“个性化人才培养、人才培养载体、载体的可持续”，通过“四元协同”的问题解决路径，实现“创新、个性化、可持续”的工作室人才培养模式。

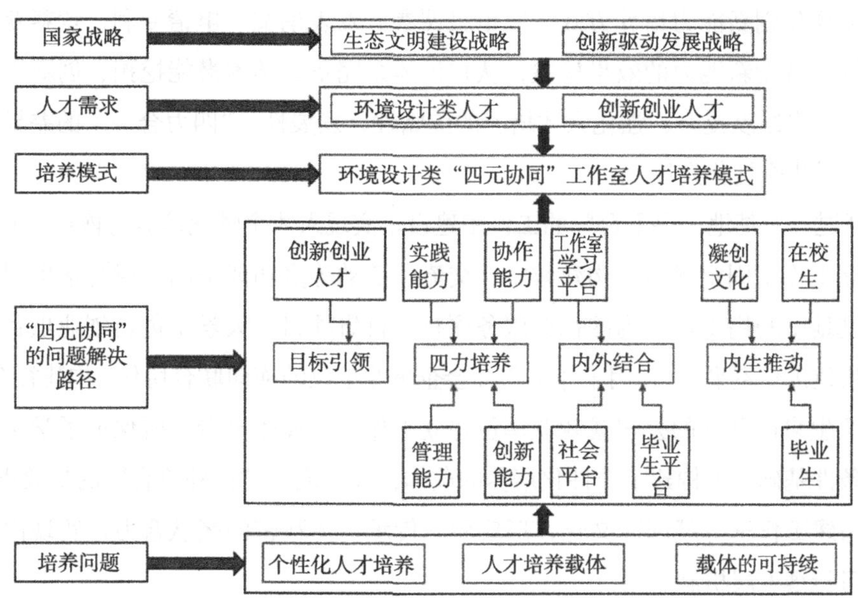

图 1　环境设计类“四元协同”工作室培养模式构思图

（二）主要举措

1.明确国家战略需求，以目标引领为培养导向

近年来，党中央提出我国生态文明建设战略，强调绿水青山就是金山银山，加快形成人与自然和谐发展；同时随着国家大力推进创新驱动发展战略，创新创业人才作为创新驱动发展战略的基础，受到国家、地方各级党政部门的高度重视，也成为高等教育的一项重要内容。本成果紧紧围绕两个国家战略，以学校人才培养模式改革为契机，依托环境设计类专业，以创新创业人才培养为总目标，探索工作室人才培养模式，搭建从学生引入、技能培训到实践促能、创业强能、创新发展的培养框架，实现个性化、分阶段、全过程培养。

2.构建“实践能力、管理能力、创新能力、协作能力”四力合一能力转化的工作室培养机制，实现人才培养的个性化、复合化

通过整合教师社会服务项目、社会企业平台项目、大学生创业训练项目、团队公司项目，以及工作室毕业生指导，构建具有极强的实践性、紧密的社会性、多维的方向性、精确的指导性的项目实践平台，实现了校内实践、内外指导、紧密社会、精准培养的实践型人才培养;根据创业人才培养需求，通过传帮带、低向高的模式逐层推进、逐渐加压，构建从项目参与到分项负责再到项目管理的渐进发展路径，形成管理能力有效培养的层级培养体系；根据创新人才培养需求，通过科研引入、竞赛推动、创新交流的多样化创新能力培养方式，以申报课题、发表论文、申请专利、竞赛获奖、考研深造等实现创新能力的效果检验，从知识体系完备、学术潜能挖掘、创新人才培养等个性化、多维度提升，强化人才培养的前瞻性、发展性。“四力合一”的差异化培养最终实现学生个性化发展。

3.通过“建基地、搭平台”的工作室建设，实现人才个性化培养有依托，有载体

建立工作室固定场地，构建教学、交流、活动等多功能空间，成为学生课余自由的畅享基地；利用工作室内的社会服务项目、科研项目、大学生创新创业项目、在校生公司构建工作室平台;利用工作室与社会企事业单位的横向联合协作，构建社会平台;利用毕业生自己创立的公司或就业单位建立工作室毕业生平台。既保证了学生学习和实践的条件基础，也构建了个性化培养的载体，并形成了“内外机合”的长效机制。

4.构建工作室“凝创”文化，形成届际传承，传帮带的团队合力，实现内生动力推动的可持续发展机制

通过实践项目、科研项目、竞赛项目、团队活动等多样化的学习活动方式，形成积极学习氛围；培养学生的钉子意识、齿轮意识，形成站好岗、顾好队、促好果的团队协作精神；通过工作室群、公众号、远程协作等工作室信息化建设，实现团队之间、届际之间全天候畅通交流平台；通过在校生高年级培训指导低年级基本技能制度化，毕业生引导帮助在校生实践、就业的常态化，在校生毕业生相互助力发展的长效化，实现工作室成员间的良性互动、共同发展。通过平时多互动、年终有总结、成果勤分享、困难大家帮，树立了勤学凝基、互助凝心、创业强能、创新发展工作室凝创文化，夯实了工作室内生动力推动的可持续发展机制。

四、特色及创新点

以目标引领、四力培养、内外结合、内生推动“四元协同”的环境设计类人才培养工作室模式的探索与实践是综合性、系统性创新创业人才培养的模式改革与实践，并通

过固基、实践、提能、创新等人才要素综合培养，实现渐进式、多维度、个性化、全过程、全方位地培养和训练，促进学生创新创业能力全面发展。本成果的主要创新点包括：

1.构建了系统化的工作室培养模式，完善了个性化人才培养方法

基于“四元协同”的培养模式，从目标导向确立，到四力合一协同培养理念形成，再到三台合一“内外结合”机制构建，最后形成内生推动的良性生态运作模式，完成了从学生引入，到个性化、渐进式、层级化、实践性、创新性系统培养，是工作室一项个性化人才培养模式的系统性、创新性探索与实践。

2.形成了内生推动的工作室运行机制，创新了工作室运作的生态可持续模式

基于突出学生、弱化教师、强化内凝、生态持续的构建理念，通过届际传承、传帮带、团队协同、各向互促、多元发展等方式，强化工作室凝创文化建设，形成学生乐在其中，享受学习，有强烈团队自豪感、归属感的内生动力，达到了解放教师、活化学生、有序运作、良性发展的目的，实现了工作室基于内在动力的良性生态可持续运作模式。

3.拓展了工作室人才培养平台，丰富了“内外机合”机制

基于有效对接、长效共赢的理念，通过工作室内部平台夯基、提能，社会平台实践、接收，毕业生平台助力、支撑，构建培养、实践、实习、创业全要素链实践培养方式，形成了学生紧密市场，社会清晰学生，届际助力支持的三台合一互助共赢模式，实现了内外协同、有机联合的长效机制。

五、实践效果、推广应用情况及校内外评价

（一）实践效果

工作室人才培养实现六个转变：（1）少向多的转变：实现学生人数从个别指导到团队指导，从最初单个环境设计专业到纳入园林、城市规划，再到尝试引入林学，实现多个专业融合，使培养的面得到扩大；（2）松散向紧密的转变：师生由依托项目的偶发性松散联系，到常态化紧密联系，加深了师生情感；（3）松散向体系的转变：由松散联系的自由态到机构完善、机制合理的有机态转变；（4）外动向内动的转变：学生学习由被动态向主动态转变；（5）单一向多元的转变：培养手段由单一项目参与到项目参与、创业指导、竞赛科研、内外联合培养等方式转变；（6）技能向素质的转变：由单一实践技能提升到综合素质培养的“四力合一”培养转变。

工作室自成立以来共培养毕业学生154名，其中创立公司37名，公司高管49名，教师、公务员、事业单位人员26名，考取研究生51名；公开发表论文10余篇，申请获批专利1项；现有在校本科生66人，涉及环境设计、园林、城市规划、林学四个专业，

申报立项大学生创新创业训练计划项目 9 项，其中国家级 2 项，在校生注册公司 2 个；100% 的学生参与了各类创新创业活动；120 余人次分别获得国家林业和草原局“首届全国林业创新创业大赛”、艾景奖国际竞赛、园冶杯国际竞赛、挑战杯、互联网 +、江西省艺德杯大赛以及各类设计艺术大赛等竞赛各级奖项。团队多名学生前往地方支教，积极组织学生暑期实践，助力乡村振兴，5 篇实践报告评为校优秀暑期实践报告。

为更好地推介与宣传工作室的人才培养模式，在学院的大力支持下，2021 年已经成功举办第一届“无境杯”景观设计大赛；同时年底召开的第一届“无境”景观设计论坛也正在筹划之中，已有 16 位业界精英出席论坛并作报告分享。

工作室人才培养模式“环境设计类‘四元协同’工作室人才培养模式探索与实践”于 2019 年获评江西省教学成果二等奖；2020 年以工作室为基础，以“基于创新创业人才培养视角的工作室人才培养模式创新研究”为题申报江西省教改项目获立项省重点教改项目。

（二）推广应用情况

本项目成果多次在中国风景园林教育年会、江西省高校设计学学科联盟大会、“园冶杯”国际竞赛组委会专访、第二届江西绿色农业新发展企业家峰会等各级平台做过发言与成果展示，团队成果多次被网络媒体报道。

项目负责人及团队成员借助各种机会与平台，分别与南昌大学、石家庄铁道大学、景德镇陶瓷大学、江西财经大学、江西环境工程职业学院、江苏农林职业学院、杨凌职业技术学院、江西科技师范大学等 10 余所大学的同行进行交流学习。

（三）校内外评价

经过多年实践探索和建设，“四元协同”工作室人才培养模式已经得到学校学院的肯定和大力推动，成为校工作室人才培养模式典型范例，并得到了学校学院的大力支持，提供了固定的工作室场所，给予了相应的建设经费。

通过和相关院校的交流学习，同行普遍认为工作室人才培养模式站位高、落地实、有成效、可借鉴，是值得推广的优良的人才培养模式。

经过对用人单位的访问调查，工作室人才培养得到了社会各界的普遍赞誉。用人单位普遍赞扬工作室培养学生工作踏实、勤奋，具有良好的专业知识、实践能力及创新精神，具备良好的发展素质，能够在短期内成为公司骨干。认为工作室对学生的培养具有专业性、素质性和全面性，实现了教学与能力培养的有机结合，紧密对接市场，密切了校企关系。

图2　2019年工作室人才培养模式获批江西省教学成果二等奖

图3　2021年工作室组织第一届"无境杯"设计大赛

江西农业大学：

政产学研社“五位一体”协同育人

一、团队负责人及主要成员简介

（一）负责人简介

翁贞林，博士，二级教授，博士生导师。江西农大经济管理学院院长，教育部高等学校农业经济管理类专业教学指导委员会委员（2018—2022）、江西省高校第二届工商与农经管理类教指委副主任，江西省“新世纪百千万人才工程”人选，江西现代农业及其优势产业可持续发展的决策支持协同创新中心主任，江西省乡村振兴战略研究院研究员，江西省现代农业产业技术体系经济岗专家，江西省首届省情研究特约研究员，中国林牧渔业经济学会第五届理事会常务理事。主持各级各类项目 20 余项，出版专著 2 部、主编或副主编著作 6 部；在学术刊物上发表论文 100 余篇；获江西省优秀社会科学成果奖 6 项。主要从事农户经济、规模经营及农村发展领域的研究。

（二）主要成员简介

陈昭玖，二级教授，“井冈学者”特聘教授，管理学博士，博士生导师。第二届教育部农业经济管理类专业教学指导委员会委员、江西省政府学位办经济学科评议组成员、江西农业大学三农问题研究中心主任、江西省高校中青年学科带头人、江西省“新世纪百千万人才工程”人选、中国农业经济学会理事、中国农业技术经济学会常务理事、江西省管理学会副理事长。主持完成国家社会科学基金项目 1 项，主持国家自然科学基金项目 4 项；公开发表本学科学术论文 100 余篇，出版专著 6 部，主编教材 7 部；分别获江西省社会科学优秀成果二等奖 1 项、三等奖各 5 项，农业部软科学委员会优秀成果 1 项、江西省优秀教材一等奖 1 项、获江西省教学成果二等奖 4 项。主要从事农业经济管理、农业规模经营、生产性服务等领域的研究。

郭锦墉，二级教授，博士，农林经济管理专业博士研究生导师、企业管理和农林经济管理硕士研究生导师，江西省中青年学科带头人，江西省“新世纪百千万人才工程选人”。作为第一主持人，主持完成国家自然科学基金 4 项，省部级项目 5 项；作为主要成员，参与完成国家社会科学基金项目、国家自然科学基金各类科研项目 4 项、省部级课题 10 余项；在《中国软科学》《农业经济问题》《人大复印资料》等国内农业与农村经济研究领域权威期刊上发表学术论文 70 多篇；出版中文学术著作 3 部，主编教材 5 部，参编书籍 5 部；科研成果获省级社会科学优秀成果奖 4 项；研究报告获省级领导批示 2 次。主要从事农产品营销、农户行为、农林经济理论与政策领域的研究。

廖文梅，江西农业大学经济管理学院副院长、教授、博士生导师，江西省“百千万人才工程”人选，江西省“杰出青年人才”资助人选，江西省“双千计划”首批培养类哲学社会科学领军人才，江西省青年井冈学者，江西省省情研究特聘专家，国家自然科学基金项目通讯评审专家，美国奥本大学和香港城市大学的访问学者。主要从事农林经济理论与政策、生态经济理论与政策、区域生态学理论与应用等方面的跨学科研究。作为第一主持人，主持承担各类科研项目 30 余项，其中，国家自然科学基金项目 4 项，国家社会科学基金重大项目子课题 1 项，国家自然科学基金重点项目子课题 1 项。在《Journal of Cleaner Production》《Sustainability》《林业科学》《中国农村经济》《农业经济问题》等重要刊物上发表学术论文 50 余篇，出版学术著作 5 部，科研成果获省级社会科学优秀成果奖 4 项，研究报告获省级领导批示 1 次，获中共中央领导批示 1 次。

曹大宇，农林经济管理专业副教授，经济学博士，农业经济管理专业硕士生导师。主持并完成国家社科基金项目 1 项，其他各类项目 5 项，主持江西省高校人文社科项目 1 项；作为主要成员，参与完成国家社会科学基金重大项目子项目、国家自然科学基金重点项目子项目等各类科研项目 10 余项；在《软科学》《西部论坛》《农林经济管理学报》《人大复印资料》等学术刊物上发表学术论文 10 余篇；出版中文学术专著 1 部，参编教材 2 部，研究报告获副省级领导批示 1 次。主要从事农业经济与政策、农业与农村可持续发展等领域研究。

廖冰，博士，江西农业大学经济管理学院讲师。曾获得江西农业大学经济管理学院先进个人荣誉称号，获得过 2019 年江西省“华创杯”论文一等奖优秀指导老师、“调研杯”一等奖论文优秀指导老师、“经管杯”一等奖论文优秀指导老师称号。主持教育部课题、省部级课题、厅级课题 6 项，曾在各大权威期刊发表论文 20 余篇；编写教材 1 部。主要从事农林经济理论与政策、生态经济理论与政策等领域研究。

二、解决的主要问题及工作目标

（一）解决的主要问题

1.破除了农林经济管理专业人才培养政、产、学、研脱节导致人才适应不了“四新”要求的难题

当前乡村振兴背景下，新农业、新农村、新农民、新业态不断涌现，传统农林经济管理专业人才培养存在政、产、学、研各行其是的脱节问题，本项目拟在已有研究基础上，为适应“新农业、新农村、新农民、新业态”和“新农科”“新文科”要求，创建政产学研“四位一体”协同育人机制和模式，通过“政学合作”“产教研融合”，实现卓越农林人才培养目标。

2.破除了农林经济管理专业人才培养目标模式趋同、资源分散、培养质量不高的难题

农林经济管理专业人才培养目标、模式趋同，中低端平台多、资源总体不足且较为分散，人才培养质量不高，本项目聚焦“洞察三农能力、强化研究创新、注重交叉复合”核心培养目标，聚焦区域与现代农业产业特色，将乡村振兴智库的教学实践资源与本科人才培养有机融为一体，创建了本校农林经济管理专业与农业农村部门、科研院所、农业企业协同培养新时代农林经济管理专业人才政产学研“四位一体”相结合的新机制和新模式，实现了平台整合、资源共建共享，全面提升人才质量。

3.破解了农林经济管理专业人才理论学习、科研创新与社会实践“三张皮”的难题

农林经济管理本专业存在教师项目少、校内外实践基地和校外实践教学缺位、校内外合作育人脱节等问题，导致本科生理论学习、科研创新与社会实践相互割裂，形成了“三张皮”的局面，科研创新能力不强，本项目创建了理论学习、科研创新与社会实践相融合的“乡村振兴战略研究院”以及“乡村振兴实验班”，既能够增强农业学子服务“三农”与“乡村振兴”的意识，又能够厚植农业学子服务“三农”与“乡村振兴”的情怀，以适应新时代农业农村现代化与乡村振兴的新要求，还为本科生提供了实践平台，有利于对接政产学研各方平台，整合政产学研各方优势资源，形成了人才培养的强大驱动力，提升学生的核心竞争力。

（二）工作目标

1.破难题

本项目通过建立健全本校农林经济管理专业与农业农村部门、科研院所、农业企

业协同培养新时代农林经济管理专业人才的政产学研“四位一体”新机制和新模式，旨在破除农林经济管理专业人才培养适应性、目标特色不明显、资源分散、学生科研创新能力薄弱等问题。

2.建机制

本项目拟建立本校农林经济管理专业与农业农村部门、科研院所、农业企业协同培养新时代农林经济管理人才的政产学研“四位一体”新模式和新机制，旨在破除原有育人机制的不足，达到理论与实践创新的目的。

3.创模式

本项目拟创建本校农林经济管理专业与农业农村部门、科技管理部门、乡村振兴管理部门、科研院所、农业企业协同培养新时代农林经济管理人才的政产学研“四位一体”新模式和新机制，旨在破除原有育人模式的不足。

4.促应用

本项目拟将新机制、新模式具体应用于江西实践，形成先进经验，并提供政产学研“四位一体”新模式和新机制创新的“江西案例”，可推广、可复制、可应用、可实践、有成效。

三、改革实践的思路和主要举措

（一）改革实践的思路

（1）坚持问题导向：全面梳理服务革命老区、粮食主产区、鄱阳湖区和南方集体林区“四区”发展的农林经济管理专业人才培养方面取得的主要经验、存在的短板和弱项，尤其是专业人才培养机制和培养模式方面的问题及其深层原因。

（2）遵循任务牵引：聚焦国家和江西省乡村振兴战略需求，以及高等教育“新农科”“新文科”建设要求，坚持“四个面向”，明确卓越农林人才的培养目标要求和农林经济管理专业人才知识、素质和能力要求。

（3）夯实育人基础：在总结“乡村振兴实验班”的基础上，继续发挥协同创新中心、新农村发展研究院和乡村振兴战略研究院等平台和智库建设，协同推进科学研究、团队建设、课程思政与思政育人的共同提升，也进一步促进政府机构、企业、高等学校、科研机构的共赢。

（4）寻求理论支撑：应用文献分析方法和案例分析方法，总结和梳理地方农业院校农林经济管理专业人才培养的理论，为政产学研“四位一体”协同育人新机制和新模式构建提供理论支撑。

（5）国内外经验借鉴：广泛参考和吸收国内外高等院校，尤其是涉农高等院校以及综合性大学中的涉农专业在政产学研“四位一体”协同育人新机制、新模式设计和实践上的有效做法，为本项目的探索和实践提供经验借鉴。

（6）政产学研“四位一体”协同育人机制构建：应用协同育人理论，通过政府引导与市场推动相结合，推进政府机构、农业企业、涉农高校、科研院所的政产学研“四位一体”协同育人机制的构建，并推进线上线下“金课”和一流实践基地建设，建设国家一流专业。

（二）主要举措

（1）调整农林经济管理专业培养方案，增加“农学概论”等选修课程，在专业课和专业基础课基础上修改教学大纲，增加大国“三农”的现实国情、农情教育与国家粮食安全战略的课程思政内容，厚植学生的家国情怀和“三农”情感，更好地践行“强农兴农、立德树人”的使命。

（2）通过申报教改课题、召开研讨会等方式，组织本专业教师对协同育人机制进行理论探索，形成本专业教师“人人关注协同育人机制设计、人人参与协同育人研究”的局面，充分发挥本专业教师在协同育人中的主动性和创造性。

（3）组织本专业教师积极参与线上、线下的人才培养模式改革相关的研讨会，同时继续深化与黄季焜教授领衔的北京大学团队、罗必良教授领衔的华南农大团队合作，将合作科研机制创造性地运用到本专业协同育人模式的探索中。

（4）在保持与原有的协同育人单位良好关系的同时，进一步加强与省农业农村厅、省科技厅、省统计局、省乡村振兴局等政府部门的协同育人，通过加强与政府部门的沟通和合作，聘请农业主管部门领导、农业科研部门专家和农业企业老总和乡村土专家进课堂讲“三农”实践课，使“政产学研”的合作更加紧密，组织本科生参与现代农业产业技术体系团队、农业重大技术协同推广、科技特派员团队、省乡村振兴绩效评估等工作。

（5）发挥新农村发展研究院、乡村振兴战略研究院的协同平台作用，提升农林经济管理乡村振兴实验班（列入年度招生计划），巩固提升和新建一批教学实习实践基地（10个），让更多本科生参与“百村千户”乡村振兴数据库建设和乡村振兴课题调研。加强劳动教育，组织本科生参加乡村振兴示范基地建设（已建5个，再建5个），提高学生的实践能力。

四、特色及创新点

（一）特色

契合了乡村振兴，“强农兴农、立德树人”，新农科建设，劳动教育等新时代主题和要求。

（二）创新点

1.模式新

构建政产学研“四位一体”协同育人新机制和新模式。基于共生视角创新协同育人和协同实践，立足农林经济管理专业、新农村发展研究院、乡村振兴战略研究院、乡村振兴实验班，聚焦乡村振兴重大战略问题，完善对接政府、企业、科研院所、高等院校之间的协同育人机制，据此构建资源共享、政产学研“四位一体”协同育人新模式和新机制，以破除农林经济管理专业人才培养政、产、学、研脱节导致人才适应不了“四新”要求的难题。

2.理念新

人才培养目标契合国家战略和落实习近平总书记给全国涉农高校书记校长和专家代表回信精神以及江西省乡村振兴重大战略要求。早在2017年党的十九大报告就指出要实施乡村振兴战略，2018年由江西农业大学与北京大学新农村发展研究院就联合组建了江西省乡村振兴战略研究院，系江西省新型智库建设委员会重点建设智库。为了培养和提高农林经济管理专业本科生服务乡村振兴的能力，我校经济管理学院谋求与乡村振兴智库合作共同培育适应乡村振兴的卓越农林人才，2020年，针对农林经济管理本科生，经管院和江西省乡村振兴战略研究院共同努力创办了首届“乡村振兴实验班”，实验班每届三年，实行动态管理，2021年9月正式纳入学校统招本科生招生计划。然而，学校是培养人才的主要阵地，需要政府、企业、科研院所的大力协助与支持，本项目为了培养和提高学生服务乡村振兴的能力，探索和实践政产学研共同培育适应乡村振兴的卓越农林创新拔尖人才，旨在实现人才培养与国家战略的需要相结合，尤其是当前与乡村振兴战略的实施相结合。此外，本项目依托江西农业大学农林经济管理专业优势、科技创新平台优势和人才总量优势，高度整合包括各政府部门、科研单位和农业企业在内的众多优质资源，人才培养与社会需要高度契合，构建了农林经济管理专业新的人才培养模式，以贯彻落实习近平总书记给全国涉农高校书记校长和专家代表回信精神，坚持以立德树人为根本，以强农兴农为己任，肩负起兴农报国使命。

3.制度新

“乡村振兴＋农林经济管理专业”打造的乡村振兴实验班首次实行动态进出机制，拟纳入学校招生计划。在管理制度上，实行动态管理，有考核与退出机制。以乡村振兴智库为载体的农林经济管理专业协同育人模式主要是通过建立“乡村振兴实验班”来实施，首期实验班从一年级本科生择优遴选，2020年已经试点招生，开展一系列教学科研创新活动，成效逐步凸显；在此基础上，2021年起纳入学校本科招生计划，实行动态管理，有考核与退出机制。

4.政策稳

江西乡村振兴战略研究院受到省、市政策的大力稳步支持。江西乡村振兴战略研究院在政策上受到学校和省政府政策的大力支持，与中国工商银行江西省分行合作共建，同时农林经济管理专业作为江西省一流特色专业和国家一流专业建设点，获得江西省“双一流”财政资金支持，对本专业人才培养改革提供了稳定的政策支持。此外，还争取了和靖安县人民政府、高安市荷岭镇人民政府、江西省绿能农业有限公司、北京大学农业政策研究中心、省社科院、华南农业大学等的深度交流与合作，达成了诸多协议，为本项目实施提供了良好的政策保障。

五、实践效果、推广应用情况及校内外评价

（一）实践效果

1.与政府机构合作

2018年3月，与靖安县人民政府就实施乡村振兴战略合作进行商谈并签订实施乡村振兴战略合作框架协议。2021年7月，为赣州市寻乌县政府项山糯项目开发提供智库决策咨询。2021年7—8月，积极加强与地方政府合作，围绕“产业兴旺、生态宜居、乡风文明、治理有效、生活富裕”五方面，选取南昌县、高安市、鹰潭市余江区、横峰县、于都县、芦溪县等多个乡村振兴示范基地加以规划建设，并形成典型案例经验，不断探索乡村振兴新路径，为促进江西乡村振兴打下坚实基础。

2.与企业合作

2018年6月，与中国工商银行股份有限公司江西省分行共同签订了《合作共建“金融与会计研究中心”协议》，通过合作共建“金融与会计研究中心”和研究生创新基地、ICBC研究生班、ICBC本科生班等，不断深化与江西农业大学合作交流，实现合作共赢、协同发展，中国工商银行江西省分行与江西农业大学共建乡村振兴研究院。2018年11月，与康师傅控股签订校企合作暨实习基地框架协议。2019年7月，与上海高顿教育

培训有限公司签署ACCA项目合作协议。2020年5月，经管学院首届“乡村振兴实验班”25名学生在学院院长翁贞林教授、产业振兴组组长汤晋博士、生态宜居组组长廖冰博士的共同带领下，赴江西海量规划设计研究院有限公司开展学习交流活动。活动由公司董事长熊兆亮主持。2020年12月，与江西文都科技有限公司、国美江西区域分公司建立就业创业实习基地。2021年1月，与正邦集团商学院签订实践实习基地。2021年1月，与九江共青村镇银行共建大学生就业创业实习基地在共青城正式签约并举行授牌仪式，就相关合作事宜进行了深入座谈。2021年6月，与太平人寿保险有限公司建立就业创业实习基地。2021年6月，与中信证券江西分公司签订教育创新实习实践基地。

3.与科研机构合作

2020年11月，与江西海量规划设计研究院有限公司决定共建“江西农业大学经济管理学院研究生教育创新基地与专业学位实践基地”。2020年10月，与江西省农业科学院高安基地达成了“教学与科研实训基地”建设协议，“江西农业大学经济管理学院教学与科研实训基地”揭牌仪式在省农科院高安基地举行。

4.与高校合作

2018年江西农业大学与北京大学新农村发展研究院联合组建了江西省乡村振兴战略研究院，与北京大学共建中国乡村振兴数据库——江西百村千户数据库。2019年，与华南农业大学国家农业制度与发展研究院合作，举办“乡村振兴高峰论坛”。

5.与社会用人单位合作

积极鼓励学生到以上合作的政府机构、企业、高校、科研机构等就业。如农林经济管理专业学生陈晓平到江西海量规划设计研究院有限公司就职。多名学生考入中国农科院、中国农业大学、华南农业大学读研。

6.建立一批乡村振兴示范基地

为践行服务社会职能，发挥高校人才与智力优势，切实助力乡村振兴战略实施，2021年7月11日以来，江西农业大学江西省乡村振兴战略研究院联合中国工商银行江西省分行，围绕乡村振兴战略“产业兴旺、生态宜居、乡风文明、治理有效、生活富裕”五大方面选取一批特色鲜明的乡村振兴示范基地，并组织教师带领学生驻村调研，通过入户问卷调查与深度访谈形式深入了解各示范基地发展的成功经验，分析发展中存在的问题，为推动各示范基地持续与高质量发展提供针对性的对策建议。所选取的16个乡村振兴示范基地科学合理分布在9个设区市，分别为九江（修水、都昌、柴桑区）、宜春（高安、万载）、上饶（横峰、玉山）、南昌（南昌县、湾里）、吉安（吉水、遂川）、赣州（于都、上犹）、抚州（南丰）、鹰潭（余江）、萍乡（芦溪），通过开展社会服务和调研交流等活动，总结各基地成功案例，形成可推广、可复制的经验，探索乡村振兴新模式，为促进江西乡村振兴打下坚实的基础。同时，通过组织学生深入农村调研，培养了一批知农爱农的新型人才，为未来乡村持续振兴提供人才支撑。

7.组建“乡村振兴服务团”为乡村发展“传经送宝”

江西农业大学江西省乡村振兴战略研究院师生利用平台优秀资源，自发组建“乡村振兴服务团”，为乡村发展“传经送宝”。在专业教师带领下，研究院开展了一系列基层调研活动和暑期社会实践活动，力求将服务做精、做细、做活、做实、做优。2021年7月至8月，乡村振兴研究院组织20个团队赴高安、井冈山、南昌、于都等县（市、区），开展以“返乡反哺农村·助力乡村振兴”为主题的科教文卫“三下乡”社会实践活动，为各地乡村振兴注入江西农业大学力量。

（二）推广应用情况

由“点→线→面”逐步推广，先应用于“乡村振兴实验班”，再推广至农林经济管理整个专业，然后推广至二级学院，最后推广至全校，政产学研协同育人模式为高校培养新时代服务乡村振兴创新型人才提供应用指导。

（1）首届（2019级，2020年6月创办）乡村振兴实验班创办之初，就制定了人才培养方案，50名学生得到锻炼。但在应用过程中，逐渐暴露出与新农科建设需求不适应问题，亟需对人才培养模式进行改革。为此，构建“乡村振兴实验班”创新型人才培养“一三五”模式。

（2）将此模式应用于第三届（2021级，拟2022年6月创办）、第四届（2022级，拟2023年6月创办）“乡村振兴实验班”50名学生中实施，50名学生可直接受益。

（3）通过评价应用效果，横向比较“乡村振兴实验班”与非“乡村振兴实验班”创新型人才培养优劣，若效果好，先扩大至农林经济管理专业四个年级非“乡村振兴实验班”近450名学生实施。再扩大至二级学院其他专业非“乡村振兴实验班”近2500名学生中实施。

（4）继续推广全校乃至全省其他高校实施。

（三）校内外评价

1.校外评价

江西农业大学江西省乡村振兴战略研究院获批首批省级重点高端智库。江西农业大学江西省乡村振兴战略研究院自成立以来，优化智库平台建设，强化示范基地建设，创办乡村振兴实验班培育高级农林经管人才，组建实践服务团为农业农村发展“传经送宝”，坚持用自己的力量助力江西乡村振兴，为实现江西农业农村现代化提供智力支持和决策参考，也为全国实施乡村振兴提供“江西方案”，贡献“江西智慧”。

2.校内评价

（1）创办“乡村振兴实验班”培育新时代农林经管应用型人才。2020年7月，江西农业大学江西省乡村振兴战略研究院与江西农大经管学院共建首届“乡村振兴实验班”，为适应新农科、新文科新时代要求，培育德、智、体、美、劳全面发展的农林经管人才。现已创办第二届“乡村振兴实验班”。已探索出“五位一体”协同育人机制模式，以培养“乡村振兴实验班学生”为核心，纳入政府职能机构、企业（产业）、高等学校、科研机构、用人单位五大主体，构建出“五位一体”协同培育“乡村振兴实验班学生”模式，形成了“政府引导、企业驱动、高校教育、平台支撑、需求倒逼”协同培育机制，培育新时代农林经管人才。

（2）创办“乡村振兴实验班”培育新时代农林经管创新型人才。以“乡村振兴实验班”为研究对象，以学生创新型能力培养为归宿，将理论学习、社会实践与科研创新三者融合，并纳入政府、企业、高校、科研院所、社会五个主体，构建“乡村振兴实验班”创新型人才培养的“一三五”模式，旨在培养服务于乡村全面振兴的新时期创新型农林人才。

景德镇陶瓷大学：

“文化强国”背景下的新文科创新人才培养探索与实践

一、团队负责人及主要成员简介

（一）负责人简介

黄勇，博士，景德镇陶瓷大学党委委员、副校长，江西省“新世纪百千万人才工程”人选、江西省高等学校中青年学科带头人、教育部学位中心评审专家、江西省社会科学界联合会理事会常务理事。负责学校新文科建设总规划。

（二）主要成员简介

吴南星，博士，教授，景德镇陶瓷大学教务处处长，负责学校新文科建设路径研究。

李慧颖，硕士，副教授，景德镇陶瓷大学教学质量检测与评估中心（高等教育研究所）主任（所长）兼教务处副处长，负责新文科建设具体实施。

汤可宗，博士，教授，景德镇陶瓷大学教务处副处长，负责新文科建设具体实施。

戴清泉，在读博士，教授，景德镇陶瓷大学教务处副处长，中国美术家协会会员，负责新文科建设具体实施。

李婧，在读博士，讲师，景德镇陶瓷大学教务处教学建设与改革科科长，负责新文科建设的具体运行。

刘冰峰，博士，教授，景德镇陶瓷大学管理与经济学院院长，负责陶瓷产业创新研究。

李明文，硕士，讲师，景德镇陶瓷大学团委书记，负责第二课堂教育和美育教育研究，指导学生参赛荣获第十七届“挑战杯”红色专项全国特等奖。

李松杰，博士，教授，景德镇陶瓷大学马克思主义学院副院长兼中国陶瓷发展研究院执行副院长，负责陶瓷文化发展研究。

刘家金，硕士，讲师，景德镇陶瓷大学学生工作处处长，负责劳动教育研究。

宋迎东，硕士，副教授，景德镇陶瓷大学体育与军事教学部副主任，负责体育艺术学研究。

余剑锋，硕士，教授，景德镇陶瓷大学设计艺术学院副院长，负责陶艺研究与环境设计。

陈宁，博士，副研究员，景德镇陶瓷大学艺术文博学院副院长，中国古陶瓷学会教育中心常务副主任，负责陶瓷文化创新研究。

侯铁军，博士，副教授，景德镇陶瓷大学外国语学院院长，负责陶瓷文化对外交流研究。

詹伟，硕士，教授，景德镇陶瓷大学陶瓷美术学院副院长，中国美术家协会会员，负责陶瓷艺术理论与实践研究。

黎平，硕士，副教授，景德镇陶瓷大学法学系主任，主要负责法治服务对策研究。

二、解决的主要问题及工作目标

（一）解决的主要问题

（1）破解了新文科思政教育深度融合人才培养全过程的难题。

（2）突破了地域、产业、红色文化与人才培养的技术限制。

（3）解决了美育教育、劳动教育与人才培养深度融合的问题。

（二）工作目标

陶瓷是中华优秀传统文化的重要组成，学校坚持“陶瓷大学服务陶瓷”，将陶瓷文化融入学校文化建设和人才培养，积极策应国家“一带一路”建设、江西内陆开放型经济试验区及景德镇国家陶瓷文化传承创新试验区建设，以构筑中国陶瓷价值、讲好中国陶瓷故事、展现中国文化软实力，弘扬中华陶瓷文化、振兴中国陶瓷工业为使命，秉承“诚朴恕毅”的校训精神，结合百年办学传统和历史积淀，全面聚焦新文科培养高地、人才聚集高地建设，将陶瓷文化与人才培养、科学研究、社会服务、文化传承与创新以及国际合作交流深度融合，致力于培养“为陶瓷业服务的尖兵”，充分发挥基地办学和陶瓷文化育人的天然优势，深度挖掘博大精深的陶瓷文化，实现以文化人，以美育人的目标。

三、改革实践的思路和主要举措

（一）改革实践的思路

全面贯彻党的教育方针，学深悟透习近平总书记关于教育的重要论述，坚持把立德树人成效作为检验学校一切工作的根本标准，将立德树人的教育理念内化到学科专业、教育教学、管理服务等各领域、各方面、各环节，形成全员、全程、全方位的育人格局；把正确的政治方向、价值导向贯穿到办学治校、育人育才全过程，以思政课为核心、基础课程为支撑、专业课程为辐射，引导广大教师把井冈山精神、长征精神和苏区精神融入课堂，全面推进课程思政建设，大力实施“三课同行”；依托陶瓷艺术实践、陶瓷作品创作、陶瓷文化研讨、陶瓷技术创新等载体，深度挖掘陶瓷文化所蕴含的育人资源和红色题材，推动第二课堂、校园文化和劳动教育实施“浸润式教育”，在“文化熔炉”中淬炼学生素养;推动“专业成才”与“精神成人”融合，形成“陶大”别具风格的大思政课程教育体系。

（二）主要举措

1.深化人才培养模式改革，探索新文科人才培养新路径

丰富人才培养质量的核心内涵,赋能高质量发展。学校坚持立德树人,精心打造“三全育人”陶大模式，在教育教学实践中培养学生“道德优美、学术纯粹”的价值追求。自 2017 年学校被列为江西省首批应用型大学转型试点单位以来，不断强化“学生中心、产出导向、持续改进”的教育理念，以应用型人才培养为目标引领，以新文科交叉融合为原则，在现有 30 余个国家、省部级科研平台基础上，充分利用产城学合一优势，构建了集教师团队融产入园、教学平台落厂下地、教学课堂进馆入社、学生实践进企赶集于一体的，以“城市即课堂”为特色的“本—硕—博”全链条应用型人才培养体系。

2.聚焦专业供给侧结构性改革，推进多学科协调发展

围绕现代陶瓷产业发展趋势，尤其是景德镇国家陶瓷文化传承创新试验区建设需要，构建形成以设计学、美术学等优势特色学科为龙头的学科之间相互衔接、相互渗透、相互支撑的大陶瓷学科群。紧密对接区域新兴产业，主动调整专业结构，促进专业链、人才链、产业链和创新链衔接互动，设置汉语国际教育、艺术教育、文化遗产、文物与博物馆学等一批新文科专业，构建紧密适应试验区建设现实需要的专业集群。以特色优势专业为先导，促进设计学、美术学、管理学、经济学、历史学、教育学、文学、法学等多学科专业的交融与渗透。

3.发挥基地办学优势，助力创新创业教育改革

坚持“脑手并用、科艺结合、专攻深究”的人才培养理念，通过第一、第二、第三、第四课堂中组成的能力拓展课程淬炼，构建了由教学计划规定课程组成的第一课堂为基础，由课外科技活动与艺术创作竞赛组成的第二课堂为支撑，由城市博物馆、创意工坊、文化遗址、艺术街区、艺术家工作室、工业园区、科研院所等组成的第三课堂为延展，由国家精品在线开放课程、电子商务平台等网络空间组成的第四课堂为助推的创新创业创意教育体系。让学生在实践中深化理念、创新知识、锤炼技能、拓展素质，培养学生承瓷志、兴瓷业的情怀和服务地方的信念，引导学生运用知识服务社会、改造社会。

4.推动“五育并举”，创建美育劳动教育新模式

在人才培养模式和方案的总体设计上注重体现“以生为本”，根据学生对教育多样化的需求，将美育教育和劳动教育全面纳入人才培养方案。结合学校特色，重视艺术学科专业的美育引领和辐射功能，将专业教育与通识教育有机融合，建设系列艺术思政课、艺术理论课和艺术实践课，使专业艺术课程与公共艺术课程相辅相成。突破时间和空间的限制，将美育教育和劳动教育全面融入学校四个课堂中，并通过课程教学、实践活动、艺术展览、校园文化，贯穿人才培养全过程。培养学生“志于道，据于德，依于仁，游于艺”。

5.搭建国际教育合作平台，打造陶瓷教育国际品牌

依托景德镇厚重的陶瓷文化底蕴，学校先后主办了海上丝绸之路—陶瓷之路 景德镇陶瓷与“一带一路”战略国际学术研讨会、全国文化遗产保护工作高峰论坛、中国楹联高峰论坛、全国陶瓷数字文化论坛、跨越百年的中国现代陶瓷教育论坛等一系列国际艺术、文化、教育研讨会；获批教育部智能制造领域中外人文交流培养基地，并与国内外知名陶瓷教育机构、大院大所进行深度合作，组建“一带一路”陶瓷教育联盟，借鉴国外高校成功经验，切实构建与国际接轨的教学管理模式，鼓励各专业完善课程设置，形成具有自身特色的专业方向；按自身特点和特色探索学分制的可行性及可持续性;课程建设增加全外文教学比例，注重与国际课程承接，在增加实践环节的基础上，重视理论的基底作用；加大科研投入，尤其是在科研指导方面，探索与世界高水平大学合作建设科研所等，通过整体推进，建设具有全球视野、国际一流水准的艺术人才培养基地，拓展“世界名校交换生项目”，打造“留学陶大”品牌，提升景德镇陶瓷教育的国际影响力，打造世界级陶瓷教育合作中心。

四、特色及创新点

（一）特色

（1）恪守“校地融合”发展理念。深化地方高校服务于地方经济建设，每年为景德镇陶瓷产业输送近1000名应用型高级专门人才，有效增强了陶瓷产业科技链，延展了陶瓷产业创新链，强健了陶瓷产业艺术链，拓展了陶瓷文化传播链。

（2）打造“城市课堂”实践体系。通过在学校周边孵化了“乐天陶社”“陶艺街”“陶艺村”等创意集市，自建和共建了多处各级大学生创新创业孵化基地，引导数千名学校毕业生在此就业创业，切实推动了景德镇手工制瓷业的转型发展。

（3）坚定“文化自信”价值取向。依托学校国家社科基金重大专项，大批国家重大文化研究与出版工程项目，以及系列国际性高水平陶瓷艺术展，贡献了“陶大力量”，传承与弘扬景德镇陶瓷文化，打造对外文化交流新平台。

（二）创新点

（1）创造性地构建了“专业+陶瓷”新文科思政教育体系。在学校课程建设中，紧紧抓住“陶瓷”这一轴心，依托陶瓷艺术实践、陶瓷作品创作、陶瓷文化研讨、陶瓷技术创新等载体，深度挖掘陶瓷文化所蕴含的育人资源和红色题材，与专业知识实现专业教育与陶瓷文化在课程教学与人才培养中的交叉融合。

（2）创造性地将地域、产业和红色文化融入人才培养的全过程。对标新文科建设，着力心智启迪，融合地域文化，深入挖掘陶瓷工艺中所蕴含的哲学思想和为人处世原则，提升学生对真、善、美的认知，将陶瓷民俗故事精炼化，培育学生家国情怀和工匠精神；着重匠心匠技，融通产业文化，以简一、欧神诺等知名校友企业为依托，深挖陶瓷企业文化要素，以知名校友企业冠名学校楼宇，培育浓厚“三创”氛围，打造产教互融、校企合作的协同育人环境；着意陶冶成器，融入红色文化，立足江西红色文化的价值引领，深入革命圣地开展“红色走读”活动，通过绘画、雕塑、书法创作手段将红色文化传入校园。

（3）创造性地通过“平台”与“课堂”，体系化地解决了美育教育和劳动教育的路径。搭建了课程教学、实践活动、艺术展览、校园文化“四位一体”的美育教育和劳动教育平台，并全面融入学校四个课堂中，第一课堂以课堂教学和实训为抓手，第二课堂以校园活动为载体，第三课堂以景德镇地域优势和产瓷区实践实习基地为依托，第四课堂以网络课堂为渠道，充分体悟“文化之美”与“劳动之美”，形成了全覆盖、多渠道、立体化、“一校多品”的美育教育和劳动教育新体系。

五、实践效果、推广应用情况及校内外评价

（一）实践效果

学校获批教育部深化创新创业教育改革示范高校、全国创新创业典型经验高校和首批转型发展试点院校；“‘三创合一、艺工商融合’艺术设计人才培养模式研究与实践”获国家级教学成果二等奖；“走进陶瓷艺术殿堂”“陶瓷概论”成为国家级课程；“面向新文科建设的数字陶瓷雕塑实践教学研究与实践”被认定为首批新文科研究与改革实践项目。2014年以来，人文社科类专业学生获批“大学生创新创业训练计划项目”800余项，其中国家级、省级近200项；累计参与各类创新项目4000余人次，学生工作室近五年新增1365余个；学生将红色文化和书法文化相结合，创作出一幅长达12米的册页作品画卷《回望峥嵘读初心》荣获“挑战杯”全国大学生课外学术科技作品竞赛（红色专项）特等奖、《指尖上的陶艺》获得全国“互联网+”大学生创新创业大赛金奖等；学校毕业生自主创新设计的作品成为北京APEC会议、G20杭州峰会等国家重要节事上的常客，学校师生陶艺作品入选“全国美术作品展览”数量逐年攀升，成了“全国美展”陶艺作品展的主力军。2021年1月，学校与景德镇市珠山区人民政府签订“校地创新创业工程”战略合作协议。师生获得景德镇市珠山区人民政府1亿元“创新创业专项基金”支持并免费获得10000平方米的场地，助推景德镇国家陶瓷文化传承创新试验区陶源谷核心艺术景区建设提供人才支撑和学术支持。由学校师生融合发展的乐天陶社创意集市、陶溪川、陶艺街等，已成为当地重要的文化旅游品牌和展示学生创新设计、创意产品的重要窗口，每年接待来自全国各地的游客达300万人次，作品销售到世界各地。此外，在景德镇3万余名“景漂”中，70%以上成员直接或间接获得学校的专业化训练与培养，“景漂”已成为景德镇开放包容、传承创新的代名词，是景德镇陶瓷产业高质量发展的生力军。

（二）推广应用情况

近年来，学校开发建设了系列陶瓷文化类一流本科课程，“从china到China，中国陶瓷文化三十讲”获批国家级一流本科课程，36门课程获批江西省一流本科课程。

2017年12月开始，景德镇陶瓷大学作为赣东北校际学分互认与转换牵头高校，通过江西省校际学分互认管理平台，面向景德镇学院开设“从china到China，中国陶瓷文化三十讲”“传统雕塑”“陶艺基础”“陶瓷鉴赏与制作”“陶瓷工艺学”“产品设计”

等课程，参与校际学分互认选课近千人次。此外，学校教师在《中国高等教育》《中国文化报》发表《充分发挥第二课堂思想政治教育价值》《挖掘陶瓷育人中的文化因素》等理论文章；获全国学校共青团研究成果二等奖2项。2021年，汇集学校新文科思政建设优秀成果，出版了《景德镇陶瓷大学课程思政案例集》。外国语学院一批教师翻译出版了《海外陶瓷研究名家译丛》，为从事陶瓷艺术学习、教学、科研以及陶瓷收藏及鉴赏者提供新的参考。以“凝聚智慧力量 共谋创新发展”为题，与景德镇市委市政府、江西日报社共同举办了“景德镇国家陶瓷文化传承创新试验区发展高峰论坛”，进一步深化校地融合，助推创新发展。

（三）校内外评价

央视新闻频道以“中国当代青花艺术邀请展、建好国家陶瓷文化传承创新试验区”、“‘红色’陶瓷修复成果展”等为题，多次聚焦学校文化育人成效；《人民日报》、人民网、“学习强国”、《中国教育报》、《江西日报》、中国新闻网、江西新闻网、江西省人民政府网等近百家媒体广泛宣传报道景德镇陶瓷大学美育育人成效，如《瓷上的精彩 绽放的梦想——景德镇陶瓷学院毕业生创业掠影》（《中国教育报》）《“陶瓷黄埔”以瓷为媒叩问转型发展新路》（《中国教育报》）《青花瓷礼服“缝制”大学记忆》（《中国教育报》）《特色办学托起创业梦》（《江西日报》）等在社会、媒体反响强烈。由景德镇陶瓷大学主创设计的“华夏之光”，惊艳亮相2020迪拜世博会中国宴官方指定用瓷。

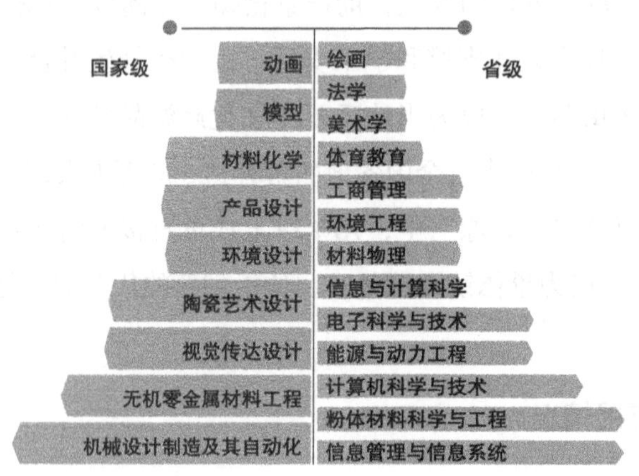

图1　景德镇陶瓷大学获批9个国家级一流本科专业建设点、14个江西省一流本科专业建设点

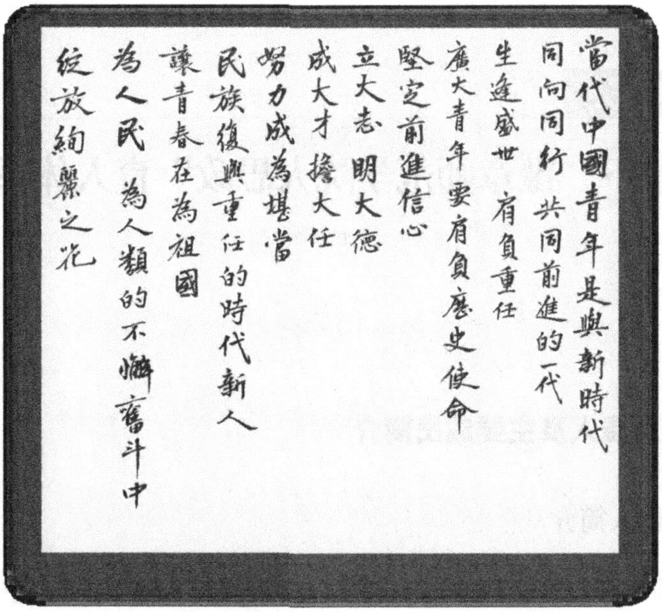

當代中國青年是與新時代
同向同行 共同前進的一代
生逢盛世 肩負重任
廣大青年要肩負歷史使命
堅定前進信心
立大志 明大德
成大才 擔大任
努力成為堪當
民族復興重任的時代新人
讓青春在為祖國
為人民 為人類的不懈奮斗中
綻放絢麗之花

图2 《回望峥嵘读初心》部分书法作品

豫章师范学院：

新文科背景下“豫章师范学院大思政”育人体系创新构建

一、团队负责人及主要成员简介

（一）负责人简介

贺瑞虎，豫章师范学院党委书记、教授，江西师范大学MPA研究生导师，江西教育与经济社会发展新型智库常务理事。主要研究领域为高校党的建设、意识形态和思想政治建设等。主持完成教育部“高校示范马克思主义学院和优秀教学科研团队建设项目”、省社科“十三五”规划重点项目等省部级课题多项，发表重要理论文章30余篇，获省级高校教学成果一等奖。

（二）主要成员简介

范雯芩，豫章师范学院党委委员、宣传部部长，教授，全国优秀教师。主持完成江西省社会科学课题“立德树人视域下小学生职业启蒙教育研究”，发表文章20余篇，参与编写教材2部。

黄俭，豫章师范学院教务处处长，教授，江西省第七批中青年骨干教师，教育部普通高等学校本科教学工作审核评估专家库成员。先后主持完成《营销专业体验式教学模式的应用研究》等7项省部级以上课题，参与完成教育部高等教育司《基于云平台教学型财会实验室建设》产学合作协同育人项目。发表论文36篇，出版编著4部。

毛一萍，豫章师范学院团委书记，工程硕士。主持或参与完成团中央课题“高职高专院校团员青年社会主义核心价值观的培育研究”，江西省社会科学“十三五”基金项目“重大疫情背景下大学生社会责任教育实践研究”等5项省级以上课题，发表论文5篇，其中核心期刊2篇，参与主编教材1部。

朱文辉，豫章师范学院学生工作处处长，法学硕士，具有法律职业资格，四级法官，江西省地方性法规立法论证咨询专家，南昌市行政复议委员会委员。发表学术论文8篇；

参与编写专著 3 部；主持或参与省级以上课题 7 项。多项关于学校资助育人、劳动教育的成果刊发在《思政前沿》《江西日报》和“学习强国”等报刊和平台。

段建斌，豫章师范学院马克思主义学院院长，教授，江西省高校优秀思想政治理论课教师，南昌市委党的十九大精神宣讲团成员，南昌市委党史学习教育宣讲团成员。先后主持国家社科基金项目“思想政治教育本体范式研究”，教育部人文社科项目“思想政治教育本体问题的研究”等 7 项国家、省部级以上课题，出版编著 1 部。

二、解决的主要问题及工作目标

（一）解决的主要问题

一是突出师范生师德师风培养的重点工作。基础教育师资中，存在着少数理想信念模糊，育人意识淡薄，放松自我要求，甚至严重违反师德的情况。另一层面，在新的历史方位下，人民群众对更好教育的需要日益增长，知识获取方式和传授方式、教和学的关系都发生了深刻变化，这些都对教师队伍能力和水平提出了新的更高的要求。豫章师范学院是一所以培养学前教育、小学教育和特殊教育等基础教育师资为主的师范类院校，师范生超过 80%，师德师风的培养是学校的重要工作。

二是解决思想政治教育体系不全、手段单一的问题。思想政治教育虽然是高校常抓不懈的重要工作，但是受到教育理念落后、教育体制机制不健全、教育方法手段单一等问题的影响，逐渐形成思政教育就是思政课、思政教育就是辅导员说教等错误认知，从而导致工作上的失当，思想政治教育对于学生来说难以真正入脑入心。

三是解决思政育人对应用型全面发展人才培养的推动力不足的问题。由于思想政治教育效果不理想，不能发挥其对高校人才培养重大工作应有的牵引和推动作用，普通高校人才培养过程中，普遍存在美育和劳育被忽视、被弱化，五育并举的要求不能贯彻落实，离学生全面发展的培养目标有较大差距，应用型人才的综合应用、创新实践能力不足等问题。

（二）工作目标

一是在全面推进新文科建设的背景下，创新构建“校园文化浸润、课堂阵地同行、社团活动渗透、劳动实践锤炼”的“豫章师范学院大思政”育人体系，丰富思政育人形式与途径，做实五育并举，促进学生全面发展，着力培养新时代新文科优质人才，回答好“培养什么人、怎样培养人、为谁培养人”的根本问题。

二是以思想政治教育工作为引领，推动学校应用型本科高校的建设进程，在服务区域经济社会发展上“作示范、勇争先”，加强学科专业内涵建设，促进师范教育与非师范教育相融合、科学和人文相促进的新文科发展格局，改革人才培养模式，夯实学校综合办学实力，打造学校核心竞争力，构建面向区域经济社会发展的产教融合、协同育人体系，适应新时代对人才的多样化需求。

三、改革实践的思路和主要举措

（一）改革实践的思路

1.科学规划顶层设计

明确学校办学定位，以推动高质量发展为主题，以改革创新为根本动力，确定“做强学前教育，做优小学教育，做精特殊教育，做实职业教育”（以下简称“四做”）发展战略。印发《豫章师范学院事业发展“十四五”规划和二〇三五年远景目标纲要》《豫章师范学院关于全面推进本科教育的实施意见》《豫章师范学院关于修订本科专业人才培养方案的意见》《豫章师范学院课程思政教学改革试点建设方案》《豫章师范学院“三平台一融通”思政课立体课堂建设方案》《中共豫章师范学院委员会关于推进思想政治理论课教学改革的指导意见》等文件。

2.构建主体框架体系

确立校园文化、课堂阵地、社团活动、劳动实践四方面的“大思政”育人体系框架，将“五育”融入教育教学和管理服务全过程，构建“三全育人”新生态。以新文科和新工科建设为牵引，强化交叉融合，努力打造优势和特色相结合、新增专业和传统专业相支撑、师范教育与非师范教育相融合、科学和人文相促进的师范学院学科专业生态体系；逐步建立课程、实践、文化三个平台全融通管理的思政立体课堂建设，搭建面向不同专业的通识课程；由“1+2+3+4”工作体系带动加强新时代劳动教育；通过加强教学模式在高水平师资、优质资源环境和质量保障方面的提升；形成应用型人才培养的整体性系统效应，从而实现人才培养质量的提升。

3.营造立体思政氛围

聚集全校力量及社会各界资源，以立德树人为根本任务，以“四做”战略为引领，以培育厚基础、宽口径、强能力的应用型人才为目标，召开本科教育大会、组织思想大讨论、常态化调研学习，推动各部门、各层级、各院部，更新人才培养标准、教学理念、课程理念；以“一流专业”“一流课程”建设为契机，持续加强优势特色专业建设；深挖第二课堂的五育内涵，在学生社团、社会实践、志愿服务等方面，营造格调高雅、充满朝气的校园文化。

（二）主要举措

整合校园文化、课堂阵地、社团活动、劳动实践等方面平台，构建“校园文化浸润、课堂阵地同行、社团活动渗透、劳动实践锤炼”的“豫章师范学院大思政”育人体系，发挥体系的协同效能。

1.校园文化：特色环境育人

充分挖掘、全面整合百年师范的历史文化资源，搭建环境育人的教育平台。立起刻有《豫章学记》的豫章文化石，铺就展示学校发展历程的百年时间轴，为新校园增添了历史厚重感，表达开拓新征程的决心和自信；建成以校友命名的抱石园、抱石纪念馆、鹤琴纪念馆、赞贤广场、和珍广场等一批场馆，编写《红色记忆·豫章师范校内红色基因谱》校本教材，记录学校不同历史时期投身革命事业的优秀校友，以优秀校友文化增强师生的自信；召开校训校风校歌以及视觉识别系统（VIS）发布会，设计“小豫大章”卡通形象。以上举措把环境文化、精神文化和视觉文化统一起来，实现特色环境育人。

2.课堂阵地：全课程育人

（1）深化思政课教学改革。大力建设马克思主义学院，配齐配足思政课教师，提高思政教师的待遇，教学、科研、职称评聘等方面为思政教师和思政课开辟单列项目或计划，思政教师的教育教学能力得到显著提升。通过采取“三位一体”教学模式创新和“专题化 + 案例式 + 问题式 + 分类式”的“一化三式”教学方法创新，不断增强思政课的思想性、理论性和亲和力、针对性。思政课重视与社会发展、社会实践的关系，通过带领学生走进红色文化基地、创新创业基地等，以社会案例引导学生关注社会现实。

（2）系统推进课程思政建设。为实现公共课、专业课与思政课程同向同行、全方位发展，学校先后制定了《豫章师范学院课程思政建设实施方案》《豫章师范学院课程思政教学指南》，统筹推进课程思政建设。2021 年上半年开展了课程思政优秀教案和优秀教学计划评选、课程思政示范课、课程思政优秀教师评选等系列活动。活动覆盖全体教师和所有课程，共评出课程思政优秀教案和优秀教学计划 74 份、课程思政示范课 12 门、课程思政优秀教师 4 位。通过上半年课程思政系列活动的开展，进一步强化了人才培养体系中思想政治教育的主体地位，教师进一步明确了知识传授和能力提升必须与价值引领同频共振的育人职责。建立思政教师与各院（部）横向交流机制，思政教师挂点学院与专业课教师共建课程思政，经过多次的教学设计、研讨、观摩，思政教师和专业课教师在课程育人能力上均得到提高。多次开展教师入职前和入职后常态化的师德师风建设、课程思政建设的专题培训。在系统工作的推动下，豫章师范学院课程思政建设逐步完善和成熟。

3.社团活动：突出德育、劳育、美育

充分发挥社团活动育人功能，高位打造“豫章社彩”“五色之光”“大学生读书节活动”等社团品牌项目。

每周一期的“豫章社彩”采用定时定点定向模式，以正确的政治方向和健康向上的主题为导向，学生自编自导，创新内容和表演形式，读书分享、文艺表演、学习讨论、校友访谈等不拘一格。每一期精彩纷呈的节目让德与美的种子深植学生心中。

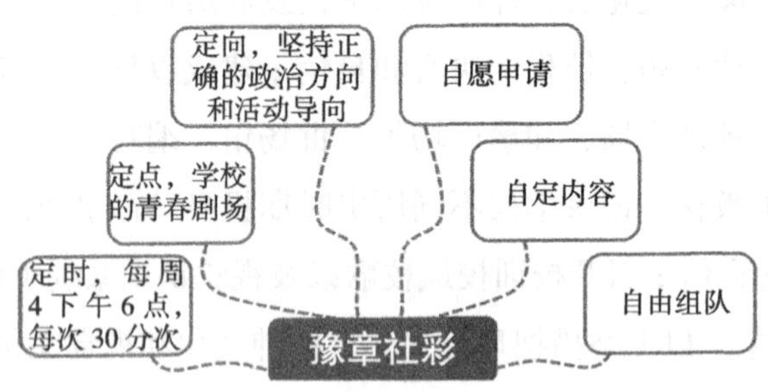

图1　“豫章社彩”模式

“五色之光”项目以红、绿、紫、蓝、黄五种颜色为志愿服务项目主色调引领，分别打造了五大志愿服务项目，劳动教育自然渗透其中。

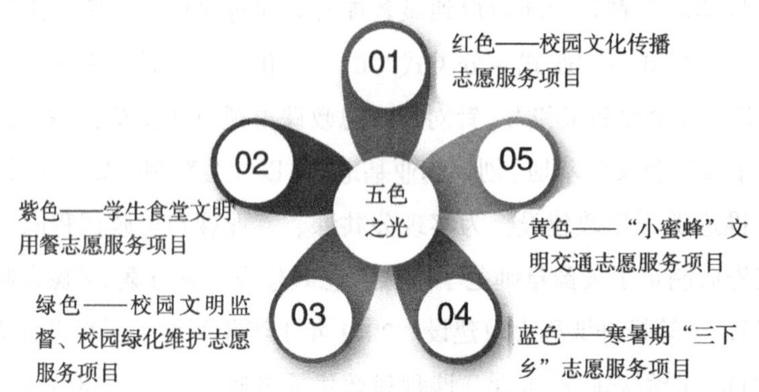

图2　“五色之光”项目

“同”系列校园文化活动每年五四期间开展“五四”青年艺术节、高雅艺术进校园、大学生辩论赛、“三走”趣味运动会，主持人大赛、“微团课”大赛等大型校内活动，同心讲学团、同行生态社、同向读书会分别开展形式多样的宣讲、公益及读书活动，努力将思想性、学术性、知识性、艺术性、趣味性融为一体，弘扬主旋律，使“同心同德、同向同行”成为行动宣言和成长动力。

4.劳动实践：体系化锤炼品格

建立“1+2+3+4”劳动教育工作体系。“1”即“一个方案”,《豫章师范学院学生〈劳动教育〉课程实施方案》，加强马克思主义劳动教育观的学习教育。“2”指两个依托，即《2021人才培养方案》和《豫章师范学院学生劳动教育手册》;学校从劳动实践记录、劳动实践认可、劳动实践审核几个环节,完成实践积累和课程学分。“3”指三支教育队伍：领导队伍率先垂范；教师队伍以身作则；学生队伍朋辈互助。“4”指四种劳动教育完成方式，即日常生活劳动有标准、公益服务劳动有体系、专业技能劳动有方向、创新创业劳动有特色。

四、特色及创新点

（一）形成全方位、多手段、有特色的思政育人体系

发挥学校师范教育深厚办学历史积淀，适应新时代新文科高质量人才培养需求，大刀阔斧开展思想大讨论、高层次人才引进、校园基建、信息化建设、实践场地改造等育人保障条件和育人手段创新的改革，构建“校园文化浸润、课堂阵地同行、社团活动渗透、劳动实践锤炼”的“豫章师范学院大思政”育人体系，实现系统化、全方位推进的效果，育人成效显著。

（二）德育、美育、劳育亮点突出

“豫章师范学院大思政”育人体系凸显德育、美育、劳育特色。校园文化建设的理念是“把校史写入校园、把校友变成教材、把校园变成课堂”，同时创新推进党建“333”工程，编撰以优秀校友为题材的校本教材，发布校训校风校歌。思政课和课程思政同向同行，建立横向研究机制。社团活动中丰富精彩的节目起到触动学生心灵的作用。劳动教育全面磨练学生人格品质。这一体系让德育、美育、劳育潜移默化地渗透到学生的日常生活中，达到化育的效果。

五、实践效果、推广应用情况及校内外评价

（一）实践效果

1.构建了特色化思政育人体系，丰富了育人手段，思政育人效果显著

“校园文化浸润、课堂阵地同行、社团活动渗透、劳动实践锤炼”的“豫章师范学院大思政”育人体系，全面系统地实施思政育人，引领五育并举，采用多途径、多形

式的育人手段，既注重阵地和专项活动，又发挥了隐性育人环境潜移默化的效能，使思想政治教育对于全校学生来说真正入脑入心，师范生的师德师风培养取得实效，促进学生体智德美全面发展。

2.课程主阵地建设成果颇丰

由团队负责人贺瑞虎领衔的教育部“高校示范马克思主义学院和优秀教学科研团队建设项目”以丰硕的成果结题。2021 年 4 月，学校开展黄大年式教师团队创建，其中“理实结合、研行合一”思想政治理论课创新教师团队申报教育部第二批“全国高校黄大年式教师团队”。9 月，在全省高校思想政治课教师“一线课堂”微课作品评选中，马克思主义学院报送修水组和井冈山组的两门“一线课堂”系列微课，均获评为优秀微课。课程思政方面，2019 年，学校被评为江西省高校思政课“立体课堂”建设试点单位，2 门课程入选省级课程思政示范课，有 4 项课程思政项目立项为省级教改课题。

3.思想政治教育工作有力推动学校内涵建设

思想政治教育工作在学校的深度有效开展，引领了学校应用型本科高校的建设进程，推动学科专业内涵建设，加快融入区域经济社会发展。在学校“十四五”教育事业发展规划中，确定了积极培育“服务普通儿童和特殊儿童成长”的学科专业特色，努力形成优势和特色相结合、新增专业和传统专业相支撑、师范教育与非师范教育相融合、科学和人文相促进的师范学院学科专业生态体系，更好地服务区域基础教育师资培养和经济社会的建设和发展。

学校 2021 年积极申报了三个职业本科专业的设置（全省首批）。在首届国家一流本科课程评选中，学校作为新批本科院校，“特殊教育学”榜上有名。近五年，三门课程列入省高校课程育人共享计划；获省教学成果奖一、二等奖 13 项；首次获国家社科基金项目；获全国教育科学规划部级项目、教育部人文社科项目 7 项。教科研论文实现了 SCI1 区、《新华文摘》、中国人民大学复印资料转载零的突破。这些教学、科研和课程改革成果发挥了支撑学科专业建设和反哺人才培养的效果，各专业人才培养质量逐步提高。小学教育专业获评“江西省一流特色建设专业”，特殊教育专业省内领先，学前教育专业在省内有一定影响。

（二）推广应用情况

学校以“大思政”格局培养应用型全面发展人才，得到社会各界的充分肯定和推广。中国文明网、中国日报网等 20 多家媒体进行了大篇幅的重点报道，各级领导和省内外兄弟院校来豫章师范学院实地参观交流达 100 多批次。学校差异化错位发展理念和“做强学前教育、做优小学教育、做精特殊教育、做实职业教育”的专业发展战略成效显著，新华社《内参选编》对此作了专题报道。“2018 年全国重点网络媒体行”走进豫章师范学院，人民网、新华网等 40 余家媒体对学校应用型人才培养进行深入报道，引起了社会的广泛赞誉。学校社团活动受到了江西教育电视台等省内外多家媒体的关注，并进行了宣传报道。多项关于学校资助育人、劳动教育的成果刊发在《思政前沿》《江西日报》和“学习强国”等报刊和平台。2021 年 10 月，学校带着豫章印社、豫章陶社、红色剪纸、咖啡制作、书画斋、古法造纸 6 项劳动教育项目亮相江西省高校劳动教育成果展示交流会，受到观众热烈欢迎，得到省教育厅的充分肯定。

（三）校内外评价

校园文化活动育人、环境育人的整体功能得到省委领导的高度肯定和赞赏，作出“堪称校园文化建设的标杆、范例，有特质特色”的评价。2017 年被评为“第一届江西省文明校园”，2020 年成为江西省“全国文明校园”三个推荐单位之一。近年来，学校连续被评为江西省文明单位、江西省普通高校毕业生就业工作评估“优秀等级学校”、江西省高校平安校园示范学校、江西省高校信息化工作先进单位、江西省高等学校人才人事工作先进集体。

豫章师范学院：

新文科建设视域下音乐学科“艺术实践+”融合教学新范式

一、团队负责人及主要成员简介

（一）负责人简介

李一平，中国表达性艺术治疗协会理事，江西省音乐家协会会员，江西省声乐家委员会理事，副教授，现为豫章师范学院音乐舞蹈学院教学副院长。主要研究方向为音乐类非物质文化遗产；音乐教育。主持完成江西省社会科学研究课题1项；主持完成江西省教育厅高校人文课题1项；主持完成江西省文化艺术规划课题2项。出版学术专著1部（合著，第一作者）；出版教材6部（主编）。主持的教学成果获第十五批江西省高校省级教学成果二等奖；参与的教学成果（排名第二）获第十四批江西省高校省级教学成果二等奖。创作歌曲20余首，其中原创歌曲作品《青春追梦》荣获2019年江西省第七届艺术节原创歌曲第五名（三等奖），并被新华社新闻客户端等国内多家新闻客户端采用。创作抗疫歌曲《灿烂如你》被江西新闻客户端采用。

（二）主要成员简介

封亚伶，豫章师范学院音乐舞蹈学院党总支副书记，副教授。在多年的教学中，教学理念前沿，教学严谨规范，尤其注重学生艺术基本功训练，注重多学科融合教育，善于培养学生的创新精神和艺术个性，深受学生的好评。曾多次指导学生参加省市各类大赛，多次获得一等奖。主持省级课题3项，参与6项。2021年5月被评为南昌市“新时代赣鄱先锋”，2021年7月被评为南昌市“优秀党务工作者”。

余菲，豫章师范学院音乐舞蹈学院声乐教师，学院艺术实践项目指导导师。曾获得第三届世界华人艺术节江西赛区声乐（美声）大赛银奖，江西音乐“映山红”奖优秀创作歌曲演唱大赛金奖等数十项奖项。曾被评为2020年度江西省大学生志愿者暑期文化科技卫生“三下乡”社会实践活动优秀个人；指导学生获得第十二届“挑战杯”

江西省大学生创业大赛铜奖；指导《晒秋》等节目获得第十届大学生艺术展演声乐类一等奖、朗诵类二等奖。

二、解决的主要问题及工作目标

“实践”一词顾名思义就是指实践践行，它是人类有意识的行为活动。音乐学科是一门与艺术实践高度结合的学科。随着高校音乐教育的发展，艺术实践目前已成为实现音乐知识与技能深化的重要教学手段。

2018 年，中共中央下发文件提出，高等教育要努力发展新工科、新医科、新农科、新文科，在这样一个时代浪潮奔涌下，豫章师范学院音乐舞蹈学院通过长期的艺术实践与教学探索，结合新文科建设理念，探索出一种“艺术实践 +”融合教学的实践新范式，为学科建设注入了原动力。

（一）解决的主要问题

（1）通过实施艺术实践新范式，打破学科壁垒，解决长期以来高校音乐艺术实践教学中一直存在的单一学科实践育人模式，构建起多学科立交融合，拓展了实践育人空间。

（2）通过实施艺术实践新范式，更新了教师学科理念，使学生在教师的引导下能把握新时代美育教育问题的理论概括力，具有回答和解决新时代美育教育问题的思辨能力，从而更好地掌握新时代的价值观念，道德规范和行为准则。

（3）通过实施艺术实践新范式，着力培养学生了解职业需求的能力，了解社会、熟悉国情的洞察力，增强社会责任感。

（4）通过实施艺术实践新范式和巧妙植入课程思政元素，倡导以美育人、以文化人的育人目标，更好地展示新时代之美，彰显新时代活力。

（二）工作目标

（1）认真学习研讨《新文科建设宣言》，厘清新文科建设视域下，音乐艺术实践融合育人的重要意义。坚持文化自信，坚持立德树人，坚持改革创新，努力构建起以育人育才为目标的新文科教育发展新格局，培养出国家需要的艺术教育之才。

（2）深入思考与探究艺术实践课程如何与其他学科的交叉互动，深度融合，对艺术实践教学体系建设提出整体布局革新。

（3）构建起“音乐艺术实践 +”融合教学新范式，打造“新文科”“大美育”艺术教育新课堂，打造学科跨界艺术实践教育新团队，推进学科跨界实践课程育人的课程革命，实行价值引领，以更好地服务社会，回应时代关切。

三、改革实践的思路和主要举措

（一）改革实践的思路

1.总体思路

面向国家战略，围绕新文科建设理念，不断推动音乐学科艺术实践活动与其他优势学科深度合作，交叉融合，形成更加紧扣新时代主题，符合“三全”育人要求及音乐专业人才培养成长规律的人才培养范式。

2.具体思路

首先进行顶层设计，构建起“艺术实践+”融合教育路线图。其次，在路线图的框架下，开展各项实践活动设计。最后，通过不断反思、诊断，以更佳的策略增厚艺术实践文化底蕴、增强育人实效。学院主要从以下几个方向进行了特色推进，构架了实践体系。

——课程艺术实践+课程思政教育

——舞台艺术实践+红色文化教育

——采风艺术实践+红色文化教育+学科融合教育

——社会艺术实践+学科融合教育

——治疗艺术实践+学科融合教育

（二）主要举措

1.课程艺术实践+课程思政教育融合教育举措

专业课程是人才培养的最小单元。在音乐课程艺术实践环节中通过“周周练”“月月赛”形式进行常规训练，同时巧妙植入课程思政，来实现课程“艺术技能”与思政育人同向而行。找回艺术教育的“价值空间”和“本真意义”。如在“声乐基础”课程实践中，声乐教研室每学期的教学计划书都要经过集体研讨，在必唱曲目中精炼选择有关“歌颂祖国、赞美家乡，红色经典、热爱生活”主题的声乐演唱作品。又如在“中国民族民间音乐课程”课堂实践教学中，课程教师进行了实践教学改革，要求每位学生会唱家乡的民歌，以此唤起学生的乡情、乡音、乡愁，从而激起对故土的热爱。总之，通过与课程思政协同合作、同向而行，把专业技能教育“融于生活，隐于无形”，最终起到“润物细无声”的效果。有效地打造了有高度、有深度、有温度的艺术思政“金课”，以实现智慧化的艺术实践思政教育课堂，从而帮助大学生树立正确的世界观、人生观、价值观和美育观。

2.舞台艺术实践+红色文化教育融合教育举措

用所熟悉的舞台艺术表演形式合力打造红色历史故事、红色校园故事，学生既可以提升舞台技能，又可以受到红色历史文化的熏陶。如2021年6月，以豫章师范学院音乐舞蹈学院为主，并联合小学教育学院、文化与旅游学院等多个学院，在江西省委党校党史研究室专家指导下，共同排演了一部反映红色党史、红色校史的音舞诗画剧《1921·豫章那个班》。整部音舞诗画剧70分钟，融合多学科思维，通过运用戏剧、话剧、诗歌、歌曲、舞蹈、合唱、多媒体、舞美设计、音响、灯光等综合艺术表现形式，重温了1921年的那段百年校园中的红色光辉岁月。音舞诗画剧《1921·豫章那个班》公演时，受到社会各界如潮好评。又如2021年9月23日晚，由学校党史学习教育领导小组主办，党委宣传部、团委、音乐舞蹈学院承办的"'党的光辉照我心'——孔江闽独唱音乐会"在宜萱剧场举行。孔江闽是学校优秀青年教师，曾四次获得国际声乐大赛第一名，以及江西省音乐"映山红"奖声乐比赛和江西艺术节声乐比赛第一名。本场音乐会以孔江闽的个人成长历程为主线，围绕"1992年加入少年先锋队、1998年九江抗洪、2004年进入中央民族大学学习声乐、2018年从意大利深造回国"等经历，孔江闽倾情演唱了《红船》《我的爱人你可听见》《归来的星光》《把一切献给党》等歌曲。整场音乐会，师生同台演绎，用舞台艺术表达了全体师生听党话、感党恩、跟党走的决心和信念，饱含红色情怀，洋溢着浓浓的爱国热情。

3.采风艺术实践+红色文化教育+学科融合教育举措

采风艺术实践是音乐学科艺术实践常用的一个名词，是一切艺术实践活动不可缺少的重要环节，也是一切艺术活动的创作基础。没有艺术采风，艺术教育也就成了无源之水、无本之木。

仅以田野艺术采风实践为例，田野艺术采风是融"音乐非遗学""音乐地理学""音乐历史学""音乐人类学""音乐社会学""音乐传播学"等学科知识的艺术实践活动。早在2010年，艺术实践采风就已根植于"中国民族民间音乐"课程中，学校还给每位学生补助1000元采风经费，有力地支持了课程建设改革。根据音乐学科专业人才培养方案的要求，课程教师带领学生到江西兴国县、湖南桑植、福建闽南等民间音乐文化和红色文化资源地区进行田野采风作业，师生们既领略到了当地民间音乐文化的无限魅力，也被当地厚重的红色历史文化所熏陶，同时还亲眼看到了祖国美丽的田野及乡村振兴所带来的新农村、新气象。通过采风实践活动，不但可以激活师生的艺术创作热情，也可以拓宽学生们的学术视野，激活学生的家国情怀，坚定师生的民族文化自信。

4.社会艺术实践+学科融合教育

识乾坤大，怜草木青。作为音乐艺术文化的传播者，音乐学科大学生不仅要学好艺术教育本领，还要扎根于社会和生活中。近些年，音乐舞蹈院师生积极践行社会艺术实践，每年都会将社会调查与艺术实践紧密结合，以增强了解社会、了解民生的能力。如2021年7月9日，音乐舞蹈学院组织数十名学生志愿者，前往南昌地区东源村小学，开展2021暑期“三下乡”社会实践服务活动，给老人、孩子们带去了一台文艺表演，送去温暖的关怀。同时，结合社会实践活动和社会学学科知识，访谈了东源村的老党员、留守儿童、贫困家庭的状况。

5.治疗艺术实践+学科融合教育

为了拓展学科交融，践行新文科建设，为社会服务的理念，音乐舞蹈院在2018级音乐学人才培养方案中，开设了面向6—15岁“特殊少儿音乐治疗方向”专业课程，如开设有“音乐治疗基础”“音乐心理学”“特殊儿童音乐治疗”“音乐治疗实践运用”“音乐治疗与技术手法”等课程，这些专业方向及课程的开设，均体现了在知识、思想、技术快速流变的新时代，音乐舞蹈院致力于应用型人才培养、为社会服务的意识，体现出开放、融合、变革的新理念、新特点、新机制，也体现出当代的文科知识已经逾越“宁静的象牙塔”，突破边界，走向了更加广阔的人类生活世界、生产世界。

四、特色及创新点

音乐舞蹈院艺术实践活动主要有下列特色及创新点：

1.守资源、守底线，确保红色传承不走样

豫章师范学院作为百年红色基因校园，培养与涌现了陈赞贤、刘和珍、谭和、陈逸群、欧阳洛、冯任等一批革命先贤。为了加强师生对红色校园历史文化认同，体现党对高校思想政治领导引领，音乐舞蹈院实践活动将红色校史、革命志士等校友事迹搬上舞台，打造了音舞诗画《1921·豫章那个班》，形成了百年红色传承的豫章学院现象，以确保红色传承不走样。

2.挖特色、破壁垒，加强学科教育融合互动

音乐舞蹈学院近些年积极推动艺术学科从“孤军奋战”向“融合推进”转向，积极挖特色、破壁垒，努力打造全学科艺术教育，促进跨界学科融通，如在音乐学专业中开设“特殊少儿音乐治疗方向”和田野艺术采风创新就是一个鲜活的学科融合教育案例。

3.厚内涵，展外延，秉承持续构建发展新格局

回顾音乐舞蹈学院的艺术实践，师生们将人文视野与相关学科融合发展，在各类艺术学科竞赛中取得了较好的成绩，仅近五年数据不完全统计，以课题形式立项的专

项教研成果就有21项，师生参加省级以上各类竞赛取得的成果多达56项。

五、实践效果、推广应用情况及校内外评价

（一）代表性实践效果

音乐舞蹈院艺术实践教学活动成效显著，近五年来，通过艺术实践活动后转化的成果丰硕。代表性成果举例如下：

（1）由李一平主持完成的“以民族民间音乐为课程引领的‘四段式’音乐人才培养模式的构建与实践”教学成果获第十五批江西省高校省级教学成果二等奖。

（2）歌曲作品《青春追梦》（词：李一平、沈郁文；曲：李一平）荣获2019年江西省第七届艺术节原创歌曲第五名（三等奖）。

（3）420音乐学班陈嘉雯同学获得第六届江西省音乐“映山红”声乐比赛通俗组比赛第三名（二等奖）。

（4）音乐专业学生在江西省第十届大学生艺术展演中共获得展演比赛一等奖1个，二等奖6个，三等奖1个的好成绩。

（5）音乐专业学生在教育部举办的2018“互联网+”大学生创业大赛中，以“乐养小镇——‘校地共建’音乐健康‘特色小镇’江西样本”项目参赛获得铜奖。

（6）音乐专业学生在由团省委举办的“挑战杯”大学生创业大赛江西赛区比赛中，以“音乐养生一日游——助推江西民宿旅游产业开发”项目参赛获得铜奖。

（7）孔江闽在第六届江西省音乐“映山红”奖声乐比赛中荣获美声青年A组一等奖。

（8）王昭瑜代表江西省音乐家协会参与第十三届中国音乐金钟奖声乐（美声）比赛，获优秀奖。

（9）管乐团学生参加“江西省首届学生器乐（管乐）节”大学乙组比赛获得第三名。

（二）推广应用情况

团队教师在新文科建设视域下，积极探索艺术实践的内容与意义，取得成果以论文发表、网络推广形式供同行借鉴。推广应用情况举例如下：

（1）李一平主持2018年江西省文化艺术规划课题“九江山歌传承人口述史研究”。

（2）李一平主持2019年江西省社会科学研究课题“兴国木偶戏传承人口述史研究”。

（3）2020年出版学术著作《宁都中村傩戏田野考察》（李一平、艾玲合著）。

（4）2019年7月，歌曲作品《青春追梦》（词：李一平、沈郁文；曲：李一平）被新华社新闻客户端采用，当天点击率越过百万。

（5）南昌英雄交响乐团在2017年第五届南昌国际军乐节期间与埃及国家军乐团、哈萨克斯坦共和国武装国家爱国主义军事中心中央军乐团举办了专场演出；还举办了全省高校高雅艺术进校园，赴北京师范大学、北京吉利学院举办了庆祝改革开放40周年专场演出等大型活动，为培养学生乐手、提高学生素养、提升学校形象取得了明显成效。

（6）原创红色校园音舞诗画剧《1921·豫章那个班》主题歌《灿若星辰》（作词：张海涛、李一平；作曲：李一平）、插曲《爱如莫言》（作词：张海涛；作曲：李一平）、《你是一束光》（作词：李一平；作曲：贺香沛）、《萤火虫》（作词：李一平；作曲：贺香沛）以组歌形式发表在2021第3期《心声》杂志。

（7）2020年创作抗疫歌曲《灿烂如你》（词：李一平、毛一萍；曲：李一平）被江西新闻客户端采用。

（8）2021年6月23日，新华社客户端报道了豫章师范学院音乐舞蹈学院支教大学生吴丽君的事迹。吴丽君同学永怀感恩之心，自愿奔赴婺源县清华中学支教，支教期间，吴丽君利用专业实训课程学到的专业技能特长，指导并指挥清华中学合唱团日常训练，指导的节目《感恩的心》获得了2021年江西省支教大学生“感党恩·永奋进”合唱比赛一等奖。

（9）2021年6月25日，大江网/大江新闻客户端报道了由音乐舞蹈学院师生原创的红色音舞诗画剧《1921·豫章那个班》公演成功，该剧彰显了校园文化底色，致力于培根铸魂，立德树人。

（三）校内外评价

新文科建设视域下，“艺术实践+”融合教学新范式跳动着时代的脉搏，体现了对学科融合的转向，体现了对真善美的追寻。社会各界给予了高度肯定，院党总支先后获得“南昌市先进基层党组织”“学校先进党组织”荣誉称号。正如豫章师范学院党委委员、副校长张海涛在学科建设研讨会中说道：“我目睹了音乐学院的成长过程，在这五年时间里，音乐学院的发展有目共睹，艺术实践作为学院的教育品牌，已有一定的社会影响力。”南昌师范附属实验小学教育集团九龙湖校区执行校长胡巧玲说：“豫章师范学院近些年培养的音乐师范生质量越来越佳，主要体现在一专多能上，尤其是在学科素养综合能力上有很强的竞争优势。”另外，新华社客户端、江西新闻客户端、江西教育电视台、南昌电视台、江西日报社、湖南桑植县电视台等媒体均对音乐舞蹈学院办学及实践活动做过报道。

江西理工大学：

四科融合·五色育人·六共协同：服务革命老区高质量发展的新文科人才培养模式探索与实践

一、团队负责人及主要成员简介

（一）负责人简介

伍自强，主要从事马克思主义理论、公共管理理论及高等教育研究，具有丰富的高等教育管理经验。先后承担了“独立学院理论与实践探索”“高等学校的核心功能与资源外取研究”“高等学校的股份制研究”“高等学校思想政治理论课程教学大纲改革研究”“订单培养模式在独立学院中的应用与研究”等多项国家、省部级研究课题，出版《独立学院辅导员队伍职业化、专业化建设新论》《大学生职业生涯发展与规划》《大学生心理健康教程》《大学生道德与法律规范教程》《大学生心理学》《独立学院理论与实践探索》等论著六部，在《中国高等教育》《现代大学教育》《党政干部论坛》《江西理工大学学报》等刊物上发表学术论文 50 余篇，在《中国教育报》《信息日报》《江西日报》《中国有色金属报》等报纸上发表文章 60 余篇。

（二）主要成员简介

龚姚腾，江西理工大学副校长。

吴彩斌，江西理工大学教务处处长。

王经北，江西理工大学教务处副处长。

黄顺春，江西理工大学经管学院院长。

温德新，江西理工大学创新创业学院院长。

项波，江西理工大学法学院院长。

温小军，江西理工大学建设学院副院长。

谢秋恩，江西理工大学外国语学院副院长。

黄金发，江西理工大学建设学院设计系主任。

二、解决的主要问题及工作目标

（一）解决的主要问题

（1）解决了文科人才培养中革命老区文化资源融入社会主义核心价值观塑造及红色基因传承，增强对国家、社会的责任感问题。

（2）深化了新文科课程体系中文科各学科内的内部渗透融合及文科与工理农林医等其他学科的外部交叉综合问题。

（3）改善了文科人才培养中政产学研协同育人动力不足、机制不全、效果不显现象，促进了政府职能部门、行业企业、科研院所协会等资源的有效融入，响应了时代需要、紧密联系社会现实的培养需要。

（二）工作目标

（1）依托学校工科优势，围绕有色金属、客家文化、红色文化、生态文明、新兴制造等行业，构建了适合国家战略发展需要的"3（红色基因、绿色发展、蓝色科技）+2（有色金属、古色传统文化）五色"新文科人才培养模式。

（2）以红色基因传承的专业课程思政、"有色+"的专业课程内容、绿色发展的前沿课程、工+文科的技术类课程以及传统文化的基础课程等，构建了新商科、新艺科、新工科交叉融合的新文科课程体系。

（3）结合地方校政企协地方资源，共同构建新文科政产学研协同"六共"协调育人机制，培养能在革命老区或艰苦的基层工作用得上、留得住、带得动的人才。

三、改革实践的思路和主要举措

（一）改革实践的思路

围绕培养具有家国情怀、时代精神、开拓创新、知行合一硬核特质的新文科人才育人目标，基于利益相关者理论及实践调研，构建"政产学研"协同机制框架。江西理工大学地处赣南革命老区，在深度分析政、产、学、研各方优势及需求的基础上，探索"政产学研"协同的实践载体及形式。通过研究实践，依托学校工科优势，构建了适合国家战略发展需要的"3+2五色"新文科人才培养模式，提炼出"政产学研"协同育人运行机制、模式及典型案例等研究成果，总结经验、持续改进。

（二）主要举措

构建政府、产业、高校、科研院所等多元主体参与的协同育人机制，形成基于服务革命老区振兴发展的新文科人才培养范例。突破传统以高校为主的单一办学模式，高校、政府、产业、科研院所共同参与人才培养，充分发挥高校以外其他要素的第二阵地作用。从统筹谋划组织决策机制、协同创新机制和共担共赢机制等方面开展研究，明确多主体责权利边界，打通跨组织、跨院系、跨学科的边界约束，推进多主体知识资源、技术资源、人力资源等深度融合和界面重构，切实形成多元主体协同培养育人机制。

1.“政产学研”协同共定，构建了基于服务革命老区振兴发展的“3+2五色”文科人才培养模式

以政府、产业企业、学校、行业协会及研究院所等协同共定作为人才培养的出发点和立足点的理念，共同构建高校知识驱动、企业项目及就业驱动、政府政策协同支持驱动、行业协会研究院所平台驱动的人才培养方案。依托学校工科优势，形成有地域特色、行业特色的红色基因、绿色发展、蓝色科技 + 有色金属、古色传统文化的新文科培养模式（3+2），共同研制新文科普适性教学目标、内容、计划、流程、工作规范等指导性文件和相关管理制度，同时根据不同专业学科情况，各有侧重地制定个性化培养方案。

2.文工学科交叉融合，构建契合国家战略和行业发展需求的新文科课程体系

通过广泛调研学校、政府、产业、科研院所等机构对经管法艺等文科专业人才在知识、能力和素质的新要求，并切实吸收多方主体共同制定人才培养方案；以学生为中心，以市场需求为导向，加快国家级一流专业与一流课程建设；在充分吸收科研新成果的基础上，结合地域特点，形成有行业特色的系列教材；以提升职业能力为目的，助力革命老区振兴发展为出发点，以适应社会发展需要来确定人才培养目标。通过政产学研协同，实现新文科内部知识体系深度融合；面向文科开设“工业基础与现代制造业概论”“大数据人工智能技术概论与应用”“经济社会调研”等创新性课程，开办专题“兴趣班、辅修班、实验班、工作坊”，鼓励学生跨学科自由选课，引导学科、教师及学生开放视野，善于糅合大数据、人工智能等新技术，特别是运用“工 + 文科”等方式更新课程体系、课程内容。

3.培育一流交叉团队，构建高水平新文科政产学研协同育人专家委员会

基于学科不同组建不同学科方向的教学与科研团队。培养各文科学科领军人 1—2 人，建好省级教学及科研团队；以研促教，研教结合，产学融合，树立课程思政、金课建设优秀教师。共同完成育人机制、人才培养方案制定和教学改革案例。聘请相关

领域专家成立专家咨询组，评价本课题研究和改革实施效果，提出完善的建议，修订建设方案，形成多元主体协同育人成果并进行经验推广。

4.强化改革保障，构建基于用人单位视角下人才培养质量共评机制，实现多方利益共赢

推动新文科、新艺科、新工科、新商科等学科交叉融合，把握高等学校的根本任务和根本标准，坚持以本为本，推进四个回归，以学生发展为中心，完善教师激励机制，提升教师教学能力，推动课堂教学革命；用人单位对人才培养质量具有发言权，因此，建构一套基于用人单位视角下人才产出培养质量体系是必要的。高校、政府、产业行业、科研院所共同对教学体系进行评价，构建适合新文科的多元教学评价质量机制。建立社会用人需求主导的以“知识体系、个人素养、解决复杂疑难问题的能力”为核心的人才培养质量评价体系，突出服务行业导向和应用导向。

5.服务革命老区发展，政府、产业企业、高校、科研院所多元主体协同构建育人平台共管机制

江西理工大学依托相关文科专业，在已有政产学研合作基础上共建，确定在助力革命老区振兴发展过程中的服务定位和发展方向；依托学校文科的省级以上重点平台，加快整合学校、政府、产业、科研院所等资源，聚焦革命老区高质量发展，建设育人平台。以学校各类科研平台、研究所等为载体，引导更多低年级学生进入课题组、研究基地，大力推进项目式、课题式教学，培养学生学习兴趣，提升学生创新能力和职业胜任能力。

江西理工大学新文科校外实践教学基地建设呈现“零散型合作共建—聚集型基地群建设—基地联合互通式”的阶梯发展。由政府、产业、科研院所为学校提供教学、管理、生活等所有设施设备，引导和凝聚区域内的企业与学校共建实践教学基地联盟，为学校的实践教学及人才培养提供全面支持。建成集“产教融合、科教融合、研学融合和产学融合”四融合为一体的教学科研创新实践平台；将创新平台作为公共服务平台向社会开放，提升社会创新意识，服务于区域经济。以实现“培养标准与市场需求对接、培养过程与岗位标准对接、培养重点与能力提升对接、培养模式与职业发展对接”文工结合的高层次新文科人才。

6.深化专业思政改革，建立丰富课程思政教育平台，构建内容丰富的专业课程思政案例，打造专业课程思政教学支持体系

组建思政教学团队，充分发挥本专业的社会主义先进文化载体功能；充分发挥赣南红色资源，赓续精神血脉，传承红色基因，把家国情怀全方位融入专业课程和课堂教学中，持续推进专业立德树人建设。采用“1+N”的内容建设模式，基于赣南原中央苏区重要的革命精神所在地，建好 1 个大学生红色文化教育基地，通过虚拟现实技术

建设N个VR+红色文化教育场景，把传承中国共产党伟大的红色基因作为课程思政的重要内容植入文科专业课程教学，推动新文科专业课程思政教学创新。

四、特色及创新点

（一）特色

（1）围绕苏区文化、有色金属、新兴制造等领域，在专业课程思政、传承红色基因、绿色发展、传统文化、科技等方面展开新文科建设，获国家教学成果二等奖1项，省级教学成果一、二等奖4项，成果丰硕。

（2）依托学校工科（蓝色科技）和有色金属行业优势，开展红色、古色、绿色等资源的教学及科研转化，形成了“3+2五色”新文科教育特色，构建了环境资源法研究中心、中央苏区法制研究中心、有色金属产业发展研究中心、矿业发展研究中心、赣粤闽湘边界区域经济合作软科学研究基地、赣州市高质量发展研究院、红旗86工业与产品创新设计中心、国别与区域研究中心——巴基斯坦研究中心、华文教育研究中心、阳明文化研究与传播中心、VR+红色教育教学研究基地等18个国家与省部级一流人才培养平台。

（3）校政企协联动，构建了新文科“3+2五色”“文+工”结合的教学体系，“培养标准与市场需求对接、培养过程与岗位标准对接、培养重点与能力提升对接、培养模式与职业发展对接”文工结合的高层次新文科人才，成果得到人民网、凤凰网、环球网等媒体宣传报道。

（二）创新点

1.培养目标创新

培养具备时代价值引领及服务国家战略需要的硬核特质人才。以新思想为指导，以培养堪当民族复兴大任的新时代文科人才为使命担当，以培养具有文化自信心、民族自豪感和发展自主性的时代新人为目标，以建设具有思想价值影响力、感召力和塑造力的课程教学内容为根本任务，把红色文化作为重要的课程思政内容与教学内容进行有机融合。

2.培养模式创新

构建了基于服务革命老区振兴发展的政产学研等多元主体参与的“3+2五色”新文科人才培养模式;同时构建“学中做，做中学，学做结合，重在实践”的教育新模式，在课程内容中引入大量的创新工作坊，充分植入移情、专注、创造、体验和反思等实践活动，建立理论与实践结合的分层递进式课程教学方法，建立“团队＋项目”的课外实践教学方式，紧紧围绕社会实践项目开展教学。

3.培养机制创新

创新政产学研协同育人平台的共管模式，实现了基地共建、平台共创、资源共享、利益共赢的育人机制。构建独具特色的思政融合、产教融合、科教融合课程教学路径。把思想素质、创新能力和价值塑造融入课程教学的全过程，以学生发展为中心，构建分层分类课程教学路径，为新文科教育提供新范式。

4.培养评价创新

创新了政产学研协同育人培养质量共评机制。

五、实践效果、推广应用情况及校内外评价

（一）实践效果

1.形成了以文科为主学院的新文科人才培养模式

（1）构建“外语＋有色”大学英语教育体系

为深入推进国家战略和“一带一路”建设，进一步凸显学校有色冶金学科专业人才培养特色，学校提出了持续改进“外语＋有色”人才培养，构建“外语＋有色”大学英语教育新体系。构筑“外语＋有色”大学英语教学新模式。建立了有色英语“基础教育＋通识教育＋技能教育＋学术教育”的人才培养基本模式，把有色英语教育融入人才培养全过程。围绕学校红色文化铸魂、传统文化修身、矿冶文化强骨、江理文化暖心，实现全方位、全过程、全要素的培养模式。构建“外语＋有色”大学英语实践教学新平台。学校采用“1学院+N实践基地”的模式，通过校地融合，校企协同，与地方政府共建有色英语实践教学基地，形成理论、实验、实践三大支撑平台。

（2）“法学+”的复合型卓越法律人才培养

更新法学专业人才培养方案，构建“法学＋人工智能（蓝色科技）”课程体系，组织教师编写人工智能与法律、大数据法学教材，开设“人工智能与法律”“大数据法学课程”，让学生了解科学技术的前沿知识。

与此同时，开设法学辅修学位，大力培养“法学＋外语”“法学＋会计”复合型创新型人才。法学院举行法学辅修专业“未来法学班”开班仪式，这不仅促进了法学辅修专业班级的精神风貌朝着积极向上的方向发展，同时营造了良好的学习氛围和班级氛围，树立了学生学习自信心，为培养“法学+”的复合型卓越法律人才奠定了良好开局。

（3）探索“艺术 +”的人才培养体系

针对艺术类专业学生，江西理工大学采用大类招生和大类培养，多学科导师、新形态教学模式，运用多元化教学手段，创新学生学习方式，促进学科协同，设立辅修学位项目 3 个。坚持立德树人，扎根苏区，立足江西，面向全国，服务新兴制造、苏区文旅、有色金属行业，围绕设计与文化、科技、生态等，培养从事设计策划理论及应用、开发及设计的德智体美劳全面发展的复合型设计人才。依托工科优势，探索“艺术 +”的人才培养体系以及艺科、艺工、艺文、艺商的复合培养模式，培养具有人文素养、科学意识、工匠精神、艺术追求的理论与实践并行的高级创新设计人才，形成了“四色”设计教育特色。依托学院构建“一部三院五系”的教学及科研平台，着力打造设计院，已经筹建了建筑设计院、各专业创新设计实践基地，形成“艺工交叉、艺工融合、艺商结合”的实践教学模式，为学生提供跨学科、多元化、综合性、创新型的发展平台。

（4）培养富有经济管理类特色的“经管 +”人才培养体系

运用“工 + 文科”等方式更新课程体系、课程内容。开设“Python 语言程序设计”“大数据与商务智能前沿专题”“SOL 数据库应用技术”等大数据课程，实现新文科内外知识体系深度融合。

签订院乡合作协议，建立新文科校外实践基地，围绕政产学研协同培养服务革命老区振兴发展，结合新时代要求，人才培养目标注重育人要素和创新资源协同育人。为学生提供实习实践基地，扩大实践教学空间，同时融入课程思政元素，推动课程思政全覆盖。

2.建立了丰富课程思政教育平台，构建内容丰富的社会实践课程思政案例，打造课程思政实践教学支持体系

采用“1+N”的内容建设模式，基于赣南原中央苏区重要的革命精神所在地，建好了大学生红色文化教育基地，通过虚拟现实技术建设了 VR+ 红色文化教育场景，把传承中国共产党伟大的创新创业红色基因作为课程思政的重要内容植入创新创业课程教学，推动课程思政教学创新。

3.遴选了161门课程为校级“课程思政”课程改革立项项目，其中文科专业学院立项50项，占全校总立项数目的31%

在 2021 年度的验收工作中，文科专业学院共有 40 项“课程思政”课程改革立项项目完成验收，10 项在校级评选中获奖，占获奖总数的三分之一。为了创新“课程思政”融入课堂过程的途径和内容，带动全校形成各类课程与新经济发展、中国特色社会主义进入新时代同向同行的新局面。

4.建立了18个国家和省部级一流人才培养平台

已有环境资源法研究中心、中央苏区法制研究中心、有色金属产业发展研究中心、矿业发展研究中心、赣粤闽湘边界区域经济合作软科学研究基地、赣州市高质量发展研究院、红旗86工业与产品创新设计中心、国别与区域研究中心——巴基斯坦研究中心、华文教育研究中心、阳明文化研究与传播中心、VR+红色教育教学研究基地等18个国家与省部级一流人才培养平台。另外，还建立了24个校外实践基地。

（二）推广应用情况

为顺应新工科、新文科发展趋势，持续推动学科融合、专业交叉，有效发挥学校工科优势，学校提出“3+2五色”人才培养模式，根据各学科特点，已经在文法经管艺外等学科中推广进行。形成了不同学科的特色人才培养体系。形成了“外语+有色”大学英语教育体系，“法学+”的复合型卓越法律人才培养，“艺术+”的人才培养体系，富有经济管理类特色的“经管+”人才培养体系等系列培养模式。精心编写出版“有色行业英语”系列教材9册，包括新文科专业英语、采矿工程英语、土木工程英语、测绘工程英语、电子信息工程英语、电气工程英语、冶金工程英语、材料工程英语和机电工程英语，并于2021年9月正式投入教学。该套教材选材内容丰富，强化政治认同，涵养家国情怀，提升文化素养和提高学生的民族自豪感，引导学生讲好“中国故事”，发出“中国声音”。

（三）校内外评价

新文科的发展和建设，对促进江西理工大学文科专业人才交叉融合培养和文科专业自身的发展提供了良好的契机，获得了广大师生的认可和赞誉，得到企业、高校和政府的高度评价和支持。

专业建设篇

南昌大学：

新文科视域下全景内嵌式思政建设模式的创新与实践

——以公共关系学专业公众号“闻道PR”为例

一、团队负责人及主要成员简介

（一）负责人简介

刘晶，南昌大学公共管理学院副教授、硕士生导师，赣江青年学者，华中科技大学公共关系学博士，美国得克萨斯大学奥斯汀分校访问学者。任第一届“讲好中国故事”创意传播国际大赛组委会的副秘书长和大赛logo设计者，主要从事政治视觉修辞与全球公共关系研究。中国新闻史学公共关系专业委员会常务理事，当代中国与世界研究院高校组专家之一，公关学界业界有影响力的自媒体“闻道PR”的总策划，南昌大学公关专业负责人。主持完成国家社会科学基金、国家外文局委托项目、江西省社会科学、江西省教育科学等项目多项，文章发表于《现代传播》《华中师范大学学报》《东南学术》等权威和CSSCI刊物，获得中国新闻史学会优秀论文奖。

（二）主要成员简介

黄琼瑶，南昌大学公共关系学讲师，香港浸会大学传播学博士生，美国佛罗里达大学访问学者。主要研究方向为企业形象管理、危机管理、社交媒体传播策略，主持完成江西省高校人文社会科学课题，在传播学国际顶级SSCI期刊上发表多篇论文，获美国公共关系学会2020最佳论文奖、国际公共关系研究学会2021最具实用价值论文奖、国际公共关系研究学会2021最佳国际战略传播论文奖、南昌大学第五届教师授课竞赛一等奖，曾受邀为美国密歇根州立大学公共关系学课程做嘉宾讲座。

柴博琳，南昌大学公共关系学192班学生。参与创办了学院第一个学术性组织，策划并组织开展了近20次学术讲座与科研活动。曾获南昌大学一等奖学金，“挑战杯”竞赛国家级二等奖、公关创业策划大赛国家级三等奖等国家级、省级、校级奖项20余项。

获“江西省优秀志愿者”等荣誉称号。主持国家级双创课题一项。2021 年 9 月创办并主营的自媒体淬炼 .IHT 累计浏览量已达 10 万 +。

苏祺，南昌大学公共关系学 191 班学生。连续两年获得校奖学金。组织举办过大型校级活动二十余场。获得南昌大学“优秀共青团员”、大学生骨干培训班“优秀学员”、资溪实习优秀实习生、优秀组织者等多项荣誉称号。获得公关策划大赛全国三等奖等十余项奖项。

余思颖，南昌大学公共关系学 191 班学生。积极参与实践活动，多次走进社区、村庄开展志愿服务。参与过一项国家级双创项目，获得“挑战杯”国家级铜奖、“互联网 +”省级银奖。连续两学年获一等奖学金，并获南昌大学“优秀学长小教员”“三好学生标兵”等荣誉称号。

邹玲，南昌大学公共关系学 192 班学生。连续两年获校一等奖学金和国家励志奖学金，获得“三好学生”“优秀共青团干”等荣誉称号；曾获得第十六届“挑战杯”国家级铜奖、第八届华创杯省一等奖等 10 余项奖项；在中国报道等国家级和省级媒体发表稿件 20 余次；志愿服务时长超 300 小时；参与过一项国家级双创项目和一项校级双创项目。

二、解决的主要问题及工作目标

（一）解决的主要问题

1.“学科污名化”和“政治性被忽视”的问题

公共关系学科和行业虽然在西方兴盛，但刚进入中国时常因被误以为是“搞关系”等不当的人情往来，致其学科发展严重受挫。传统的公关教育基本囿于传播学和管理学的领域，忽略了其政治学的本来面貌。不论从历史进程、价值观还是实践层面而言，公关是一种政治，是一种以公众利益为导向，以人类终极关怀为追求的民主沟通机制。对公关的污名化和政治性的忽视，影响了高级公关人才的培养，阻碍其发挥影响力巨大的思政教育功能。

2.“专业归属”与“学科壁垒”问题

传统公关的人才培养，由于历史原因，在学科依托和院系归属方面游移于新闻传播学和管理学之间，易造成专业间的错位；学科资源单一，学科壁垒严重，教学资源流动性弱，难以展开学科间的对话。

3.“合作通道不畅”与“专业需求导向不足”问题

传统的公关人才培养虽也注重高校、政府、行业企业和智库等利益相关者的作用，但各自的功能定位、资源和能力、发展目标存在差异性，各主体之间缺乏整合资源、合作发展的桥梁和契机，因而在育人中的协同效应不明显。另外，基于学科导向的专业设置，对新产业、新业态发展所需的复合型人才培养存在与市场需求部分脱节的情况，人才培养供给侧对社会发展需求感知较弱，需求导向不足。

（二）工作目标

（1）实施教学资源“集成化”策略，在新文科的专业融合构建中创新性凸显思政教育的强大功能。创造公关专业独特的“八百工程”育人系列活动，强调价值引领——“百颗红心”“百佳讲坛”“百部经典”“百生创业”“百优竞赛”“百村调查”“百强技能”“百企实习”，整合南昌大学公关协会、星梦想空间社会工作服务中心以及乡村振兴研究院三大平台，通过专业公众号“闻道 PR”这一统一的对外传播金话筒，引导学子在专业学习、实习实践、办赛比赛中自觉、主动、乐于、善于传播中国立场、中国智慧、中国价值的理念主张。

（2）搭建有效信息和研究平台，发挥整体优势和集群效应，以价值引领、专业优化、资源共享育人育才。公共关系学专业以专业公众号“闻道 PR”为新文科实践基地，通过跨学科的复合型课程、业界经验分享、传帮带活动、公益活动、大赛传播、学术交流、科研训练等多板块与社会主义核心价值观的融合，培养新时代大学生的爱国主义思想以及家国情怀。优化调整实践类课程结构，打造实践类“金课”，从而达到培养“一精多会，一专多能”的知识综合型人才的目的。除了整合本学科和其他邻近学科的教师资源外，还引入国际国内顶尖的学界业界导师开展线上线下的专题讲座，沉浸式教学，形成“产学研”协同育人模式，达到培养符合社会现实需求的应用型和技能型新文科人才。

（3）注重市场需求，回应社会关切，形成理论学习与实践学习齐头并进，多主体协同育人的人才培养模式。充分整合资源，通过积累的国内外学界业界的丰富资源和往届公关优秀学长学姐的“传帮带”优良传统，实时掌握国际国内公关市场的人才需求的动态变化，为公关学子深化市场需求认知，厘清知识结构需求；通过专业化理论教学、实操性教学以及社会实践活动提升学生综合素质，企业、政府、学校、社会组织多主体共同参与人才培养，充分展现公关人才的特色和优势。

三、改革实践的思路和主要举措

（一）改革实践的思路

我们已经进入了“公关政治”的时代，政治领袖、国家领导人、政党、城市、大学、NGO等所有利益集团，都在透过公共关系增大其影响力。公关强调采取对话协商的手段，而不是宣传灌输的手段，在潜移默化中进行舆论引导和影响民意，具有鲜明的政治性。因此公关学科与思政教育相结合对于国家发展至关重要。南昌大学公共关系学专业紧紧围绕思政教育为核心，依托专业公众号“闻道PR”为新文科实践平台，以百颗红心、百佳讲坛、百本经典、百生创业、百村调查、百优竞赛、百强技能和百企实习“八百工程”为教改思路，构建起“统、创、协、融”四大改革路径。旨在通过南昌大学公共关系学专业文科创新创业教育实践体系和典型案例，提升思政教育的针对性和亲和力；构建日常思政教育体系，发挥科研、管理、服务和社会实践的协同育人效应。

1.统筹资源——整合信息资源，依托现代信息技术，融合日常思政教育，打造特色新文科实践教学平台

为了更好地向社会传播学科信息，集合学术资源，打通公关学科与外界的联系，公共关系学专业于2013年创立首个专业微信公众号“闻道PR”，并由南昌大学公共关系学专业学生组成的新媒体团队在老师的指导下自主运营，成为专业的新文科实践的平台。公众号以专家访谈、学术前沿、经验分享、学界业界讲座、赛会报道为重点，将日常思政教育融入日常运营实践中。利用现代信息技术的教学模式，凸显以学生为中心，创新课内课外的师生互动，发挥文科教育知识性与实践价值性相统一的特点，切实提升学生的政治认同、家国情怀、文化素养、法治意识、道德修养，培养担当民族复兴大任的新时代文科人才。

2.创新模式——以社会主义核心价值观为引领，办赛参赛为途径，培养学生的主人翁意识与使命感

专业高度重视探索竞赛与教学之间优势互补，竞赛活动与教学目标高度配适的学生双创能力培养新模式。鼓励和指导学生参加“挑战杯”全国大学生课外学术科技作品竞赛、“创青春”全国大学生创业大赛、“互联网+”大学生创新创业大赛、讲好中国故事创意传播国际大赛、中国公关策划大赛等重要赛事。同时充分发挥学生能动性，组织学生自办竞赛如南昌大学公关策划大赛、香樟杯第一届讲好中国故事公共关系创意大赛等。将思政教育贯穿于大赛的参与与举办中。发动南昌大学学生积极投身到“讲好中国故事，传播好中国声音”的公共关系实践中，在赛事参与中提升思政素养。提

高学生竞技团队自我管控、自主探究的能力，将创新创业教育理念与思政教育融入专业课程和专业实践教学，促进学生知识结构多学科交叉复合，实现以赛促教、以赛促学、以赛促创、赛教结合的培养新模式，提升大学生实践创新能力、就业竞争能力和持续发展潜力。

3.协同合作——基于“传帮带、校企合作”等项目，建设多元主体协同育人的新文科思政教育共同体

南昌大学公关专业继承“传帮带”的优良传统，旨在通过优秀学长学姐的经验传授，引导在校生深入了解公关的价值与功能，明确人生目标。近年来组织多场百佳讲坛，邀请活跃于各个领域的优秀公关校友返校为学院学生开展专业知识及技能的讲座。已开展了数十次线上、线下讲座，讲座涉及公关人职业素养、互联网知识、大数据技能等，为学生提供了更高层次、更多维度的知识技能结构体系。

校企合作是一种注重培养质量，注重在校学习与企业实践结合，注重学校与企业资源、信息共享的“双赢”模式。基于此理念，本专业与多家公关传播相关企业建立校企合作关系，同时将企业员工所需技能渗透于日常课程教学中，真正做到“应社会所需，与市场接轨”实现实践与理论相结合的协同育人理念。

4.融合发展——以“一精多会”与“一专多能”新文科人才培养为目标，建立多元融合实践教学新模式

随着时代的发展，社会需要更多多元复合型人才，为应对新一轮科技革命和产业变革，提升文科人才职业适应性和胜任力，新时代的文科人才不再是只注重书本知识与思维创新，而必须与当前信息技术紧密结合。实践技能的培养在南昌大学公关专业人才培养中占据重要位置，南昌大学公关专业建设以适应当今时代人才需求变化为着力点，注重培养学生包括社会调查、数码摄影、演讲与口才、数据处理与分析、平面设计软件应用、谈判技能、视频剪辑技巧等在内的百强技能。“新文科”人才的培养采用以“职业技能为主线”的多元融合实践教学模式。

（二）主要举措

1.百颗红心——日常思政与课程思政相融合，并将思政教育贯穿于学生培养的各方面

注重立德树人与课程思政设计，牢记习近平总书记的嘱托，激发鼓励学生让青春在奉献中焕发绚丽光彩。“闻道 PR”专家访谈探讨中国企业走出去与国家形象提升，政策和企业社会责任等公共关系的问题；并在赛事活动与教学中贯穿思政内容、学生自发组织党日活动与报道。将思政教育融入日常教学中，结合公关学科在国家形象建设方面的优势，在实践过程中培养“厚基础、宽口径”的适需性综合型人才，紧跟新

文科建设方向。

2.平台构筑——以研究项目和实践环节为载体，为学生提供研究性学习和能力训练平台

为提升专业知名度，建立南昌大学公共关系学专业对外传播窗口，创建了“闻道PR”微信公众号，秉持着“公听并观，关系天下”的理念。围绕公关的主题共发布文章近200篇，累计阅读量突破22万，吸引了近2000名粉丝，并以每天两位数的增长速度持续增长。“闻道PR”公众号团队成员近50人，运营模式向专业化、链条化方向转变。团队由公共关系学专业近50名同学组成，下设资料组（推文资料的整理与文稿的提供）、翻译组（负责英文访谈稿件的翻译及学术前沿专题）、技术组（视频、海报及推文封面的制作等）、摄影组（推文图片的拍摄与提供）、审核组（推文最终稿的审核与敲定），各组各司其职且分工明确，“闻道PR”在其有序运作下保持每周至少2篇推文的频率持续更新。公众号在锻炼学生新媒体素养的同时获得了商界、学界相关人士的高度肯定。

3.百佳讲坛——实施协同育人“实体化”运行方案，建立基于多元主体的协同育人共同体

邀请业界精英和往届优秀的公关毕业生为在校生开展讲座，如邀请到公关专业毕业生、蓝色光标传播集团高级客户主管李凡分享公关从业经验，邀请新西兰梅西大学商学院的博士生祝佳琪分享留学经验等。旨在继承南大公关“协同育人”和“传帮带”的优良传统，将优秀毕业生等多元主体纳入协同育人共同体中来。通过优秀校友返校演讲的方式为学生构建更加完整丰富的学科体系，促进专业与社会的进一步接轨。

4.百本经典——学生培养以学科“集群化”为策略，开展读书活动，建立基于需求导向的交叉融合的知识体系

公关专业每周会邀请公共关系学、广告学、社会学、心理学、伦理学等各学科背景的本专业教师为本科生开展读书会活动。以“学科集群化”为策略，满足学生多元知识的需求，同时注重学生各学科间的融会贯通、交叉融合。

5.百生创业——实施校外资源与校内资源“集成化”建设策略，建立敢闯会创、知识综合的复合型人才培养模式

整合公关业界专家、优秀毕业生等校外优质资源，邀请业界专家和优秀毕业生指导，鼓励毕业生开展创业实验。搭建业界与学界协同育人的桥梁，旨在培养适应时代发展需求的复合型公关人才。

6.百村调查——实施特色化教学方式，打造“行走体验式”动态课堂，建立协同育人新方式

公关专业注重学生“走出去”，积极培养学生的实践能力。学生参与百村（社区）

调查、国务院扶贫办“贫困县退出专项检查评估”、创新创业孵化等；以“行走体验式”的教学方式实现静态课堂向动态课堂的转换，弥补传统文科教学重理论轻实践的短板。

7.百优竞赛——以竞赛项目为依托，以问题的解决为导向，创立双创式培养新模式

指导学生参加“挑战杯”全国大学生课外学术科技作品竞赛、“创青春”全国大学生创业大赛、“互联网+”大学生创新创业大赛、讲好中国故事创意传播国际大赛、中国公关策划大赛等重要赛事，荣获全国一等奖1项、全国二等奖3项，全国三等奖7项，省级奖项近20项。聚焦于乡村振兴，工业遗产保护与开发等极具社会价值与研究意义的选题，在锻炼学生竞赛能力的同时引导学生关注城乡发展、社会治理等社会问题，同时自办竞赛“香樟杯”讲好中国故事公共关系创意大赛等为“讲好中国故事，传播好中国声音”发挥了公关价值。

图1　获奖证书

8.百强技能——把现代信息技术融入专业教学实践，为学生构建跨学科专业的学习平台

为提升学生国际化视野，公关专业经常组织国外学界业界导师讲座、与香港浸会大学进行本科生交换学习等对外交流项目。与此同时，为更好地适应社会发展需求，专业开展百强技能为主体的职业技能提升训练，开设技能课程有：平面设计软件应用、数码摄影、SPSS /Python、自媒体运营实验、谈判技巧与实务、演讲与口才、视频剪辑等技巧、赛事策划、科研训练等。总之，融入现代信息技术，为学生的学习与实践构建跨学科的专业化操作平台。

9.百企实习——实施校企合作、协同育人的培养方案，建立实践型人才培养新模式

与多家企业签订合作协议，建立合作关系。选拔本科生进入亚洲最大的公关传播集团蓝色光标、京东、字节跳动、腾讯、新东方等知名企业实习。以建立实践型人才为终极导向，不断创新培养模式。

图2　“百企实习”的部分实习证明

四、特色及创新点

（一）教学内容创新：紧扣思政教育核心，培育公关人才

在专业教学的过程中，以专业公众号“闻道 PR”为跳板，将教学内容与思政元素巧妙结合。引导学生积极开展“四自教育”，实现教育的德育目标。在公众号板块设置上，开设公关指南、学术前沿等专栏，让学生自主进行专业知识的学习探索，在对外传播公共关系理念的同时提升学生对本专业的认同感，提高自我认同度与集体荣誉感。此外，紧扣国际国内时事，鼓励学生利用所学公共关系专业知识投入讲好中国故事的实践中去，创新讲好中国故事方式方法，切实发挥文科教育知识性与价值性统一的特点，培育兼具政治认同、家国情怀、文化素养、法治意识、道德修养的公关人才。

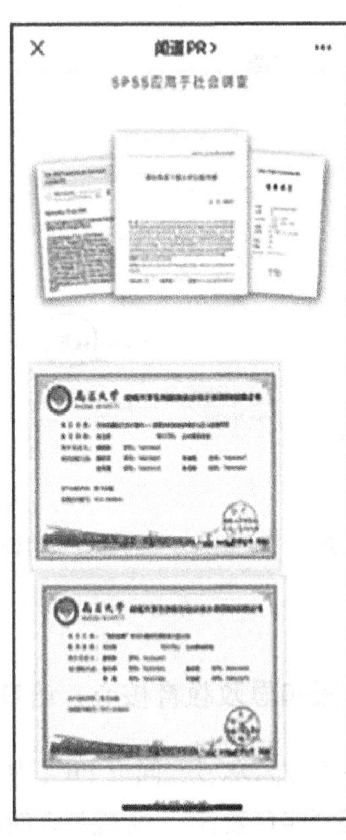

图3　“百强技能”的部分成果展示

（二）教学方法创新：融入“新媒体”运营实操教学，打造实践课堂

改变传统课堂教学模式，将专业知识的学习场景带出课堂，融入学生对“新媒体”运营的实操中。改变传统的听讲式、接受型学习模式，实现以教师为主导和以学生为主体的有机统一。在此模式下，学生可利用“闻道PR”平台将所学知识投入实践，以“知”促“行”，完成从懂专业知识到会专业实操的转变。通过实践课堂，学生还可获得更多与业界接触的机会，更清晰地了解国内外相关行业特征，尽早形成对未来职业生涯的规划，提升学生的就业竞争力和发展潜力。

（三）教学手段创新：运用信息技术手段，培育文科+技术人才

以“闻道PR”公众号为创新创业教育实践平台，让学生能够在对信息技术的实际操作中掌握技术手段，进行公共关系传播实践。学生可在投入新媒体运营的过程中，提升对知识结构的交叉复合程度，将平面设计、数码摄影、视频制作等技术型知识和公共关系传播、危机管理等专业知识融会贯通，成为能适应新一轮科技革命和产业革命的新文科人才。

五、实践效果、推广应用情况及校内外评价

（一）实践效果

1.借助公众号平台，探索完善文科课程思政教育体系

借助公众号平台已产出多项思政成果，具体包括班级思政活动如红色展馆参观、专家访谈，如《专家访谈 | 青年长江学者朱春阳：公共关系的底色是对话、沟通、多赢与信任》等文中提到的中美国际传播、学术思政，如《学术前沿 | 每个人都是国家品牌代言人：社会网络视阈下国家品牌建设与利益相关者交互》中的国家品牌研究、思政主题大赛，如第一届“香樟杯”大学生“讲好中国故事”公共关系创意大赛、社会公益活动如星梦想空间社会工作服务中心、思政讲座，如陈先红教授“讲好中国故事：国家立场，叙事话语与传播策略”的讲座、读书会，如《擦亮政府沟通的灰玻璃：是什么在影响着透明度？》一文中提到的政府沟通问题等。以微信公众号为端口，实现多形式、多方面、多层次的课程思政教育体系探索。

2.实现新文科背景下课程思政教学与科研模式创新

改变传统的听讲式、接受型学习模式，强调学生的思考、体验、观察和参与，公众号平台运营引导学生在课外讨论、研究文献，在科教结合中提高学生发现问题、分析问题、解决问题的能力，融合现代信息技术，鼓励学生参与实践，转变学生“被动接受”为“主动参与”思想政治理念。

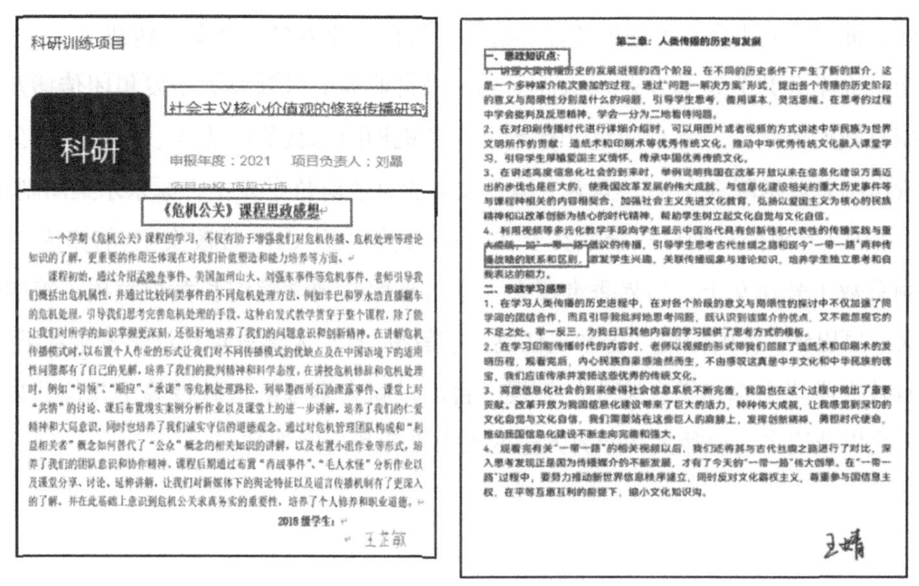

科研训练项目

科研

社会主义核心价值观的修辞传播研究

申报年度：2021　项目负责人：刘晶

《危机公关》课程思政感想

一个学期《危机公关》课程的学习，不仅有助于增强我们对危机传播、危机处理等理论知识的了解，更重要的作用还体现在对我们价值塑造和能力培养等方面。

课程初始，通过介绍孟晚舟事件、美国加州山火、刘强东事件等危机事件，老师引导我们概括出危机属性，并通过比较同类事件的不同危机处理方法，例如辛巴和罗永浩直播翻车的危机处理，引导我们思考完善危机处理的手段。这种启发式教学贯穿于整个课程，除了能让我们对所学的知识掌握更深刻，还很好地培养了我们的问题意识和创新精神。在讲解危机传播模式时，以布置个人作业的形式让我们对不同传播模式的优缺点及在中国语境下的适用性问题都有了自己的见解，培养了我们的批判精神和科学态度。在讲授危机修辞和危机处理时，例如“引领”、“顺应”、“承诺”等危机处理路径，列举墨西哥石油泄露事件、课堂上对“共情”的讨论、课后布置现实案例分析作业以及课堂上的进一步讲解，培养了我们的仁爱精神和大局意识，同时也培养了我们诚实守信的道德观念。通过对危机管理团队构成和“利益相关者”概念如何替代了“公众”概念的相关知识的讲解，以及布置小组作业等形式，培养了我们的团队意识和协作精神。课程后期通过布置“肖战事件”、“毛人水怪”分析作业以及课堂分享、讨论、延伸讲解，让我们对新媒体下的舆论特征以及谣言传播机制有了更深入的了解，并在此基础上意识到危机公关求真务实的重要性，培养了个人修养和职业道德。

2018级学生：

王芷敏

第二章：人类传播的历史与发展

一、思政知识点：

1、讲授人类传播历史的发展进程的四个阶段，在不同的历史条件下产生了新的媒介，这是一个多种媒介依次叠加的过程。通过“问题—解决方案”形式，提出各个传播的历史阶段的意义与局限性分别是什么的问题，引导学生思考，善用课本，灵活思维，在思考的过程中学会批判及反思精神，学会一分为二地看待问题。

2、在对印刷传播时代进行详细介绍时，可以用图片或者视频的方式讲述中华民族为世界文明所作的贡献：造纸术和印刷术等优秀传统文化，推动中华优秀传统文化融入课堂学习，引导学生厚植爱国主义情怀，传承中国优秀传统文化。

3、在讲述高度信息化社会的到来时，举例说明我国在改革开放以来在信息化建设方面迈出的步伐也是巨大的，使我国改革发展的伟大成就、与信息化建设相关的重大历史事件等与课程种相关的内容相契合，加强社会主义先进文化教育，弘扬以爱国主义为核心的民族精神和以改革创新为核心的时代精神，帮助学生树立起文化自觉与文化自信。

4、利用视频等多元化教学手段向学生展示中国当代具有创新性和代表性的传播实践与重大成就，如“一带一路”倡议的传播，引导学生思考古代丝绸之路和现今“一带一路”两种传播战略的联系和区别，激发学生兴趣，关联传播现象与理论知识，培养学生独立思考和自我表达的能力。

二、思政学习感想

1、在学习人类传播的历史进程中，在对各个阶段的意义与局限性的探讨中不仅加强了同学间的团结合作，而且引导我批判地思考问题，既认识到该媒介的优点，又不能忽视它的不足之处，举一反三，为我日后其他内容的学习提供了思考方式的模板。

2、在学习印刷传播时代的内容时，老师以视频的形式带我们回顾了造纸术和印刷术的发明历程，观看完后，内心民族自豪感油然而生，不由感叹这真是中华文化和中华民族的瑰宝，我们应该传承并发扬这些优秀的传统文化。

3、高度信息化社会的到来使得社会信息系统不断完善，我国也在这个过程中做出了重要贡献。改革开放为我国信息化建设带来了巨大的活力，种种伟大成就，让我感觉到深切的文化自觉与文化自信。我们需要站在这些巨人的肩膀上，发挥创新精神，勇担时代使命，推动我国信息化建设不断走向完善和强大。

4、观看完有关“一带一路”的相关视频以后，我们还将其与古代丝绸之路进行了对比，深入思考发现正是因为传播媒介的不断发展，才有了今天的“一带一路”伟大创举。在“一带一路”过程中，要努力推动新世界信息秩序建立，同时反对文化霸权主义，尊重参与国信息主权，在平等互惠互利的前提下，缩小文化知识沟。

王婧

图4　“传播学”“危机公关”课程思政感想与科研训练的部分截图

3.通过创新实践将思政精神传遍兄弟院系

从高等教育“育人”本质要求和国家意识形态战略高度出发，公关专业学生自发、独立运营的微信公众号“闻道 PR”是课堂之外锻炼学生专业学术、实践能力的第二平台，在运营过程中学生围绕公共关系专业开展多个运营板块，并将思想政治理念贯穿全程，例如通过主办“讲好中国故事公共关系创意大赛”将主旋律正能量传播到全校 20 个学院，获奖作品涵盖了留学生群体，彰显本科生和留学生对于中国与中国文化的热爱。

（二）推广应用情况

通过注入新文科理念，公众号在 2021 年 8 月至 10 月期间迅速涨粉将近两千粉丝。粉丝群体广泛，涉及学界（例如北京大学、复旦大学、香港浸会大学等高校师生）、业界（例如蓝色光标、微软等高管）、政界（例如国务院发展研究中心人力资源研究所人员）、智库（例如走出去智库高级合伙人 & 首席金融专家、美国研究小组负责人陆俊秀博士）和社会群体。已形成专业团队，由本专业师生组成。同时面向公关专业全体学生，将公众号运营纳入课程内容，鼓励全体学生走出课堂，在实践中感受专业理念、运用专业技能。创新课程思政新模式，从实践中培养学生思想政治的理念。

（三）校内外评价

“闻道 PR”微信公众号是大陆开设公关专业的高校中最有影响力的高质量自媒体，大量文章被中国公关协会、金旗奖、17PR、李国威（姐夫李）头条号、首席赋能官、曦时间、杭州公关协会及美通说传播等协会、机构和业界名人公众号转载。

南昌大学公共关系学专业也由此受到了来自业界的微软亚太研发集团传播及公共事务副总裁商容女士、北京蓝色光标数字营销机构副总裁陈阳先生、空客中国公司原企业资讯副总裁米晓春女士、奥美中国公关事业总裁俞竹平先生，原京东集团副总裁、索尼（中国）有限公司副总裁李曦女士、Wehour 创始人及 CEO 杜凌女士、前伟达（中国）高级副总裁于爱廷女士、学界香港浸会大学传理舆影视学院院长黄煜教授、美国伊利诺伊大学厄巴纳-香槟分校广告系主任姚正宇教授、复旦大学青年长江学者朱春阳教授、华中科技大学华中卓越学者陈先红教授、台湾世新大学张依依教授等十几位业界学界领军人物以及诸多高校师生和业界人士的大力推荐和高度赞誉。

據我所知，南昌大學是**中部地區唯一一所設有公共關系學本科專業的院校**，並且專業建設已有**十多年歷史**，在公共關系學這一新興學科中，**歷史算是非常悠久**。在“軟科”最新的高校大學專業排名中，南昌大學位列公共關系學**全國第四**。我認為，**公共關系專業有很大機會成為南昌大學的極具特色的品牌專業**。香港浸會大學也曾經有過類似經歷：我們在1968年創立傳理學系，當時是香港唯一的傳媒類院系，發展至今已成為浸會當之無愧的王牌學科，在全世界都具有非常高的認可度。**中國大陸目前公共關系本科專業非常稀缺，但人才需求又非常旺盛**。南昌大學如能**抓住這個機會**，**大力建設公共關系專業**，非常有可能將之**建設為南昌大學的“王牌”**。

黄煜

博士/教授

香港浸會大學傳理與影視學院院長

香港浸會大學協理副校長

8/20/21

帜，引人瞩目的，即使在中国新闻传播界也是具有竞争力的。

在国际传播领域，国际传播能力的强弱很大程度上取决于具有战略传播工具性质的全球公共关系水平的高低。**公共关系作为一种战略传播学科，在世界各地正获得越来越多的合法性和正当性**，作为“社会的基础设施”，公共关系已经在国际传播、国家建设、民族认同、社区发展、组织倡导、公众参与、危机管理等方面发挥着**不可或缺的建设性作用，尤其是习近平的5·31讲话之后，提出讲好中国故事，加强中国国际传播能力建设、学科建设、专业建设将迎来黄金发展期。相信南昌大学公共关系专业一定会成为其中最具学术影响力和社会影响力的双一流专业之一。**

推荐人　**陈先红**

华中科技大学华中卓越学者、新闻与信息传播学院二级教授

博士生导师

中国新闻史学会副会长、中国新闻史学会公共关系分会会长

中国故事创意传播研究院院长

2021.8.20

南昌大学公关专业是近几年高校成长最快的一所学校，我与这支团队的成员如刘晶副教授等交流、讲学已有七八年的历史，我们看到了**她们的成长**以及**他们严谨的教学**，对**理论与现实认知的提高，教学质量也在不断的攀升，很多学生也受了业界公司的欢迎。**

因此，**南昌大学理应成为建设中国公共一流大学的主力军**，希望学校给予支持，我与更多关心公关发展的人期待着这一天的早日到来！

陈阳

北京蓝色光标数字营销机构副总裁兼蓝标研究院院长

2021.8.24

非常荣幸有机会与刘晶教授深入交流，**衷心希望未来继续与南昌大学公共关系学院展开产学研交流探索**，在国际交流、企业课堂、学生实践、学科建设等多个维度广泛合作，为中国的公共关系行业培养理论实践相结合的**专业人才梯队**，这对于公共关系事业的健康发展至关重要。

在更开放包容多元、技术改变未来的数字孪生时代，公共关系、价值传播，任重道远。

南容

中国国际公关协会企业委员会主任委员

微软亚太研发集团传播及公共事务副总裁

和社会影响力的双一流专业之一。同时我也相信南昌大学公关专业的学子们也将成为**深受业界欢迎的优秀人才。**

顺祝秋安！

米晓春

空客中国公司原企业资讯副总裁

中国文化管理协会品牌传播专业委员会副会长

2021年8月23日

输送卓越的公关人才，同时也期待与贵校的公关专业师生开展更多产学研方面的交流与合作。

姚正宇

美国伊利诺伊大学厄巴纳-香槟分校媒体学院广告系主任

品牌创新及广告科技中心主任

Gies 商学院市场营销学教授

传播研究所和 Cline 尖端社会科学研究中心研究员

SSCI 国际学术期刊《Journal of Computer-mediated Communication》副主编

图5　部分国内外公关学界业界专家对南昌大学公关专业的评价

南昌大学：

经济学新文科项目建设进展情况

一、团队负责人及主要成员简介

（一）负责人简介

刘耀彬，国家级人才特聘教授，国家社科基金重大项目首席专家，经济学国家一流本科专业建设负责人，应用经济学教学科研省级先进集体负责人，省级基层党建工作优秀案例一等奖指导教师。获省级教学成果一等奖 5 项，主持完成中国学位与研究生教育学会课题立项 1 次，省教学改革课题 3 次，省级课程建设项目 8 项；出版《区域经济学模型与案例分析》等教材 6 部。2019 年获评江西省教育系统名师工作室，2020 年被评为首届江西省普通高校金牌研究生导师。

（二）主要成员简介

邵汉华，经济学博士，副院长、副教授，硕士生导师，南昌大学赣江青年学者。主持国家社科基金项目 1 项，省部级课题 4 项。在 International Review of Economics and Finance、《数量经济技术经济研究》等 SSCI/CSSCI 期刊发表多篇学术论文。担任 SSCI 期刊 Emerging Markets Finance and Trade 和 North American Journal of Economics and Finance 匿名审稿专家。

温湖炜，经济学博士，讲师，2020 级新结构经济学实验班班主任。主持国家社科青年基金 1 项。

李建强，江西省“双千计划”创新领军人才（引进类项目），International Engineering and Technology Institute（IETI）会士（2020 Fellow），江西省高层次专业技术人才，在全球知名经济学研究数据库 RePEc（Research Papers in Economics）发布的全球经济学家排名位居亚洲前 1%，中国经济学者排名第 8 位，在国际知名期刊上发表超过 200 篇高质量 SSCI 论文，担任 Energy Economics（SSCI）、Energy Journal（SSCI）等数十家国际学术期刊编辑。

李汝资，经济学博士，副教授，硕士生导师，应用经济学教研室主任，教育部人文社科重点研究基地南昌大学中国经济社会发展研究中心副主任，2021 级新结构经济学实验班班主任。主持国家社会科学基金青年项目 1 项，主持国家自然科学基金青年项目 1 项。

万建军，经济学博士讲师，理论经济学教研室主任。

田西，经济学博士，副教授，博士生导师。南昌大学循环经济研究所所长，人口资源与环境经济学学科方向带头人，江西省高层次引进人才。主持国家自然科学基金 1 项、省部级科研与教改项目 5 项，出版个人专著《再生资源产业绿色发展研究》1 部，以第一 / 通讯作者发表循环经济领域 SCI 论文 10 余篇。

柏玲，理学博士，副教授，南昌大学赣江青年学者。主持国家自然科学基金青年项目 1 项。

彭迪云，管理学博士，教授，博士生导师，江西省高等学校中青年学科带头人和省级教学名师，江西省金融学会常务理事，中华外国经济学说研究会理事，国家社会科学基金项目通讯评审专家。中国大学 MOOC 国家精品在线开放课程、国家级一流本科课程“巧克毕业论文”课程负责人。

二、解决的主要问题及工作目标

（一）解决的主要问题

南昌大学经济学新文科面向国家战略和区域需求，以我国自主理论创新的新结构经济学体系为先导，与北京大学新结构经济学学科对口合作同步发展，突出自主理论创新，加强多学科交叉融合领先发展，在国家生态文明示范区建设、内陆开放型经济试验区建设、革命老区高质量发展等江西特色的国家重大发展战略方面攻关发力。

《新文科建设宣言》强调要根植中国特色社会主义的伟大实践，牢牢把握文科教育的价值导向性，深化交叉融合创新发展，培养知中国、爱中国、堪当民族复兴大任的新时代文科人才。目前经济学类本科人才培养与新文科建设要求还有一定的差距，南昌大学经济学新文科建设要解决的问题：

1.育人理念上，重知识传授、轻价值塑造

经济学育人长期以西方经济理论和西方案例素材的跟踪、学习、传播为主，课堂课程教材与中国经济发展伟大实践、时代素材、区域特色案例结合不够，科教分离、产教分离现象明显，厚植学生家国情怀和使命担当育人意识薄弱。

2.育人方式上，多元育人主体协同不足

经济学“全员、全方位、全过程”的多元协同育人机制不够健全，重评教轻评学、重科研轻教学、重第一课堂轻第二课堂、重学校教育轻家庭社会教育等现象明显，育人主体相互割裂现象严重，参与主体、过程主体、环境主体多元协同明显不足。

3.育人路径上，交叉融合育人模式尚未形成

随着实践变化，经济学问题更加复杂化和综合化，专业边界、学科边界日益模糊，单一的经济学专业知识难以适应现实需求，学生综合能力提升迫切需要交叉融合。经济学新文科在育人理念上，重知识传授、轻价值塑造。经济学育人长期以西方经济理论和西方案例素材的跟踪、学习、传播为主，课堂课程教材与中国经济发展伟大实践、时代素材、区域特色案例结合不够，科教分离、产教分离现象明显，厚植学生家国情怀和使命担当育人意识薄弱。

（二）工作目标

1.形成价值塑造的育人新理念

面向国家战略和区域需求，课堂课程教材积极融入中国伟大实践经验、时代素材、区域特色案例，实现知识传授和价值引领相统一，培养知中国、爱中国、担当民族复兴大任的经济学类新文科人才。

2.形成多元主体协同的育人新机制

健全“全员、全方位、全过程”经济学人才培养方式，融合书院制、导师制、社团制等培养机制，实现参与主体、过程主体、环境主体多元协同贯通，提高人才培养质量。

3.形成交叉融合的育人新模式

适应数智时代技术变革与经济发展新需求，在培养方案、课程设计、新文科实验班、新文科实验室、国情实践基地上促进贯通式融合，实现文理渗透、文工交叉，培养复合创新型的经济学新文科人才。

三、改革实践的思路和主要举措

（一）改革实践的思路

以国家战略和区域需求为牵引、强化价值引领，构建“主体多元—过程多元—环境多元”的协同育人新机制，打造以“实验班—新文科实验室—国情实践基地”为载体、融“人才培养—学术研究—智库实践”为一体的经济学新文科综合体，形成“科教融合—产教融合—理实融合”的多学科交叉以及“全员—全方位—全过程”浸润式协同育人

新模式，增强大学生担当民族复兴大任的责任使命感和培养服务国家战略和区域发展的经济学新文科人才。

（二）主要举措

1.成立新结构经济学实验班，打造经济学新文科人才培养示范基地

南昌大学经济学新文科建设以新结构经济学实验班为试验田，牢牢把握文科教育的价值导向性，深化交叉融合创新发展，培养知中国、爱中国、堪当民族复兴大任的新时代文科人才。依托南昌大学一流的新结构经济学以及相关学科的学术研究、课程建设、智库实践、人才队伍等学科建设基础，创办了教育部新文科卓越拔尖人才教育培养计划“新结构经济学实验班”。新结构经济学实验班旨在培养能够掌握新结构经济学的理论体系，能够抓住时代机遇，引领我国经济学理论的自主创新，引领世界经济学理论新思潮的优秀人才。南昌大学经济学新文科与北京大学新结构经济学研究院展开合作，巩固学科专业融通的人才培养特色，面向重大需求、厚植家国情怀、强化本土意识，推动学科专业融通发展，引导学科优质资源下沉专业，锚定需求牵引的人才培养方向，利用江西红色资源和绿色发展实践特色优势，培养具有红色基因和绿色理念的经济学高素质人才。

南昌大学新结构经济学实验班于 2020 年 9 月正式招生入学，成为继北京大学新结构经济学实验班（林毅夫班）之后全国第二个创办新结构经济学实验班的高校，现已招收两届学生（2020 级和 2021 级）。北京大学新结构经济学研究院倾情协助南昌大学新结构经济学实验班办学，北京大学选派部分师资定期授课并担任班级导师，部分课程实现共享同步，林毅夫教授担任南昌大学新结构经济学研究院学术委员会荣誉主任。根据合作发展协议，北京大学新结构经济学研究院将为南昌大学新结构经济学实验班学生提供优质的师资教学、教师培训等，林毅夫教授、王勇教授、赵秋运教授、付才辉教授、于佳研究员等北京大学新结构经济学研究院老师现场或线上为南昌大学新结构经济学实验班学生授课或作学术辅导报告。此外，实验班每年将拥有 2 至 3 个北大新结构经济学研究院夏令营名额。

2.成立新结构经济学研究院，打造社会服务新型高端智库

2021 年 6 月，由南昌大学经济管理学院承办的南昌大学新结构经济学研究院成立大会暨经济学新文科建设研讨会在南昌大学前湖校区召开，来自北京大学、武汉大学、华中科技大学、南开大学、高等教育出版社等三十余所高校、出版社的专家学者进行了交流发言。其间，专家学者围绕课程思政、一流学科建设的内涵、重点方向等深入交流探讨，共话经济学新文科建设。当天下午还举行了“经济学拔尖人才基地暨新结构经济学实验班人才培养研讨”和“新结构经济学课程与教材建设研讨”两场研讨会，

从人才培养、课程建设、教材建设等方面全面深入交流新文科人才培养全过程改革发展。南昌大学新结构经济学研究院与北京大学新结构经济学研究院以及新结构经济学联盟高校展开合作交流，立足国家战略和区域发展重大现实需求，不断深化自主理论创新，凝练学科特色方向，共同推动“中国特色、中国风格、中国气派”经济学理论创新和经济学新文科建设，打造集“拔尖人才培养、一流学科建设和特色高端智库”经济学新文科综合体，为江西革命老区高质量发展乃至国家经济社会发展提供智力支撑。

南昌大学经济学新文科建设紧扣国家战略和区域需求，发挥新文科智库服务助推江西高质量经济发展。2021 年 6 月，受南昌大学新文科建设邀请，林毅夫教授与江西省工商联、江西省民营经济研究院举行座谈交流，为江西民营企业家解读“新发展格局下的中国经济”，助力江西地方经济发展。依托南昌大学“新结构区域经济学”“新结构资源经济学”“新结构环境经济学”“新结构生态经济学”等一流学科专业，南昌大学与北京大学共建有“新结构区域发展、生态环境与空间治理实验室”（NSE-RES-LAB），实验室已联合发布了服务国家战略的《成渝地区双城经济圈建设新结构经济学报告》，在成渝地区引起广泛影响。南昌大学新结构经济学等新文科也正在贯彻习近平总书记视察江西重要讲话精神，落实“把论文写在祖国大地上”的指示，与北京大学国家高端智库同步发展，不但服务江西省，也服务长江经济带、中部崛起，服务全国，走向世界。

3.深化学生科研社团改革，推动科教融合发展

以计量经济研究会为样板，深化第二课堂与第三课堂建设，推动一二三课堂联动贯通，夯实计量经济研究会、数字经济研究会等科研社团内涵建设，以教促研、以研哺教，推动教学与科研深度融合，打造创新创业竞赛训练营品牌，形成育人过程主体联动贯通的全过程协同体。持续推进“中国经济实证研究培训”，强化本土意识主导的科研创新育人，充分利用新中国改革发展的伟大实践和正在经历的“百年未有之大变局”，以国家级科研项目和大学生创新创业训练项目为驱动，引导学生根植本土情境发现问题、提出问题和解决问题，总结中国经济改革发展生动实践的理论逻辑，通过本土意识主导的科研创新提升学生科学精神、实践精神。

四、特色及创新点

（1）解决了重知识传授轻价值塑造的育人理念问题，形成了根植本土、中国特色的经济学育人新理念，目的在于培养具有家国情怀、堪当大任的新文科人才。在经济学新文科建设过程中始终强调厚植国家意识和本土情境，围绕中国特色社会主义经济理论的创新与发展，扎根中国经济改革发展的生动实践，培养了知中国、爱中国，堪

当民族复兴大任的经济学类新文科拔尖人才。

（2）解决了主体相互割裂、重评教轻教学、重第一课堂轻第二三课堂等育人方式问题，融入书院制、导师制、社团制等形成了浸润式育人协同体，目的在于培养综合素质高、全面发展的新文科人才。融入书院制、导师制、社团制，形成学生管理与教学育人融通、一二三课堂贯通的浸润式育人协同体，构筑形成了由点带线、由线及面、由面成网的多个多元育人协同体。

（3）解决了学科专业约束、交叉融合不足的育人模式问题，构建了学科交叉、“三实”建设有力支撑的经济学类育人新模式，目的在于培养呼应时代、具备跨领域知识融通能力的新文科人才。紧跟新一轮科技革命和产业变革新趋势，突破传统经济学学科边界的约束，发挥特色平台支撑人才培养的作用，以学科交叉、平台支撑为载体，探索形成了时代特征鲜明的交叉融合育人模式，培养了能够解决复杂现实问题、具备跨领域知识融通能力的新文科人才。

五、实践效果、推广应用情况及校内外评价

（一）实践效果

1.育人新理念上，坚持需求牵引突出价值塑造

（1）围绕国家需求，取得了支撑人才培养的系列国家级项目。获得国家社科基金重大项目等国家级项目30余项、国家级大学生创新创业训练项目20余项，支撑经济学类新文科人才培养。

（2）扎根伟大实践，形成了一批优质课程和教材。“Green Economy from China's Stories”等3门课程入选教育部高校在线教学国际平台，“生态经济学”等25门课程获省级建设立项，《区域经济学模型与案例分析》等5本教材获省级教学成果一等奖。

（3）聚焦区域特色，积累了大量教学素材和案例资源。建设了江西生态云等3个大数据中心，开发了长江经济带绿色发展案例库和革命老区振兴案例库，形成了鄱阳湖生态保护等系列成果。

2.育人新机制上，推进多元协同发挥主体积极性

（1）全面激活教学参与主体。坚持“以学生为中心”教学改革，注重教学名师队伍建设，推进“班级导师—科研导师—创新创业导师”制度建设，彭迪云教授获全国高校优秀思想政治教育工作者称号，刘耀彬团队获江西省教育系统名师工作室，经济学一流专业教学科研团队入选省级高水平本科教学团队。

（2）积极创新育人过程主体。丰富第二、第三课程建设，计量经济研究会获得江

西青年五四奖章提名奖、江西省基层党建工作优秀案例一等奖，“基于拔尖创新人才导向的经济学类科研社团培养模式的探索与实践”获江西省教学成果一等奖。

（3）持续优化教育环境主体。荣获教育部“三全育人”综合改革试点单位、全国党建工作标杆院系，依托际銮书院形成了“三化三制三融合”经济学拔尖人才培养机制，获2021年教育部高校思想政治工作精品项目。

3.育人新模式上，高度注重学科交叉融合支撑

（1）注重顶层设计，优化了培养方案。发挥经济学、金融学国家一流本科专业建设优势，修订了适应新时代的经济学类新文科人才培养方案，强化经济学与资源环境、大数据技术、地理学等优势特色学科的交叉融合；“经济学类‘双向—多元—交互’本科拔尖创新人才培养模式探索与实践”获江西省教学成果一等奖。

（2）夯实培养基础，开发了适应时代的系列教学资源。狠抓具备高阶性、创新性与挑战度的一流金课建设，立项省级在线精品课程和一流课程20余门，“资源循环利用管理仿真实验”等省级虚拟仿真项目4项。

（3）丰富实践内涵，打造了一批特色支撑平台。拥有教育部人文社科重点研究基地、江西生态云大数据中心等省部级平台以及政用产学研深度融合基地20余个；积极组织大型调查实践，打造了一批经济学类新文科人才培养的特色支撑平台。

（二）推广应用情况

南昌大学经济学新文科在人才培养、教材改革、课程教学、科学研究、智库研究等领域的成果经验被上海大学、江苏大学、绍兴文理学院等高校吸收借鉴。南昌大学作为全国新结构经济学金课联盟秘书处单位，持续推进课程教材改革发展，2020年6月作为主办单位已举办了全国新结构经济学教材与课程建设大会预备会议，领衔十余门一流课程教材建设。

2020年5月，团队教师李汝资在南开大学参加“南开大学新结构经济学研究中心成立大会暨学术研讨会”，就新结构经济学教材建设、学科交叉融合培养的经验作交流分享。

2020年12月，团队教师刘耀彬教授参加北京大学新结构经济学研究院成立五周年庆典并作主旨交流分享，介绍了新结构经济学区域经济与资源环境领域学科进展与规划，报告了南昌大学新结构经济学系“三色”交叉融合经验与进展。

2020年12月，刘耀彬教授在中国人民大学参加“新文科与一流经济学本科专业建设研讨会”，以“经济学‘新文科’建设的思考与实践——以南昌大学为例”为题发表主旨演讲。

2021 年 6 月，团队教师刘耀彬、邵汉华、李汝资、温湖炜在江西南昌参加由北京大学新结构经济学研究院、南昌大学主办的“经济学新文科建设研讨会”，会上四位老师就经济学新文科人才培养、新结构经济学实验班建设、新结构经济学课程与教材建设作交流发言。

2021 年 6 月，团队教师刘耀彬教授出席“江西省新文科建设启动大会”，刘耀彬教授当选为江西省新文科建设专家委员会召集人。会上，刘耀彬教授作了题为《经济学新文科建设的思考与实践》的报告,并与其他专家学者交流新文科专业和人才培养问题。

2021 年 10 月，团队教师邵汉华、温湖炜在浙江绍兴参加由北京大学新结构经济学研究院等主办的“新结构经济学长三角（绍兴）研究中心成立三周年总结暨首届新结构经济学研究联盟学科建设与智库合作会议”，就经济学新文科学科交叉融合、新型智库建设经验作交流发言。

“Green Economy from China's Stories”等 3 门课程入选教育部高校在线教学国际平台（国际慕课）,“巧克毕业论文”等 5 门课程入选国家精品在线开放课程等“五类金课”,“经济学导论”等 25 门中英文慕课入选“智慧树”、学堂在线和爱课程平台，“生态经济学”等 31 门课程入选省级精品课程，各类课程选课人数累计超 30 万人次。

（三）校内外评价

经济学新文科教育改革成果与经验得到教育部副部长翁铁慧（2019）、副部长钟登华（2021）和高等教育司司长吴岩高度肯定（2021），5 次被《中国教育报》中国教育新闻网等国家级主流媒体报道，2 次被江西电视台进行采访报道；计量经济研究会获 2017 年江西省青年五四奖章—学生创新社团提名奖；该成果在华中农业大学、宁波大学、江西财经大学、南昌航空大学等 10 多院校借鉴应用。《区域经济学模型与案例分析》等 5 本教材获省级教学成果一等奖，编著书籍被国内 30 多所高校使用。

南昌大学新结构经济学实验班受到北京大学新结构经济学研究院、北京大学新结构经济学实验班（“林班”）和林毅夫教授高度肯定，林毅夫教授多次在线上线下交流高度赞扬南昌大学新结构经济学实验班在经济学新文科建设中以新结构经济学理论为抓手的试验探索,高度赞扬了南昌大学新结构经济学实验班“三化三制”人才培养模式。2021 年 6 月以林毅夫教授为组长的专家组莅临南昌大学参观指导，对南昌大学新结构经济学实验班建设特色经验与成果高度肯定，北京大学付才辉研究员、华中科技大学张建华教授、上海大学尹应凯教授等国内专家学者也高度肯定了南昌大学新结构经济学新文科人才培养模式的探索。

经济学专业位列江西省首届专业综合评价第一（2018），入选 2019 年国家级一流本科专业建设重点名单，金融学专业入选2020年国家级一流本科专业建设重点名单。南昌大学刘耀彬教授工作室被命名为“2019年度江西省教育系统名师工作室”，经济学教学科研团队获江西省“经济学交叉学科研究生导师创新团队”和“经济学一流专业教学科研团队”。

以此为支撑，2019年南昌大学经济管理学院入选教育部“三全育人”综合改革试点院（系），实现了思想政治教育与学生工作平台的新突破。

华东交通大学：
会计学专业新文科建设典型案例

一、团队负责人及主要成员简介

（一）负责人简介

胡俊南，教授，硕士生导师，博士，会计系主任、会计专业负责人、会计教育转型发展校企联盟副主任委员。2006 年、2018 年、2020 年获校“优秀教师”称号；2005 年、2011 年被评为校“二级优秀主讲教师”；是江西省高水平本科教学团队“会计专业核心课程教学团队”核心成员。2017 年获“江西省教学成果一等奖”（排名第二），2021 年获教育部首批新文科研究与改革实践项目立项。

（二）主要成员简介

王芸，教授，硕士生导师，博士，会计学科带头人、全国优秀教师、江西省中青年学科带头人、铁道部优秀教师，江西省高水平本科教学团队“会计专业核心课程教学团队”负责人。1996 年获校第二届青年教师讲课比赛第一名，2006 年至 2014 年间，连续四次获校“一级主讲”教师称号，2021 年获校百名博士讲党史二等奖。

陈鹰，副教授，硕士生导师，博士，国际会计系主任、会计学（CMA 方向）专业负责人、校优秀二级主讲教师，是江西省高水平本科教学团队“会计专业核心课程教学团队”成员之一。主讲的“成本管理”课程被评为省级“一流线下课程”和“育人共享计划课程”，在教育类 CSSCI 期刊及一般期刊上发表多篇教改论文。

李冬伟，教授，硕士生导师，博士，国际学院院长、会计专业教指委委员、江西省中青年骨干教师、校优秀二级主讲教师。主持的“聚焦交通特色、突出行动学习的会计专业复合应用型人才培养模式十年改革与实践”荣获江西省教学成果奖一等奖。

于海燕，副教授，硕士生导师，博士，经管学院副院长、会计学（ACCA 方向）专业负责人、校天佑主讲教师、校优秀二级主讲教师。主讲的“财务会计与税法原则（双语）”

课程被评为省级“一流线下课程”和“育人共享计划课程”、“审计学（双语）”被评为省级“育人共享计划课程”。

章丽萍，副教授，硕士生导师，博士，会计学（CIMA 方向）专业负责人、江西省中青年骨干教师、校优秀二级主讲教师。主讲的“高级管理会计（双语）”被评为省级“一流本科课程”和“育人共享计划课程”。

李雄飞，副教授，硕士，校优秀二级主讲教师。主讲的“基础会计”课程获江西省防疫期间线上教学优质课程二等奖，设计的“铁路项目成本核算和管控业财融合虚拟仿真实验”获得国家版权局签发的软件著作权。

康亚华，讲师，硕士，校天佑主讲教师。主讲的“管理会计 F2”课程被评为省级“一流本科课程”，在 2019 年江西省高校第三届移动教学大赛中获“优秀教师”，2018 年“管理会计 F2”获学校“优秀教案”。

唐衍军，讲师，博士。在 CSSCI 和核心期刊发表多篇教育教学论文，其中一篇下载量超 2000 余次，并被人大复印资料转载。

二、解决的主要问题及工作目标

（一）解决的主要问题

1.新文科建设下会计人才的定位

解决培养什么人的问题。这不仅是缓解“大智移云物区”新形势下高质量复合应用型数智化会计人才社会供求结构性矛盾的关键，而且是满足新文科建设要求培养具有服务国家富强、民族复兴、人民幸福的“中国心”和国际视野高质量复合应用型会计人才的前提，也是创新中国会计人才培养的“指南针”。因此，如何找准新形势新要求下会计人才的新定位，是会计专业建设需解决的首要问题。

2.人才能力需求中思政元素的嵌入

解决需要培养什么能力的问题。新文科建设要求培养中华文化的传承者、中国声音的传播者、中国理论的创新者、中国未来的开创者，培养有自信心、自豪感和自主性的人。因此，如何根据中国新文科建设的新要求和大数据时代中国经济高质量发展的新需求，构建会计人才的能力框架，并从人才培养的顶层设计将“思政元素”嵌入会计人才的能力框架中，是会计专业建设需解决的关键问题。

3.高质量发展下人才培养模式的创新

解决如何培养的问题。中国新文科建设在强调要求培养知中国、爱中国、堪当民族复兴大任的新时代文科人才的同时，也要求会计专业须适应新科技革命所带来的新经济业态、新生活方式、新运营模式的需要，综合运用大数据、人工智能等信息技术对人才培养理念、模型、内容及手段进行升级改造。因此，如何按照新文科建设要求探索大数据等信息技术与会计专业深度交叉融合，并将“思政元素”有效贯穿于会计人才培养实践，是会计专业建设需解决的核心问题。

4.人才培养模式有效运行的环境保障

解决如何保障培养模式运行的问题。机制、师资、平台是人才培养模式运行的基础环境，是保障培养目标实现、培养方案实施、课程体系开发、培养质量评价反馈的关键问题。因此，如何根据思政元素与学科交叉的特点营造良好环境是专业建设需解决的基本问题。

（二）工作目标

1.搭建“一心四型一化”会计人才能力新框架

解析中国新文科建设对会计人才能力培养的新要求，深入调查大数据时代中国经济高质量发展对会计人才能力的新需求，明确新形势新要求下中国会计人才的新定位，将“思政元素”嵌入能力框架中，搭建“一心四型一化”会计人才能力新框架，为会计专业升级改造提供方向指引。

2.打造“一心四型一化”会计人才培养新模式

以“一心四型一化”培养目标为导向，强化思政教育，综合运用大数据等信息技术升级改造会计专业，从明确培养目标、制定培养方案、开发课程资源、设计评价体系四个方面打造人才培养新模式，为会计专业探索思政教育和跨学科交叉融合提供具体行动方案。

3.建立“一心四型一化”人才培养保障新机制

完善教师课程思政能力提升机制，建立健全思政工作激励机制，建立跨学科协作长效机制，为会计专业思政教育的切实落地和跨学科培养的实现提供有效保障。

三、改革实践的思路和主要举措

（一）改革实践的思路

本会计专业以“新文科”理念为指导探索思政教育在会计人才培养中的创新，解析新文科建设对中国会计人才能力培养的新要求，深度调查大数据时代中国经济高质量发展对会计人才能力的新需求，找准新形势新要求下中国会计人才的新定位，明晰“会计＋中国心＋大数据”交叉融合创新的会计教育新方向，把握国家发展新文科建设的重大契机，探索和实践多学科交叉融合的会计专业“一心四型一化”人才培养，搭建思政嵌入式能力框架、打造人才培养新模式和建立保障新机制，为会计专业升级改造提供方向指引和具体行动方案。具体改革思路见图1。

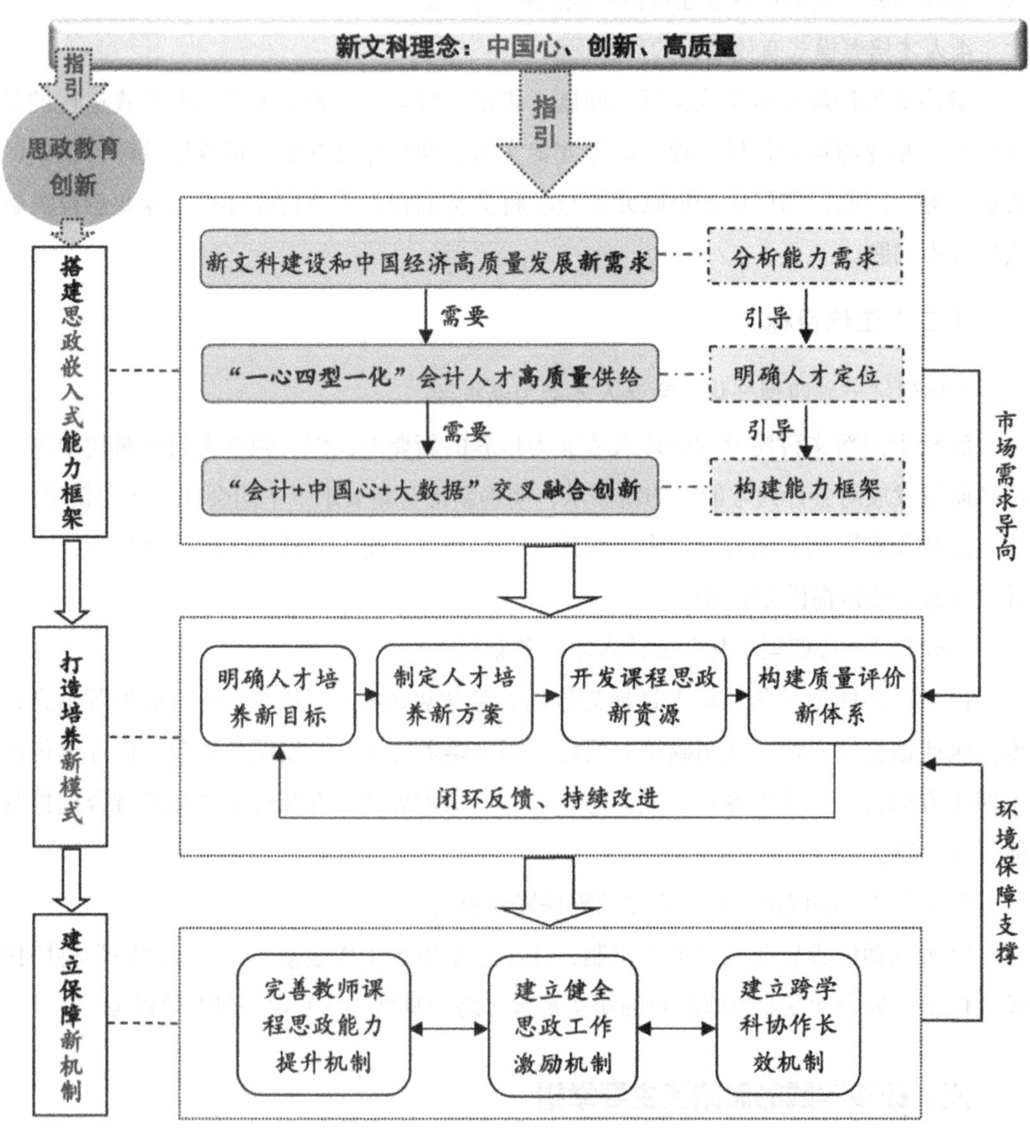

图1　改革实践的思路图

（二）主要举措

1.构建“思政嵌入式”会计人才能力框架

本会计专业在解读新文科建设要求培养具有“中国心”的会计人才的基础上，通过问卷调查和实地访谈，收集中国经济高质量发展要求下用人单位对大数据时代高质量复合应用型会计人才能力需求的一手数据和资料，并对调查数据进行统计分析，识别大数据时代高质量复合应用型会计人才能力的新需求。构建了“一心、二维、三向、四能”的能力新框架。一心是指应具有一颗中国心；二维是指专业能力和素质能力两个维度，专业能力维度细分为会计业务能力和数据技术能力，素质能力维度体现为业务素质能力和数据素养能力；三向是指中国心、会计、大数据三个方向；四能是指会计业务能力、数据技术能力、业务素质能力和数据素养能力四种能力。

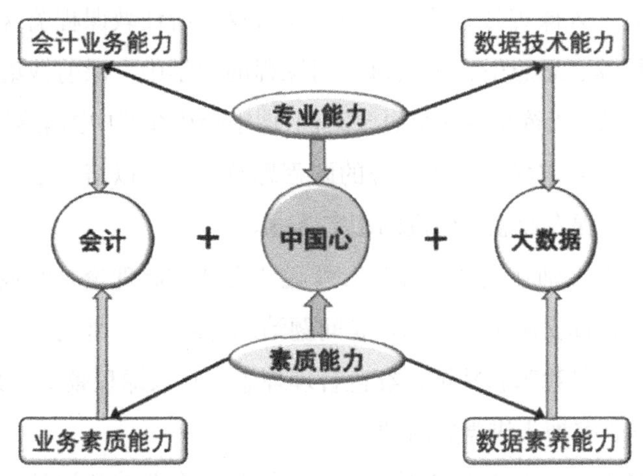

图2　“一心、二维、三向、四能”能力框架

2.打造“会计+中国心+大数据”人才培养新模式

（1）嵌入“中国心”的人才培养目标确立

会计学专业根据中国新文科建设的新要求和大数据时代中国经济高质量发展的新需求，重新定位中国会计人才为“一心四型一化”，即“适应大数据时代中国经济高质量发展需要，能够将会计知识与技能、信息技术和大数据分析技能融会贯通应用于商业活动的有‘中国心’的创新型、复合型、应用型、国际型高质量数智化会计人才”，将“中国心”这一思政元素嵌入会计人才的培养目标中,从而明确专业思政建设的方向。

（2）突出“中国心”的人才培养方案制定

在本专业的会计学（含大数据方向）、国际会计、ACCA、CIMA、CMA 几个专业方向的培养方案中，不仅增加了对信息技术和大数据分析技能的要求，而且把“中国心”作为思政要求单独列为培养目标和培养要求之一，即培养学生具有高度的家国情怀和社会责任感，拥有服务国家富强、民族复兴、人民幸福的“中国心”，具有正确的价值观，志存高远，怀抱为国家经济社会发展和行业进步建功立业的志向，从而完善专业思政建设的顶层设计。

（3）贯彻“中国心”培养的教学大纲设计

通过培养方案中“课程与学生知识、能力、素养达成情况关系矩阵”将培养“中国心”的思政要求融入课程建设，要求每位专业课老师在课程教学大纲中贯彻落实培养方案的要求，加入培养学生“中国心”的目标，且明确达成途径和评价依据，以实现专业思政建设的全方位覆盖。

（4）落实“中国心”培养的课程思政建设

要求每门专业课老师在编写课程教案时，将会计专业人才的“中国心”培养作为思政教育重点内容加入课程教案的编写中，深入挖掘所任教课程蕴含的思政要素，把知识传授、能力培养、思想引领融入每一门课程的教学中。课前搜集与专业知识相关的中国案例数据信息，凝练至少3个思政案例；课中分析介绍中国案例，融入思政元素，讲好中国故事；课后要求学生完成相应的课程思政作业，以培养学生的“中国心”和正确价值观，从而确保专业思政建设的切实落地。

会计学专业王芸老师在其“审计学”课程“内部控制理论与实践”章节，将“运用内部控制五要素解读安源工会时期贪腐问题治理与启示”，作为“党史学习：中国共产党人的初心使命，自我革新精神，红色管理理念”写入课程教案，并且在2021年参加了华东交通大学百名博士讲党史活动。

此外，还有胡俊南老师在其“财务管理”课程“企业绩效评价”章节，将“华为公司的研发费用高投入与价值可持续创造——自主创新对核心竞争力培育的重要性”，作为中国优秀企业的好故事凝练出来，编入教案并带入课堂。陈鹰老师在其双语课“Cost Management（成本管理）”中不仅提炼了很多思政案例，如从獐子岛公司存货监盘看科学精神，而且还布置学生撰写课程思政案例作业，学生通过认真学习撰写了不少好案例，像CMA专业的薛婷静同学写了“从希音公司战略规划看马克思主义基本原理”、杨莹平同学写了“从平衡计分卡在中国建设银行的应用看创新性精神和社会责任感”等案例。

（5）评价“中国心”培养质量的体系构建

基于闭环反馈、持续改进的原理，构建跨学科“一心四型一化”会计人才培养质量的评价体系。评价指标体系主要包括毕业要求层、指标点层、课程体系层、教学活动层，每一层都包含了“中国心”思政元素的考核要求，如传递正能量、弘扬社会主义核心价值观等。通过指标计算可以由下至上，分别测算出课程目标达成度、指标点达成度、毕业要求达成度，从而评价学生的培养质量，其中包括对学生“中国心”的培养质量。同时，根据毕业要求达成度评价结果与期望供给人才之间的偏差，可依次逐项调节毕业要求、指标点、课程体系及教学活动，从而动态地持续改进评价指标体系，从而保障专业思政建设目标的有效实现。

3.建立“一心四型一化”会计人才培养保障机制

（1）完善教师课程思政能力提升机制

教师队伍是思政教育的“主力军”，落实课程思政关键在于增强教师课程思政建设的意识和提升教师课程思政建设的能力。为此，本会计专业主要从以下三个方面完善教师课程思政能力提升机制：一是组织教师参加思政理论知识培训，通过系统训练和学习，使专业课教师掌握思政教育的基本理论和方法，具备建设课程思政的能力；二是组织课程教学团队的老师进行案例讨论，集思广益，总结凝练所担任课程的思政案例，研究如何讲好中国故事、弘扬中国精神、传播中国价值，将“中国心”的思想和价值观教育融入知识教育的体系中；三是鼓励专业老师开展有关“思政教育”方面的教学改革研究与实践，包括申报教改课题、建设一流课程、撰写教改论文、完善课程教学大纲和教案等，逐步积累思政教育的实践经验，提升课程思政的能力。

（2）建立健全思政工作激励机制

本会计专业是国家级一流本科专业建设点，有相应资金的支持。本专业不仅对课程思政建设给予全力支持，比如：录制 MOOC、拍摄说课视频、拍摄比赛视频、出版教材等，而且制定了《会计专业建设教学成果奖励方案》，详细规定了教学成果奖励的范围和等级。此外，学校将思政教育作为优秀老师、一流课程、优秀教案等评比的关键要素。评价激励机制的建立和经费的支持推动了“门门思政、人人育人”的良好态势。

（3）建立跨学科协作长效机制

由于“一心四型一化”会计人才培养目标中，“一化”是指数智化，需要大数据专业的老师讲授大数据、计算机等方面的课程，所以在学生培养中会涉及跨学科协作的问题。为了突破学科界限和阻力，本会计专业与统计专业建立了跨学科教学团队和协作机制（该团队2020年被评为江西省本科高水平教学团队），积极开展跨学科协作，例如：开展跨学科课程建设，像财务大数据分析、会计信息系统、财务共享、云审计等课程；建立跨学科教学研究项目共同体，共同研究跨学科人才培养、跨学科教材建设等问题。

四、特色及创新点

（一）提出“一心四型一化”会计人才培养新理念

根据中国新文科建设的新要求和大数据时代中国经济高质量发展的新需求，提出了“一心四型一化”会计人才培养新理念，即培养适应大数据时代中国经济高质量发展需要，能够将会计知识与技能、信息技术和大数据分析技能融会贯通应用于商业活动的有“中国心”的创新型、复合型、应用型、国际型高质量数智化会计人才。将“培养学生具有高度的家国情怀和社会责任感，拥有服务国家富强、民族复兴、人民幸福的‘中国心’”排在了人才培养目标的首位，从顶层设计强调了会计人才培养中思政建设的重要性。

（二）构建“一心、二维、三向、四能”会计人才能力新框架

根据新文科建设的要求和市场需求的问卷调查，确定了“一心四型一化”高质量会计人才应具备的能力和素养，构建了“一心、二维、三向、四能”的能力新框架。该框架不仅将“中国心”嵌入会计人才必备的能力要素中，保证了人才培养质量的高度；而且包含了专业能力和素质能力两个维度，会计、中国心、大数据三个方向，确保了人才培养能力的深度和广度，为会计专业人才培养提供了新思路，拓展了相关理论与实践研究。

（三）创新“会计+中国心+大数据”人才培养新模式

本会计专业根据“新文科”的要求：一是培养知中国、爱中国、堪当民族复兴大任的新时代文科人才；二是以需求为导向培育人才，使其能适应新科技革命所带来的新经济业态、新生活方式、新运营模式的需要。积极探索思政元素、大数据等信息技术与会计专业深度交叉融合，基于“一心四型一化”的会计人才培养目标，创新构建了“会计＋中国心＋大数据”人才培养新模式，并依托所在学校进行实践。实践中通过明确培养目标、制定培养方案、设计教学大纲、开发课程思政、构建评价体系一整套行动方案，将“中国心”和“数智化能力”的培养目标贯穿始终，并通过人才培养质量评价形成闭环反馈，实现人才培养动态持续改进，从而确保培养目标的实现。

五、实践效果、推广应用情况及校内外评价

（一）实践效果

1.会计专业发展稳步向前

本会计学专业是江西省“重点学科”和“特色专业”，在人才培养目标和模式上一直在不断地改革和探索，根据外部环境和市场需求的变化及时调整。现确立的“一心四型一化”会计人才培养目标不仅契合新文科思政建设的要求，而且符合中国经济高质量发展对会计人才的能力需求。实践过程中，本专业发挥所在学校的工科背景优势，聚焦交通特色，突出行动学习，不断创新培养模式和强化培养过程，提高培养质量，实践效果得到教育主管部门的肯定与认可。2019 年成功入选国家级一流本科专业

建设点，2021 年“大数据驱动下会计专业‘一心四型一化’人才培养探索与实践”项目，获教育部首批新文科研究与改革实践项目立项。

2.教师课程思政能力提升

本会计专业有全国优秀教师1人、省中青年学科带头人2人、省中青年骨干教师2人，校优秀主讲教师 20 余人。在新文科建设的指引下，老师们从完善教学大纲、修改教案、课堂教学改革等方面积极探索课程思政建设，课程思政能力迅速提升，2018 年以来有 1 名教师获江西省“新时代学生心中的好老师”称号、3 名教师获校“天佑主讲教师”、2 名教师获校“天佑新星”，会计专业核心课程教学团队 2020 年荣获“江西省高水平本科教学团队”。

3.课程思政建设成果丰硕

本专业老师积极进行课程思政改革，近三年共有 13 门课程获评江西省育人共享计划课程、一流课程或精品课程等，其中：“Auditing”“Cost Management”“Financial Accounting and Taxation Principles”“财务管理”“高级管理会计（双语）”5 门课程获育人共享计划课程；“财务管理”“管理会计 F2（双语）”“财政学”3 门课程获线上线下混合式一流课程；“Cost Management”“Financial Accounting and Taxation Principles”“高级管理会计（双语）”3 门课程获线下一流课程；“财务管理”获在线精品课程；“基础会计”获江西省防疫期间线上教学优质课程二等奖。

4.思政教学研究成绩斐然

本专业老师积极探索思政教学改革研究，成绩斐然。胡俊南老师的“大数据驱动下会计专业‘一心四型一化’人才培养探索与实践”2021 年获教育部首批新文科研究与改革实践项目立项；陈鹰老师的“价值引领 + 自我养成：大思政视域下会计学专业教育践行思政教育的机制研究”2020 年获江西省教学改革研究重点项目立项；唐衍军老师发表了与新文科相关的论文 8 篇，其中核心期刊 5 篇。

（二）推广应用情况

1.课程思政建设推动课堂教学改革

“课程思政”推动课堂教学改革，提高了课程建设水平，近三年本会计专业共有 13 门课程获评江西省育人共享计划课程、一流课程、精品课程或优质课程。其中有 5 门课程是线上课程，受众面广，极大地促进了思政教育的传播。

2.发表论文促进新文科理念的推广

唐衍军老师对新文科教育理念进行了深入研究，发表的相关论文，如“新文科会计人才培养的变革路径”“论‘四跨’融合下新时代新文科审计人才培养”；“跨界教育理念下的新文科会计人才培养”等，促进了新文科理念在会计领域的推广。

3.培养模式改革提升人才培养质量

随着培养模式的改革，本专业在原专业方向培养方案中加入思政元素和大数据课程，同时还于2019年单独开设了会计学（大数据方向）实验班，对本校经济管理学院的大一学生在第一个学期进行跨专业选拔，现已完成三届的选拔工作，所有方向培养方案运行良好，培养成效显著。如会计专业邢戎同学2016年获中央电视台《我爱国防》第二季全国总冠军“国防之星”、全国大学生自强之星提名奖，被《解放军报》、新华网、人民网、《江西日报》等50余家媒体宣传报道；敖龙龙同学参加2020年人工智能创意赛获全国总决赛一等奖；叶清辉、蔡慧霞等同学参加2020年全国高等院校财务数智化大赛获省赛二等奖1项、三等奖1项；蒋诚龙等同学参加2021年全国高等院校财务数智化大赛获省赛二等奖2项。

图3　获奖证书

（三）校内外评价

1.校内专家的评价

（1）王芸老师在 2021 年华东交通大学百名博士讲党史的活动中荣获二等奖。

（2）2018 年以来有 1 名教师获江西省“新时代学生心中的好老师”称号、3 名教师获校“天佑主讲教师”称号、2 名教师获校“天佑新星”称号。

2.教育部门的评价

本会计专业的培养模式、课程建设及教学团队都得到了江西省教育厅的充分认可。《聚焦交通特色、突出行动学习的会计专业复合应用型人才培养模式十年改革与实践》2017 年获江西省教学成果一等奖；近三年共有 13 门课程获评江西省育人共享计划课程、一流课程、精品课程或优质课程；会计专业核心课程教学团队 2020 年荣获“江西省高水平本科教学团队”。

3.用人单位的评价

本会计专业长期以来一直重视学生思想政治素质和职业道德的培养，培养出的“下得去、吃得苦、留得住、干得好、上得来”五得特质突出的会计人才得到用人单位的充分认可。根据最近一次 2021 年 9 月份用人单位满意度调查，106 份调查问卷反馈结果显示，关于本专业毕业生“思想政治素质和职业道德”评价这一题项为 100% 满意，其中非常满意占比 71.7%。

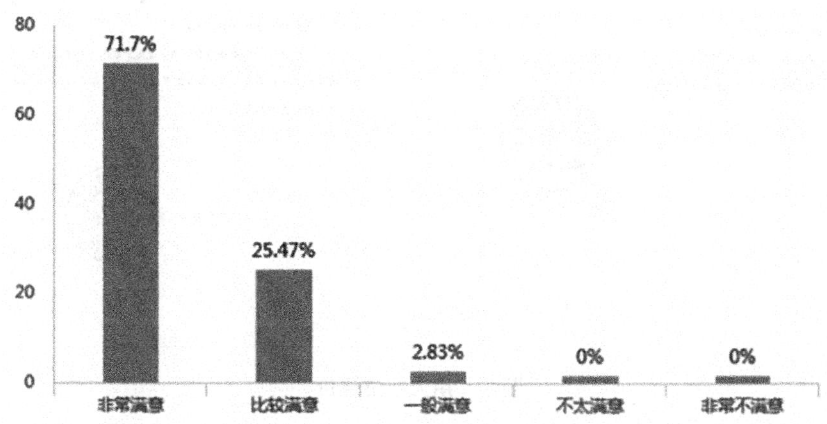

图 4　关于用人单位对毕业生思想政治素质和职业道德满意度的调查结果

中国铁路工程集团有限公司

用人单位评价

我公司自上世纪90年代开始接收华东交通大学会计学专业本科生，历届毕业生专业基础扎、业务知识全面、熟悉铁路交通基本知识，能快速适应中国中铁财务工作岗位要求。贵校历届会计专业毕业生在工作中踏实严谨、吃的苦、留得住、工作业绩突出，涌现出一大批优秀的财务管理人员。这与贵校会计学人才培养坚持“会计+铁路交通与工程”的培养目标是分不开的。

我们也希望贵校继续坚持会计学专业人才培养特色化，强化铁路交通背景知识体系教育，不断提升毕业生的社会竞争力，也祝愿贵校会计学专业越办越好。

用人单位评价

华东交通大学会计学专业在铁路交通行业享有良好的学术声誉及影响力，历届分配到我局财务岗位工作的毕业生，专业知识基础扎实，业务全面，动手能力强，“会计+交通运输工程”的人才培养目标，使毕业生能快速适应铁路运输企业的财务工作岗位要求。贵校会计专业毕业生在工作中踏实、严谨、认真，充分体现“下得去、吃得苦、留得住、干得好、上得来”的人才特质，许多同学的工作业绩突出，越来越多的会计毕业生成为单位的财务骨干，部分同学已走上领导岗位，在更高的层次上，为强化企业管理、提高企业效益献计献策。

我们希望贵校会计学专业一如既往坚持人才特色培养战略，为铁路运输企业输送更多高质量的毕业生。

中国铁路南昌局集团有限公司财务处

2021年10月28日

用人单位评价

华东交通大学会计学专业历届分配到我司财务岗位工作的毕业生，专业知识基础扎实，业务全面、动手能力强，“会计+铁路交通”的人才培养目标，使毕业生能快速适应铁路运输企业的财务工作岗位要求，贵校会计专业毕业生在工作中，踏实、严谨、认真，充分体现“干得了、下得去、吃得苦、留得住、上得去”的人才特质，许多同学的工作业绩突出，越来越多的会计毕业生成为单位的财务骨干，部分同学已经走上领导岗位，在更高的层次上，为强化企业管理，提高企业效益献计献策。

我们希望贵校会计学专业一如既往坚持人才特色培养战略，为铁路运输企业输送更多高质量的毕业生。

用人单位评价

华东交通大学会计学专业的学生，无论是来我所实习还是到我所工作的历届毕业生，专业基础扎实、业务知识全面，勤奋、吃苦耐劳，有良好的职业道德和工作素养，能快速适应会计师事务所工作岗位要求，贵校历届会计专业毕业生在工作中踏实严谨、工作业绩突出，充分体现了“干得了、下得去、吃得苦、留得住、上得去”的人才特质，这和贵校严谨务实的校风密不可分，贵校的毕业生不仅思想素质高、专业知识扎实、动手能力强，有较强的沟通能力，对贵校的会计专业毕业生，我们是充分肯定和认可的。

我们也希望贵校继续坚持会计学专业人才培养特色化的战略，不断提升毕业生的社会竞争力，也祝愿贵校会计学专业越办越好，为社会输送更多高质量的会计人才。

大信会计师事务所（[illegible]江西分所

[illegible]1年10月26日

图5　用人单位评价

华东交通大学：

物流管理专业新文科建设典型案例

一、团队负责人及主要成员简介

（一）负责人简介

徐翔斌，教授、工学博士，华东交通大学物流工程与管理系主任，物流管理江西省一流优势专业负责人、国家一流专业负责人，教育部新文科试点专业负责人。华东交通大学“1+4”创新创业导师（2021 年），指导学生获江西省物流大赛一、二等奖（2018、2012、2008 年）、全国物流大赛获二等奖（2019 年），指导研究生参加智慧城市设计大赛获二等奖（2019 年）。获 2019 年度江西省教学成果一等奖（排名第二），研究方向为车辆配载及运输线路优化，主持国家自然科学基金课题 2 项，江西省自然科学基金课题 3 项，主持完成省教改课题 3 项，完成企业和政府委托咨询类课题 10 余项。发表论文 50 余篇，被 SCI/EI/CSSCI 收录 10 余篇，出版专著 1 本，拥有多项软件著作权。

（二）主要成员简介

甘卫华，教授、博士，长期从事物流类专业教学科研、专业建设等工作，华东交通大学交通运输与物流学院副院长，发起并组织江西省大学生物流设计大赛，承办第一届全国日日顺物流创客训练营的一号营地。江西省本科高校物流教指委秘书，物流管理专业本科生导师，1+4 创新团队学业导师，南昌孔睦科技公司发起人，主讲全省双语示范课“管理学原理（双语）”和“仓储管理与库存控制”课程。。

李卓群，教授、博士，从事物流专业教学科研、专业建设、培养计划修订等工作，华东交通大学交通运输与物流系副主任，参与和组织各项物流比赛工作，连续两届全程参与指导日日顺物流创客训练营并获金奖。物流管理专业本科生导师，江西省大学生物流设计大赛、日日顺物流创客训练营和全国物流设计仿真大赛指导教师，并取得优异成绩。主讲专业课“物流信息系统分析与设计”、“供应链管理”等课程。

张志坚，副教授、博士，华东交通大学交通运输与物流学院副院长，分管科研、学科建设等工作。物流管理专业本科生教师，1+4 创新团队学业导师，江西省大学生物流设计大赛和全国物流设计仿真大赛指导教师，江西省“生鲜农产品第三方协同流通中心虚拟仿真开放性实验”项目负责人，主讲“采购管理”、“供应链管理”等课程。

曹文琴，副教授、博士，物流管理专业本科生导师，指导学生参加日日顺创客训练营并获银奖。主讲专业课“物流中心规划与设计”和“采购管理”等课程。

二、解决的主要问题及工作目标

（一）解决的主要问题

为解决地方行业高校新文科物流人才培养过程中面临“为谁培养人、培养什么人、怎样培养人”这三个问题，构建了一核（培养面向行业和地方需求的特色物流人才）、二擎（专业竞赛和学科建设）、三型（服务型、创新型和合作型）和四融（竞赛与思政、课程、实践和科研深入融合）的物流专业人才培养模式。

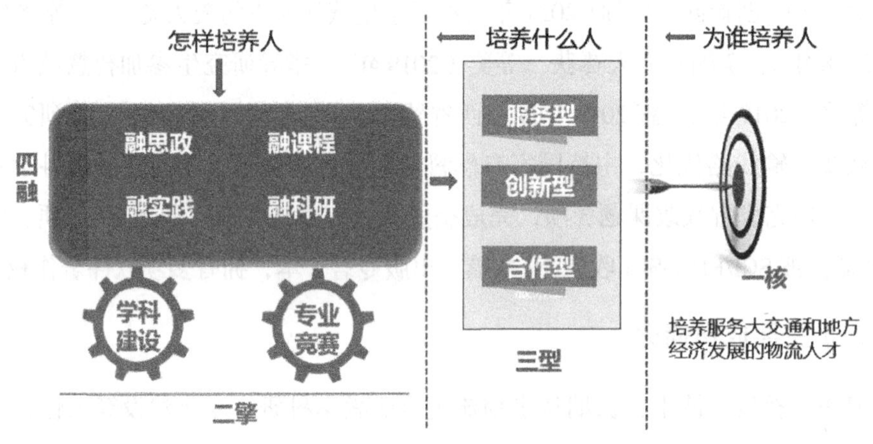

图 1　物流管理专业新文科人才培养模式

1. 解决地方行业高校新文科物流人才的定位问题

主动对接大交通和地方经济社会发展需求，构建了面向行业和地方特色的物流人才培养模式。将面向大交通和地方经济发展物流人才的能力概括为服务能力、创新能力和合作能力三个维度，设计了培养这些能力的知识体系和培养路径。物流专业毕业生在交通领域的就业占比 70% 以上，为国铁集团、中国中铁、中国铁建和中国中车输送了大量的从事物资管理、铁路货运组织和工程项目管理人才。毕业生留赣率 50% 左右，持续为区域经济社会发展提供现代物流人才支撑，基本解决了地方行业高校特色物流人才中"为谁培养人"这两个问题。

2. 解决新文科物流人才培养过程中学科建设和专业发展各行其道、相互脱节的问题

贯彻"专业建设、学科先行"和"办专业就是办学科"的理念，实现学科和专业建设的深度融合和协调发展。从师资、课程、科研和平台四个方面建立了科教融合、相互促进的协同培养机制。首先，全面实施本科生导师制，确保物流人才创新能力培养制度化；其次，将承担的国家自然科学基金、教育部人文社科基金以及横向课题的成果转化为教学案例、教学素材、毕设题目和各类学生科学训练项目，建成了一批高质量的教学资源；最后依托现代物流综合实验中心、高铁发展研究中心和现代物流研究所等国家、省、校级科研平台的育人功能，推动科研反哺教学，多措并举地培养了学生的创新能力，解决了行业和地方高校特色物流专业人才中"怎样培养人"这个问题。

3. 解决创新型物流人才培养实效落地难的问题

以专业竞赛为抓手，构建专业竞赛与思政、课程、实践、科研深入融合的创新性人才培养机制。将创新培养贯穿于整个人才培养过程中，探讨了大一至大四全过程不间断、课程和比赛的深度融合的创新能力培养方法，基于现代物流对人才的专业知识、实践能力和社会素养的需求，对专业基础课和专业课的教学内容、知识点和学科比赛进行梳理，实现了课程和比赛的深度融合，并在各类学科比赛和创新创业活动中检验学生创新能力效果；定期对比赛和创新创业的成效进行总结和复盘，将比赛涉及的知识点反馈教学过程中，进一步改善教学内容；持续优化和调整学生的创新能力培养计划和学习内容，实现了以专业竞赛推动教学改革，教学和创新能力培养之间的良性互动，切实落实人才培养效果。解决了地方行业高校特色物流人才中"培养什么人"这个问题。

（二）工作目标

1. 构建基于 OBE 的新文科特色人才的知识模块和课程体系

专业瞄准交通业和江西经济社会发展的重大需求，基于学校"交通特色、轨道核心"的办学定位，根据新文科和现代国际工程教育理念，在反向设计理念（OBE）指导下，对行业和地方特色的物流人才毕业时应达到的能力进行详细调研和顶层设计，据此设计 KAQ 能力结构来设置培养目标、毕业要求、课程体系，培养了满足行业和地方的需求的物流人才，形成一系列地方行业高校特色物流人才培养改革成果和完整的应用经验，既能真正满足人才培养的需求，又有效提升人才培养体系设计的科学性和理论性。

2. 构建基于学科和竞赛双擎驱动的人才培养动力机制

基于专业建设、学科先行的理念，充分发挥学科团队师资、课程、科研和平台四

个方面的优势，将科研成果转化为形式多样和内容丰富的教学资源。团队教师从企业委托课题提炼为教学案例，将最新科研实践引入出版的教材中和毕业设计中，并基于科研成果开发了多门省级精品教学共享课，共享课程网站具有丰富的教学素材，这些开放性教学资源受众广泛，具有广泛的示范性和影响力。将学科竞赛嵌入到整个四年的学习过程中，形成的课程和学科比赛的深度融合方案具有可复制性。（详见表 1 ）

表 1　物流专业课程和学科比赛的深度融合情况

<table>
<tr><th>课程</th><th colspan="2">年级 / 层次</th><th>课程名称</th><th>嵌入的学科竞赛</th></tr>
<tr><td rowspan="3">专业性课程</td><td>大四</td><td>专业应用</td><td>《物流生产实习》、《课程设计》、《毕业实践》、《毕业论文》</td><td>大学生创新创业训练计划
大学生科技孵化园
日日顺创客训练营</td></tr>
<tr><td rowspan="2">大三</td><td>专业综合</td><td>供应链管理、国际物流、第三方物流、物流工程、物流系统建模与仿真</td><td>江西省物流设计大赛
全国大学生物流设计大赛
全国大学生物流仿真设计大赛</td></tr>
<tr><td>专业功能</td><td>仓储管理、采购管理、配送中心运作、运输管理、生产与运作、物流信息系统</td><td>挑战杯、创青春大赛
大学生交通科技大赛</td></tr>
<tr><td rowspan="2">基础性课程</td><td>大二</td><td>专业基础</td><td>物流学、市场营销学、战略管理、公司理财</td><td>管理决策模拟大赛
电子商务双创大赛
全球企业管理挑战赛
大数据分析与挖掘竞赛
物流管理双基竞赛</td></tr>
<tr><td>大一</td><td>公共基础</td><td>管理学、经济学、大学英语、高等数学、统计学、运筹学、计算机科学</td><td>数学建模大赛
英语竞赛</td></tr>
</table>

三、改革实践的思路和主要举措

（一）师资建设

物流管理专业师资十分重视专业师资队伍建设工作，紧密围绕学科建设和人才培养，以搭建学科平台和教学科研水平为核心，以规模发展和结构优化为主线，实施了一系列行之有效的政策措施，专业师资队伍建设成效显著。其间通过学历进修培养博士 1 名，并从长安大学、北京交通大学和南昌大学引进高水平博士 4 名。吴素浓老师在厦门大学访学进修，进行物流大数据方面的教学交流和学术研究；鄢伟安博士在法国昂热大学从事博士后工作，参与法国国家科研署重大项目 MICRO，圆满完成了教学交流和学术研究工作；此外还组织教师分别参加了北京络捷斯特公司开设“供应链建模与优化”和“物流大数据”的线上课程的学习，提升教学和科研技能。当前物流管理专业具有博士学位的教师占专业教师总数的 70%，教师的学历水平明显提升。现有专业教师中正高级专业技术职称 6 人，副高职称 7 人，中级职称 14 人，初级职务 1 人，职称结构合理，并且 70% 左右的教师年龄在 35—45 岁之间，中青年教师正逐步成为实现专业可持续发展的中坚力量，物流管理专业师资力量已经形成一支高学历、年轻化、具有国际教育理念的物流管理优秀教学团队，基本达到国内物流管理一流大学建设高校的专业水平。特别值得一提的是，华东交通大学物流管理与工程专业教学团队获批 2021 年度江西省高水平建设团队项目。

（二）课程建设

课程建设是专业建设的抓手，专业组织相关老师成立课程群团队，积极开展精品在线课程建设，2020 年春新冠肺炎疫情期间，甘卫华教授主讲的“仓储管理与库存控制”课程入围江西省防疫期间线上教学优质课程，甘卫华和李卓群两位教师领衔的教学团队分别完成了“仓储管理与库存控制”和“物流信息系统”两门在线（线上线下混合）课的建设，这两门课程均获批 2020 年省级精品在线开放课程（本科）项目，“仓储管理与库存控制”还获批江西省高校育人共享课，并已上线国家慕课，正在申报第二批国家级一流本科课程。在实验教学项目方面，张志坚副教授主持的“生鲜农产品第三方协同流通中心虚拟仿真规划实验”获批江西省虚拟仿真实验项目。

（三）课程思政建设

专业高度重视课程思政建设，要求全体专业教师将“思政元素”融入专业课教学，增强学生对祖国的热爱、对国家的奉献、对职业的坚守精神，培养其良好的职业道德和优秀的职业素养，使学生具有健全职业人格，引领学生树立正确的人生观、世界观、价值观，具体措施方法如下。

1.课程思政全覆盖

具体从以下三个方面：一是全面修订了人才培养目标，在人才培养规格中明确课程思政的内容，并对所有课程的教学大纲进行修订。二是在所有课程目标中均增列课程思政方面的目标，并且将课程思政目标纳入成绩考核环节。三是在教案和课件中增加课程思政元素。

2.发挥专业课教师在课程思政中的主体作用

教师是教书育人的主体，“课程思政”要靠教师去落实，教师自身要有育德意识和育德能力。学校一直都注重教师的培训培养，包括新教师岗前培训、每周周四下午的政治学习或学院教学观摩等，增强教师的育德意识，培养和提升教师的育德能力，让教师养成在课程教学中主动研究、加强思想政治教育功能的自觉意识。

3.实现课程思政在课堂教学与实习实践环节的有机结合

要求专业教师在保证教学质量的基础上，根据不同课程的具体内容和特点，将价值目标、“育人功能”“德育元素”自然地、有机地融入课堂教学、专题报告、小组讨论和毕业实习等各个环节，并在实践性教学环节进行劳动教育。例如为了实现课程思政与专业实践教学的有机结合，完善“毕业实习”课程的教学体系设计，提炼课程教学内容中的思政教育元素，充分挖掘实习基地的思政元素，强调学以致用，在实践中落实“思政”育人。聘请实习基地教师授课时，除了讲授物流管理与运作外，也注重讲好每个流程背后可能蕴藏的故事。不仅让学生学习专业知识点，还培养他们做有担当的时代青年。

（四）教材建设

为适应现代物流业的快速发展，物流管理教学团队多年来一直主动更新课程体系和教学内容，教学团队积极开展教材建设，其间编写出版了《仓储管理与库存控制》（北京大学出版社，2020 年 4 月）、《标准化工程》（西南交通大学出版社，2019 年 5 月）、《现代物流基础（第 4 版）》（电子工业出版社，2020 年 6 月）教材 3 本，并还将出版教材多本。

（五）实践教学平台建设

现代物流综合实验中心是优势特色教学实验室，可覆盖所有专业课程的实验实训要求，实验室全面对学生开放，让学生最大自由地在实验室内进行实践训练及科技创新实验，同时安排专业老师负责对学生实验进行理论指导，实验老师主要负责实验指导和实验室仪器、设备、低值易耗品的管理；并吸引优秀学生负责学生的日常管理工作，充分体现学生的主导地位及发挥其能动性。实验室开放内容主要包括：仪器、设备开放；基础项目开放及基本技能培训；综合实践项目开放；创新创业项目开放。专业教师的培训指导方式包括授课、讲座、答疑及现场指导等。

实验室还与菜鸟网络公司签订战略合作协议，在菜鸟网络支持下开展“双基”物流竞赛项目，每年一次，由学校的“菜鸟驿站”提炼企业经营决策过程中存在的问题作为方案设计的题目，吸引了物流管理、物流工程、交通运输等相关专业学生参加比赛，极大地提升了专业学生的双创能力。物流管理专业还获批供应链建模工程创新实践基地（教育部高教司产学研系统育人项目）；在实践性教学基地方面，专业还与九江新雪域，江西长运大通集团和传化物流等签订战略合作协议，每年安排一定人数的学生进入基地进行实习。特别值得一提的是，华东交通大学 2019 年、2020 年以及 2021 年连续三年获中国物流学会优秀产学研基地称号。

（六）创新创业

物流管理专业构建了“学科竞赛为驱动、三全育人为支撑、课程+思政为保障”的培养模式，建立学科竞赛、教学改革、创新创业互动的人才培养机制，设计了辅导员、专业教师、学业导师、企业导师等四导师联动、大一到大四全阶段嵌入式学科竞赛、从课内到课外+思政的“三全式”育人模式，专业学生在各类比赛中取得了优异的成绩。获全国物流大赛二等奖和三等奖各1项；获江西省物流大赛一等奖3项，在众多名校参与的全国日日顺物流创客训练营中，连续三年（2018年、2019年、2020年）获得金奖，并多次获最佳组织奖。基于这方面的经验和成果总结——“以竞赛为驱动的物流管理专业三全式人才培养模式的探索与实践”获江西省教学成果一等奖。

四、特色及创新点

试点专业建设特色表现在“教学为基、科研为翼、竞赛驱动、闭环控制”，具体如下：

（1）始终坚守教学一线，通过课程群的组建，打造多门金课，出版优秀教材。

（2）科研反哺教学，及时将课题研究中最新的研究成果、理论、模型引入课堂，为学生传授新知，感受科技创新的魅力。

（3）为将创新培养贯穿于整个教学过程，我们探讨了大一至大四全过程不间断、课程和比赛的深度融合的创新能力培养方法，基于现代物流对人才的专业知识、实践能力和社会素养的需求，对专业基础课和专业课的教学内容、知识点和学科比赛进行梳理，基本实现了课程和比赛的深度融合，并在各类学科比赛和创新创业活动中检验学生创新能力效果。

（4）定期对比赛和创新创业的成效进行总结和复盘，将各类创新创业所涉及的知识点反馈教学过程中，进一步改善教学内容；定期组织本科导师进行交流，优化和调整学生的创新能力培养计划和学习内容。

五、实践效果、推广应用情况及校内外评价

（一）实践效果

在新文科建设过程中，我校连续两轮获江西省综合评价全省第一，获首批国家一流专业建设点、首批教育部新文科试点专业、首批江西省一流优势专业、首批江西省五星级专业，专业在江西省物流设计大赛、大学生数学建模大赛、全国大学生物流设

计大赛等竞赛中获省部级以上奖励近 100 次，并连续 11 届获江西省物流设计大赛获奖，本科生发表论文专利 100 余篇（项）。一大批学生去 985 和双一流高校学校读研深造；本专业学生自主创立的公司“南昌孔睦科技有限公司”为国家级创新创业项目，在社会形成了一定影响力；2017 级鲍子颖同学，被评为江西省优秀共青团员、华东交通大学优秀学生干部等，成为华东交通大学第一位获得校长奖学金的非毕业生。与俄罗斯伊尔库兹克国立交通大学开展合作办学和学分互认计划，定期邀请自香港岭南大学、美国加州大学、加拿大劳瑞尔大学的教授来校开设全英文课程，选派优秀本科生利用暑假赴伊尔库兹克国立交通大学进行交流和访问，为交通行业和地方输送了大量创新能力强的物流人才。华东交通大学物流管理新文科试点建设实践效果如表 2 所示。

表 2　华东交通大学物流管理专业新文科试点建设实践效果

序号	年份	成果名称	成果类级别	主管部门
1	2021	物流管理与工程专业教学团队	江西省高水平建设团队	江西省教育厅
2	2019	国家一流专业建设点	国家级	教育部
3	2019	江西省一流优势专业	省一流	江西省教育厅
4	2021	全国大学生物流设计大赛	国家三等奖	教育部高校物流类专业教指委、中国物流学会
5	2019	全国大学生物流设计大赛	国家二等奖	教育部高校物流类专业教指委、中国物流学会
6	2019、2020	日日顺全国物流创客训练营	国家级金奖	中国物流学会
7	2019	以竞赛为驱动的物流管理专业三全式人才培养模式的探索与实践	省教学成果一等奖	江西省教育厅
8	2020	江西省物流设计大赛	省级一等奖（3 项）	江西省教育厅
9	2020	物流信息系统	江西省线上线下混合式一流课程	江西省教育厅
10	2020	仓储管理与库存控制	省精品在线公开课	江西省教育厅
11	2020	仓储管理与库存控制	江西省高校育人共享课	江西省教育厅
12	2020	仓储管理与库存控制	防疫期间线上教学优质课评选三等奖	江西省教育厅
13	2020	生鲜农产品第三方协同流通中心虚拟实验	省虚拟仿真实验项目	江西省教育厅
14	2020	供应链建模工程创新实践基地	创新基地	教育部高教司产学研系统育人项目
15	2021	创新价值链视角下江西省本科高校科研创新效率测度与提升路径研究	江西省教育规划课题	江西省教育厅
16	2021	基于学习行为挖掘的混合式学习效果提升路径研究	江西省教育规划课题	江西省教育厅
17	2019、2020	中国物流学会优秀产学研基地	国家级	教育部高校物流类专业教指委、中国物流学会

续表

序号	年份	成果名称	成果类级别	主管部门
18	2020	物流管理双基竞赛	校级	华东交通大学、菜鸟网络
19	2021	华东交通大学天佑主讲教师（徐静）	校级	华东交通大学
20	2020	创新创业视角下“物流中心规划与运营”课堂教学改革研究	课堂教学改革项目	华东交通大学
21	2021	基于“四生性”模式的线上线下混合式教学范式改革	课堂教学改革项目	华东交通大学
22	2019	菜鸟网络战略合作	校级	华东交通大学、菜鸟网络

（二）推广应用情况

作为江西省高等学校物流管理与工程类专业教学指导委员会主任委员单位，2009年以来，团队每年组织全省高校物流专业建设及面向行业和地方特色人才培养研讨会，对本成果进行研讨、交流、总结和推广。

成果所形成的教学理念、教学体系及其管理机制在中国物流学术年会、管理科学与工程以及系统工程年会上广泛交流，江西财经大学、南昌工程学院、江西科技师范学院和南昌交通学院等兄弟院校来我校学习和交流，省内兄弟高校也基于本成果形成了各具特色的物流人才培养方案，成果具有很强的示范效应和可复制性，可为地方和行业高校培养特色人才提供科学指导，产生了较大影响力。

（三）校内外评价

本专业培养的毕业生成了交通行业和江西物流企业的管理和技术骨干。近年对用人单位进行抽样调查，总体评价满意度达到95%以上，在用人单位具有良好的声誉，包括南昌铁路集团、中铁四局和江铃集团在内企业普遍认为本专业毕业生具备“基础理论知识扎实，动手能力较强，能较快适应工作岗位，综合素质高、发展潜力大”。专业在2017年和2022年连续两轮江西省物流类专业综合评价中均排名第一，先后被评为首批江西省一流优势专业和江西省五星级专业。2020年9月18日江西教育电视台播出了“华东交大：围绕特色办学，服务经济发展”对华东交通大学交通特色的物流专业创新人才培养成效进行了报道。华东交通大学是“宝供物流奖学金”全国30所获评高校之一，多次获“日日顺创客训练营”最佳组织奖和“最受物流行业欢迎的院校奖”，连续3年获中国物流学会优秀产学研基地，甘卫华老师荣获“全国万名优秀创新创业导师”和“改革开放四十年江西物流行业专家代表人物”等荣誉。

井冈山大学：

地方高校新文科“中文+”人才培养模式改革与实践

——以井冈山大学汉语言文学专业为例

一、团队负责人及主要成员简介

（一）负责人简介

刘晓鑫，井冈山大学人文学院院长，汉语言文学专业国家级特色专业负责人、汉语言文学省级专业综合改革试点建设项目负责人、汉语言文学省一流本科专业负责人、全国高校马克思主义新闻观联盟副理事长。一直致力于汉语言文学专业人才培养模式改革与实践，具备丰富的教学教研和改革经验，主持江西省教改重点课题项目“师范专业认证背景下地方高校师范生教育教学技能训练模式研究”。主持“中国现代文学”课程获得省级精品资源共享课。主编教材《大学语文》《大学语文新教程》第二版，同济大学出版社 2012 年 8 月（同济大学出版社 2017 年 8 月）。将教学研究和人才培养成果用于专业建设，获批省级教学成果奖二等奖 3 项。

（二）主要成员简介

龚奎林，教授，井冈山大学发展规划处副处长。

陈冬根，副教授，井冈山大学人文学院中文系副主任。

邓声国，教授，井冈山大学人文学院副院长。

邱　斌，教授，井冈山大学人文学院副院长。

丁功谊，教授，井冈山大学庐陵文化研究中心副主任。

郭　辉，井冈山大学人文学院新闻系副主任。

李夏署，井冈山报社主任编辑。

张建华，井冈山报社主任记者。

黄友祥，白鹭洲中学高级教师。

曾小文，吉安市广播电视台主任记者。

陈万洵，江西庐陵人文谷投资发展有限公司董事长。

二、解决的主要问题及工作目标

（一）解决的主要问题

地方高校传统文科专业亟需适应国家战略发展要求，培养社会需求的复合型应用型人才。井冈山大学汉语言文学本科专业是国家级特色专业、省一流本科专业，距离新文科建设标准要求尚存在一定的差距，表现在：与区域需求衔接不够紧密；红色文化、传统文化和区域文化资源融入教育教学不够；“政产学研用”协同育人合作模式有待创新；所培养人才的创意写作实践能力和新媒介综合运用能力有待提升。主要拟解决以下问题：

（1）红色文化资源、传统文化资源、区域文化资源育人呈现单体化、碎片化、同质化形态。

（2）写作教学模式单一化、程式化，学生的创意思维、文字表达、思辨沟通能力不足。

（3）人才培养课程分科化严重，专业融合度不足。

（二）工作目标

在新文科理念的指导下，以提升地方高校汉语言文学专业学生创意写作和新媒介运用实践能力为目标，重构专业素质和能力要求，并通过修订培养方案、重构课程体系、搭建实践教学平台、融入信息技术、深化专业—行业企业—政府合作等手段推进改革，提升人才培养质量。

（1）强化课程思政。整合红色文化资源、传统文化资源、区域文化资源，将立德树人、三全育人贯穿到汉语言文学专业教学和课外实践中，推动专业课程与课程思政协同前行，切实提升学生的政治认同、家国情怀、文化素养、法治意识、道德修养，构建科学有效的立德树人育人体系。

（2）重构课程体系。探讨新时代文科人才必须具备的知识能力素质，明确汉语言文学专业类人才的核心能力架构，更新教学内容，在现有的通识性课程、学科专业课程中增加信息技术与新媒体运营教学模块，设计适合社会发展需求的跨学科课程体系，组建跨学科教学团队，提升学生的综合素养。

（3）创新实践平台。推动育人要素与创新资源共享互动，建立校政、校校、校企联合的文化创意写作与媒体融合实践实训平台，构建产教融合、政产学研用协同育人机制，形成可推广的改革成果。

三、改革实践的思路和主要举措

（一）改革实践的思路

结合自身特点立足地方产业需求，以立德树人为引领，以学生能力培养为中心，优化专业发展方向，重新构建一套恰当的“中文+”人才培养方案。根据新的培养方案需要，梳理课程体系，开展“中文+思政”“中文+创意”“中文+新媒体”课程改革，以突出知识的服务性、应用性为目标，以地方经济发展对人才需求为导向，构建模块化的理论课程和实践训练体系。通过校政、校校、校企合作，强化实践基地建设和训练实战，培养一批文化创意写作和媒介素养能力强的高素质应用型人才。

（1）以经济社会发展需求为导向，优化汉语言文学专业人才培养目标。

（2）以立德树人和行业产业发展需求为引领，改革专业课程体系。

（3）以提升学生创意写作和新媒体实践能力为目标，构建训练实战体系。

（4）搭建政府、行业、高校联动平台，多途径打造高质量实践实训基地。

（5）培养学生跨领域知识融通能力和实践能力，开发实训美育类教材。

（二）主要举措

1.厚植德育

把庐陵文化资源和红色文化资源转化为育人资源，将社会主义核心价值观、师德教育、传统文化、人文与科学精神作为人才培养的必修内容，构建“思想品德+职业道德+课程思政”德育课程体系，落实立德树人要求，提升学生职业认同感和社会责任感。

2.优化人才培养目标

充分运用新文科建设、课程思政、信息技术融合等理念，全面更新汉语言文学专业教育理念，树立成果导向、学生中心、持续改进的观念，优化人才培养目标，与政府机构、中小学教育行业、文创企业共同制定培养方案，打造“红、古合一”的课程思政特色和“中文+”人才培养特色。培养出具有较系统的中国语言文学知识、较全面的文化创意写作实践技能、较强的新媒体运用能力，具有发现问题、提炼问题、解决问题的能力和自觉的创新意识的复合型人才。

3.改革专业课程体系

强化课程体系的实践性和应用性，在现有通识教育课程、学科基础课程、专业教育课程和实践课程等基础上，新增文化创意策划、信息技术与新媒体运营等课程模块，建设优质教学资源和内容，突出行业需求导向，更加强调实用性和综合性，构造适应产业需求的跨学科、多学科交叉融合专业课程体系。

4.构建训练实战体系

坚持以提升学生解决实际问题能力为导向，围绕提升人文素养、文化创意策划能力、新媒体运营能力，探索“中文＋”训练实战模式：一是建立课程实训、专业实践、学科竞赛、文化采风、社会实践训练体系；二是建立创新创业、“互联网＋”“挑战杯”等第二课堂训练机制；三是开展虚拟项目运营，参与地方项目实战。

5.打造高质量实习实践基地

结合国家战略、区域发展和行业新需求，推动育人要素与创新资源共享互动，加大学科交叉融合和跨界整合的力度，打造高质量实习实践基地：一是与地方和行业共建教育教学、文化传媒、创业孵化基地，实现人员双向互聘、地校共建共享；二是以服务就业带动实践教学基地建设，推动学生实习实践和就业相融合，提升实习实践基地质量，进一步健全高校与有关部门、中学、行业企业协同培养新时代文科人才的新机制。

6.开发实训美育类教材

根据专业建设人才培养的要求，结合区域庐陵文化和红色文化特色，着眼培养学生跨领域知识融通能力和实践能力，开发专业性强的数字化教材及配套资源建设、汉语言文学教学案例及案例库，编写出版《庐陵文化概论》《红色文艺》《文学欣赏》《影视欣赏》《文秘写作》《文化创意与文案写作》《文学评论与写作实训》《诗歌写作与实训》《剧本写作与实训》《口语表达实训》《语言调查导论》等实训类、美育类教材。

四、特色及创新点

（1）凸显红色文艺、庐陵文化等“红”“古”文化资源对学生人格素养的涵育。紧扣人文科教育的价值导向性，坚持立德树人，全面推进高校课程思政建设，推动习近平新时代中国特色社会主义思想进教材、进课堂、进头脑的课程体系，形成自己的办学特色。

（2）以实践技能和创新能力培养为着眼点和落脚点，注重对区域文化的传承创新，强化学生的专业技能和创新能力培养，通过实践教学质量保障体系加以固化，使专业素质和从业技能训练、创新能力培养贯穿于大学学习的全过程。

（3）强化学生适应新时代社会需求的创意写作与新媒体运营能力训练，培养适用性强、能力突出的当代社会急需的新文科人才。

五、实践效果、推广应用情况及校内外评价

（一）实践效果

（1）建立适应新文科建设的汉语言文学专业培养方案及与之相适应的课程体系、训练体系和教学内容。

（2）提供完整、翔实可靠的学生培养数据。

（3）提供学生在各级报刊、媒体发表的创意写作作品和项目运营成果。

（4）建立校政、校校、校企共建实训基地。

（5）通过对一届学生的培养数据的分析，构建地方高校新文科“中文 +”人才培养模式。

（二）推广应用情况

通过对一届学生培养数据的分析，构建地方高校新文科“中文 +”人才培养模式。将得到的结果、协同合作育人机制、人才培养模式实施办法、专业评价与保障措施，除用于培养本校的学生外，还可将其向同类院校示范推广，为同类院校的相关专业升级改造提供实践依据及方法指导。

（三）校内外评价

井冈山大学新文科“中文 +”人才培养模式引起了国内名校和媒体专家的关注。该模式的引领示范作用引起了社会和媒体的强烈反响。《人民日报》（2019 年 7 月 22 日 13 版）的《江西推动红色文化进校园》报道了井冈山大学等高校“一个个红色故事、一篇篇红色家书、一台台红色剧目，被制作成‘红色文化精品课’、红色动漫剧等，成为青少年学生追捧的网络文化产品”。《中国教育报》（2019 年 10 月 19 日第 1 版）的《井冈山大学依托红色资源开展主题教育》：学校还组织大学生走出校门，开展以“白天与农民同劳动，晚上听农民讲红色传说”的社会实践，形成了“井冈山精神个个能背、井冈山红色故事人人知晓、井冈山红色歌谣处处传唱”的校园文化氛围。可复制的经验引起了地方兄弟学校的关注。赣南师范大学、九江学院、新余学院、萍乡学院等相关院系的领导和老师专程来井冈山大学学习经验。

江西财经大学现代经济管理学院：产品设计专业新文科思政建设典型案例

一、团队负责人及主要成员简介

（一）负责人简介

徐丽平，副教授，硕士研究生，九江市“双百双千”学术学科带头人，文法系副主任，产品设计创新工作室负责人，江西工业设计学会副会长。长期在高校从事产品设计人才培养工作，从教以来，获得省级以上专业竞赛金奖 6 项，银奖 2 项，多项国家级、省级赛事的优秀指导老师奖；公开发表论文及作品 16 篇（件），其中在 CSSCI 刊物发表论文 2 篇；参编教材 4 部；获得国家知识产权局专利 2 项；主持省级课题 2 项，参与教育部课题 2 项、省级课题 10 余项；带领产品设计专业参评 2018 年江西省专业综合评价获得独立学院第 1 名，主导成立了产品设计专业创新工作室、平面工作室，指导学生参加德国 iF 设计奖、全国大学生工业设计大赛等国际国内赛事，获得省级以上奖励 600 多项，为单位赢得“优秀组织单位奖”多项。

（二）主要成员简介

刘扬，文法系产品设计教研室主任，产品设计创新工作室骨干指导教师。主要承担文法系产品设计本科专业主干课程的教学。获学院“金牌主讲教师”及“教学三佳”十大优秀班主任等荣誉，省级以上奖励 8 项，省级以上优秀指导老师多项。

方莉，副教授，硕士研究生。文法系产品设计教研室专职教师，平面工作室负责人。公开发表论文 15 篇，其中 SCI1 篇、CSSCI1 篇、国家核心期刊 3 篇；参编教材 2 部；获得国家知识产权局专利 1 项；主持多项省部级课题；获得省级专业竞赛等级奖十余项；多项国家级、省级赛事的优秀指导老师奖。指导学生参加学科竞赛获得国家级、省级等级奖 30 余项。

吕鹏腾，文法系产品设计专职教师，平面工作室骨干指导教师。在《中国民族博览》

等期刊发表多篇文章，获省级以上奖励 2 项，指导学生参加省级以上学科竞赛获奖多项，并多次被评为优秀指导老师。

徐英凯，文法系产品设计教研室专职教师，产品设计创新工作室指导教师。2020 年获得江西财经大学青年教师讲课比赛三等奖，指导学生参加省级以上学科竞赛获奖多项，并多次被评为优秀指导老师。

李天凯，文法系产品设计专业教师，产品设计创新工作室指导教师。为了更好地提升教学质量，积极探索多元化教学模式，指导学生参加省级以上学科竞赛获奖多项，并多次被评为优秀指导老师。

二、解决的主要问题及工作目标

（一）解决的主要问题

1.新文科背景下产品设计专业课程思政体系建设

新文科背景下，产品设计专业课程体系的建设应当以“课程思政”为引领，紧紧围绕国家和区域发展需求，结合学校发展定位和人才培养目标，构建全面覆盖、类型丰富、层次递进、相互支撑的课程思政体系，着力提升学生学习实效。深度挖掘课程教学中的思政元素，整合教学资源，创新教学方法，提高课程思政育人能力。

2.新文科背景下产品设计专业融合发展

新文科的建设必然是跨学科多专业的交叉融合。设计学作为新兴学科，在创新型人才培养、设计服务和文化传承方面扮演着不可或缺的重要角色，是国家创新发展战略的驱动之力。产品设计专业本就是多学科交叉的新兴专业，但仍存在其固有的学科范式，打破产品设计专业自身的运作方式，突破体系壁垒，将产品设计与院校特色专业进行融合发展，发挥设计创新方法，突出“课程思政”，探索跨专业的融合发展模式，提升专业文化内涵。

3.新文科背景下跨学科专业“思政元素”的挖掘与应用

通过“课程思政”渗透和贯穿思政教育，提炼跨学科专业课程中蕴含的文化基因、价值追求和职业素养，并将其转化为具体、生动的教学实践，培养学生爱国情怀，提高学生的政治素养，从而提升立德树人的效果，提升学生对社会主义核心价值观的真信、真懂、真实践，探索产品设计专业的“课程思政”特色元素，打通艺术生特有的思政教育壁垒，实现新时代设计类课程思政教育的创新。

不断改进课堂教学形式，在课程实践过程中，有针对性地引入思政元素，在知识传授的同时注重价值引领，培养学生的家国情怀、政治认识、人文关怀。

（二）工作目标

（1）通过新文科背景下产品设计专业课程思政体系建设研究及专业融合发展，提出适用于设计类专业的产品设计课程教学流程和方法。

（2）通过新文科背景产品设计专业联合教学模式研究，提出以工作室模式联动课堂，专业学生集体参赛，以赛促教的形式促进专业发展。

（3）通过课程实践，实现思政教育产品设计课程中的有效融合。

三、改革实践的思路和主要举措

（一）改革实践的思路

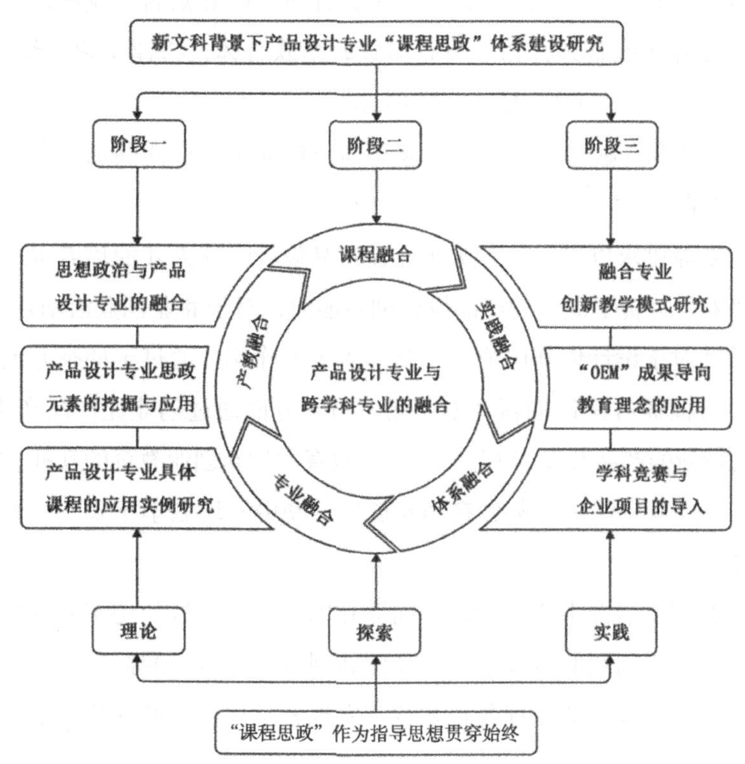

图1　改革实践思路图

（二）主要举措

成立“工作室—专业班”，联动教学模式打破传统教学形式的束缚，把学科竞赛、实际课题和校企合作项目引入课堂，利用工作室核心团队带领专业学生参与竞赛，让学生在竞赛和项目中自主学习，通过“以赛促学”提高了学习质量。有效利用工作室，把理论知识与实践技能结合起来，全面培养学生的设计、创新、创造能力，使学生在实践中不断完善自我。围绕国家和区域发展需求，结合学校发展定位和人才培养目标，构建全面覆盖、类型丰富、层次递进、相互支撑的课程思政体系，建设以“课程思政”为引领的产品设计专业课程体系。改进课堂教学形式，在课程中，有针对性地引入思政元素，在知识传授的同时注重价值引领，培养学生的国家情怀、政治认识和人文关怀。

1.竞赛和项目双擎驱动，不断提升学生综合素养和实践能力，驱动产品设计人才培养体系高效运行

实行专业教师指导下的学生工作室制，建立产品创新设计人才培养工作室，发挥工作室的示范效应，带动本专业全体学生的专业学习热情。工作室组建师生合作的创新实践团队，团队由不同年级学生混编组成。学生在完成课程学习的基础上，择优选入工作室，具体运行由学生自主管理，参加专业学科竞赛和企业项目实践。同时，积极与北京洛可可、深圳佳简几何、江西同天设计研究院等知名工业设计公司或企业建立合作，建设校外实践基地，拓展校企实践教学联合体，搭建学习演练、实践操作、创新设计实践平台，形成了校内外协同的机制。

2.创新和创业双向融合，将设计创新与商业创业实践双向共融，有效融合专业教育和创新创业教育

产品设计专业讲求以设计创新为生命，产品设计专业人才的培养本质就是对设计创新能力的培养，具备了优秀的产品设计创新能力，对于商业创业活动是有力的支撑，而商业创业活动对于设计创新的成果转化起到关键作用。通过定期举办创业班，指导本专业学生一方面通过设计创新开发产品，另一方面通过创业让产品产生商业价值，产品获益则支持新的产品开发，以此实现专业教育和创新创业教育的互补、互通和融合。

3.学生和教师双向促进，师生在创新创业活动中实现教学相长，鼓励形成师生创新创业共同体

学生在创新创业活动中会遇到各种问题和困难，要求教师切实发挥指导作用，在指导和帮助学生解决问题的过程中，实现创新创业指导能力的提升，师生就共同的创新设计开发和创业实践活动发挥各自才智，实现教学相长，形成若干个师生创新创业的共同体。

四、特色及创新点

课题在新文科背景下，积极探索产品设计专业与省政府“2+6+N”计划相关学科进行融合发展，注重课程体系创新建设，融合思政元素，密切跟踪、准确把握地方经济结构调整、将产品设计专业打造成为地方与行业急需、优势突出、特色明显的学科专业，建立紧密对接产业链的专业体系，彰显地方特色。重点培养具有学科交叉背景，适应

社会未来的发展的复合型应用人才。

（一）率先推行教师指导下学生自主管理的工作室制度

依托工作室开展学科竞赛和项目实践，有效实现双擎驱动。本专业工作室不同于其他院校同类专业推行的教师主导的工作室，仅由资深教师把控学科竞赛方向，导入实践设计项目，日常管理运行则由学生主导，学生的综合素养和设计创新能力在其中得到很好的锻炼，创业能力和专业能力都得到明显提升。学生工作室的管理模式属于首创。

（二）创新性地实现专业教育和创新创业教育互融互通

产品设计永恒的主题就是创新，主动发挥本专业在创新方面的优势，在夯实专业创新能力的基础上，积极开展依托产品创新设计的商业创业活动，力求打破专业教育和创新创业教育之间的壁垒，使得创新和创业在产品设计专业人才身上得到双向融合。

（三）善用创业校友资源定期举办创业班教学活动

为发挥示范效应，定期举办创业班活动，邀请依托本专业创业的校友返校为学生授课，分享创业经验和教训。创业班主要面向本专业各年级有创业意愿的学生，在完成学校规定的创业类课程的基础上，进一步加强创业知识的学习，并由创业校友作为导师进行指导，要求完成创新创业计划书，参与创新创业大赛，并由学院创新创业教育指导委员会和校外导师团共同评审，择优奖励。创业班有效带动了学生的创新创业热情，获得了众多创新创业方面的奖项。

五、实践效果、推广应用情况及校内外评价

（一）实践效果

1.产品设计专业人才培养的质量显著提升

“工作室—专业班”联动教学模式能够打破传统教学形式的束缚，把学科竞赛、实际课题和校企合作项目引入课堂，利用工作室核心团队带领学生参与竞赛，让学生在竞赛和项目中自主学习，通过“以赛促学”提高了学习质量。有效利用工作室，把理论知识与实践技能结合起来，全面培养学生的设计、创新、创造能力，使学生在实践中不断完善自我。学生参加德国 iF 设计奖、全国大学生工业设计大赛等国际国内赛事，获得省级以上奖励 600 多项，累计获得奖金 30 余万元，获优秀组织奖 10 余次。

2.产出了高质量教学研究成果

出版了产品设计专业相关教材6部，完成省级教改课题4项，教学研究论文10余篇，教研论文获得江西省艺术教育科研论文评选一等奖2项，二等奖2项，参与立项江西省虚拟仿真实验项目1项。

3.产品设计专业建设水平得到极大提升

产品设计专业参评2018年江西省专业综合评价获得独立学院第1名，本专业成为江西省工业设计学会副会长单位。与江西同天设计研究院、洛可可设计集团、深圳佳简几何工业设计有限公司等多家单位签订战略合作协议。（详见表1）

表1　产品设计专业部分获奖名单

序号	赛事名称	获奖学生	最高排名	获奖时间	获奖等级
1	2019江西省大学生工业设计大赛	傅娆	1	2019.11	二等奖
2	2020年大学生工业设计大赛	李张敏	1	2020.12	一等奖
3	江西省第七届工业设计双年展暨“荷花杯”山江湖文化创意大赛	应田野	1	2019.6	优秀奖
4	江西省第七届工业设计双年展暨“荷花杯”山江湖文化创意大赛	侯昱航	1	2019.6	三等奖
5	江西省第七届工业设计双年展暨“荷花杯”山江湖文化创意大赛	苏鹏垚	1	2019.6	一等奖
6	江西省高等院校写生作品大赛	何志鹏	1	2019.12	银奖
7	江西省第七届工业设计双年展暨“荷花杯”山江湖文化创意大赛	万文康	1	2019.6	优秀奖
8	江西省第七届工业设计双年展暨“荷花杯”山江湖文化创意大赛	吴嘉欣	1	2019.6	三等奖
9	江西省第七届工业设计双年展暨“荷花杯”山江湖文化创意大赛	柯建成	1	2019.6	二等奖
10	江西省第七届工业设计双年展暨“荷花杯”山江湖文化创意大赛	廖银鑫	1	2019.6	二等奖
11	2020江西省文化创意设计大赛	陈有志	3	2020.12	三等奖
12	江西省第七届工业设计双年展暨“荷花杯”山江湖文化创意大赛	罗宇轩	2	2019.6	二等奖
13	江西省第九届“艺德杯”	洪乐谣	1	2019.12	二等奖
14	江西省第七届工业设计双年展暨“荷花杯”山江湖文化创意大赛	胡海姿	2	2019.6	二等奖
15	江西省第七届工业设计双年展暨“荷花杯”山江湖文化创意大赛	陈梦婷	1	2019.6	优秀奖

续表

序号	赛事名称	获奖学生	最高排名	获奖时间	获奖等级
16	江西省第七届工业设计双年展暨“荷花杯”山江湖文化创意大赛	刘红艳	1	2019.6	优秀奖
17	江西省第七届工业设计双年展暨“荷花杯”山江湖文化创意大赛	刘星玥	1	2019.6	优秀奖
18	江西省高等院校写生作品大赛	王婷婷	1	2019.6	银奖
19	江西省第七届工业设计双年展暨“荷花杯”山江湖文化创意大赛	徐义进	1	2019.6	优秀奖
20	江西省第七届工业设计双年展暨“荷花杯”山江湖文化创意大赛	沈子杨	1	2019.6	优秀奖
21	2020 江西省大学生工业设计大赛	裘瑶瑶	1	2020.12	三等奖
22	江西省第七届工业设计双年展暨“荷花杯”山江湖文化创意大赛	潘祥祥	1	2019.6	优秀奖
23	2020 江西省大学生工业设计大赛	吴晓琪	1	2020.12	二等奖
24	2020 江西省大学生工业设计大赛	高詹姝婧	2	2020.12	一等奖
25	2019“井冈之星”设计艺术创意大赛	梁鼎	1	2019	银奖
26	2020 江西省大学生工业设计大赛	李甜	3	2020.12	一等奖
27	2020 江西省大学生工业设计大赛	高音	1	2020.12	一等奖
28	江西省第九届“艺德杯”	邓星玥	3	2019.12	入围奖
29	2020 江西省大学生工业设计大赛	戴庆庆	3	2020.12	一等奖
30	2020 江西省大学生工业设计大赛	杨莎娜	4	2020.12	二等奖
31	江西省第七届工业设计双年展暨“荷花杯”山江湖文化创意大赛	徐晓康	1	2019.6	优秀奖
32	2020 江西省大学生工业设计大赛	叶贝雪	2	2020.12	一等奖
33	江西省第九届“艺德杯”	张榆欣	2	2019.12	三等奖
34	2020 江西省大学生工业设计大赛	程嘉鑫	3	2020.12	三等奖
35	江西省第九届“艺德杯”	张琳	3	2019.12	三等奖
36	江西省第九届“艺德杯”	李瑞鹏	1	2019.12	三等奖
37	2020 江西省大学生工业设计大赛	李怡雯	1	2020.12	三等奖
38	2020 江西省大学生工业设计大赛	单梦霜	2	2020.12	三等奖
39	江西省第九届“艺德杯”	肖旺	4	2019.12	三等奖
40	2020 江西省大学生工业设计大赛	周婧雯	1	2020.12	二等奖
41	2020 江西省大学生工业设计大赛	许心怡	3	2020.12	二等奖
42	2023“石破天惊”八一红色文创大赛	王艺凡	1	2020.12	优秀奖

续表

序号	赛事名称	获奖学生	最高排名	获奖时间	获奖等级
43	2020 江西省文化创意设计大赛	徐唯依	3	2020.12	入围奖
44	江西省第十届“艺德杯”	郑思倩	1	2021.3	二等奖
45	2020 江西省文化创意设计大赛	邱瑶	1	2020.12	入围奖
46	2020 江西省大学生工业设计大赛	李奔	1	2020.12	二等奖
47	2020 江西省大学生工业设计大赛	吴珂	1	2020.12	二等奖
48	江西省第七届工业设计双年展暨“荷花杯”山江湖文化创意大赛	古华东	2	2019.6	二等奖
49	江西省第七届工业设计双年展暨“荷花杯”山江湖文化创意大赛	桂雅兰	1	2019.6	优秀奖
50	2019 泉州海峡两岸大学生设计工作坊	叶若雅	1	2019	金奖
51	江西省第七届工业设计双年展暨“荷花杯”山江湖文化创意大赛	杨斯琪	1	2019.6	三等奖
52	江西省第九届“艺德杯”	邓语桐	4	2019.12	入围奖
53	2019“井冈之星”设计艺术创意大赛	周璐瑶	2	2019	入选奖
54	江西省第九届“艺德杯”	徐帆	2	2019.12	入围奖
55	江西省第七届工业设计双年展暨“荷花杯”山江湖文化创意大赛	郑哲宇	1	2019.6	三等奖
56	2020 江西省大学生工业设计大赛	林辉	3	2020.12	二等奖
57	2020 江西省大学生工业设计大赛	胡志清	1	2020.12	二等奖
58	2020 江西省文化创意设计大赛	熊慧	3	2020.12	二等奖
59	江西省第七届工业设计双年展暨“荷花杯”山江湖文化创意大赛	陈亚茹	1	2019.6	三等奖
60	2020 江西省大学生工业设计大赛	陈欣雨	1	2020.12	二等奖
61	2020 江西省文化创意设计大赛	黄笑	1	2020.12	入围奖
62	2020 江西省文化创意设计大赛	梁根苗	1	2020.12	入围奖
63	江西省第七届工业设计双年展暨“荷花杯”山江湖文化创意大赛	李仕昂	1	2019.6	优秀奖
64	江西省第七届工业设计双年展暨“荷花杯”山江湖文化创意大赛	李明荟	1	2019.6	优秀奖
65	江西省第七届工业设计双年展暨“荷花杯”山江湖文化创意大赛	林嘉怡	1	2019.6	优秀奖
66	2020 江西省文化创意设计大赛	李跃	2	2020.12	入围奖
67	2020 江西省文化创意设计大赛	梁雅婷	2	2020.12	入围奖

续表

序号	赛事名称	获奖学生	最高排名	获奖时间	获奖等级
68	2020 江西省文化创意设计大赛	王秀英	1	2020.12	入围奖
69	江西省第九届“艺德杯”	谭宇	2	2019.12	入围奖
70	江西省第七届工业设计双年展暨“荷花杯”山江湖文化创意大赛	黄瑶	1	2019.6	优秀奖
71	2020 江西省大学生工业设计大赛	熊晶	1	2020.12	二等奖
72	江西省第七届工业设计双年展暨“荷花杯”山江湖文化创意大赛	宋驰风	1	2019.6	优秀奖
73	2019“井冈之星”设计艺术创意大赛	陈平晔	1	2019	金奖
74	江西省第七届工业设计双年展暨“荷花杯”山江湖文化创意大赛	刘子扬	1	2019.6	优秀奖
75	2020 江西省文化创意设计大赛	林佳俊	1	2020.12	入围奖
76	2020 江西省大学生工业设计大赛	吴中正	2	2020.12	二等奖
77	江西省第七届工业设计双年展暨“荷花杯”山江湖文化创意大赛	王子武	1	2019.6	优秀奖
78	江西省第七届工业设计双年展暨“荷花杯”山江湖文化创意大赛	熊汉华	1	2019.6	优秀奖
79	2020 江西省文化创意设计大赛	邹红霞	3	2020.12	入围奖
80	2020 江西省大学生工业设计大赛	吴震宇	1	2020.12	二等奖
81	2020 江西省大学生工业设计大赛	龚婧	1	2020.12	三等奖
82	第八届江西之星创意设计大赛	杨柳丹青	3	2020.12	优秀奖
83	2020 江西省大学生工业设计大赛	冉一帆	1	2020.12	一等奖
84	江西省高等院校写生作品大赛	钟晴	1	2019.12	入围奖
85	江西省高等院校写生作品大赛	王静雯	1	2019.12	入围奖
86	2020 江西省大学生工业设计大赛	李青青	4	2020.12	三等奖
87	2020 江西省文化创意设计大赛	淦翔	2	2020.12	二等奖
88	“制止餐饮浪费，共创美好家园”作品征集大赛	饶晓妍	1	2020.12	二等奖
89	江西省第十届“艺德杯”	勒园梓	1	2021.3	三等奖
90	2020 江西省大学生工业设计大赛	钟镇东	2	2020.12	三等奖
91	2020 江西省大学生工业设计大赛	肖明伟	1	2020.12	三等奖
92	2020 江西省大学生工业设计大赛	章楚瑶	1	2020.12	二等奖
93	2020 江西省大学生工业设计大赛	雷婧瑜	2	2020.12	三等奖
94	2020 江西省大学生工业设计大赛	邱梦	2	2020.12	三等奖
95	2020 江西省大学生工业设计大赛	丁志勇	3	2020.12	三等奖

续表

序号	赛事名称	获奖学生	最高排名	获奖时间	获奖等级
96	“制止餐饮浪费，共创美好家园”作品征集大赛	李鹏程	2	2020.12	一等奖
97	2020 江西省大学生工业设计大赛	姜青燕	4	2020.12	二等奖
98	2020 江西省大学生工业设计大赛	郭万菁	1	2020.12	二等奖
99	江西省高等院校写生作品大赛	叶小红	1	2019.12	入围奖
100	江西省第十届“艺德杯”	金诗怡	1	2021.3	入围奖
101	第八届江西之星创意设计大赛	邓宇杰	1	2020.12	优秀奖
102	2020 江西省大学生工业设计大赛	王齐福	1	2020.12	二等奖
103	2020 江西省大学生工业设计大赛	程琪梦	1	2020.12	三等奖
104	江西省高等院校写生作品大赛	胡佩	1	2019.12	入围奖
105	2020 江西省大学生工业设计大赛	王雅君	1	2020.12	二等奖
106	2020 江西省大学生工业设计大赛	张潇涵	2	2020.12	三等奖
107	2020 江西省大学生工业设计大赛	许亚军	2	2020.12	二等奖
108	2020 江西省文化创意设计大赛	雷心怡	2	2020.12	三等奖
109	2020 江西省文化创意设计大赛	任毅	3	2020.12	一等奖
110	2020 江西省大学生工业设计大赛	赖国标	1	2020.12	三等奖
111	江西省高等院校写生作品大赛	胡杏子	1	2019.12	入围奖
112	2020 江西省大学生工业设计大赛	陈佳珍	3	2020.12	三等奖
113	2020 江西省大学生工业设计大赛	宋巧巧	1	2020.12	三等奖
114	江西省第十届“艺德杯”	翟辰睿	2	2021.3	二等奖
115	2020 江西省大学生工业设计大赛	刘智丽	3	2020.12	二等奖
116	江西省第十届“艺德杯”	阙祖敏	1	2021.3	入围奖
117	2020 江西省大学生工业设计大赛	钱王骏	1	2020.12	三等奖
118	“制止餐饮浪费，共创美好家园”作品征集大赛	林政权	1	2020.12	优秀奖
119	“制止餐饮浪费，共创美好家园”作品征集大赛	谢昌涛	1	2020.12	优秀奖
120	2020 江西省大学生工业设计大赛	廖勇超	1	2020.12	三等奖
121	第八届江西之星创意设计大赛	刘佳伟	1	2020.12	优秀奖
122	2020 江西省大学生工业设计大赛	章雯	3	2020.12	三等奖
123	“制止餐饮浪费，共创美好家园”作品征集大赛	肖婧	1	2020.12	三等奖
124	2020 江西省大学生工业设计大赛	罗义	1	2020.12	二等奖
125	“制止餐饮浪费，共创美好家园”作品征集大赛	钟钰萱	2	2020.12	二等奖
126	江西省第十届“艺德杯”	熊佩	1	2021.3	三等奖
127	第八届江西之星创意设计大赛	徐浈	2	2020.12	银奖

续表

序号	赛事名称	获奖学生	最高排名	获奖时间	获奖等级
128	2020 江西省大学生工业设计大赛	孙娉	3	2020.12	二等奖
129	2020 江西省大学生工业设计大赛	陈星飞	1	2020.12	二等奖
130	2020 江西省大学生工业设计大赛	潘志滨	3	2020.12	二等奖
131	2020 江西省大学生工业设计大赛	官子豪	2	2020.12	二等奖

（二）推广应用情况

（1）工作室联合课堂，班级集体参赛，在各班级中开展集体活动，增强了学生的集体荣誉感和学生的沟通技巧及语言表达能力。专业任课教师与班主任联动，用以赛促教的形式培养学生，选择适合学生水平的学科竞赛参加，学生在竞赛中学习专业技能及专业素养。教师在竞赛过程中引导学生分组讨论、头脑风暴等，提高学生凝聚力，增强学生的良性竞争。

（2）树立榜样，形成标杆效应，工作室中的模范带头作用为学生班级树立了良好的榜样，在班级中宣扬工作室的成绩，重视他们的表率作用，带领班级学生共同进步，形成良好的学习风气。邀请工作室同学分享经验，带领班级同学共同进步，提升了本专业学生的整体专业素养。

（三）校内外评价

本专业参评 2018 年江西省专业综合评价获得独立学院第 1 名，是江西省工业设计学会副会长单位。产品设计专业创新工作室自 2014 年成立以来，以学科竞赛和实际设计项目为驱动，积极开展专业实践活动，参加专业学科竞赛及企业设计项目，在国际国内学科竞赛中共获奖 600 余项，“优秀组织单位奖”多项，获得网易、《江南都市报》、共青电视台等媒体关注和广泛报道，学生参与设计的多款产品投入市场，为企业创造了可观效益。本专业工作室制获得了众多兄弟院校及系部专业的关注，江西师范大学，文法系新闻专业等参考应用本项目成果，搭建了学生工作室平台，推进创新创业融合，取得了很好的应用效果。

宜春学院：

建构红色创意写作　打造专业思政典型

一、团队负责人及主要成员简介

（一）负责人简介

刘旭东，文学博士，副教授，硕士生导师，中文系主任，汉语言文学专业负责人。任教多年，为宜春市第五次党代会代表，曾获江西省普通本科高校金牌教师、江西省“赣鄱先锋”群众身边好党员称号、市优秀党员、校师德标兵、优秀教师等荣誉。为中国文艺评论家协会会员、江西省当代文学学会理事、宜春市电影家电视艺术家协会副主席、宜春市文艺评论家协会秘书长。教学方面，主持完成江西高校“课程思政”示范课程“大学国文”；主持江西省高等学校教学改革研究课题（重点）“‘工坊制’模式下写作实验室建设的研究与实践——以宜春学院创意写作坊为例”，主持完成江西省高等学校教学改革研究课题（一般）“新媒介背景下‘微写作’在《写作》课程中的应用研究”，主持江西省基础教育研究课题“‘课程思政’背景下高中语文教学改革的研究与实践”；曾获江西省高校优秀思政理论课微课，获奖视频被推送至“学习强国”平台，获宜春市第一届思政课成果展示“课程思政”教学比赛高校组一等奖；作为主要成员，曾获江西省教学成果奖一等奖；作为负责人，曾获宜春学院教学成果奖一等奖。科研方面，主持国家社科基金项目 1 项，主持完成江西省社科规划项目 1 项，主持江西省高校人文社科项目、江西省艺术科学规划项目、江西省教育规划研究项目各 1 项。

（二）主要成员简介

李建军，文学博士，教授，硕士生导师，副校长（分管教学），中国语言文学学科带头人。为江西省“新世纪百千万人才工程”人选，江西省中青年骨干教师，江西省中国语言文学教学指导委员会副主任、江西省新文科建设委员会文史哲组员等。主持（完成）国家社科基金项目 2 项、教育部人文社科项目 1 项、江西省社科规划项目等其他省厅级项目 7 项、宜春市社科规划项目等市校级项目 8 项，另以骨干身份参与国家社科基金项目 2 项、其他省厅级项目 20 余项；出版专著 2 部，参编教材 1 部，在《华中学术》等学术期刊上发表论文 40 余篇；获省社科成果二等奖、省教学团队、省多媒体竞赛二等奖各 1 次，宜春市社会科学优秀成果奖一等奖、二等奖各 1 次，校教学成果奖一等奖 2 次、二等奖 1 次，校级科研标兵等其他奖励 20 余次。

徐凌，讲师，创意写作团队骨干。主持江西省社科规划项目、江西省教育规划项目、江西省基础教育规划项目共 3 项；指导学生获田家炳杯全国师范院校师范生技能竞赛一等奖，其他国家级和省级赛事获奖 70 余人次；作为骨干成员获校教学成果一等奖 2 次；曾获校“金牌主讲教师”、优秀教师等称号。

高建青，文学博士，教授，硕士生导师，创意写作团队骨干。主持国家社科基金项目 1 项，主持江西省社科规划项目、江西省高校人文项目、江西省教育规划项目、江西省教学改革项目多项；指导学生获田家炳杯全国师范院校师范生技能竞赛一等奖，其他国家级和省级赛事获奖 60 余人次；为省教学团队主要成员，获宜春市社会科学优秀成果奖一等奖 2 次、校教学成果奖一等奖 2 项，参与省级教学项目获奖多项；出版专著 3 部，在《中国现代文学丛刊》《江汉论坛》等学术期刊上发表论文 30 余篇，参编教材 2 部。

二、解决的主要问题及工作目标

（一）解决的主要问题

在新文科建设背景下，汉语言文学专业如何“培育时代新人”？如何融合现代信息技术，融合其他学科和专业？在思政课与专业思政同向同行的背景下，汉语言文学专业又如何建设自己独特的思政教育路径？

新文科建设强调培养知中国、爱中国、堪当民族复兴大任的新时代文科人才，具体到汉语言文学专业，则是如何培养能够自觉传承中国优秀文化、能讲会讲中国故事的时代新人。宜春学院汉语言文学专业主动融合创意写作学科，结合红色文化资源，建构红色创意写作育人体系：强化创意写作学科重技术、重实践的意识；结合地方红色文化资源，尤其湘鄂赣革命文化资源，通过带领学生讲述红色中国故事，既锻炼了学生的专业实践能力，又潜移默化地进行了人格教育，实现了浸润、熏陶、养成、感染、培育的育人效果。

具体来说，解决了以下问题：

其一，培养目标与课程体系契合度不高的问题。汉语言文学专业历来重视“听、说、读、写”四种能力，尤以写作能力为重。但囿于“可培养学者，难培养作家”的习常观念，传统课程设置上偏重史、论等理论课程，实践性较强的写作类课程反而常被淡化和边缘化。因此，项目组从培养方案的修订和课程设置的优化入手，引入创意写作人才培养模式，将创意写作作为汉语言文学专业的核心课程，进一步强化了本专业人才培养的应用性和社会适应性。

其二，培养方式对培养质量保障度不力的问题。传统写作类课程重在培养学生的写作理论和认知能力，内容上重诗歌、散文、小说、戏剧等文体的知识传授，训练也多在课堂完成。一方面，上述课程内容已经无法适应新媒体背景下的新兴文体写作；另一方面，偏于理论的课堂教学方式也无法真正锻炼学生的写作能力。据此，项目组以“分阶课程、分层实训、分级评价”为指导原则，构建“三分法”人才培养体系，实现对学生写作能力形成的真正保障。

其三，实践实训教学对写作能力培养达成度不足的问题。传统汉语言文学专业人才培养的一个严重缺失是实训实践环节的缺乏，项目组以 Workshop（工作坊）与 Seminar（研讨会）的培养理念和模式为基，构建“2+5”实训体系和“2+3+4+5”复合实践平台，真正打造适应社会需求的复合型写作人才。

其四，专业实践与思政教育严重脱钩的问题。传统汉语言文学专业的思政教育理论资源丰富，但实践资源匮乏，尤其专业实践与思政教育严重脱钩。项目组立足湘鄂赣红色文化资源，把专业实践与对红色文化资源的挖掘相结合，引领学生了解红色中国、记录红色中国，从而实现人格养成教育。

（二）工作目标

1.搭建红色创意写作育人体系的基本构架

专业建设首要目标是课程体系的搭建，其中包括第一课堂和第二课堂。在第一课堂中，设置了创意写作课程群，突出课程体系中的“技术”因素和“跨学科”特点；第二课堂，让学生走出去，利用劳动实践周、采风实训等课外实践环节进行专业思政实践。

2.深度参与地方红色文化的挖掘与清理

在创意写作课程中，注入红色文化因素，引导学生讲红色故事，传承红色文化基因。在实践教学中，带领学生走进红色文化基地，用身心感受这片红土地上的革命往事，了解红色中国，解决专业思政建设的重点和痛点。

3.师生一起讲好红色中国的故事，尤其是湘鄂赣的红色故事

采用“工坊制”教学模式，以 Workshop（工作坊）与 Seminar（研讨会）为组织形

式，师生研讨，头脑风暴，突出创意写作的“实战”特点，强调专业的实践性和应用性。

4.完善课程评价机制和人才培养评价机制，完成专业思政的目标

思政教育不能成为专业教育的点缀，除了要以无缝对接的方式涉入专业教学，还要在教学评价方面体现出来，因此，完善各级评价机制是重要的工作目标。

三、改革实践的思路和主要举措

（一）改革实践的思路

以培育能讲会讲中国故事的时代新人为目标，立足学科融合，引入创意写作尤其是借鉴创意写作强调新技术、跨学科的意识；强化创意写作的红色因素，深度挖掘湘鄂赣红色文化资源，在专业实践中进行思政教育，在思政教育中强化专业技能，真正搭建红色创意写作育人体系，实现专业建设和思政教育的双重目标。

（二）主要举措

1. 更新教育观念，秉持“学生中心，有教无类；知行合一，重在实践；思政引领，创意为核”的培养理念

在人才培养目标的设定上，在红色创意写作育人体系的支撑下，培养学生做中国文化的传承者，中国声音的传播者；会讲中国故事，讲懂中国故事；讲好中国故事。引入创意写作的核心理念和培养模式 Workshop（工作坊）和 Seminar（研讨会），坚持“有教无类”，不设门槛，强调人人皆有创意，皆有成为作家的潜质；又以学生的个性化为基础，分阶、分类培养，努力提升学生的多元能力和职业生涯的可持续发展。

2. 创新培养方式，以新理论、新实践和新技术为指导，构建“三分法”创意写作人才培养体系

在培养方式的建构上，强调新理论、新实践和新技术，以此为指导，项目组以“分阶课程、分层实训、分级评价”为原则，构建了“三分法”创意写作人才培养体系，即以“基础写作、应用写作、创意写作”为核心的课程结构，以“基础写作工坊、创意写作工坊、实战写作工坊”为核心的实训体系，以“基础写作能力、应用写作能力、创意写作能力”为核心的评价机制。

3. 拓展培养思路，强调思政引领和专业实战，“五化”并举，内外联动

所谓“五化”是指“思政专业化、工坊实体化、教学非线化、写作实战化、创意导师化”。项目组建立了全省首个以实验室为载体的创意写作工坊，着力实现教学非线化和写作实战化，即打破传统教学主、客体的界限，使之成为师生灵感激荡的空间；打破传统

文体的界限，使之成为面对文化产业链条的自我成长空间；打破传统写作载体的界限，使无纸化写作、新媒体写作、讨论式写作等新写作方式在此得以实现。工坊还引入了更具实战经验的作家、诗人、记者，使之成为“驻坊导师”，与学生结对，定点培养，实现校内校外教学的“双导师制”。

4. 强化能力教育，立足地方红色资源，构建“2+5”实训体系

立足中国国情，扎根中国大地，深挖地方红色资源，提升实践实训的思想高度和价值纯度。项目组以湘鄂赣红色文化资源为依托，从创意写作教学的核心理念和模式Workshop（工作坊）和Seminar（研讨会）出发，建构了学生的5种能力目标。Workshop（工作坊）重在培养学生的基础写作能力、实战写作能力；Seminar（研讨会）重在培养学生的团队写作能力、创意写作能力。

5. 注重平台建设，搭建“2+3+4+5”复合实践平台

借鉴“互联网+”的理念，变“+平台”为“平台+”，打破了传统写作教学中先建平台，学生依平台而实训的传统做法，代之以学生能力发展为依据建平台、再以平台带动学生写作实践的新型培养路径。共建有2类实物平台——专业实训性质的创意写作工坊和社会实践性质的天空创意工作室；3个学生社团——天空诗社、清渠读书会、公文写作社；4种写作刊物——《明月刊》《天空诗集》《行者》3个纸质刊物和1个线上刊物《开始写吧》；5级写作赛事——国家级写作大赛（如“聂绀弩杯”全国大学生中华诗词大赛、全国大学生“青年访谈杯”文学写作大赛），省级写作大赛（如江西省大学生写作大赛），市级写作大赛（如“花溪谷”杯全市征文大赛），校级写作大赛（如宜春学院“三行诗”写作大赛、宜春学院“微故事”写作大赛），院级写作大赛（如文传学院写作大赛）。

四、特色及创新点

1. 专业思政路径建设的创新

专业思政如何与思政课做到同向同行，如何真正实现全程、全方位思政教育，在新文科建设背景下，汉语言文学专业建构红色创意写作育人体系，是一条重要专业思政路径。创意写作作为一种人才培养模式，自上海大学、复旦大学引入至今，不过十余年，在全国高等院校的中文专业里似有遍地开花的趋势。但另一方面，很多学校搞创意写作，有流于形式的意味，人才培养依然是新瓶装了旧酒。根本原因，还是没找到如何把创意写作本土化的路径。作为社会主义国家，高校的人才培养不能过于强调市场化，创意写作的“创意”二字不能沦为纯为市场服务的“创意”，不能沦为纯为迎合大众趣味的“创意”。如何讲好中国故事尤其是讲好“红色中国”的故事，应该成为

创意写作人才培养的重要目标。红色文化资源丰富的江西，搞创意写作也不能和北上广深等地方高校一样，把人才培养目标聚焦于所谓文化产业上游，使创意写作一味去追求时髦的概念，而忽略身边的故事和生活。江西红色文化丰富，坐落赣西的地方高校，更是被湘鄂赣红色文化资源所包裹，如何利用专业优势进行深度挖掘，如何通过挖掘红色文化资源对学生同时进行专业教育和人格思想教育，是我们建构红色创意写作的主要目标。

2. 人才培养方式的创新

人才培养是一项综合工程，为解决目前中文专业人才培养“五重五轻”的问题，项目组从教育观念的更新、人才培养模式的重构、多样化平台的建设、评价机制的多元设置、师资队伍的优化等方面进行了全方位的探索，形成了以“两翼三分、四化五能”为核心的行之有效的系统化解决方案。项目组引进西方创意写作理论中的 Workshop（工作坊）和 Seminar（研讨会）的理念和模式为两翼，进行了符合本土、本校以及当下社会需求的发展和改造，构建了“三分法”创意写作人才培养体系，分级设置课程、分层设置实训体系、分阶设置评价机制，力求把人才培养做实做细，形成人才培养方式与人才培养目标之间的契合度、支撑度和保障度。同时，针对学生不同能力结构、发展目标的差异，制定不同的能力培养目标，通过卓越创意写作人才培养，使学生掌握基础写作能力、创意写作能力、实战写作能力和团队写作能力。

3. 学生实践模式的创新

发展创意写作中关于“创意写作工坊”的内涵与模式，从三个层面给予定位：第一层面是一种课程教学模式，强调教学主、客体界限的打破，倡导教学的民主化；第二层面是一种实体实验室，打破中文专业无法建设实验室的误区，强调写作能力培养的实战性和合作性；第三层面是面向社会需求的实体工作室，把人才培养与社会需求对接，使学生走出校门就能直接进入工作状态尤其是以实体工坊的建设为基点，采用“工坊实体化、教学非线化、写作实战化、创意导师化”四化并举的运行方式，把写作人才培养落地落实。同时，借鉴“互联网 +”的理念，针对不同教学目标、不同教学层次的需求，项目组搭建了“2+3+4+5”复合实践平台，变“+ 平台”为“平台 +”，提出先建平台、再以平台带动学生写作实践的新型培养路径。平台的种类涉及工坊、工作室、社团、期刊、大赛等等，平台的层级则从国家级覆盖至学院级，为学生的个性化培养和写作能力的多维训练提供了丰富多彩的舞台。

五、实践效果、推广应用情况及校内外评价

（一）实践效果

经过不断探索与实践，取得了显著的实践效果。

（1）参与了一系列有影响力的红色创写活动。创意写作成为宜春学院校参与地方红色文化建设的一张品牌，创意写作团队先后参与了宜春市“湘鄂赣苏区经典革命故事”编撰工作，出版《红土初心——湘鄂赣苏区经典革命故事选编》；宜春市军休所老兵访谈与口述历史工作，出版《老兵记忆——宜春老兵红色故事集》；宜春学院庆祝中国共产党成立100周年文艺晚会暨‘七一’表彰大会”工作，牵头撰写情景朗诵《扶贫路上的生命定格》和全部串词；宜春学院“互联网+”竞赛的红旅赛道，参与《研途有“谱”》项目，并获全校一等奖。学生在以上项目实施过程中，精神上受到红色文化的洗礼，专业上得到扎实锻炼，从而真正成为德才兼备的优秀人才。

（2）产生了一批有影响力的学生作品。2020年新冠肺炎疫情暴发，17级汉语言文学学生陈江兰，调查、记录了疫情对一群养果子狸的人的生活影响，写出非虚构作品《养果子狸的人》，在澎湃号上的镜相栏目作为独家首发，得到了极大的关注。18级汉语言文学学生徐蕾，祖父辈是南京人，20世纪50年代响应国家号召，作为“垦民”到江西宜丰，从此成为“流寓的异乡人”。通过一年的访问调查，最终写出非虚构作品《流寓的异乡人》，入选澎湃号的镜相栏目高校激励项目“小行星计划”。近年来，《宜春日报》文艺副刊上以“宜春学院学生诗歌之窗”为题发表了学生作品专版。为宜春花溪谷的形象传播策划出版《花溪谷故事集》，并挑选其中突出的作品作成花溪谷的故事景观。

（3）获得了一批有影响力的竞赛奖项。2020年，17级汉语言文学凌明星获得首届全国大学生原创文学大赛小说戏剧组唯一金奖；陈心怡、郑达等多位同学获得“聂绀弩杯”“青年访谈杯”等全国性征文比赛奖项，有两百余人次分获江西省大学生写作大赛一、二、三等奖。

（二）推广应用情况

1. 通过论文、课题、成果奖等方式，推广经验和做法

论文：受《中国教工》（全国教育工会系统最高级别刊物）约稿，项目组在该刊发表论文《构建创意写作学科的中国特色和中国气派》（李建军、刘旭东，《中国教工》2021年第8期），介绍红色创意写作的建设经验。此外，项目组还发表《创意写作导向下的“工坊制”写作人才培养模式初探——以宜春学院为例》（刘旭东，《短篇小说》，

北大中文核刊，2017 年第 2 期）、《新媒介背景下学生“多样化语言”表达能力的培养路径初探——以宜春学院为例》（刘旭东,《当代教育实践与教学研究》,2018 年第 11 期）等相关论文。

课题：项目组申报获批多项相关课题，如江西省教学改革项目重点项目“‘工坊制’模式下写作实验室建设的研究与实践——以宜春学院创意写作坊为例”（刘旭东、高建青、徐凌等），江西省教学改革一般项目“新媒介背景下‘微写作’在〈写作〉课程中的应用研究”（刘旭东、李建军、高建青、徐凌等）、“博客辅助大学〈写作〉课程教学的研究与实践”（高建青）、“新媒介背景下培养学生‘多样化语言’表达能力的研究与实践——以宜春学院文学与新闻学院为例”（冷瑾、刘旭东等），江西省教育规划项目“碎片化时代大学生经典阅读兴趣培养路径研究”（高建青），以及徐凌老师主持的一系列校级课堂教学改革项目“故事写作”、校级教改或科研项目“文化创意产业背景下‘创意写作’在写作类课程中的应用研究”“创意写作导向下的地方文化品牌建设研究——以宜春警营文化为例”“宜春警营文化品牌构建研究”等。

教学成果奖：项目组先后获得两个宜春学院教学成果奖一等奖：“创意写作导向下的写作人才培养综合改革”（2017，刘旭东主持）、“‘两翼三分、四化五能’下的创意写作人才培养探索与实践”（李建军主持）。

2.通过会议和接访等方式，在省内外多所院校中推广运用

本成果先后受邀在 2015 年于湖北恩施召开的鄂赣两省高级写作研讨会、2017 年在河南郑州召开的赣豫两省写作研讨会及 2018 年在江苏南京召开的赣苏两省写作研讨会上进行专题报告；项目组先后接受了国内 10 余所兄弟院校的交流来访；江西师范大学、江西农业大学、井冈山大学、九江学院、新余学院 5 所院校借鉴并应用了本成果，反响良好，大大提升了相关专业的人才培养质量。

（三）校内外评价

1.校外评价

《江西日报》（2019 年 5 月 14 日）整版文章《开启从文化大省向文化强省迈进的新征程——2019 年江西省文化强省建设推进大会暨系列活动在各地引起热烈反响》，其中特意提及项目组成员高建青教授的介绍：“我们将依托现有的人文学科资源、作家和网络文学名家等社会资源，在高校探索‘工坊制’培养模式，不断提高创意写作、非虚构写作人才培养水平，努力培养一支有坚定的文化自信、充满创新活力、热情讴歌新时代的文学创作人才队伍。”2019 年江西省首个实体创意写作工坊在宜春学院揭牌，先后得到人民网、大江网、《江西日报》、宜春电视台等知名媒体的关注和深入报道。众

多高校和用人单位对创意写作人才项目中培养出来的学生特别青睐，相关部门和高校领导、专业给予该项目高度评价，认为应该让更多的学校予以借鉴，让更多的学生从中受益。

2.校内评价

创意写作项目组已经成为地方文化建设和校园文化建设的主力。宜春学院与明月山管委会、万载县、袁州区建立战略合作关系，都把创意写作团队纳入进来，参与地方文化品牌的推广和建设。创意写作团队建立了以“天空”为名的创意文化品牌，如天空诗社、天空文化创意工作室、天空文化沙龙等，学校双创中心也主动邀请项目组师生入驻文化创意园建立创业项目，天空文化成为宜春学院的一张校园文化名片，推动了宜春学院良好校园文化的形成。

宜春学院：

新文科建设背景下“思政引领、双核驱动、多元目标”的旅游管理专业创新实践

一、团队负责人及主要成员简介

（一）负责人简介

冷小黑，副教授，博士，旅游管理专业负责人，旅游管理教研室主任。主持完成国家自然科学基金、教育部项目、省厅级项目等多项，出版专著1部、主编教材1部、发表学术论文30余篇。指导学生获得创新创业训练项目国家级项目和省级项目立项、组织和指导学生竞赛获得国家级大赛奖等。

（二）主要成员简介

易艳，讲师，硕士，先后指导学生参加全国、江西省、宜春市各级导游大赛，并取得优异成绩，并多次组织和指导校内导游大赛。个人荣获江西省旅游教育杰出青年教师，江西省微课比赛二等奖，宜春学院金牌主讲教师，宜春学院青年教师竞赛三等奖。受聘江西省导游面试考官。主讲“红色微讲解”“导游原理与实务”“服务礼仪”等理论与实践课程。

周婷，讲师，硕士，获国家级高级茶艺师（三级）、国家级评茶员（三级）、国家茶艺师考评员、健身瑜伽国家一级裁判员等称号。主要研究方向为旅游文化、酒店经营与管理、茶文化与茶艺等。主持承担省、市、校级课题多项，多次指导学生参加国家、省、市各类大赛（旅游类）并获奖。

龚鹏，教授，博士，硕士生导师，江西省高校第七批中青年骨干教师。主持省部级课题10余项，在《光明日报》理论版等学术期刊上发表核心论文十余篇，出版专著2部、合著6部、教材2部。科研成果获江西省高校科学研究优秀成果奖（人文社会科学）三等奖1项（独著），宜春市社会科学优秀成果奖5项；个人荣获宜春学院十佳党

员科研攻关标兵、宜春学院优秀主讲教师、宜春学院优秀教师等称号。

袁杰辉，副教授，博士，博士后工作于清华大学，江西省“双千计划”入选者，东华理工大学硕士研究生导师。主持中国博士后科学基金一等资助项目等国家与省部级课题多项。出版专著 3 部，发表 SCI/SSCI 期刊论文 9 篇，获中国系统工程学会能源资源系统工程论文大奖赛三等奖等省部级奖 3 项。

二、解决的主要问题及工作目标

（一）解决的主要问题

1.梳理分析旅游管理专业的实践教学不足之处

按照新文科建设和课程思政要求，分析以往的旅游管理专业实践教学，存在四个“不足”。第一个“不足”是旅游管理专业在实践课程科目设置上缺乏思政类课程设计；第二个“不足”在实践课程教学中缺乏思政教育内容设计；第三个“不足”是缺乏课、赛、项目融合，孤岛现象严重；第四个“不足”是实践教学缺乏特色，不能体现新文科建设目标要求。

2.确立新文科建设背景下旅游管理专业建设中实践教学改革工作的重心

以“融合”为核心理念推进新文科建设，结合旅游管理专业的实践课程特点，将实践课程和思政工作融合在一起，发挥协同效应作用，创新旅游管理专业的思政工作，是新文科建设背景下旅游管理专业建设中实践教学改革工作的重心。

3.构建旅游管理专业的实践课程体系，既能实现实践课程的思政引领价值，又能解决以上四个“不足”

以落实 2019 年《教育部关于深化本科教育教学改革全面提高人才培养质量的意见》提出的“加强课程体系整体设计”为契机，“提高课程建设规划性、系统性”，推动实践课堂教学革命。在旅游管理专业实践课程体系设计中，将思政引领放在首位，融合课程、项目、竞赛，构建“思政教育、技能教育、劳动教育、美学教育、创新教育”等多元目标的课程体系。

（二）工作目标

（1）做好新文科建设背景下“思政引领、双核驱动、多元目标”的旅游管理专业实践课程的教学研究和实践教学。积极申报教学改革类课题进行实践教学研究，是本专业教研室老师一直以来所遵循的提升教学研究能力的途径。本专业教师在自己所负责的实践课程基础上进行相关的实践教学的改革研究和实践检验，理论联系实践，在实践中修正，在修正中完善。

（2）结合专业特点，构建旅游管理专业的“全浸入式”思政类实践课程。将一些实践课程直接以“全浸入式”思政课程的方式进行设计，如设计导游技能类实践课“红色微讲解”、策划技能类实践课“红色旅游线路设计”等，目的是使得实践课程“全浸入式”直接契合学生的思政教育，在更大意义上实现实践课程的“思政引领”价值。另外，在实践课程中设计好思政教学内容，实现课程思政育人目标。

（3）以“项目 + 竞赛”双核驱动课赛融合。结合大学生创新创业项目、大学生科研项目、企业项目、公众号运营等“项目”，以及各级各类专业“竞赛”，将实践课程和“项目 + 竞赛”融合，调动教师和学生的积极性，实现旅游管理专业在“项目 + 竞赛”的双丰收。

（4）实现旅游管理专业实践教学的“思政教育、技能教育、劳动教育、美学教育、创新教育”等多元目标。新文科建设背景下的旅游管理实践课程教育目标，有其专业鲜明的特点，在“思政教育”目标引领下，完成技能教育、劳动教育、美学教育、创新教育等多元教学目标。

三、改革实践的思路和主要举措

（一）改革实践的思路

坚持以“学生为中心”的教育理念，以“修身立德、学以致用”为教学准则，构建“思政引领、双核驱动、多元目标”为核心的“全过程、多途径、多层次、模块化”的实践教学新模式，建设一支能培养知中国、爱中国、堪当民族复兴大任的新时代文科人才的高素质实践教学团队，在实践教学内容、实践教学技术方法与手段上不断创新，建设开放性、共享性、服务性的实践教学环境，建立规范、有序、高效的实践教学管理运行机制，全面提升实践教学水平，提高学生政治素养和实践业务能力。

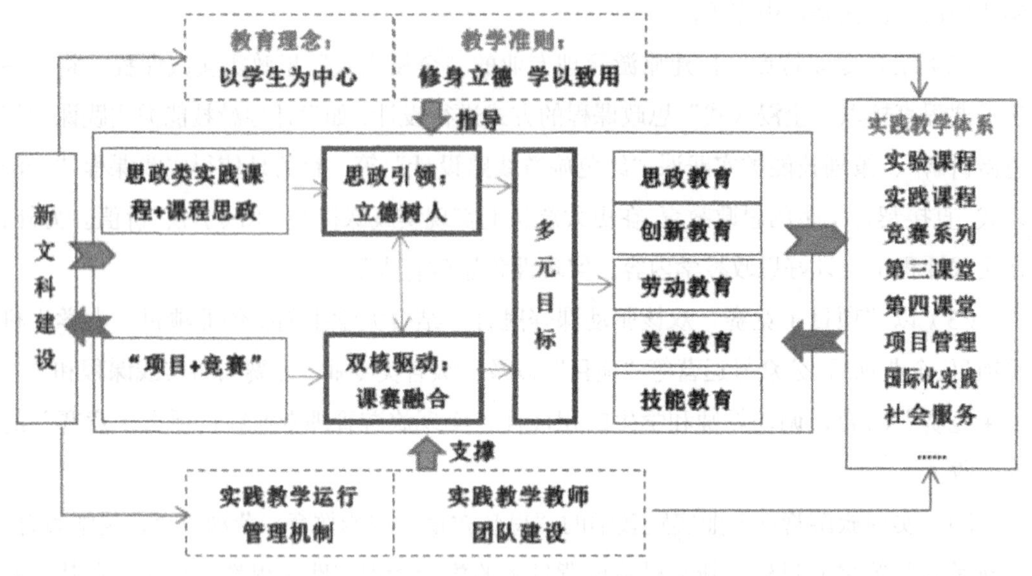

图1 旅游管理专业实践教学体系构建

在新文科建设背景下，旅游管理专业确立了以“思政引领、双核驱动、多元目标”为“骨骼”的实践教学改革思路,围绕这个骨骼核心,构建一个非常符合本专业特色“气质”的实践教学体系，通过理论指导实践，实践检验理论，使得实践课程体系不断地修正与完善。

（二）主要举措

1.全员转变教育思想观念，树立新文科建设理念

新文科建设的核心是培养知中国、爱中国、堪当民族复兴大任的新时代文科人才。契合教育部全面推进新文科建设的要求，做好新时代文科人才的培养，这需要专业教师在思想上高度重视，在理念上高度统一。首先通过在专业教师中进行《高等学校课程思政建设指导纲要》《江西省普通高校新文科建设实施方案》《新文科建设宣言》等课程思政和新文科建设文件学习，认识新文科建设的必要性，全员转变教育思想观念，树立新文科建设理念。其次，通过专业教师参加学术会议、优秀院校旅游管理专业的实践教学考察、观摩各类专业竞赛，提高新文科建设意识，提升实践教学能力。

2.大力推进新文科建设创新发展，落实新文科人才培养目标

在大力推进新文科建设创新发展中，对旅游管理专业的实践课程体系进行颠覆性变革，将旅游管理专业实践教学目标确立为实现“思政教育、创新教育、美学教育、技能教育、劳动教育”等多元目标的融合。因此，旅游管理专业实践教学改革思路以

此培养目标为指导思想来设计。

3.坚持实践教学与理论教学并重原则，修订人才培养方案，合理调整实践学时比例

根据本科人才培养方案的要求，重新审定本科实验实践教学大纲，更新实验实践教学内容，加强理论教学与实验实践教学的有机融合。在人才培养方案修订中，通过网络搜索、兄弟院校走访座谈、专家咨询和会议审核等方式方法，对新文科建设下旅游管理专业实践教学体系有了一个新的认识。然后全体专业教师对方案设计进行头脑风暴讨论，探讨实践课程的科学性、可行性、创新性。

4.确立“思政引领”的总纲

新文科的新时代人才首先是知中国、爱中国的人才，人才培养首要目标是立德树人。“思政引领”下旅游管理专业的实践课程体系设计就有了方向和思路，具有旅游管理专业特点的实践类思政课程和课程思政呼之而出，使得旅游管理专业实践课程体系具有思想性、时代性、创新性、融合性等特色。

5.“项目+竞赛”双核驱动的课赛项目融合

从专业发展和学生成长的评价角度来看，大学生创新创业训练项目、科研训练项目和专业竞赛等是衡量一个专业办学成效的考核指标，也是促进大学生专业学习和实践成长的重要平台。“项目驱动教学法”和“以赛促学教学法”在高等教育阶段的实践教学中应用广泛，并为教育部和各高校所推荐和提倡。可以说，对于“项目驱动教学法”和“以赛促学教学法”的教学研究和运用，其强调“在做中学”“在赛中学”，既提高了学生的学习积极性，提升了学生的认知、应用和创新能力，同时让教学也有了一个检验的渠道，提高了教师的理论和实践教学水平。

在充分体现思政引领价值和专业能力培养目标基础上，通过对本专业的国赛和省赛竞赛项目的优化选择与校赛再设计，将实践教学课程与各级各类专业竞赛、大学生创新创业训练项目和科研训练项目、企业项目和公众号运营等实现融合，消除孤岛现象，提高教师和学生的积极性。

6.丰富旅游管理实践教学内容，创新实践教学模式，使新文科建设走深走实，行稳致远

通过建设好红色精神讲述人团队、扩展校外实习基地、落实企业实践项目、运营专业和个人微信公众号、视频号等方式，丰富旅游管理实践教学内容，创新实践教学模式。充分发挥学生社团、科研小组等微组织的作用，引导第三课堂第四课堂的实践活动，多方法、多渠道、多途径提高旅游管理专业学生的思想素质和业务技能水平，使新文科建设走深走实，行稳致远。

7.以“引进来、走出去”方式拓宽实践教学路径

在学生实践学习方面，通过“引进来”的方式，请旅游企业管理者、旅游行业创业者举办讲座讲学，了解旅游行业最新动态。通过“走出去”的方式，组织学生到红色教育基地进行红色爱国主义教育，组织学生到旅游企业、景区景点参观考察，了解旅游行业的变化和人才需求。

开展国际化实践教学探索。新文科建设必然离不开国际化人才的培养，本专业在专业学生国际化实践教学上进行了一些探索。如对于学生，组织宣传假期的英美等国家的带薪实习并选派学生参加；对于教师的实践教学能力探索方面，选派青年教师到德国企业进行锻炼实践；对于专业对外合作方面，与泰国等地大学建立科研合作和互派交流生等；选派教师到美国大学进行假期短期访学，加强学术和教学交流。

8.实践教学服务地方经济

本专业在实践教学中，将服务地方经济作为锻炼和检验的平台。一方面，教师积极为地方经济发展献言献策，通过撰写咨询报告、完成企业横向项目等形式挖掘实践教学素材，提高实践教学水平；另一方面，学生积极参与地方政府、学校组织的文旅活动和经济活动，参与社会调研等，通过参与各类地方经济活动来检验和提高社会服务能力，反馈实践教学效果。

9.完善实践教学运行管理机制

上述的设计、计划与举措之所以能够实施并取得良好的成效，得益于旅游管理专业有一个全面的、系统的实践教学运行管理机制。相对于理论课程的课堂教学而言，实践教学的备课、组织、检查等难度更大，需要对实践教学运行管理机制进行规范，使实践教学能按照既定的“思政引领、双核驱动、多元目标”核心顺利运行。

通过青年教师师徒帮带制度、实践教学检查制度、实践教学任务分解方案、毕业论文过程和质量管理制度等，使每个专业教师都有自己负责的模块，知道什么时候该干什么、怎么干、目标任务是什么等。实践教学运行管理机制的完善，使旅游管理专业从实践教学模块推进了专业新文科建设向优向好发展。

10.建立本科生学业导师制，加强师生情感沟通和学业交流

旅游管理专业是院层面最早实施本科生学业导师制的专业，通过本科生学业导师制，使学生在大一入学时就有本专业的老师进行学业指导、情感沟通、思想教育，使专业学生成长路上多了一份引领，多了一份陪伴。

四、特色及创新点

（一）特色

1.专业建设基础扎实，教学改革持续推进

尽管旅游管理专业从2010年才开始本科招生，但在教学改革的路程上从来没有停下脚步。旅游管理专业是江西省本科专业综合改革试点专业（2012）、宜春学院第一批特色专业（2013），获批宜春学院一流建设学科（2017），是学校学科建设“十三五”规划专业硕士点培育学科，专业建设基础扎实。在实践教学改革上，旅游管理专业前期有一系列的省级教改课题和校级教改课题，教改成果的运用落到实处。以新文科建设为契机，在实践教学环节推进“思政引领、双核驱动、多元目标”的旅游管理专业实践教学改革，是以往教学改革的延续与优化，是实现旅游管理专业向好向优发展的必然选择。

2.专业教育目标明确，实践教学体系独特，学生能力培养有的放矢

实践教学改革以“思政引领、双核驱动、多元目标”为核心，使得旅游管理专业在人才培养目标上方向明确，实践教学体系独特，“导游证＋三种能力（专业技术能力、社会服务能力、科研与创新能力）”的培养模式，学业导师制下的陪伴、督学与交流，使学生成长为政治素养高、专业能力强的新文科人才有了目标，有了动力，有了保障。

（二）创新点

1.实践教学改革核心突出，融合视角创新

不同于其他专业以及以往的实践，本次实践教学改革突出“思政引领、双核驱动、多元目标”核心，实现了三大融合：改革背景的融合（新文科建设＋课程思政教育）、实践教学方法的融合（“项目＋竞赛”双核驱动下的课赛融合）、实践教学目标的融合（实现“思政教育、创新教育、美学教育、劳动教育、技能教育”融合的多元目标）。

2.实践教学体系模块清晰，实践内容创新

本次实践教学改革对实践教学体系按照多元培养目标进行了模块化，很多实践教学内容紧跟专业发展前沿和课程思政教育要求，具有创新性。如思政教育系列包括“红色微讲解”“红色旅游线路设计”“红色经典阅读”“红色写作竞赛”“红色影视鉴赏”“江西省红色景区考察”等，创新教育系列包括“新媒体运营”“旅游市场调查与策划”“论文写作”等，美学、劳动与技能教育包括“中国茶艺”“旅游摄影”“客服服务”“餐饮摆台”等。上述所列并不是实践教学所涉及的课程和活动的全部，也会随专业培养要求进行动态调整。

五、实践效果、推广应用情况及校内外评价

（一）实践效果

第一，在专业竞赛、大学生创新创业训练项目等方面获得好的成绩。在2018年大学生全国导游服务技能大赛中荣获二等奖、三等奖各1项。2020年大学生全国红色旅游创意策划大赛中，荣获二等奖4项，经济与管理学院和旅游管理教研室（专业）获得优秀组织奖。2021年全国大学生海南自贸港旅游创新大赛中荣获三等奖13项，同样获得优秀组织奖荣誉。大学生创新创业训练项目取得突破，2018年获得大学生创新创业训练项目国家级1项，2019年专业教师指导学生获得省级项目2项。另外，科研训练项目也有突破。专业学生的学术能力获得较大提高，共发表论文或获奖论文16篇，参与教师课题人数18人次。

第二，教师教学改革项目成绩喜人。专业教师在实践教学改革中不断提升理论水平，积极进行教学改革的研究，理论指导实践，实践检验理论。近些年专业教师在实践教学方面的教学改革课题有省级教改课题“江西省旅游强省战略下本科院校旅游管理专业实践教学体系优化研究”、校级教改课题“产教融合中地方应用型本科高校校企合作与实践教学整合研究”“地方应用型本科院校‘双师双嵌’人才培养模式研究”“基于赛教融合的旅游管理专业实践教学模式改革研究”“转型背景下旅游专业教师再培训的路径选择及优化研究”等。更为具有意义的是专业建设上能够将经过实战检验获得的实践教学体系纳入新的专业培养方案，使实践教学更具有规范性、系统性、可操作性。

获得文化和旅游部“双师型”人才建设项目。胡林龙等人编著的《创意旅游学》、刘德鹏编著的《旅游服务语言的艺术、技巧与应用》被列入中国旅游业普通高等教育“十三五”应用型规划教材，同时也是江西省旅游教育的统编教材。该两部教材填补了国内相关领域的空白。冷小黑等人编写的《旅游研究教学案例》，是旅游管理专业教学方法改革的一种尝试和探索。在宜春学院转型发展试点工作典型案例评选中，《旅游管理学科专业转型发展试点的实践路径与衍生价值》被评为三等奖。

第三，积极服务地方产业经济，发挥学科的智库作用，服务社会显成效。本专业依托明月山旅游人才培训基地、宜春市旅游创意中心、赣西区域经济研究中心等省级平台、袁州区乡村旅游智库、宜春学院赣西经济发展研究中心、宜春学院旅游文化研究所等发展平台，以服务地方经济社会发展为己任，提升学科的地方服务特色。咨询报告如胡林龙博士执笔撰写的《赣西区域战略性新兴产业协调发展研究》受到原副省长朱虹的高度评价、并作出重要批示。胡林龙、熊珍琴、易艳、周婷、冷小黑：《宜春

市休闲养生旅游业发展报告》，被原宜春市旅游发展委员会副主任批示。龚鹏、丁水平：《政府引导、市场运作：樟树药交会发展分析》（《内部策论》2017 年第 4 期）。龚鹏团队为政协宜春市委员会撰写了《关于“加强明月山温泉资源的合理开发与利用”专题视察报告》。还有智库成员李永安博士撰写了《“后新冠”时期旅游产业发展要走出三重认识迷雾》（受到省政协主席李华栋的高度评价、并作出重要批示）；《农民“等靠要”的“炼成”与化解》受到了省委、省政府的高度重视，时任省委书记刘奇作出重要批示；《宜春乡村旅游联动发展破解“三农”问题的对策》（《内部策论》2017 年第 3 期）；《困境与突破：美丽乡村建设的宜春模式探讨》《内部策论》2017 年第 2 期）。参与宜春市“十三五”旅游发展规划的编审工作、主持宜春市科技创新升级“十四五”规划。

2019 年学院与袁州区文旅新局举办旅游从业人员培训班，开办了“旅游商品营销班”“旅游餐饮班和客房服务班”等培训班，培训班的成功举办，既为袁州区文旅新局解决了培训教师的困难，又提高了袁州区旅游工作者的技能，还促进了宜春市旅游事业的发展；2017 年至 2020 年间，组织智库专家与袁州区文广新旅局、袁州区旅游协会一起调研彬江镇英山村、白马农庄、温汤张家坊村、禅农阁等袁州区乡村旅游景区，组织学生服务袁州区栀子花节、水口村调研等。

（二）推广应用情况

（1）“论文写作”“新媒体运营”等创新类课程在全院各类专业中获得推广。

（2）本科生学业导师制为院领导肯定并推广到全院专业。

（3）“红色微讲解”课程特色鲜明，与马克思主义学院共建红色精神讲述人团队。

（三）校内外评价

（1）2019 年 3 位专业教师获得江西省旅游教育突出贡献人物，2020 年江西省旅游协会优秀会员单位。江西省旅游协会旅游教育分会副会长单位。

（2）第一次江西省专业评价“江西省普通高等学校旅游管理类教学指导委员会副主任委员”。

（3）宜春市袁州府乡村旅游协会副会长单位。

（4）江西省本科专业综合改革试点专业（2012）、宜春学院第一批特色专业（2013），宜春学院一流建设学科（2017），宜春学院学科建设“十三五”规划专业硕士点培育学科。

课程教学实践篇

南昌大学：

“田野调查与史学研究”教学研究与田野实践

一、团队负责人及主要成员简介

（一）负责人简介

张芳霖，历史学博士，二级教授，博士生导师，现任历史系主任，享受国务院政府特殊津贴专家，南昌大学“赣江杰出教授”“江西省百千万人才工程”人选，江西省首批高校创新团队“江西区域文化史研究”团队首席专家。主要从事中国近现代史、区域社会文化史和历史档案文献研究。主持国家社科基金重大招标项目和国家社科基金一般项目2项，以及多项省级重点和一般项目。先后获得江西省社科优秀成果奖一等奖、江西省高校教学成果一等奖等；主编教材3部，参编国家级规划教材2部。

（二）主要成员简介

廖艳彬，历史学博士，教授，硕士生导师。江西省青年井冈学者，江西省史学会理事。先后主持完成国家社科基金青年项目和教育部人文社科青年基金项目各1项、江西省社科规划基金项目4项，主持在研国家社科基金和江西省高校人文社科重点基地项目2项等。出版学术专著2部，主编专著2部，副主编专著4部，在专业学术期刊上共发表论文30余篇。研究成果获得江西省社科优秀成果奖三等奖等。

黄志繁，历史学博士，教授，博士生导师，教育部霍英东青年教师奖获得者，“赣鄱英才555工程”青年拔尖人才，江西省“百千万人才工程”人选，江西省历史学会副会长，江西省中青年学科带头人、江西省中青年社会科学专家，中国明史学会理事。主要从事明清社会经济史研究。出版学术专著3部，主编2部，参编2部，在《中国社会科学》《近代史研究》等刊物发表论文30余篇，成果先后获得江西省社会科学优秀成果奖二等奖4次。

邹锦良，历史学博士，博士生导师。江西省史学会副秘书长，江西省书院研究会理事，江西省吉安市政协庐陵文化研究会理事，井冈山大学庐陵文化研究中心特约研究员，江西省青年井冈学者。先后主持国家社科基金一般项目 2 项，江西省社科规划和专项基金项目、江西省教学改革研究项目、江西省高校人文社科重点项目等 10 余项。主要从事宋史、江右历史文化研究。独撰学术专著 2 部，主编 1 部，参编 2 部，在《孔子研究》《宋史研究论丛》等刊物发表论文 30 余篇。

罗桂林，历史学博士，硕士生导师。主要研究方向为明清社会经济史、古代城市史。先后主持国家社科基金冷门“绝学”和国别史等研究专项项目和一般项目各 1 项，以及江西省社科规划和专项基金项目、江西省教学改革研究项目、江西省高校人文社科重点项目等 10 余项。独撰学术专著 1 部，参编 2 部，在《史林》《清史研究》等刊物发表论文多篇，研究成果曾获得江西省社会科学优秀成果奖三等奖。

二、解决的主要问题及工作目标

（一）解决的主要问题

1.课程教学模式的更新问题

课程采取“老师理论讲解 + 走向历史现场”的教学方式，采取“踏勘史迹 + 采访耆老 + 阅读文献 + 圆桌讨论”等途径，强调理论学习和实践考察相结合，改变教师灌输、学生盲目接受知识的方式。

2.创新实践型人才培养的资源基础问题

利用南昌大学教学条件和地方丰富历史文化资源优势的基础，先后与江西各地的古村镇及博物馆等单位开展合作，充分将教师科研和地方资源优势相结合，创建合作共赢、协同发展的高校与地方联合育人环境。

3.实践培养教育的师资平台问题

成立了课程教学与田野实践团队，并利用校地合作之机，聘请一些专业实践基地的地方文化人士担任实践教师，丰富教学师资队伍。

4.人才培养与社会需求脱节问题

结合专业要求和社会需求，构建“理论 + 实践”的课程教学体系，建立“人文实验室”式的培养途径，提高学生的适应度和发展能力。

（二）工作目标

对标对表教育部“新文科”发展理念，以加强学生实践创新能力培养、提高学生社会适应和发展能力为目标，不断拓展专业课程体系建设内涵。通过校地合作，实现高校和地方资源共享、互赢合作，构建体验、体会、体味和专业练习与科研训练相结合的“3体2练”的现场实践教学途径，将科研和社会资源转化为教学优势；基于培养目标理念，构建“理论+实践”的课程体系，使人才培养与社会需要相适应；通过理论教学、实践考察和项目研究等形式，提高团队的实践育人能力和水平。具体而言，主要包括：

（1）思想培养目标：通过田野实践学习考察，让学生更加深刻认识中华优秀传统文化，培养爱国主义精神，自觉地为中华民族的腾飞而贡献力量，树立正确的价值观和人生观，结合教学过程进行思想品德教育。

（2）知识培养目标：以唯物史观为指导，介绍社会人类学的理论和方法，让学生了解人类学和历史学研究方法的相互借鉴与渗透的方法意义，摆脱局限于历史学科理论学习的狭义范畴，开阔视野，促进其研究理论的深化和研究方法的更新，切实能掌握和应用此方法从事历史研究。

（3）能力培养目标：学生通过查阅资料、实践调查，在自己的努力下重新探索，获得结论，培养学生的创新思维、提高研究生的自我效能感，从而加强了学生发散性思维的训练。

三、改革实践的思路和主要举措

（一）改革实践的思路

（1）对标教育部“新文科”发展理念，开展“理论+实践”的教学模式。在注重理论讲授的同时，结合田野调查实践，让学生走向历史现场，连接过去与现在，引发学生对历史感与“现场感”的学术思考，增强学生创新性思维的培养。

（2）对标“课程思政”基本要求，重构多层次课程教学体系。全面推进“课程思政”融入课程设置，构筑起多层次教学体系。注意依托本地丰富的古色、红色文化资源，精心安排“传统文化考察”+“红色文化”实践调研教学环节，在课堂和实践教学的各个环节融入“八一精神”“苏区精神”等，将理论知识、价值理念以及精神追求等融入史学课程中。

（3）化科研优势为教学优势，不断提升学生学术研究能力与水平。充分利用本团队成员突出的科研优势（现有国家重大招标项目1项，重点、一般及青年项目10余项，省部级人文社科项目50余项），将科研优势服务于教学育人，积极吸纳学生参与其中，培养学生研究能力。

（二）主要举措

课程团队以突出专业内涵建设、质量建设、特色建设为原则，以产学研为途径，以“理论 + 实践”教学为方式，从教学改革入手，推进培养模式和课程体系改革，相关举措如下：

1. 创建一批校外教学实践基地并拓宽建设渠道

江西历史文化底蕴深厚，古村（镇）资源丰富，保存完好。在课程教学基础上，集合本学科教学研究团队力量，利用南昌大学教学条件和地方丰富历史文化资源优势的基础，先后与江西省金溪县、吉水县、泰和县、福建省泰宁县等 12 个单位开展合作，建立了历史学专业实践基地；每年组织学生前往实践基地进行专业实践。

2. 构建“3 体 2 练”的现场实践教学平台

通过校地合作，利用地方丰富文化资源优势，采用“走向历史现场”的教学方式，采取“踏勘史迹 + 采访耆老 + 阅读文献 + 组建兴趣小组”等途径，搭建体验、体会、体味和专业练习与科研训练相结合的实践教学平台，充分将教师科研和地方资源优势相结合，使之转化为教学优势。

3. 聘任地方文化人士担任实践教师

为进一步推进学生专业实践教育的开展和能力的提升，利用校地合作之机，聘请一些地方文化人士特别是已建立的专业实践基地的地方文化人士担任实践教师，在田野实践过程中对学生进行相关指导。

四、特色及创新点

1. 构建了“理论 + 实践”的教学模式，提升学生的社会适应和发展能力

本课程团队充分根据学科建设需要和社会人才需求，在教学实践中转变教育思想理念，不断探索和改革人才培养模式，依托实践教学研究基地，构建“理论 + 实践”相结合的教学机制，建立“人文实验室”式的培养途径，从而提升学生的社会适应和发展能力。

2. 推动了“校地合作”育人机制的形成，为推进创新应用型人才培养奠定基础

课程团队立足于江西红色、古色资源优势，依托院系平台，先后与江西各地 10 余个古村镇及博物馆等单位开展合作，形成了“校地合作”育人机制，把地方文化资源优势转化成教学优势，建立起教学与科研衔接、校地合作互赢及协调发展的实践育人机制，为加强本学科创新应用型人才培养奠定基础。

3. 整合了教学团队资源，提升了教学团队的实践育人能力和水平

课程通过构建“理论 + 实践”的课程体系、实践教学与科学研究相结合的理念，

聚合了本学科主要师资力量，成立了一支以江西区域史为研究对象的教学研究团队，并不断吸引新进教师力量参与其中；并利用校地合作之机，聘请一些专业实践基地的地方文化人士担任实践教师，从而提高团队的实践育人能力和水平。

五、实践效果、推广应用情况及校内外评价

（一）实践效果

1.建立了12个教学实践基地，课程教学改革与实践模式成效显著

先后与江西省金溪县、吉水县、泰和县、铅山县，福建省泰宁县博物馆等12个单位开展合作，建立了历史学专业实践基地。通过专业实践学习，提升了学生实践与创新学习能力，以及进行专业论文撰写和科研项目研究的能力。先后有多名学生将田野实践基地作为毕业论文选题对象进行专门系统的探讨，或作为省、校级创新专项基金项目、全国大学生“挑战杯”课外学术科技作品项目等的研究对象，进行了深入研究和探讨，如对抚州乐安县流坑村、广昌县甘竹镇、金溪县竹桥村、浒湾镇、吉安泰和县爵誉村、上饶铅山县河口镇等的研究，并取得校级以上奖励10余项。

2.完成教学研究课题与教学成果总结，开展人才创新培养教育研究

2009年6月，团队负责人张芳霖教授主持完成了江西省教学研究课题“走进田野：历史学教学实习探讨”项目，2020年6月团队成员罗桂林副教授主持完成了省教学研究课题“‘双一流’背景下‘江西历史文化’课程建设研究”等，对本学科人才培养创新模式进行了详细介绍和探讨。2017年和2019年，课程团队申报的“《社会人类学与历史研究》教学与田野实践”“历史学‘校地协同’人才培养模式创新与实践”项目成果先后获得江西省高校教学成果奖一等奖。

3.建立了优秀的教学科研团队，提高了团队的实践育人能力和水平

课程团队聚合了本学科主要师资力量，成立了以江西区域文化史为研究对象的教学研究团队，并入选江西高校哲学社会科学第一批创新团队，且不断吸引新进教师力量参与其中；并利用校地合作之机，聘请了近10名地方文化人士特别是已建立的专业实践基地的地方文化人士担任实践教师，从而建立了人才引进、本系培养和灵活聘任相结合的队伍建设机制，提高团队的实践育人能力和水平。

4.推动了对江西古村（镇）历史文化的研究

在课程教学与田野实践基础上，团队成员以实践基地为研究对象，如负责了铅山县河口镇、婺源县江湾镇晓起村、吉水县金滩镇仁和店村、金溪县合市镇全坊村、泰和县螺溪镇爵誉村等8个村史馆，寻乌县和金溪县2个博物馆建设、南昌市家风馆建

设的策划任务。充分发挥村史馆、博物馆和家风馆“存史、资政、育人”的积极作用，推动了传统文化遗产保护和挖掘及发挥服务地方经济发展的功能，取得了较好的示范作用，产生了良好的社会影响。

（二）推广应用情况

课程团队总结具有特色的课程建设经验，尤其在教学过程中落实课程建设以及教师个人成长等方面有新突破，并在同行之间推广和经验交流，发挥应有的引领作用和辐射影响力。

1.改革实践与学校人才培养改革有效结合

近几年来，为提高人才培养质量，南昌大学实施了暑期（第三学期）实践活动，形成社会实践、实习实训、创新创业、第二校园等多种形式的实践活动制度。根据学校部署要求，成立了历史系第三学期实践教学团队，本团队成员积极参与其中，带领学生联系开展第三学期集体实践活动 6 次，参加活动的学生涉及大一至大四年级，合计近 300 人。2015 年获得学校“第三学期实践活动优秀团队”荣誉称号，团队负责人张芳霖获得“实践活动优秀指导教师”称号。

2.基于校地合作基础上的研究产生了良好的示范效应

通过校地协同合作，推动了地方文化资源特别是古村镇文化资源的保护与开发，在团队师生的共同参与合作下，金溪县竹桥村、全坊村、浒湾镇及泰和县爵誉村、槎滩陂、潦河灌区等先后成为国家级历史文化名村（镇）或国务院重点文物保护单位、世界灌溉工程遗产等，发挥了良好的生态效益。

（三）校内外评价

1.基于教学实践基础上的研究成果引起媒体广泛关注

由于对江西历史文化特别是商业文化的深厚研究及其取得的显著成就，2018 年 8 月和 2019 年 5 月，CCTV-10 科教频道就此内容先后两次来到南昌大学对课程团队负责人张芳霖进行了专访，其后该频道对其实践教学团队关于安义县“江右商帮”和南昌县西山“万寿宫文化”考察活动分别进行了专题采访报道，产生良好的社会影响。

2.立足于课程教学改革实践活动成果的总结和理论研究获得省级教学成果奖

2017 年和 2019 年，课程团队负责人申报的“《社会人类学与历史研究》教学与田野实践”“历史学‘校地协同’人才培养模式创新与实践”项目成果先后获得江西省高校教学成果奖一等奖。

3.课程团队和学科专业声誉不断提升

课程团队参与校外文化宣传等社会公共服务工作，在全省各地博物馆、图书馆和文化企事业单位开展了系列学术讲座；并与吉水县等地方政府联合举办了“解缙诞辰650周年学术交流会暨纪念大会”、“庐陵文化”高峰论坛等系列活动，发挥了学科对地方文化的智力支持，扩大了学校及学科的学术影响力。

4.毕业生就业率良好，社会认同度较高

近三年学生毕业人数72人，初次就业64人，初次就业率为88.89%；其中考取研究生26人，占总人数36.11%。毕业生得到用人单位的认可度较高，约40%的学生在毕业后五年内成为单位骨干。

南昌大学：

新文科背景下学科交叉融合的产品设计专业课程体系建设研究

一、团队负责人及主要成员简介

（一）负责人简介

王增，副教授，博士，机械设计和设计学双专业方向硕导。南昌大学交通工具设计教研室主任、艺术设计硕士点负责人。兼任中国工业设计协会会员、江西省照明学会理事。主持或参与完成国家自然科学基金、国家社会科学基金、教育部研究基金、省级和企业委托科研项目 30 余项，先后在国内外 SCI、EI 和 CSSCI 学术期刊发表论文 20 余篇，出版学术专著和数字课程教材各 1 部，获授权发明专利和实用新型专利 8 项，获省部级教学成果奖二等奖 1 项。

（二）主要成员简介

熊兴福，教授，硕导。教育部高等学校工业设计专业教学指导委员会委员、全国艺术硕士教指委美术与艺术设计专业分委会委员、江西省高校学科带头人、江西省“十一五”重点学科设计艺术学负责人。兼任中国工业设计协会会员、中国包装联合会设计委员会常委、《包装工程》杂志编委。先后在核心期刊和国际学术会议发表学术论文 60 余篇。完成省级以上科研项目 10 余项。作品入选第十一届全国美术作品展，获“中国之星”设计银奖、铜奖和评委奖各 1 项。

吴江，教授，硕导。南昌大学工业设计研究院（省级工业设计中心）院长，工业设计系主任。获教育部课程思政教学名师、全国十佳设计教育工作者、全国优秀创新创业导师、省高校中青年骨干教师称号。指导团队获第七届中国国际“互联网 +”大学生创新创业大赛总冠军和第四届金奖，获 23 项“国际三大工业设计奖”，在中文核心以上刊物发表论文 20 余篇，获国家专利 13 项。

吴国荣，副教授，硕导。南昌大学艺术与设计学院工业设计系副系主任，江西省工艺美术协会文创艺委会秘书长。主持完成省级纵向课题 4 项；在中文核心以上刊物发表论文 30 余篇，获省级教学成果奖 1 项，出版教材 3 部，参加设计竞赛并指导学生获国家级奖 8 项、省级获奖 20 余项。

钟丹，讲师，博士在读，产品教研室主任。中国工业设计协会会员、江西省照明学会会员。先后主持或参与省级纵向课题 8 项，发表论文 6 篇，完成 1 部学术专著，获实用新型专利 1 项，指导学生参加设计竞赛并获奖 10 余项。

崔晓敏，讲师，硕士，教研室副主任，江西省工业设计协会会员、江西省照明学会理事，于 2017 年 2 月至 2018 年 2 月在荷兰埃因霍温理工大学访学进修。主持或参与多项纵向和横向科研项目，获批专利 2 项。指导学生参与多项省级及国家级设计竞赛获奖。在核心以上刊物发表论文 2 篇。

金昕，讲师，硕士，教研室副主任，江西省工业设计协会副秘书长、中国工业设计协会会员，研究方向为服务设计、用户体验设计，对设计教学结合社会及市场需求改革具有丰富的理论及实践经验。

二、解决的主要问题及工作目标

（一）解决的主要问题

当前，面向“新文科”战略的产品设计专业建设研究很少，基于学科交叉融合理念的产品设计专业课程体系建设的研究则更为缺乏。少量相关研究缺乏分析的深度与系统性，并在课程目标、课程内容、课程结构、课程实施和课程评价等方面存在明显不足。

（1）课程目标存在两方面的问题：一是在现实问题日趋复杂、学科互涉日益增多、学科知识日趋融合的当代背景下，课程目标未能及时响应时代发展和行业需求变化，导致学科交叉融合理念贯彻不到位；二是通过产品设计铸牢与中国传统文化和中华民族共同体意识之间的关系并建立审美和文化自信，是产品设计专业面向“新文科”战略肩负的重要责任和使命，但围绕该主题的课程目标不够明确和突出。

（2）课程结构存在失衡：课程割裂了艺术学科和其他学科，局限于以艺术学科内容安排课程，很少涉及理学、工学等学科交叉内容；未以模块化和项目化为导向优化课程结构并建立有机联系的课程体系。

（3）课程实际覆盖的内容较为狭窄，缺乏多学科交叉融合的系统知识；交叉学科课程的学分和课时占比低，分配不均衡；课程内容滞后于科技发展步伐，缺乏前瞻性，也未及时增补新文科建设所需的扩展课程内容，更新速度缓慢。

（4）课程实施不够灵活：教师整体缺乏交叉学科背景，师资结构单一，未形成交叉学科教师团队及教学模式；教学转型不够，缺少与前沿信息技术的充分结合。

（5）课程评价有失完善，在评价主体、方式、内容及评价结果利用等方面存在不足。

（二）工作目标

本研究拟立足于新文科建设的大背景，运用学科交叉和高等教育理论，以产品设计专业课程体系为主要研究对象，研究建立以学科交叉融合为导向的产品设计专业课程体系。具体研究目标如下：

（1）以新文科和学科交叉为指导设定课程目标，培养学科融通、文化自信和富有创新精神的复合型设计专门人才。

（2）以模块化为方向优化课程结构，推动专业交叉融合，促进课程内容融会贯通。以项目为中心优化课程结构，通过“做中学”培养具有实践能力和创新能力的设计人才。

（3）以多学科融合和问题为导向更新课程内容，面向新文科要求与时俱进更新课程内容。

（4）从多层次出发完善课程实施方式，根据课程目标合理设置课程学分和课时，形成交叉学科教师团队，建立课程团队教学模式。

（5）从课程评价方式出发完善课程评价，建立健全的课程评价机制，贯彻综合性过程评价的理念，丰富评价形式、内容并加强评价结果与后续教学质量改进之间的联系。

三、改革实践的思路和主要举措

（一）改革实践的思路

首先，对国内外课程体系建设现状进行研究，分析现有产品设计专业课程体系建设问题并以此作为切入点。其次，厘清新文科、学科交叉等基本概念，界定产品设计专业课程体系研究域，确定研究中用到的理论基础或者逻辑线索，奠定研究的前提性基础。再次，在新文科视角之下，采用学科交叉和高等教育理论方法，探寻产品设计专业教育的价值取向，并就课程体系建设中的课程目标、课程内容、课程结构、课程实施和课程评价等问题进行系统研究，确定新文科背景下产品设计教育应然的出发点、重点与归宿点。最后，通过理论分析、现实反思以及借鉴等方式为构建新文科背景下学科交叉融合的产品设计专业课程体系提供相应的对策建议。

（二）主要举措

新文科背景下的产品设计专业课程体系建设不能通过简单开设数门跨学科课程进行知识拼凑，而应建立真正意义上的融会贯通，需从学理体系和教育体系上系统地重构课程体系。为此，从课程理念、课程目标、课程内容、课程结构、课程实施和课程评价等诸多视角综合采取具体措施。

1.在课程理念方面，提出新文科设计教育理念

基于现代社会对产品设计专业人才的新需求，反思传统的设计教育模式，在学科交叉融合的视角下创新设计教育理念，完成从传统文科到新文科、学科分割到跨学科交叉融合、原有学科导向到产业导向的多维转向。

2.在课程目标方面，明确课程能力要求

在新文科建设背景下和对国内外同类院校的教学系统进行调研的基础上，以社会对产品设计专业人才的需求、南昌大学的总体教学改革思路和学科发展规划等方面的要求提出产品设计专业课程体系建设目标，培养具有学科融通、文化自信、创新创业能力、批判性思维、全球视野、家国情怀、数字技术的复合型设计专门人才。

3.在课程内容方面，以学科交叉融合和问题为导向进行内容更新

强调课程要与现实问题相联系，以问题为导向选取课程内容；课程设置打破学科界限，注重课程的学科交叉性和综合性，不是简单地将知识内容进行叠加，而是融合不同学科知识；围绕新技术运用能力的培养，在用户研究、模型制作等既有课程中补充眼动实验、3D 打印、数字反求与数控加工等内容，增设参数化设计、开源软硬件等课程内容；重视文化自信和创新创业教育，加强传统文化、创新创业内容与专业课程内容的有机整合。

4.在课程结构方面，注重课程之间的联系性和模块化

梳理和凝练产品设计核心专业课程群，解决基础课程与专业课程之间的逻辑关系，使得基础课程成为专业课程的有效支撑，并加强理论课程与实践课程的联系，重视课程间的横向和纵向联系以及课程体系的内在联系，使其成为有机系统；运用学科结构课程理论优化课程结构，建立核心专业课程群、跨学科交叉课程群、基础课程群、理论课程群、实践课程群等模块化课程群，形成了一批特色化和高品质课程和具有明确研究方向的导师制工作室，淡化专业的实体性色彩，营造交叉学科课程的学习氛围。

5.在课程实施方面，实施以项目为主导的体验式教学

围绕课程目标精心安排课程学分和课时，将实验室改变成为体验型、学习型、创造型的实践车间，实验室全天候开放，取消实验课时概念；改变以讲授为主的传统教

学方式，在教学中采用多样化的项目和案例教学，将项目教学分为大二的微型项目设计、大三的中型项目设计和大四的实战项目设计，形成交叉学科教师团队，建立课程团队教学模式；改变授课方式，基于现代信息网络技术优化课程实施，运用跨学科的综合在线学习平台，提高教学效率，建设 3D 打印、数字加工、智能设计实验室等实训平台，并与企业联合开展基于行业先进设计技术的教学。

6.在课程评价方面，采取综合性评价方式

评价主体面向教师、学生和企业，分别对学生的知识、能力、素质进行评价；评价方式从结果评价转变成综合性过程评价，包括笔试、口试和实际操作等；评价内容增加对交叉学科知识、文化自信、数字技术、创新创业和团队合作等方面的考察；对评价结果加以有效利用改进后续教学内容。

四、特色及创新点

（1）产品设计专业课程体系的建设将学科交叉人才培养与新文科教育结合起来，形成了新的研究视角与价值取向，之前未见此类研究，因此，本研究在整合研究视域和研究对象方面具有创新性。

（2）从综合角度对高校产品设计专业课程体系的现状进行分析并揭示存在的问题，结合国内外高水平大学课程体系优化的成功经验，运用学科交叉融合和学科结构课程等理论，从课程理念、课程目标、课程内容、课程结构、课程实施和课程评价等多方面采取建设措施，将新文科、学科交叉和新时代高等教育理念应用于课程体系建设中，对产品设计专业课程体系优化提出针对性、可操作性的相关建议和策略，具有创新性。

五、实践效果、推广应用情况及校内外评价

（一）实践效果

在教育部新文科研究与改革实践项目和江西省高等学校教学改革研究课题立项研究与实践过程中，依据教育部关于高等教育教学改革的要求，按照高等教育人才培养的需要，结合高等学校产品设计教育现状，课题组采用边研究、边改革、边实践、边出成果的思路进行实质性的研究与实践，历时四年多，逐步开展新文科建设的前期调研、考察、走访、会议讨论和学习交流等活动。

（1）课题组成员分别对湖南大学、西北工业大学、西安交通大学、东南大学、上海交通大学、江南大学、广州美术学院和广东工业大学进行实地调研，收集调研资料，研究分析这些高校课程体系建设的特色和经验，初步形成新文科背景下学科交叉融合

的产品设计专业课程体系建设研究思路及措施。

图 1　课题组成员赴国内高校开展专业建设调研

（2）利用学校多学科优势于 2020 年新设智慧照明设计和信息产品设计两个具有明显交叉学科特征的专业培养方向。积极尝试基层教学组织的改革创新，以教研室为基础，对不同专业背景和研究方向的教师进行交叉、整合，成立了一批以教授领衔、以课题项目为主导、以导师工作室为主要形式、以本科生为主体对象的新基层教学组织，旨在替代或优化传统的教学模式，并以此打造了精品在线开放课程、教改课题和教材等教学成果。

（3）以大学生创新创业训练项目和科研训练项目为课程体系建设中实践教学部分的重要组成部分，成立多个跨学院多学科交叉的学生研究团队参与项目研究，指导学生发表 SCI 论文 1 篇、EI 源刊论文 2 篇，获发明和实用新型专利授权各 4 项、省级以上专业奖项数十项。

（4）重视教师队伍的培养和建设，优化师资结构，提高教师课程教学水平。近年来课题组教师陆续参加了同济大学设计大师全球院校考察班，江南大学写作工作坊，教育部创业导师培训和清华大学人工智能课程等各类培训班。其中，王增老师获得南昌大学机械工程专业的博士学位并担任设计学和机械工程双专业硕导，崔晓敏老师赴荷兰埃因霍温理工大学完成访学、金昕老师赴英国拉夫堡大学完成学业、钟丹老师赴景德镇陶瓷大学攻读博士研究生。

（5）在由教育部、国家发改委、工信部、中国科学院、中国工程院等部委联合主办的第四届和第七届中国国际“互联网 +”大学生创新创业大赛中，课题组成员吴江老师作为第二指导老师指导南昌大学材料学院和艺术与设计学院的交叉创新学生团队分别以“拾光人——‘中国芯’引领全球健康照明”项目和“中科光芯——硅基无荧光粉发光芯片产业化应用”项目获得主赛道金奖和全国总冠军，这是产品设计专业在新文科背景下学科交叉融合的课程体系建设取得的又一重大实践教学成果。

为更好开展课题的后续研究，课题组从课程理念、课程目标、课程内容、课程结构、课程实施和课程评价等多视角综合制定课程体系建设的具体措施。

（二）推广应用情况

（1）以南昌大学为试点构建新文科背景下学科交叉融合的产品设计专业课程体系，小面积推广研究成果。

（2）通过学术交流和示范课，在省内高校推广相关课程体系建设经验。

（3）正在采取边研究，边实践，边将成果转为论文和研究报告的方式进行推广应用。

（4）已建成一门次省级精品在线课程并出版一部数字课程新形态教材，通过课程建设成果推动进行更大范围的推广应用。

（三）校内外评价

校内同行专家的评价意见：

项目选题有意义，对新文科背景下工业设计专业发展具有一定的现实指导意义。研究提出相应的发展对策，对发展和提升高校工业设计专业建设和人才培养质量，推动高等教育改革和新文科建设的创新发展均具有重要意义，并且具有一定的可行性。课题组查阅了不少文献，走访了相关部门。研究态度端正，方法运用恰当。紧扣选题展开研究，几种模式的探讨全面深入，逻辑思路清晰，论点明确，并进行了归纳性综述，评述正确。课题初步成果结构严谨，分析透彻到位，研究撰写文笔流畅，对观点的阐述和诠释详细准确，反映了研究者具有扎实的理论功底和系统的专业知识。对主要问题的分析有一定的广度和深度。是一项较高质量的研究课题。

校外同行专家的评价意见（湖南大学何人可教授——教育部高等教育工业设计专业教学指导分委员会主任委员）：

南昌大学产品设计专业可结合学校优势学科，服务江西地方产业，成立更具特色和反映学科交叉融合特征的产品设计专业方向。该课题是一次整合校内外资源开展产品设计专业课程体系建设的有益探索。课题在获批立项前后做了大量、充分的前期调研和国际比较等基础性的研究工作，并在此基础上，完成了课题研究背景论述和现状分析，资料翔实，论证充分，使课题核心概念界定准确，研究目标明确，研究起点较高。课题组拟采用的研究方法得当，特别是注意借力多学科资源来支持课题研究，形成了学科交叉融合的良好态势，对于下一步课题研究的顺利进行奠定了很好的基础。建议课题组积极考虑企业资源，争取经费支持，使课程建设通过服务社会实现良性可持续发展。

南昌大学：

习近平新时代中国特色社会主义思想实践研修课程建设研究

一、团队负责人及主要成员简介

（一）负责人简介

钟贞山，教授、博士生导师、江西省“百千万工程”人选、全国宝钢优秀教师、省情研究专家、全国社会实践先进个人、全国“挑战杯”竞赛优秀指导老师。主持江西省高校教学改革项目“理论解惑，现实释惑：思想政治理论课问题互助知识共享价值共建教学模式研究”（2016—2019 年）。主持江西省研究生教学改革项目“导师与研究生学术共同体建设模式研究”（2017—2021 年）。主持国家社科基金项目 1 项、教育部人文社科规划项目 2 项、省级社科项目 20 项，出版专著 4 部，发表科研学术论文 50 余篇、教学研究论文 4 篇。科研成果获省社会科学研究优秀成果一等奖 1 项、二等奖 1 项、三等奖 2 项，获江西省教学成果奖一等奖 1 项（2019）、二等奖 3 项（2015，2017，2019）；指导本科生获“挑战杯”“互联网 +”“创青春”全国二等奖 1 项（2015）、铜奖 1 项（2018），获全省特等奖 1 项（2015）、二等奖 1 项（2015）、银奖 1 项（2018）。

（二）主要成员简介

刘涛，教授、马克思主义学院教学部主任、全国优秀教师、全国高校思政课教学能手。指导学生讲思政课“弘扬井冈山精神 凝聚最美中国梦”获 2017 年“践行核心价值观 凝聚最美中国梦”全国高校学生讲思政课公开课展示活动二等奖，“大手拉小手 筑梦新时代”获 2018 年全国第二届高校学生讲思政课公开课展示活动优秀奖。荣获全国优秀教师、全国思想政治理论课教学能手称号。

胡邦宁，副教授、人文学院团委书记、全国优秀辅导员提名奖。

邹立旋，校团委书记、优秀团干部、“挑战杯”“互联网 +”竞赛优秀指导老师。

廖元新，博士、副教授、校团委副书记、全省社会实践先进个人。

二、解决的主要问题及工作目标

（一）解决的主要问题

理论与实践相脱节的问题

通过本课程来落实思政课坚持理论性与实践性相统一。开展思政课实践研修，用科学理论武装人，以实践研修历练人，把思政小课堂同社会大课堂结合起来，教育引导学生把人生抱负落实到脚踏实地的实际行动中来，立鸿鹄志，做奋斗者，在成才目标上增强历史使命感。

通过课程模块中的理论宣讲、文化传承、服务社会，推进学生的理论知识转化为价值塑造，通过价值认同牵引知识学习，寓价值观引导于知识传授之中，在政治目标上，增强价值引领感。

通过课程模块中的调查研究、服务社会的研修模块，增强学生应用知识观察问题、分析问题、解决问题的能力，提高劳动动手能力和奉献社会的能力，在能力目标上，增强社会责任感。

（二）工作目标

通过本项目研究建设推进习近平新时代中国特色社会主义思想“三进”的新平台、新路径、新课程，目标为：建设一门国家级和省级，通过建设“习近平新时代中国特色社会主义思想实践研修”“一流课程”实现思政课的育人目标。

（1）知识学习目标：通过本课程的实践研修，学生可进一步巩固掌握中国特色社会主义理论体系的基本理论、基本观点，深化认识习近平新时代中国特色社会主义思想的理论魅力与实践伟力。

（2）知识转化目标：通过国情认识实践，引导学生了解社会、认识社会，充分认识我国改革开放和社会主义现代化建设取得历史性成就，发生的历史性变革，更加坚定中国特色社会主义的道路自信。

（3）思想引领目标：通过理论宣讲实践，提高学生的马克思主义理论水平和学习宣传习近平新时代中国特色社会主义思想的能力，树立历史观点、辩证观点、唯物观点，更加坚定中国特色社会主义的理论自信。

（4）创新能力目标：通过调查研究实践，增强学生的问题意识和分析问题、解决问题的能力以及创新能力，养成理论思维习惯，从社会问题分析思考与解决办法中发现中国治理体系与治理能力的效能，更加坚定中国特色社会主义的制度自信。

（5）价值引领目标：通过文化基因传承实践，自觉坚持社会主义核心价值体系，培育和践行社会主义核心价值观，注入更持久的精神力量，更加坚定中国特色社会主义的文化自信。

（6）实践能力目标:通过服务社会行动，增强学生的实践能力和服务社会的使命感、成就感，更加坚定学生成为时代新人的实践自信。

三、改革实践的思路和主要举措

（一）改革实践的思路

把习近平新时代中国特色社会主义思想实践研修课程纳入学校思想政治理论课建设规划，强化课程设计，夯实实践基地建设，优化课程资源，建设一支既有理论素养，又有带队经验和阐释问题能力的教学团队，不断拓展实践空间，每期聚焦一个专题，加强实践研修的内涵建设，逐渐形成课程建设体系，建设可以复制的一流示范课程品牌。

（1）优化课程顶层设计，把实践研修纳入学生社会实践类的重点课程，纳入大学生暑期社会实践的重点团队。

（2）优化实践研修方案设计，每期选定一个专题，围绕专题制定五个模块的实践内容，在内容上深化，在专题外延上拓展，做到“有深度、有精度、有成效”。

（3）加强集中培训和理论指导，社会实践研修有许多意外因素、不安全因素，需要在行前培训加强教育，提高思想认识，做好实践有关准备，做到防患于未然。加强理论指导，使每个队员都有充分的理论准备，便于实践研修有更好效果。

（4）建立研修过程监控体系，做好团队分工，加强安全监督，强化过程管理，提高实践研修的效率和质量。

（5）加强考核和成果推广转化，以考核牵引实践研修课程质量，使实践研修成果形成理论学术成果、调查研究成果、实践创新成果，转化为学科竞赛成果和实践案例，成为学生永恒的知识体系，转化为学生的价值体系。

（二）主要举措

1.课程建设内容研究

课程内容以习近平新时代中国特色社会主义思想研修实践为主线，设计国情认识、理论宣讲、调查研究、文化传承、服务社会五个研修模块。学生通过五个模块研修实现增强“四个自信”，增强成为时代新人投身社会主义现代化建设的实践自信。

国情认识。通过书本与实践相结合的国情认识研修，充分认识社会主义初级阶段的国情和中国特色社会主义进入新时代的历史方位，充分认识马克思主义为什么就管用、中国特色社会主义为什么就是好、中国共产党为什么就能行，引导学生坚持党的领导、坚持马克思主义信仰，坚定理想信念，坚定中国特色社会主义道路自信。

理论宣讲。上课学生分为 15 或 30 人组成的小分队，每人准备《习近平新时代中国特色社会主义思想三十讲》中的 2 讲或 1 讲内容，到社区、中小学、工厂车间、农村开展习近平新时代中国特色社会主义思想宣讲，以理论宣讲传播理论，以理论宣讲倒逼理论学习，推动学生在习近平新时代中国特色社会主义思想的学习贯彻上做到“真学、真懂、真信、真用”，坚定中国特色社会主义理论自信。

调查研究。围绕中国特色社会主义“五位一体”总体布局和党的建设的时代问题，聚焦国家治理体系和治理能力现代化的短板开展调查研究，发现问题，分析问题，提出问题的解决对策，充分认识坚持和完善中国特色社会主义制度是解决时代新课题和治理体系短板的根本，充分认识中国特色社会主义为什么就能搞得好制度逻辑，坚定中国特色社会主义制度自信。

文化传承。组织文化传承创新实践研修，组织文化文艺下乡，开展文化体验、文化研究，充分认识中国特色社会主义文化独特的文化传统、独特的历史命运、独特的基本国情；体验感悟中华优秀传统文化的魅力，推动创造性转化、创新性发展；继承革命文化，传承红色基因，激发拼搏斗争精神；在实践研修中汲取社会主义先进文化的精神力量，培育和践行社会主义核心价值观，坚定中国特色社会主义文化自信。

服务社会。组织学生开展科技宣传、教育扶贫、支教支农、生态环保、生产劳动等社会服务，在服务中增长才干，在实践中淬炼品格，增强服务社会的能力和责任感、使命感，坚定学生成为时代新人的实践自信。

2.具体措施

（1）制定方案：每年六月制定实践研修方案，根据专题制定“国情研修”“理论宣讲”“调查研究”“文化传承”“服务社会”等各队伍实践研修方案。

（2）集中培训：每次实践研修开始，有教学团队对实践研修方案、调查研究方法、实践基地介绍、安全注意事项、实践研修要求等进行全面培训。

（3）理论培训：对选定的理论专题开展进一步的培训，如选定习近平生态文明思想“两山理论”实践研修，则开展“两山理论”专题理论培训。

（4）研修实践：各队伍根据实践研修方案按计划开展研修实践，老师点评指导。

（5）教师现场指导：教学团队深入各实践队伍在知识、方法等方面进行指导。

（6）成果交流与考核：各队伍按计划完成研修成果整理，形成实践研修报告，以

PPT 形式进行现场交流汇报和考核，推荐优秀成果参加各类学科学术研究竞赛。

（7）成果应用推广：在全国全省高校思政课社会实践课程建设中形成可以借鉴的经验模式和课程典范进行宣传、推广。

四、特色及创新点

（一）特色

（1）实践主题与教学任务相结合。聚焦《毛泽东思想和中国特色社会主义理论体系》教学的重点内容，突出“习近平新时代中国特色社会主义思想实践研修”的主题，把学习贯彻落实习近平新时代中国特色社会主义思想作为课程教学的重要任务。

（2）坚持理论性与实践性相统一。把思政小课堂同社会大课堂结合起来，在理论与实践的结合中，教育引导学生把人生抱负落实到脚踏实地的实际行动中去。从理论与实践两个层面推进学懂弄通习近平新时代中国特色社会主义思想的科学内涵与实践要义。

（3）坚持知识性与价值性相统一。实践研修有理论宣讲，激发学生学习理论知识的兴趣，同时更要通过实践研修增强学生的“四个自信”，通过价值认同牵引知识学习，寓价值观引导于知识传授之中。

（4）把提出问题与解决问题相结合。把思政课课堂理论学习中的理论疑惑和现实困惑和问题带到实践研修中去，通过国情认识、调查研究，提出解决理论问题和现实问题的对策，把解决理论问题与现实问题结合起来，增强价值认同。

（二）创新点

（1）实现了思政课与暑期社会实践活动的有机融合。把思政小课堂与社会实践大课堂相衔接，实现了课程的延伸与融合发展。

（2）创新了实践研修课程模块化设计。习近平新时代中国特色社会主义思想实践研修设计了国情研修、理论宣讲、调查研究、文化传承、服务社会五个模块，模块之间可以独立进行，也可以组合开展，实现课程内部模块具有渗透性、互补性。

（3）创新了问题互助知识共享价值共建的实践研修模式。学生参加实践研修需要准备一个与主题相关困扰自己的理论问题或现实问题，团队把每个学生问题汇总起来，在实践研修中集中讨论，把书本理论、国情认知、调查研究集合起来，深化对问题的认识，让每个问题都有一个较为清晰的解答和阐释，实现知识共享、价值共建。

五、实践效果、推广应用情况及校内外评价

（一）实践效果

一是学生对思政课的认同度和学习的主动性、实效性提高了，“习近平新时代中国特色社会主义思想实践研修课”在学生评教中连续排在同类课前10%。

二是课程建设有力推进了习近平新时代中国特色社会主义思想“三进”，着力推进《毛泽东思想和中国特色社会主义理论体系概论》课程教学与“习近平新时代中国特色社会主义思想实践研修”一体化建设，利用南昌大学三学期制的夏季学期实践研修课程，在实践研修中深化课程教学。

三是丰富了学生评价考核方式，在成绩评定中突出学生的获得感和成果质量，课程成果转化成为大学生创新成果，提高了学生的实践能力和创新能力，凸显了思政课的知识性与价值性相统一。

四是课程建设取得很好成绩和反响，课程评价由学生评教、专家评价和实践单位问卷调查评价三部分组成，评价结果均为优秀。同时，也取得了丰富的实践成果和教学成果。如《让失独不再孤独——南昌市203个社区失独老人的社会学分析》获“挑战杯”全国大学生课外学术科技作品竞赛二等奖，《精准扶贫作示范，脱贫攻坚当领跑——井冈山率先全国脱贫“摘帽”的调查报告》获江西省“挑战杯”竞赛三等奖，“赴贵州省黔东南州支教调研研修实践队”获2018年全国大中专学生志愿暑期“三下乡”社会实践活动优秀团队等。

（二）推广应用情况

“习近平新时代中国特色社会主义思想实践研修”社会实践课进入南昌大学人才培养方案，成为公共基础课。2020—2021学年夏季学期开设“习近平新时代中国特色社会主义思想实践研修”课，该课程理论教学10学时，集中实践教学70学时，共80学时，面向全校学生开课，每学年参加本社会实践课程的人数近200人，推进了理论教学课程与社会实践课程一体化建设，实现了思政课春秋学期与夏学期课程教学无缝对接。2012年2月，“习近平新时代中国特色社会主义思想实践研修”社会实践课被评为江西省一流本科课程。

该课程拥有丰富教学资源和实践研修基地，建立了井冈山革命文化研修基地、贵州剑河县黔行支教调查研修基地、共青城市青年创新创业实践研修基地、江西省湾里生态文明实践研修基地、小平小道中国道路实践研修基地等10余个实践基地。

（三）校内外评价

1.校内评价

南昌大学教务处评价："习近平新时代中国特色社会主义思想实践研修"社会实践课是思政课类社会实践课程，是《毛泽东思想和中国特色社会主义理论体系概论》的课程教学的延伸深化，创新了思政课类社会实践课的教学模式，课堂教学具有较好的规范性与操作性，是推进习近平新时代中国特色社会主义思想"三进"的好课堂。

关于"习近平新时代中国特色社会主义思想实践研修社会实践课"课堂教学评价

"习近平新时代中国特色社会主义思想实践研修"社会实践课是思政课类社会实践课程，是《毛泽东思想和中国特色社会主义理论体系概论》的课程教学的延伸深化，创新了思政课类社会实践课的教学模式，课堂教学具有较好的规范性与操作性，是推进习近平新时代中国特色社会主义思想"三进"的好课堂。

课堂教学环节由理论讲述与实践活动组成，课堂以习近平新时代中国特色社会主义思想学思践悟为纲，以"国情认识""理论宣讲""调查研究""文化传承""服务社会"五个模块开展实践研修。课堂教学过程注重发挥学生的自主性，自主准备研修方案，开展理论宣讲和社会服务活动，激发学生自主成才的能动性。课堂理论与实际联系紧密，注重培养学生分析问题，解决问题的能力，能够较好体现思政课坚持主导型和主体性相统一的教学改革创新实践。教学组织严谨，课堂实践形式多样，深受学生的欢迎，学生对教学的获得感评价很好。

南昌大学教务处

2021年4月27日

关于"习近平新时代中国特色社会主义思想实践研修社会实践课"课程内容学术性评价意见

2021年4月27日，受学校教学指导委员会的委托，四名马克思主义理论学科的教授组成了思想政治理论课类社会实践课学术审查小组，对"习近平新时代中国特色社会主义思想实践研修社会实践课"进行了学术性审查，审查评价意见如下：

一、"习近平新时代中国特色社会主义思想实践研修"社会实践课是思政课类社会实践课程，是《毛泽东思想和中国特色社会主义理论体系概论》的课程教学的延伸深化和有力补充，融合校团委组织的暑期社会实践活动建设形成，创新了思政课类社会实践课的教学模式，课程建设具有较好的规范性与操作性。

二、课程内容以习近平新时代中国特色社会主义思想为主题主线，以《习近平谈治国理政》《习近平新时代中国特色社会主义思想三十讲》《习近平新时代中国特色社会主义思想学习问答》为教材，着力推进习近平新时代中国特色社会主义思想"三进"，课程内容具有很好的思想性与价值性。

三、课程以习近平新时代中国特色社会主义思想学习实践为纲，课程以"国情认识""理论宣讲""调查研究""文化传承""服务社会"五个模块开展实践研修，五个教学模块相互渗透，互为补充，内容丰富、针对性强，能有效推进习近平新时代中国特色社会主义思想的学思践悟，课程内容具有较强的实践性和时代性。

四、实践研修过程注重发挥学生的自主性，自主准备研修方案，开展理论宣讲和社会服务活动，激发学生自主成才的能动性，围绕中国治理体系和治理能力现代化的短板问题开展调查研究，在实践中不断增强学生应用知识观察问题、分析问题、解决问题的能力，课程能够较好体现思政课坚持主导型和主体性相统一的教学改革创新实践。

学术审查小组成员签名：

2021年4月27日

图1　校内评价证明材料

南昌大学学术委员会评价："习近平新时代中国特色社会主义思想实践研修"社会实践课创新了思政课类社会实践课的教学模式，课程建设具有较好的规范性与操作性；以习近平新时代中国特色社会主义思想为主题主线，着力推进习近平新时代中国特色社会主义思想"三进"，课程内容具有很好的思想性与价值性；以习近平新时代中国特色社会主义思想学习实践为纲，五个教学模块相互渗透，互为补充，内容丰富、针对性强，课程内容具有较强的实践性和时代性。

2.校外评价

瑞金市赣南苏区振兴发展工作办公室评价："习近平新时代中国特色社会主义思想实践研修"社会实践课对推动传统文化与红色文化的保护与传承具有很好的带动性，对提升我县社区、农村的文明程度具有示范引领效应，是增强青年学生自身实践能力和服务社会的使命感、成就感的极好课程教学模式，是增强青年学生成为时代新人实践自信的很好课程。

瑞金市象湖镇上阳路居民委员会评价：实践研修社会实践课对丰富我社区文化具有引领作用，对倡导社区文明生活风尚与健康文明生活方式发挥了重要作用。课程内容规范、丰富，能够与我社区的实际需要相结合，是一堂受学生和居民欢迎的好课。

共青团剑河县委员会评价：实践研修社会实践课是青年学生实践学习的好课堂，也是青年学生了解社情民意、认识国情的金课堂，架起了我县社区和农村发展与大学服务社会的桥梁。

剑河县仰阿莎街道思源社区居民委员会评价：实践研修社会实践课是一堂磨炼学生品质的课堂，是一支服务社区的志愿服务队，是一群帮扶社区困难老人和指导留守儿童的家庭助手，是向社区开展政策理论、科技知识宣传宣讲的课堂，是带来文明之风的宣传队。

瑞金市赣南苏区振兴发展工作办公室

关于“习近平新时代中国特色社会主义思想实践研修”实践课程的评价

2020年7月，南昌大学“习近平新时代中国特色社会主义思想实践研修”社会实践课在江西省瑞金市上阳路社区和附近农村开展。

实践研修的学生热情高涨，积极主动，克服生活困难，开展了国情认识、理论宣讲、文化传承、调查研究、服务社会为主要内容的实践研修活动，把思政小课堂同社会大课堂充分结合了起来，充分认识了中国特色社会主义进入新时代的基本国情，领会了新思想的科学内涵和实践伟力；青年学生队员在挖掘瑞金杨氏宗祠文化、收集瑞金红色革命历史故事等的过程中，体验感悟中华优秀传统文化的魅力，继承革命文化，传承红色基因，激发拼搏斗争精神。实践研修课程实践对推动传统文化与红色文化的保护与传承具有很好的带动性，对提升我县社区、农村的文明程度具有示范引领效应，是增强青年学生自身实践能力和服务社会的使命感、成就感的极好课程教学模式，是增强青年学生成为时代新人实践自信的很好课程。

瑞金市苏区振兴办公室

2020年4月20日

关于南昌大学“习近平新时代中国特色社会主义思想实践研修”实践课程的评价

2020年7月16日至7月30日，南昌大学“习近平新时代中国特色社会主义思想实践研修”社会实践课在我社区新时代文明实践站开展。学生们分成若干个研修实践队，精心制定实践研修方案。

研修队员到社区服务平台学习，了解社区治理的有关做法经验和经济社会发展状况，知晓社情民意；以灵活生动的形式举办了习近平新时代中国特色社会主义思想理论宣讲和政策宣传；学习调研中央苏区的革命文化、区域文化；开展了瑞金市重点村脱贫的典型问卷调查和问题研究；在新时代文明实践站举办了初中、小学段留守儿童课外学习辅导班，一对一结对开展暑假作业辅导，与学生结下了深厚的情谊；在社区举办推广普及普通话、帮扶老人等社会服务，并向我社区群众宣传教育、科技、文化、卫生等知识。实践研修社会实践课对丰富我社区文化具有引领作用，对倡导社区文明生活风尚与健康文明生活方式发挥了重要作用。课程内容规范、丰富，能够与我社区的实际需要相结合，是一堂受学生和居民欢迎的好课。

瑞金市象湖镇上阳路居民委员会

2020年12月20日

关于南昌大学“习近平新时代中国特色社会主义思想实践研修”实践课程的评价

南昌大学习近平新时代中国特色社会主义思想实践研修社会实践课于2020年7月16日至8月10日在贵州省剑河县思源社区新市民·追梦桥服务中心开展实践研修教学与服务活动。

实践研修课分成几个小分队，制定了将支教活动与调研活动相结合的研修计划，在支教过程中丰富中小学生的知识，拓宽其眼界；在社区服务中担任技术小能手，帮助居民解决有关信息技术服务问题；利用展板和图画在社区宣讲生态文明建设的理论与案例；建设留守儿童学习帮扶远程指导平台。这些实践研修的服务内容得到广大居民的称赞，为一些居民和中小学生解决一些实际问题，对社区做了些实实在在的服务工作。参加实践研修的同学克服了许多交通、语言、饮食和生活起居等方面的困难。

实践研修社会实践课是一堂磨炼学生品质的课堂，是一支服务社区的志愿服务队，是一群帮扶社区困难老人和指导留守儿童的家庭助手，是向社区开展政策理论、科技知识宣传宣讲的课堂，是带来文明之风的宣传队。

剑河县仰阿莎街道思源社区居民委员会

2020年9月6日

共青团剑河县委员会

关于南昌大学“习近平新时代中国特色社会主义思想实践研修”实践课程的评价

2019年7月16日至8月10日南昌大学“习近平新时代中国特色社会主义思想实践研修”社会实践课在贵州省剑河县的社区和农村开展。

实践研修社会实践对通过实地学习调研、理论宣传、支教课堂、文化书屋建设、精准脱贫调查与服务等方式开展实践研修，将自身所学知识运用到支教和服务社区治理中。通过趣味教学、文艺下基层、理论政策宣传宣讲、入户调查访谈调查等方式组织开展实践研修，积极向我县思源社区及诸多学校中的中小学生开展支教服务，并着眼于，深入学生和居民中长期跟踪调研我县易地扶贫搬迁社区青少年社会适应情况。实践研修社会实践课是青年学生实践学习的好课堂，也是青年学生了解社情民意、认识国情的金课堂，架起了我县社区和农村发展与大学服务社会的桥梁，也为青年学子服务社会提供了平台，是当代青年学生励志成才的社会大课堂。

中国共产主义青年团剑河县委员会

2019年8月29日

图2　校外评价证明材料

南昌大学：

新文科建设背景下“地方口述历史”实践教学改革与探索

一、团队负责人及主要成员简介

（一）负责人简介

刘杰，南昌大学副教授、硕士生导师，江西省青年井冈学者（2019 年）；江西省哲学社会科学领军人才计划（2020 年），华中师范大学经济史专业博士毕业，上海财经大学理论经济学博士后。主持国家课题 2 项，省部级多项。获得校级教学成果奖。目前主要从事中国近代金融财政史、近现代商业史研究。浙江湖州民国研究院特聘研究员、中国商业史学会理事、中国财政史学会理事。在南昌大学人文学院历史学专业（“中国近现代经济史”“图说中国历史”等课程）教学中融入地方口述历史的教学与实践。

（二）主要成员简介

张芳霖，历史系系主任。主要从事档案文献编纂、区域档案与社会文化和文书档案的研究。担任教育部教学指导委员会委员。二级教授，入选江西省百千万人才以及国务院政府津贴专家。主要在人文学院历史学专业（“田野调查与史学研究”等课程）教学中融入地方口述历史的教学与实践。

聂云霞，博士，南昌大学人文学院历史系教授、硕士生导师。主要从事文件档案长期保存、档案信息化建设研究。近年来主持国家、教育部多个项目。获得南昌大学教学成果二等奖、“第二届全国高校档案学专业大学生课外科技作品竞赛”优秀指导教师等奖项。主要在档案学专业（“档案保护技术学”等课程）教学中融入口述历史的教学与实践。

许爱珠，南昌大学新闻与传播学院教授，南京大学文学博士。中国高校影视学会会员，中国媒介文化研究会理事，江西省戏剧家协会会员，南昌市戏剧家协会副主席。主要从事戏剧、影视，文学研究。曾获江西社科优秀成果奖三等奖，江西高校社科优秀成果奖二等奖，全国优秀科普读物奖等奖项。主持国家、省级项目多项。主要在新闻学院广播电视艺术学专业和中国现当代文学专业（“纪录片创作研究”等课程）教学中融入地方口述历史的教学与实践。

胡一伟，博士，南昌大学新闻与传播学院副教授，硕士生导师。研究方向为传播符号学、演示叙述学、文化研究。主持过多项国家、省级项目。独撰教材1本，参与译著1本。主要在南昌大学新闻学院广播电视艺术学专业和中国现当代文学专业（“电视专题创作”“传媒符号学原理实战训练”等课程）教学中融入地方口述历史的教学与实践。

二、解决的主要问题及工作目标

（一）解决的主要问题

（1）促进综合性高校史学专业课程体系发展完善与历史学基础拔尖人才的培养。传统本科生历史学课程设置多以通史教学为主，已不能满足多层次教学实践要求，亟待对教学方案进行改革。从专业人才培养上看，特别是在专业实践需要加强口述历史教学的实践与研究。在2018年获得省教育厅教改项目立项后，领衔在南昌大学人文学院组建了“南昌大学暑期社会口述史小组”，获得学校暑期实践资金支持已经进行了两年的暑期教学的实践探索。有益于史学专业建设，使得学生提升田野调查与口述实践能力，通过口述真实记录历史的变迁，使学生能“学以致用”。

（2）使教学研究从单向课堂传授知识转向理论深度融合社会实践。口述历史课程设计与实践与大众史学的热点需求紧密结合。“口述历史”把以往的课堂讲授的历史教学变为一种动态活动。注重学生参与性、实践性较强的教学方式，比静态教学效果更好。在省级教改项目资助下，已指导本科生展开了数轮口述史实践。经过培训的口述史团队成员先后对江西萍乡、抚州、婺源、鄱阳、樟树等县市进行了具体的口述史暑期社会实践。口述访谈报告获得国家级大学生学科竞赛及挑战杯竞赛特等奖等多项荣誉。

（3）促进了人文类专业学生知识面的拓展和专业自信的提升。历史是由人创造的，口述历史，让尘封的历史以及那些远去的历史真相得以复原。把学生同社会紧密联系起来，使他们身临其境地了解社会，寻找、调整自己对历史的认识视角，加深对历史的思考。口述历史颇具社会价值，在教改实践中已经成功吸收了本校档案学、新闻学、法学等专业老师与学生加入其中，有利于拓展研究领域与学术视野，更加多元化地进行教学与科研工作。本教改成员将会在这些地方口述基础上进行专题的学术论文撰写。将口述历史与档案记忆、数字档案的教学研究深度融合起来。

（4）通过课堂与社会性的口述实践教学结合，提高文史类专业本科生专业实践能力。学生参与访谈，是对史学研究方法的运用，不仅能够锻炼学生的实际工作能力，同时，他们还可以从口述访谈中获得一手资料，弥补史料不足的现象。通过口述实践，构建文史学生实践性教学模式，让学生走出课堂，走向历史的现场，把实践能力培养与高等教育目标和社会需求等相关因素结合，提高文史专业毕业生的专业水平和职业综合素质，为社会输送具有实践能力的复合型人才。

（5）进一步丰富了历史学、档案学、新闻学等理论教学中的课程内容与社会实践体系，提升学生家国情怀与思想道德境界。多学科协同，通过教改实践在现有课程教学中积极融入口述史相关教学。在“田野调查与史学研究”“图说中国历史”“档案学概论”“档案信息管理”“电视专题创作”“传媒符号学原理实战训练”等课程中引入了口述史理论与南昌大学口述实践案例。已经指导学生结合课程内容展开了城市档案记忆、家庭口述史等实践，口述档案资料达六十万字。下一步历史学以及档案学专业师生正以“家国记忆：我的家庭口述史”为主题继续深入展开相关的口述史整理与档案文献的整理。

（二）工作目标

在全面推进双一流建设与新文科建设背景下，特别是在多学科深度融合的专业实践背景下，通过多学科交叉与融合、协同与共享（历史学、档案学、新闻学、社会学等学科）的“口述史”教学与实践，致力于打造“知识—能力—素质”综合型素养体系的人文学科人才。

地方口述史学的实践呈现日益明显的跨学科性。通过口述教学使课堂教学从传统的课堂知识传授转向社会实践操作层面；打破专业壁垒和学科障碍，为学生提供更契合现代社会需求的多学科素养训练。地方口述历史教学创新设计与实践，不但可以丰富现有历史、档案、新闻学等专业教学模式、培养学生口述访谈与解读档案文献资料的能力，通过实践性的口述访谈让学生在价值理念上养成能够协调个人、社会、国家三者利益关系的宏观视野和家国情怀。

在教改实践中已经成功吸收了本校档案学、新闻学等专业老师与学生加入其中，通过课堂与社会性的口述实践教学结合，提高文史类专业本科生的实践能力。创新主要在于通过以地方口述历史理论传授与实践进一步丰富综合性高校历史学、档案学、新闻学等专业教学内容的建设。通过对江西地方口述历史与口述档案资料的收集与整理，为保存和整理江西地方口述史档案资源提供了一条可供探索的路径。关于江西商业的口述历史实践活动在 CCTV-10“影像方志”栏目播出，形成了正面示范效应。地方口述史教研成果可以丰富历史、档案等学科课程内容与实践内容，可进一步在地方志、党史、新闻、档案专业培训及相关文史课程中使用。

三、改革实践的思路和主要举措

（一）改革实践的思路

2018 年 10 月教育部发布《关于实施基础学科拔尖学生培养计划 2.0 的意见》，明确提出国家重点支持各个大学培养基础学科拔尖人才。2020 年教育部新文科建设大会明确提出新文科建设路径在于"打破学科界限，提倡学科融合，多学科交叉"。教育部在基础学科振兴之中亦将历史学列入基础拔尖培养学科。而以综合性高校的南昌大学来看，在全面推进双一流建设与新文科建设背景下，本科生历史学课程设置多以通史教学为主，已不能满足多层次教学与研究实践要求。从专业人才培养上看，特别是在多学科深度融合的专业实践以及发展新文科的背景下，通过多学科交叉与融合、协同与共享（历史学、档案学、新闻学、社会学等学科）的"口述史教学"对于打造"知识—能力—素质"综合型素养体系的人文学科人才具有重要的意义与价值。地方口述历史的教学与实践旨在培养学生多元化、复合化、专业化和创新化发展的人才培养体系，让学生既能够掌握文史专业的核心知识，也能够通过口述访谈等实践活动掌握社会生活与人际交往的"柔性"技能。通过实践性的口述访谈让学生在价值理念上养成能够协调个人、社会、国家三者利益关系的宏观视野和家国情怀。

口述历史的生命在于深入田间地头，走到历史亲历者身边，历史研究者面对的不仅是文本、数据，还是一个个活生生的人。通过访谈、录音、录影等方式采集、整理、保存、研究历史当事人或见证者的历史记忆与相关史实。因此被称为是"被提取和保存的记忆"，在历史学、新闻学、档案学等研究领域发挥着重要的作用。地方口述史学的实践呈现日益明显的跨学科性。地方口述历史教学创新设计与实践，不但可以丰富现有历史、档案、新闻学等专业教学模式、激发学生学习兴趣、培养学生阅读文献与解读档案资料的能力，还能够通过社会实践，对历史当事人进行口述记录，对挽救濒临遗忘的历史资源的作用十分明显。目前国内经过口述史训练的人才却相对短缺。

面对此种情形，本教改实践针对所出现的问题和面临的挑战，为满足社会对于创新型、复合型、拔尖型人才需求，着力探索地方口述史的教学与实践。新文科建设背景下在综合性高校进行口述史教学与实践，通过口述访谈可以进一步把学生的专业知识同社会的变迁历史紧密联系起来，能够促使久居"象牙塔"的大学生深入普通民众之中了解社会、家庭以及个人变迁的历史。通过口述实践，构建文史学生实践性教学模式，让学生走出课堂，走向历史的现场，把实践能力培养与高等教育目标和社会需求等相关因素结合，进一步提高文史专业毕业生的专业水平和职业综合素质，为社会输送复合型人才。进行地方口述历史课程的设计与实践为主题进行高校教改的研究探索无疑对深化本科人才实践培养具有重要意义。

（二）主要举措

（1）通过口述教学使课堂教学从传统的课堂知识传授转向社会实践操作层面。口述历史课程设计与实践与大众史学的热点需求紧密结合。口述历史把以往的课堂讲授的历史教学变为一种动态活动。在实际教学中，尤其注重学生对江西地方史、国家重大事件等过程的了解。使历史、档案学等专业的相关课程教学与实践紧密结合。变课堂内为课堂内外融通，变书本为书本与口述的人融通，极大地激发了学生的学习的兴趣。也激励学生探索更加多元的地方历史与文化。

（2）通过口述史实践课堂与田野实践教学结合，寻找文史类专业本科生专业认知能力的路径与方法。学生参与访谈，是对历史学、档案学等学科方法的运用，不仅能够锻炼学生的实际工作能力，同时，他们还可以从口述访谈中获得一手资料，弥补史料不足的现象，使得学生提升田野调查与口述实践能力，通过口述真实记录历史的变迁，使他们能“学以致用”。通过口述实践，构建文史学生实践性教学模式，让学生走出课堂，走向历史的现场，把实践能力培养与高等教育目标和社会需求等相关因素结合，进一步培养学生数据文献整理意识，培养学生数字化整理口述档案，以求适应新文科、互联网时代文科传播与发展的需要。让学生更加积极主动地应对社会数字人文的变动带来的挑战。

（3）通过打破专业壁垒和学科障碍，以广博的学术视角、开阔的问题为基础，为学生提供更契合社会需求的学术素养训练。现有课程体系的设置有待改进和完善，须与培养新时期复合型、创新型文史人才的目的相一致，不断丰富和发展口述史相关理论，探索和建设独具特色的口述史课程。口述历史教学内容及实践走出了课堂，更多需要在课外完成。因此具体实践及操作形式将不断优化，依靠学校及院系支持，争取逐渐形成地方高校历史学专业特色课程。整合现有教学科研力量，不断拓宽研究方向。

四、特色及创新点

（1）通过以地方口述历史理论传授与实践进一步丰富综合性高校历史学、档案学、新闻学等专业教学内容的建设。以前南昌大学文史类专业课程体系尤其是社会实践中甚少引入口述史理论与实践。自2018年通过公共选修课以及历史学、档案学专业引入口述史理论与教学内容后，进一步完善了现有的课程教学，特别是实践教学环节。负责人所编写的口述史理论与实践的课件与教学大纲不仅为历史学教学老师所使用，也分享给了教改计划参与的档案学、新闻学院新闻学、艺术学等专业的老师，为充实这些专业的课程教学内容提供了多样的个案。档案学、新闻学等老师在吸收所编写口述教案后积极进行实践，先后指导多名学生获得学生竞赛奖项。

（2）通过对江西地方口述历史与口述档案资料的收集与整理，为保存和整理江西地方口述史档案资源提供了一条可供探索的路径。地方口述历史教学实践是十分注重学生参与性的、实践性较强的教学方式，也注重大数据时代口述历史与档案学等学科的深度融合。已指导南昌大学数十名本科生开展了口述史理论的培训与实践。经过培训的口述史团队成员先后对江西萍乡、抚州、婺源、鄱阳、樟树等县市进行了具体的口述史暑期社会实践。先后撰写了 4 项专题性口述实录报告（如傩文化口述、樟树药材业发展口述、江西地方戏口述），多份的家族口述实录等。为保护地方历史与文化资源，特别是通过口述访谈中的录音、录像等形式保存了上万张第一手的图片、人物等资料。通过档案学专业老师的指导进行了合理的地方口述档案的分类与保存。

为地方公共记忆的构建、保护地方文史档案资料做了一定的贡献。口述调研报告获得了多个奖项，形成了 100 多个 G 的电子文字资料及口述访谈图片、录音、录像等资料。这些资料经档案学专业学生整理后全部由地方政府相关部门以及档案管理部门保管，进一步丰富了地方口述资料数据库。

（3）通过口述田野实践，进一步丰富了新文科与双一流建设改革下“知识—能力—素质”的综合素养体系。通过最近三年实践，先后与萍乡文化研究院、萍乡赖氏文化传播公司、南丰图书馆、南丰傩文化馆等签订了校地大学生实践合作协议。通过地方口述项目的实践逐步探索出能够培养文史类学生多元化、复合化、专业化发展的人才路径，让学生既能够掌握文科专业的必备基础性知识、锻炼写作能力，也能够通过口述访谈适应社会生活与人际沟通的“柔性”技能，为南昌大学档案学、汉语言文学、新闻学等专业学生拓展研究领域与学术视野提供创新路径。

（4）通过地方口述历史的教学实践，让当代的大学生具有能够协调个人、社会、国家三者利益关系的宏观视野和家国历史人文情怀。通过课程实践教学培养学生形成用专业能力奉献社会、服务国家的职业观和生活观。本项目旨在提高文史专业学生的素质，加强专业的培养，使史学等文科专业教学与实践紧密结合，使高校更好地服务于社会，提高高校的声誉、地位。

五、实践效果、推广应用情况及校内外评价

（一）实践效果

（1）推进了南昌大学历史学、档案学等学科课程教学内容的丰富与创新。编写了《口述历史入门》以及《做好口述访谈与史料整理》的暑期社会实践培训材料。通过公共选修课以及历史学、档案学专业引入口述史理论与教学内容后，进一步完善了现有的课程教学，特别是田野实践教学。

（2）以口述资料与地方档案资料整理为基础获得相关国家级及省级社科教改等研究课题。自2016年启动口述历史教学与实践后，在此基础上先后获得南昌大学教改项目2项，江西省省级教改项目1项（“双一流”建设背景下“地方口述历史”课程的创新设计与实践），江西省学位与研究生教育教学改革研究项目1项；江西省人文重点基地项目1项，江西省高校人文社会科学研究规划项目1项。指导学生在中文核心期刊公开发表口述与历史档案专题论文2篇，先后指导本科毕业学生就高考记忆、南昌城市记忆等主题完成毕业论文3篇。同时负责人2017年主持的国家社科基金重大项目子课题，也融入了口述历史教改中的方法与思路，正在逐步进行江西、湖北等地方商业口述档案资料整理与档案资料的数字化，为进一步推进国家级及省级科研课题的研究提供了学术思路与实践操作上指引的价值。

（3）获得多项教学成果等奖项。南昌大学档案学、新闻学等专业老师在吸收教案后积极进行实践，先后指导多名学生获得国家级及省级等学生竞赛奖项。在多门课程融入口述史教学内容后，教学内容更加生动丰富，课程获得了学生好评，课程开设两年多，先后获得2次南昌大学授课质量提名奖，2次授课质量优秀奖。

“新文科建设背景下地方口述历史”教改实践获得南昌大学教学成果二等奖等荣誉。口述历史实践团队获得第二届全国高校档案学专业大学生课外科技作品竞赛二等奖、第一届档案创新论坛论文二等奖、十六届“挑战杯”南昌大学大学生课外科技作品竞赛特等奖、一等奖等奖项。江西省“红色走读：重温井冈山精神”团队获得省二等奖。历史学专业学生获得全国非物质文化遗产调研二等奖（220多支队伍，全国第四名好成绩）以及南昌大学挑战杯特等奖等荣誉。刘杰老师获得南昌大学暑期社会实践优秀指导老师。

（二）推广应用情况及校内外评价

（1）通过系统口述历史与口述资料档案整理培训，学生在各类专业型竞赛中获奖，

推进了历史、档案等专业本科人才能力的培养。从 2017 年开始先后对江西省内的萍乡、抚州、婺源、鄱阳、樟树等县市进行了口述史与档案记忆的暑期社会实践。两次获得学校暑期社会实践项目的支持，撰写了 4 份专题性口述实录报告，数十份的家族口述实录等。口述史社会实践团队先后获得多项国家级及省厅级调研奖项。

历史学专业学生获得全国非物质文化遗产调研二等奖（刘杰指导）以及“挑战杯”特等奖（刘杰指导）等荣誉。档案等专业学生获得第二届全国高校档案学专业大学生课外科技作品竞赛二等奖（聂云霞老师指导）、第一届档案创新论坛论文二等奖（聂云霞老师指导）、南昌“大挑战杯”特等奖、一等奖（刘杰、许爱珠）、南昌大学互联网创新大赛（刘杰、聂云霞等）等奖项。

参与的学生专业学术水平与社会实践综合素质明显提高，多名学生被直接保送到中国人民大学、中山大学、武汉大学等高校继续读研深造。指导老师先后获得学校暑期社会实践先进个人，南昌大学青年岗位能手等荣誉鼓励。

（2）口述史教学实践获得了南昌大学大力支持，并在院系支持下组织筹备“家国记忆：大学生口述”学术社团，推进人才培养的创新。一方面，通过口述历史全面提高文史类专业学生史学基本功，另一方面，更加注重文史类学生以专业的口述知识与理论储备进行相关口述资料的访谈、口述档案的数字化。通过专业老师指导，学生平台参与，吸引更多大学生对家国历史记忆与口述档案的关注与思考。

（3）所开展的口述史调研获得了国家、省市多家媒体与地方档案、文化管理部门的关注。口述史实践是对个体生命以及档案的追溯，在暑期社会教学实践中获得了各级媒体的专题报道。关于江西商业的口述实践活动在 CCTV-10“影像方志”栏目播出，形成了正面示范效应。南昌大学团学时空做了 3 次专题报道，并刊文《寻访赣傩源头，纵观傩面古今》等。香樟家园以《罗春明：不朽的雕刻刀》进行了长篇报道。口述实践新闻获得了校内外数千名人士的关注。萍乡、南丰、樟树等地档案馆、萍乡文化局、南丰文化局等部门也积极与调研团队联系，将调研报告及照片、录音、录像等资料作为馆藏资料。

国家级非物质文化遗产传承人赖明德及其子赖光华两次来南昌与口述史调研团队见面，探讨赣傩文化、傩面具等产业发展等问题。团队的调研与口述报告获得了南丰图书馆胡秀华馆长的热情支持与宣传。口述史团队先后与萍乡赖氏傩文化发展公司、萍乡文化研究院、江西南丰图书馆签订了长期大学生暑期社会实践实习合作协议。通过口述史的地方实践进一步扩大了南昌大学暑期社会实践的影响力，丰富历史、档案等学科课程内容与实践内容，成果在地方志、党史、新闻、档案专业培训及相关文史课程中使用。

江西师范大学：

课程思政与新文科建设的有机融合

——大思政视角的“经济思想史”

一、团队负责人及主要成员简介

（一）负责人简介

邓久根，教授，博导，博士毕业于中国人民大学经济学院，美国丹佛大学访问学者，江西省经济学类专业教指委副主任委员，省政府政策研究室特约研究员，校教学督导专家和校学术委员会委员。领衔江西省一流专业（经济学）建设，主持学校课程思政示范专业重点建设项目；获得防疫期间江西省优质课三等奖、校一等奖，获得“智慧树”杯课程思政示范案例教学大赛优秀奖；多次获得中国金融教育基金会优秀指导教师奖等。“经济思想史”获评江西省首届课程思政示范课程，并在新华网和学银在线上线。出版著作多部，主持完成国家社科项目 2 项、省级重点及招标等课题 10 项；发表论文 30 篇（14 篇为 CSSCI），多篇被《中国社会科学文摘》和人大复印资料等转载。

（二）主要成员简介

周宗根，南京大学博士，副教授，硕导。坚持立德树人的理念，一直致力于以方法论为枢纽，融合历史与理论，提升课程的“两性一度”。近年主持校课程思政示范专业（重点）建设专业、校课程思政课题和课程思政示范课程各 1 项，发表课程思政教学案例 2 个，获省级防疫期间优质课程。主持国家社科基金 1 项、主持省社科基金规划项目等 3 项，在《南京大学学报》等刊物发表学术论文多篇。指导学生参加“挑战杯”赛获得国赛一等奖（2019）、省赛三等奖（2021）和“普惠金融”大学生征文三等奖。

许莉，教授，博士毕业于西安交通大学。讲授 3 门经济学专业课，主持教改课题 3 项，校级课程思政示范课程 1 门，校“双万”一流课程 1 门，2 个课程思政案例入选《课程思政教学案例集》。在学生创新能力培养方面，指导学生申报课题和大学生暑期社会实践，多项获奖。科研方面，主持国家社科基金课题 1 项、博士后面上项目和省级课题 9 项，专著 2 部，论文 30 余篇（CSSCI 12 篇）。将科研与教学、科研与人才培养有机结合。获得江西省第十五届优秀社科成果三等奖，“农业发展银行杯”优秀指导老师，江西师范大学“巾帼英雄先进称号”、“三育人”先进工作者等。

杨晶，教授，博士毕业于华中科技大学。完成省教改课题 2 项，校课程思政示范课 1 门，校“双万”一流课程 1 门，3 个课程思政案例入选《课程思政教学案例集》。获得江西师范大学青年教师教学竞赛二等奖，指导学生比赛获校级立项 2 项。主持完成国家社科基金课题 1 项、省级课题 5 项，著作 2 部，发表论文 20 余篇。

二、解决的主要问题及工作目标

“经济思想史”是经济学专业中经济学课程浓缩的精华，可以很好体现新文科“融合与发展”的理念。为此，课程组认为教学当中不仅以知识为核心，还要凝练出以“学术能力提高与坚定马克思主义信念”为核心能力的“双核”教学目标。

（一）解决的主要问题

2018 年教育部本科教育工作会议，尤其是《新文科建设宣言》发布之后，提出了大思政、新文科、课程思政和金课建设等全新的、综合的课程理念，这是新时代思潮交织碰撞，也是高等教育发展质量提升需求。但缺乏从“大思政”视角出发的研究和实践，存在两张皮现象。

本课程树立“金课就是课程思政”的理念，从新文科建设出发，营造大思政氛围，达到新文件建设的目的。为此，“经济思想史”解决以下主要问题：

1.新文科理念的金课和课程思政整体建设

第一，当前的“经济思想史”受西化思想影响，课程体系大都按“一元论”思想编排，不符合“经济思想史”的本源和学术精神，不符合马克思主义精神，也不利于课程建设。本课程创新性地按“两大研究传统、两大体系”重塑课程体系。第二，在章节安排上，本课程运用纵横教学法解决“经济思想史”普遍存在的平铺直叙问题，即横向梳理出经济思想史的九大理论问题，纵向则每章深入阐释其中一个问题。第三，当前“经济思想史”没有很好地凝练适合本学科的方法论，学生疲于知识的记忆，不利于学生高阶思维能力提高。本课程从“道、法、术、技”四个层级梳理方法论，解决“经济思想史”方法论单一问题。

2.解决课程思政与新文科建设融合有机性差的问题

本课程加大了研究力度，解决课程思政与新文科建设融合系统性、有机性差等问题。如在过程性考核中，通过“统分结合”的方式训练学术能力，与教学目标相呼应，提升新文科的先进性和互动性。

3.解决缺乏整体金课群建设问题

当前新文科的专业新体系缺乏，尤其缺乏富含课程思政的金课教材建设和课程设计。在一流专业建设中，发挥“经济思想史”作为经济学专业的领头雁作用，设计出符合新文科理念的经济学课程群。其次，在实践育人方面，探索了全方位育人的切入口，如与学工部门合作进行中国共产党百年金融思想调查与研究。

（二）工作目标

结合江西探索实施新文科建设“五项计划”，落实学校立德树人，培养“社会中坚骨干人才”的办学定位以及新文科“新专业、新模式、新课程、新理论”四位一体建设模式等，制定本工作目标，达成学术能力与马克思主义信念结合的核心目标。

知识传授的工作目标。通过课程体系重整和纵横教学法等运用，使学生深度了解经济学产生、发展的思想脉络，培养问题意识和高阶思维。

能力培养的工作目标。结合课程揭示经济思想“源”与“流”等特点，按学术规范，锤炼学生学术能力和思辨能力，激发其经济实践创新能力及解决复杂经济问题的能力。

价值塑造的工作目标。融入课程思政，塑造经济学多元化思维，培养学术价值观；坚定马克思主义理想社会主义信念，增强“四个自信”。

三、改革实践的思路和主要举措

（一）改革实践的思路

改革实践的理念：新文科之“新”在理念。本课程是思政教育的主阵地，更加是新文科的主要求，将金课纳入大思政分和新文科之中，如教师对课程的认识、研究和敬业精神等，因为学生接受老师是从课程开始。为此课程组遵从新文科的新理念、新结构、新模式、新质量、新标准、新方法等，拟以“学术能力和马克思主义信念”为核心目标，建设整体化研课。

改革实践的思路：大思政需要全方位育人，江西师大率先提出“思政课程”“课程思政”“思政专业”“思政学科”“四位一体”的大思政理念。本课程组希望率先突破，循着“课程思政—课程思政专业—课程思政学科”的理路进行研课实践，将课程思政与新文科的金课建设有机融合，达到同向同行的目的。

（二）主要举措

本课程基于大思政的整体框架，树立“金课也是课程思政”的理念，利用课程主阵地，建设全课程育人的金课，使课程承载思政、思政寓于课程，增强研究的广延性与伸张性，拓宽研究的深度与广度，提高教学质量和效果。沿着“融合角度设定”到“融合理念及内容遴选”再到“课程建设任务”的逻辑理路多方位展开。

1.从大思政角度创新性地细分教学目标

本课程将“知识传授、能力培养和素质提高”的三位一体的教学目标细分为五个层级，即将能力培养细分为“知识方法论”和“学术能力”；将素质提高细分为“学术价值观”和“三观教育”（世界观、人生观、价值观），“知识方法论”上承“知识传授”，“学术能力”则下启“素质提高”。结合本科的属性，将“学术能力和马克思主义信念”作为核心目标。细分后的教学目标具有内在逻辑性和有机衔接性，使教学目标系统化地推进，增加课程思政融入金课的口径，逐步进阶，使课程思政与课程融合更加具有可操作性，达到盐溶于水的目的，达到课程思政和金课的双重效果。

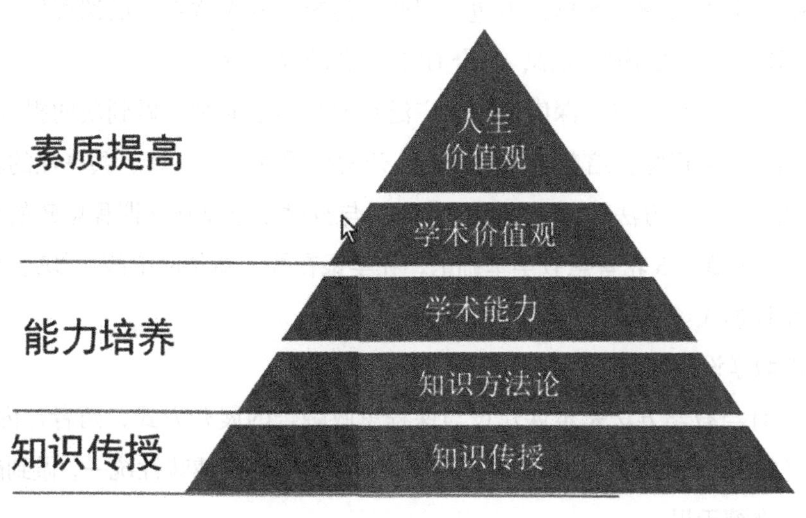

图1　五个层级的教学目标

本部分的主要举措为：将课程思政渗透教学目标各个层次。知识传授中主要体现为精准地、专业化地讲述知识，以专业精神和敬业精神影响学生；知识方法论中梳理教材知识编排的方法论，授之以渔，融入学问精神；学术能力提高目标中运用“三框法”，在学术能力提高中掌握学术精神；学术价值观则坚持马克思主义，认识西方经济学的“源”与“流”，厘清学术能力与学术立场的关系；“三观”教育中则结合课程进行世界观、人生观和价值观的教育，解决“培养什么人”“为谁培养人”等问题。

2.课程体系重塑

课程教学作为思政教育的主阵地，主要体现在课程体系优化上。本课程按新文科要求加大金课研究力度。从多元化出发，坚持马克思主义精神和学术价值观，按“两大传统、两大体系”的理念，将课程体系划分为资源创造的经济学和资源配置的经济学，重构课程体系，还原经济思想史的本来面目，揭示出两套经济学的根本区别，梳理出两套经济学的“源”与“流”。

本部分的主要举措为：

第一，在坚持马克思主义信念的基础上，深化、细化课程体系。按两大体系重塑课程体系，还原经济思想史的本来面目。

第二，教学内容组织创新。横向梳理出“经济思想史”九大共性理论，突出知识面的广度；纵向则是每章突破1—2个重点理论，运用学术“三框图法”的开放体系，突出深度和学术能力提高。深化需要突破的专题，克服“碎课”现象，高质量融入课程思政，体现课程的综合性、交叉性与融合性。

第三，编写基础性与前沿性结合，体现多学科交叉的立体化、富含课程思政的讲义、多媒体课件，并在教学中实施，拟包含“两大传统、两大体系”的课程体系，五个层级教学目标徐徐展开的内容编排，符合OBE理念的教学设计。

第四，资源建设。秉持深度开发和广泛获取相结合原则，做到质的提升与量的增加双维度结合，体现综合培养与协同育人。开发高质量的示范性、共享性的教学设计，深化学术能力等教学方法建设与运用。①讲义与教材：建设富含课程思政的金课讲义、教材。②课程资源：3轮智慧教学基础上，在学银在线、新华网上线。③完善“科研促教学”的研课模式。

3.创新教学设计和教学方法

教学设计与教学方法是金课建设与课程思政融合的展开方式，两者是内容与形式的关系，好的内容需要有好的形式，达到思想性、知识性和趣味性统一，做到融德于乐、融德于学、融德于思。

本部分的主要举措为：利用首届省级课程思政示范课程和在新华网上线等契机，加大金课与课程思政的融合研究。第一，探索基于新文科理念的课程设计和教学方法。结合哲学、逻辑学、经济史、数学等学科展开教学，体现学科交叉性；运用“经济思想史”解释和解决当下问题，体现课程时代性；利用中国经济思想史素材，如管仲、商鞅以及“四史”中的经济思想对比分析，重塑民族自信心，体现课程中国化。第二，深化纵横教学法、辩论法、小组合作式教学、讨论法等研课方法，如通过组建学习小组学习阅读文献，其次通过自编自导、自演自拍的情景剧，讲述经济学家的逸闻趣事，将经济思想以生动活泼的形式呈现，提升学习兴趣与团队精神。第三，继续探讨考核形式与能力的对应关系，向高阶能力转变，探索将教学融入过程性考核的方式，达到教学相长。本课程从小论文、调查报告等入手，提高学生学术与解决问题的能力，达到过程性考核与核心目标的对接。第四，组织高质量的翻转课堂，充分借助智慧教学工具等，破解课程过于抽象等瓶颈。

四、特色及创新点

（一）特色

江西师范大学开设“经济思想史”始于1980年，是政教专业的专业基础课，由蔡松鹤教授领衔，奠定了坚实的课程思政基础。经过40多年建设，已经形成了自己的特色，如立项为江西省省级课程思政示范课并被学校推荐到教育部参评课程思政示范课，课程在新华网上线等。

1.德融特色

学术能力与马克思主义信念“双核”作为课程思政的核心目标。以省级课程思政示范课及丰富成果为基础，彰显课程思政是本课程最重要特色。利用案例组现有的、丰富的课程建设和课程思政成果，推出课程建设的高级阶段（2.0阶段），将课程思政与金课都融入大思政，彰显研究的价值，运用人的全面发展理论研究，为大思政研究提供科学指南。实践育人方面，本课程在创新人才方面成果优异，成员指导学生获得“挑战杯”国赛一等奖、省赛奖和中国教育基金会征文奖等。

2.新文科特色

本院经济学专业建设以经济思想史为核心进行“体系化”的新文科的专业建设。首先结合哲学、逻辑学、经济史、数学等展开教学，体现学科交叉性；其次，坚持系统性原则，以经济思想史为核心整合课程体系，秉承经济发展的情景脉络特定原则，坚持使命驱动、关注现实，运用“经济思想史”解释当下问题，如供给侧结构性改革、双循环发展格局等中国经验、中国材料融入教学，体现课程的时代性，打造具有“中国特色”新文科的“经济思想史”。紧紧围绕“扎根中国大地办教育”方针，摒弃当前“经济思想史”西化严重的现象，利用中国经济思想史素材，如管仲、商鞅以及“四史”中的经济思想对比分析，重塑四个自信，建设“学术中国化”的新文科，同时，引领国际化。

（二）创新点

1.在大思政框架内创新课程体系

本案例秉承经济学多元主义思维，重构课程体系：以“生产主义”与“交易主义”为标准，创新性地将课程体系整合为“两种学术传统、两大课程体系”，使课程体系面目一新。一还原经济思想史本来面目，完善课程体系；二清晰反映出经济思想史两条脉络的斗争与发展，使课程更符合学术精神；三不失马克思主义的立场、观点和方法。内容重塑方面，遴选出课程九大主要理论，分章各个突破，点面结合。

2.创新课程思政与金课融合的途径和方法，实现协同育人

如本课程将教学目标细化为五个层次，使课程思政融入金课的对接口更多，融入更加自然，以求达到真正的盐溶于水。其次，通过创新教学方法，使课程达到思想性、知识性和趣味性的统一。

3.教学设计创新

①将教学目标细分为五个层次徐徐展开，更具整体性和操作性；②科研反哺教学创新。团队成员研究大都围绕“经济思想史”而展开，相关成果有专著4部，4项国家课题，10多篇论文。研究成果融入教学中，做到了教研相长。③创新多种教学法并融入过程性考核中，做到思想性、知识性和趣味性统一，达到教学相长。

五、实践效果、推广应用情况及校内外评价

（一）实践效果

（1）“经济思想史”获评江西省首届课程思政示范课。

（2）“经济思想史”在新华网和学银在线上线。

（3）“经济思想史”获得的校级立项有：一流课程培育、校微课、课程思政案例专项、混合式课程等。

（4）本课程在学校经济学专业获批江西省一流建设专业和校级课程思政示范专业（重点）建设项目中，功不可没。

（5）实践教学效果。课程经过整体化设计，面目一新，学生的理论学习兴趣明显增强，课堂更加活跃，成绩普遍提高；同时学生在课题、调研、竞赛，学生获得多项全国性奖项，课堂教学得以延伸，在实践教学中提高能力和品格，实现大思政和新文科的要求。

（二）推广应用情况

（1）负责人作为课程思政早期探索者，应邀到省内多所高校进行“经济思想史”课程思政的理念与实践讲座，扩大社会影响。

（2）团队成员在校内举办 4 场公开课；通过教研活动、示范教学在校内推广研究成果，起到传帮带的作用。

（3）课程在新华网和学银在线上线，扩大社会受益面。

（4）教学研究的学术成果公开出版。案例成果将首先在“经济思想史”课堂充分运用，提高教学效果。

（三）校内外评价

1.学校评价

课题组成员连续多年获得江西师范大学优课奖励。

2.学生评价

在学生评教中，课题组成员连年被评为优秀。在学生的学习心得和教学满意度调查中，学生从教学方法和能力培养等角度给予高度评价，如“是我经济学的领路人”（汪雅畑）；“相当多元化”（叶加鑫）；“注重思维能力培养”（彭玲）；“受益匪浅”（王文亮）等。学习效果显著。学生及格率达 97% 以上，参与度高，互动强；实践能力突出。学生创新实践能力提高，学生获“挑战杯”国赛一等奖等。

江西师范大学：

新时代“苏区学”引领思政课“五位一体”全过程改革

一、团队负责人及主要成员简介

（一）负责人简介

黄恩华，江西师范大学党委书记，教授，博士生导师，江西师范大学苏区振兴研究院名誉院长，江西省大学生思想政治教育（德育）协同创新中心主任，江西省大学生思想政治教育研究中心研究员。主要从事高校思想政治工作、思想政治教育的理论与实践研究，主持10余项国家级、省级课题，主编的《听党指挥》由出版社以4个语种国际发行，入选“赣版十大好书”，并被国家军民融合局列为士官培养必读书目。作为省委宣讲团成员，深入高校、省直机关等宣讲五中全会精神，并参与江西省委教育工委、省教育厅与人民网联合组织的“同上一堂战疫课”在线直播，引起媒体热烈反响。

（二）主要成员简介

周利生，江西师范大学党委委员、副校长，历史学博士，教授，博士生导师，全国模范教师，获得全国高校思想政治理论课教师2016年度影响人物称号。主要从事中国近现代史、马克思主义传播史等研究，主持“民主革命时期马克思主义大众化研究”等国家社科基金课题，多次荣获江西省优秀教学成果奖。曾任江西省红色资源开发与教育研究中心主任，江西师范大学政治学研究中心主任，马克思主义学院党委书记、院长，兼任江西省科学社会主义与国际共产主义运动史学会副会长、秘书长。

刘善庆，江西师范大学苏区振兴研究院院长，管理学博士，研究员，博士生导师，江西省高校中青年学科带头人，新西兰尼尔森理工学院、美国西佐治亚大学访问学者。兼任中国县镇经济交流促进会革命老区发展专业委员会常务副主任、秘书长，江西省苏区精神研究会副秘书长，《苏区振兴论坛》副主编、《苏区振兴论坛策论专报》主编，《管理评论》等杂志审稿专家，江西省普通高校本科专业工商与农经管理类教指委委员。

尤琳，江西师范大学马克思主义学院副院长、新时代文明实践研究中心主任，法学博士，入选全国高校优秀中青年思想政治理论课教师择优资助计划、全国高校思想政治理论课教师2015年度影响力人物。

黎志辉，江西师范大学苏区振兴研究院副院长，历史学博士，江西省井冈山精神研究会常务理事，江西省历史学会副秘书长，长期从事中共党史与苏区史研究。

王钰鑫，江西师范大学马克思主义学院副研究员，法学博士，中宣部委托中国社会科学院实施“马克思主义理论骨干人才计划”（简称“百人计划”）首批学员，第24届“江西青年五四奖章”获得者，入围2021年度江西省高校“优秀思政课教师”，获评教育部“七一”重要讲话精神进思政课示范“金课”。

二、解决的主要问题及工作目标

（一）解决的主要问题

习近平总书记指出，推动思想政治理论课改革创新，要不断增强思政课的思想性、理论性和亲和力、针对性。江西师范大学针对江西丰富的苏区红色文化资源和原中央苏区振兴发展的生动实践转化为思政课教育教学资源的痛点难点，着力解决以下问题：

1.苏区红色文化资源融入思政课不够深入的问题

苏区历史上的马克思主义中国化的理论探索和为革命抛头颅、洒热血的感人事迹，在党史学习教育中具有重要价值，但在高校思政课的课程设置和教学内容中所占分量较少。苏区红色文化资源对马克思主义学院以外的文科学院或专业的影响力还不突出，许多文科学院缺乏对红色文化的教育教学资源的深入挖掘与利用。

2.思政课教师对苏区革命历史和苏区振兴成就不够熟悉的问题

除赣南师范大学、井冈山大学等少数高校的思政课教师以外，多数高校的思政课教师对现有的学科设置和课程内容非常熟悉，但对苏区革命历史和苏区振兴成就缺乏深入了解与专门研究。尤其是十八大以来党中央和国务院推动苏区振兴的政策和成就，在思政课的课程与教学内容中少有反映。

3.思政课现场教学场所和教学方法利用不足的问题

思政课以课堂讲授为主，对社会上的革命旧址、纪念馆、博物馆等“第二课堂”利用不足，对革命老区脱贫攻坚、振兴发展的典型乡村或示范区，更缺少现场教学点的建设和布置。思政课的现场优质教育教学基地建设和现场教学方法探索，总体上难以跟上思政课改革创新的时代要求。

（二）工作目标

以习近平新时代中国特色社会主义思想为理论指导，以赣南等原中央苏区的发展成就为实践基础，从学科、学术、学者、学生、学风“五位一体”的改革创新思路出发，充分利用江西遍布红色资源的独特地域优势，打造理论与实践、历史与现实紧密融合的新时代“苏区学”，将思政课的大课堂延伸到数量丰富的苏区革命遗址和纪念场馆当中，延伸到革命老区脱贫攻坚和振兴发展的社会生活当中，以此引领思政课在学科支撑、课程设置、实践教学等环节的全过程改革，促进校内思政课堂与社会思政资源的有机联动，增强思想政治教育的现实感染力，全面构建“大思政课”的路径和格局。

三、改革实践的思路和主要举措

（一）改革实践的思路

（1）打通不同学科的专业界限，引导创建以马克思主义理论为学科主体、以跨学科为方法和路径的新时代“苏区学”。高校在哲学社会科学学科建设过程中，要坚持马克思主义理论学科优先发展地位，充分发挥其领航作用，引领其他学科的正确发展方向。新时代“苏区学”是马克思主义理论学科引领其他哲学社会科学的有效载体。高校充分发挥苏区历史和苏区振兴等教育教学资源的思政教育功能，需要从学理上阐明其基本原理和学科体系，构建学科范畴广、适用范围宽、充分反映现实发展成就和现代教育技术的新时代“苏区学”。

（2）将新时代“苏区学”作为课程思政的重要抓手，构建“五位一体”哲学社会科学育人新格局。新民主主义革命时期中国共产党领导创建苏区的历史，涉及政治、军事、经济、社会、文化、科技等各个方面。新中国成立以来，尤其是十八大以来苏区振兴的政策目标和发展需要，对科学技术、文旅融合等方面的知识应用又产生了新的迫切需求。跨学科地构建新时代“苏区学”，有利于引导和督促各学院深入挖掘学科育人资源，发挥所属学科的长处为地方社会经济发展和红色文化传播服务，积极创建学科、学术、学者、学生、学风“五位一体”的哲学社会科学育人新格局。

（3）以思政课优质现场教学点建设为契机，促进师生联系社会生活增强思政育人效果。依托中央苏区和湘赣、湘鄂赣、闽浙赣等革命根据地的红色文化资源，以及赣南等原中央苏区振兴发展的典型乡村或示范区，建设优质的思政课现场教学点，将教材的理论性和现场的直观性有机结合，促进师生联系社会生活增强育人效果，推进思政课在实现教材体系向教学体系转变、教学体系向学生的知识体系和信仰体系转变的

“两个转变”上走出一条新路子。

（二）主要举措

（1）联合省内外著名专家学者，组织“苏区学与马克思主义中国化”研讨会和第五届“全国原苏区振兴高峰论坛”，搭建新时代“苏区学”高端研学平台。以庆祝中国共产党成立100周年为契机，江西师范大学苏区振兴研究院联合江西省社会科学院历史研究所、赣南师范大学中央苏区研究中心、中国井冈山干部学院党史教学研究中心等单位，在全国首次以“苏区学”为主题举办“苏区学与马克思主义中国化”研讨会暨“苏区学”新文科建设启动仪式。会上发布的《“苏区学”新文科建设宣言》明确提出，将打通苏区历史、苏区精神和当代苏区振兴的研究范围，采用历史学与政治学、经济学、教育学、艺术学等多学科交叉，与互联网、大数据、虚拟现实等新科技进行融合的方法，构建江西特色、国内一流的新时代“苏区学”。学校还与中国社科院农村发展研究所、江西省社会科学界联合会在瑞金共同主办第五届“全国原苏区振兴高峰论坛”，在全国各个革命老区的振兴发展研究领域发挥“作示范、勇争先”的智库作用。

（2）跨学科组织教师队伍，编撰国内第一本苏区学教材，开设“苏区学概论”讲座，打造“百年党史江西红”金课，为赣南等原中央苏区振兴提供智力支持和科技服务。学校组织马克思主义理论、历史、政治、经济、教育、文学、艺术等专业的教师队伍，集体编撰了国内第一本苏区学教材——《苏区学概论》，并由校党委书记黄恩华教授和副校长周利生教授等思政课“大咖”领衔，面向全校学生开设了“苏区学概论讲座”，并着力打造“百年党史江西红”金课。学校还与赣州市签订战略合作协议，调动化学化工、生命科学、城市建设、电子商务、旅游管理等专业的科研人员积极参与赣南等原中央苏区的振兴发展事业，努力创造鲜活生动的科技服务思政案例。

（3）建设红色文化教育馆，打造“红色第二课堂”，推动思政课与信息技术高度融合，增强思政课的时代感和吸引力。学校立足“四史”教育的迫切需要，采取“四史展厅+红色江西展厅”的模式，将红色文化教育馆建设成为铸魂育人的“大思政”课堂。学校充分利用红色文化教育馆内设的红色书房、红色讲堂、红色影厅、红色文创、红色唱吧等红色文化体验场地，定期组织学生到红色文化教育馆开展体验式、情景式和沉浸式“思政课”教学。学校还在红色文化教育馆精心开展了“思政教育进旧址”、“点亮红色地图”线上故事讲述接力活动，“我与红旗寻党史”活动，“学党史、强信念、跟党走”系列活动，红土地志愿讲解活动，“学四史 践初心”分散式宣讲活动等，引导学生增强责任、筑牢信仰，努力为实现中华民族伟大复兴中国梦贡献青春力量。

（4）以瑞金叶坪、沙洲坝革命旧址和“红军村”华屋村等为现场教学点，跨学院组织“红色走读”活动，积极探索实践教学育人方法。学校分批遴选和组织优秀学生，组成“红色走读”研学团，通过在瑞金叶坪、沙洲坝革命旧址和华屋村等地开展现场教学活动，让学生接受苏区红色文化熏陶，坚定“听党话、跟党走”的理想信念。校党委书记黄恩华教授在瑞金沙洲坝革命旧址的“列宁小学”，为开展“红色走读”的师生讲授“思政课”。学校在红色文化教育馆以“走苏区 学党史 做‘苏区学’忠实的传播者与践行者”为主题，开展了思政类栏目“师大青年说”的主题演说活动，由“红色走读”研学团的学生分享“苏区行”的心得体会，并将其文章内容刊印在《青马学刊》“红色走读”研学活动专刊上，全方位地展现师生学子努力做新时代红色传人的精神风貌。

四、特色及创新点

（1）结合江西红色文化地域优势，以马克思主义理论为学科主体，以跨学科的整合为主要途径，融合苏区历史、苏区精神和苏区振兴为一体，在全国率先创设江西特色、中国风格的新时代“苏区学”，打造马克思主义理论学科引领其他哲学社会科学的特色学科载体。

（2）引导多学科、跨院系的教师队伍积极弘扬苏区精神，主动对接地方政府部门、企事业单位和广大乡村，面向现实需求用智力支持和科技服务投身苏区振兴的生动实践，脚踏实地建设新时代“苏区学”，丰富“大思政课”紧密融合社会生活的现实内涵。

（3）在全国率先建设以“四史教育”为主要内涵的红色文化教育馆，并通过开设“苏区学概论”特色讲座、“百年党史江西红”特色金课，以及创新性地开展各种线上线下的红色文化教育教学活动，积极推动体验式、情景式和沉浸式教学等“大思政课”改革创新。

（4）以红都瑞金等地的现场教学点为平台，构建以“红色走读—主题演说—青马学刊—志愿活动”为有机纽带的大学生思政课“知行合一”实践教学体系，并利用暑期在全省范围内开展“红色乡村”调研活动，有效增强“大思政课”育人效果。

五、实践效果、推广应用情况及校内外评价

（一）实践效果

（1）跨学科地创设了一个新学科——融合理论与实践、历史与现实的新时代“苏区学”，引导各个学院围绕苏区历史、苏区精神和苏区振兴，充分挖掘所属专业在“思政”方向的学科资源和育人资源，强化了马克思主义理论学科对其他学科的引领作用。

（2）跨院系地搭建了一个红色文化育人大阵地——红色文化教育馆，通过线上线

下“思政课”教育教学活动，开设“苏区学概论”特色讲座、“百年党史江西红”特色金课，以及“红色走读”“主题演说”“志愿活动”等实践教学活动，有效促进了思政小课堂、网络新课堂和社会大课堂的深度融合。

（3）跨部门地形成了各机关、各学院、各专业共同改革创新、坚持立德树人的“大思政课”工作格局，构建了学校的思政课堂与社会的实践课堂紧密结合的“大思政课”教育体系，思政课工作体系得到优化和完善，思政课育人效果得到显著增强。

（二）推广应用情况

学校与江西省赣南等原中央苏区振兴发展工作办公室、江西省苏区精神研究会合办的《苏区振兴策论专报》，多次获得省领导肯定性批示；学校主编的国内第一本苏区学教材——《苏区学概论》，即将由高等教育出版社正式出版，面向全国高校发行；学校与江西赣州、福建龙岩、广东梅州等原中央苏区所在地的政府部门和高等院校建立了密切合作关系，推广了以新时代“苏区学”引领思政课改革创新的措施和经验，并依托“全国原苏区振兴高峰论坛”“中国县镇经济交流促进会革命老区发展专业委员会”等挂靠平台，对外传播了江西在革命老区高质量发展中的示范性影响。

（三）校内外评价

江西师范大学融合苏区历史、苏区精神和苏区振兴于一体、在全国率先创设新时代“苏区学”的举措，不仅获得了《江西日报》等省内外媒体的高度关注，而且得到余伯流、何友良等苏区研究权威专家的充分肯定。赣州市人民政府十分重视江西师范大学建设新时代“苏区学”的主动作为，双方就乡村振兴、教师培训、推进产业发展、提升创新能力等方面，签署了战略合作框架协议，共同推动赣南老区发展。江西师范大学红色文化教育馆的系列活动，以及在校外组织开展的“红色乡村”调研活动、“红色走读”研学活动等，获得了新华网、人民网、中新网等主流网络媒体的广泛报道。

江西师范大学：

文学理论课程教学范式改革与创新

一、团队负责人及主要成员简介

（一）负责人简介

詹艾斌，中国社会科学院研究生院毕业，文学博士，江西省事业单位专业技术二级岗位人选，江西师范大学文学院院长，博士生导师、博士后合作导师；江西省“百千万人才工程”人选；国家社会科学基金通讯评审专家，中国博士后基金评审专家；全国马列文艺论著研究会理事；江西省文艺评论家协会副主席，江西省文艺学会副会长兼文艺理论与批评专业委员会主任委员；教育部师范类专业认证专家，教育部基础教育语文教学指导专业委员会委员；江西省高等学校中国语言文学类专业教学指导委员会主任委员；主要从事文学理论与文学批评研究，先后主持国家社会科学基金项目 2 项、江西省社会科学规划项目等省部级项目 10 余项，出版独著 2 部、合著（第一作者）4 部、教材 1 部，发表论文 90 余篇；获江西省高校教学成果奖、江西省社会科学优秀成果奖、江西省教育科学优秀成果奖一等奖 3 项、二等奖 1 项、三等奖 4 项。

（二）主要成员简介

赖大仁，教授，博士生导师。国家级教学名师，国家社科基金评审专家，茅盾文学奖、鲁迅文学奖评委，中国作家协会会员，中国文艺理论学会常务理事，中国中外文艺理论学会理事，全国马列文论研究会理事，江西省政府学位委员会委员，江西省文联副主席，江西省文艺评论家协会主席，江西省文艺学会副会长。参与“马工程”《文学理论》教材的编写。

陶水平，教授，博士生导师。江西省高校学科带头人，中华美学会、中外文艺理论学会会员。参与《文学理论教程》教材的编写。

詹冬华，教授，博士生导师。江西师范大学当代形态文艺学研究中心主任，江西省中青年学科带头人，中国中外文艺理论学会、中国文艺理论学会会员，江西省书协书法教育委员会主任，获熊智明奖教金、王雪冬奖教金等。

李自雄，教授，博士生导师。主要从事文学理论教学科研工作，获省文化艺术科学优秀成果奖、省社科优秀成果奖等多个奖项。

肖明华，副教授，文学博士。主要从事文学理论的教学与研究工作，已发表相关论文论著多种。

左剑峰，讲师，博士。主要从事文学理论的教学与研究工作，参与《美育经典导读》《劳动教育概论》等教材的编写。

二、解决的主要问题及工作目标

（一）解决的主要问题

1.教学范式改革意识薄弱，缺乏由之深化拔尖人才培养的自觉

课程是建设一流本科教育的微观基础与关键环节，教学范式改革意识淡漠，拔尖人才培养的探索就无从实质性落地。

2.教育教学理念探索乏力，流于无明确标准的日常经验化教学

缺少基于卓越理念及对于学科专业特质的精准把握而确立的人才标准，学生的思想及专业素养的培育也就失去了方向。

3.人才培养路径创新不足，学生个体的生命成长落入庸常状态

不积极寻求先进人才培养路径，学生专业品质及思想理论品格必然出现欠缺，其生命发展缺少应有的温度与理想之光。

4.教师教学德性彰显不明，专业发展规划的价值偏离趋于严重

很大程度上受制于惯用的教育教学质量评价与人才评价机制，教师教学德性难以养成，身份认同与价值选择走向偏颇。

（二）工作目标

（1）加强文学理论课程教学的理论性，包括文学理论知识的系统性，以及学生理论表达能力、思维能力和创新能力的培养。

（2）注重文学观念建构和文学价值导向，引导学生对当今多元混杂的文学观念加以辨析，在多元文化情境下，加强对学生的主导文学观与文学价值观的引导。

（3）基于文学理论学科性质与现代课程教学发展方向，强化研究性教学、问题式教学、启发式教学，并以此培养、促进和增强学生的批判思维能力。

（4）提升学生理论联系实际的思考分析能力，包括对文学现象的分析评价能力、对文学作品文本的读解评价能力、文学评论写作能力等，并在此过程中实现思维方式的有效转换。

（5）激发学生的问题意识及其对文学理论前沿问题进行探讨的兴趣，增强其学术敏感性，加强其学术观的培植与引导，发现人才。

（6）从文学研究中的前沿性问题以及当下世界和社会现实问题出发，适度培养学生关注世界和社会现实问题的人文情怀、责任意识、公共理性以及必要的理想态度，培育具有全球化素养的现代国家公民。

（7）在知识与价值之间，实现规范价值的社会建构。

（8）践行文学即人学观念与人文学和人文教育核心要求，关注生命与审美，培育德性，涵养智慧，追求实现人的自由全面发展的可能。

三、改革实践的思路和主要举措

（一）改革实践的思路

文学院较早自觉回应新文科建设这一时代性命题，聚焦当代教育改革创新的根本性问题，率先在课程教学范式改革、教育教学理念革新等方面进行积极探索。

文学理论课程是系列课程（“文学概论”“美学原理”“马克思主义文论”“西方文论”“中国文学批评史”“审美文化学”“文学评论写作”等），在汉语言文学专业学生的培养过程中起着重要的基础性和支撑性作用。新世纪前，江西师范大学文学理论课程建设取得了不少成绩，深层次地推进了本科人才培养工作的整体性开展，也为近些年推进新文科建设奠定了良好基础。

2003 年，赖大仁在《江西师范大学学报》（哲学社会科学版）发表教研文章《从文学理论教学看当代文论建设与创新》，开始了本成果的理论建构工作。2005 年，赖大仁的“文学理论课程建设探讨”获评江西省高校教学成果一等奖。经过一段时间的推进，2009 年获批文学理论课程国家级教学团队。詹艾斌作为团队主要成员，积极承担起团队建设工作，推进文学理论课程群建设。2012 年，主持江西师范大学文学理论课程教学范式改革项目；2007 年，主持江西省高校教学改革研究项目“高校文学理论课程建设诸问题”，2014 年，出版第一部教育教学研究著作《生命与教育的方向》，获评第 1 个省级教学成果一等奖，作为文学概论课程领衔教师，实施真正意义上的课程教学范式改革实践。

在课程教学范式改革的推进过程中，继续深化相关理论问题的探讨，以此指导和强化实践，教学团队建设成为名副其实的教学共同体，持续取得阶段性建设成效。

基于时代性的明确的育人目的，詹艾斌及其团队坚持问题导向，以文学理论课程教学范式改革为根本抓手，着力开展拔尖文学专业人才培养问题的理论探索，针对性地建构起拔尖文学专业人才标准，明确其培养路径，在持续的探索和实践中开辟了文学教育的新天地，颇具示范价值，是江西师范大学“扎根中国大地 打造一流本科”行动的学院实践及样本。

（二）主要举措

（1）突出现代课程教学方向，开展系列课程教学范式改革实践，实施卓越教学。课程建设是新时代一流本科教育建设的微观基础和关键所在。课程建设必须突出现代课程教学方向，其首要的即在于要求课程教学范式改革意识的明确确立。课程教学范式是师生群体在课程教学领域内公认的教学观点、价值标准和教学行为方式等的总称，它是课程教学改革的核心。进行系列文学理论课程教学范式改革，意味着探索中的具体教学实践需要实质性超越其原有范式而积极寻求和确定新的范式。课程教学范式的转换，其根本指向在于有效推进卓越教学，提高课程的“两性一度”。

（2）明确卓越教育理念与新人文教育路向，学理化探索拔尖文学专业人才标准。从前述教育改革创新的根本性问题出发，基于合理的“顶层设计”，进行包括课程教学理念、课程体系设置等在内的文学理论课程建设与文学这一人文基础学科拔尖人才培养的具有明确目的的整体性规划。在这里，存在几个关键点：其一，坚持卓越教育导向，围绕专业培养目标，造就拔尖人才；其二，确立新人文教育路向，致力于让受教育者同时具备道德理性与科学理性精神；其三，确立和践行和谐教育观，建构文学教育新生活；其四，遵循并寻求人的自由全面发展目标及其可能。

（3）确立文学专业拔尖人才培养理论依据与原则，深度探索拔尖人才培养路径。这里的理论依据主要有：卓越教育理论、新人文教育理论、生命教育理论、建构主义教育理论、主体性理论、人的自由全面发展理论等；其原则主要包括：立德树人、通识教育、课程思政、卓越意向，人本性与人文性突显、科学精神与创造力可持续发展、共性与个性兼顾、理论探讨与实践育人一体化。由此并基于专业拔尖人才标准确立起与时俱进的人才培养路径。这样，教育中的相对主义得以有效规避，学生的学科专业特质与品格显著，批判性思维突出，知识、思想与信仰“昂首阔步”。

（4）强化教师的教书育人根本意识，养成教学德性，推进新时代教师队伍建设。教育大计，教师为本。学校的中心工作是人才培养，教师的根本职责是教书育人。做好教师专业发展、教师队伍建设这一当前教育改革创新中的基础性工作，是解决人才培养问题的关键。课程教学范式改革的推进需要教师的积极探索与实践，其教学德性的养成自然相当重要。江西师范大学文学理论课程教学团队在加强团队建设工作中尤为重视团队成员根本职责意识及相关教育理念的明朗化要求，“好老师”标准内化于心，外显于行，育人育己，教学德性日益突显，教学与科研深度融合。

四、特色及创新点

课程教学范式改革创新是本成果的最大支点，其内在地要求教师创新教育教学理念，并由此进行文学专业拔尖人才培养路径的创新。

（一）课程教学范式创新：诉求范式的合理性与先进性

基于拔尖人才培养的文学理论课程教学范式具有显著的合理性与先进性：第一，其教学观点、价值标准表现为：深度实施课程思政，培养责任意识、公共理性以及必要的理想态度；加强课程教学的理论性，注重文学观念建构和文学价值导向；强化批判性思维培养；关注学科前沿，激发问题意识，加强学术价值观的培植与引导；实现规范价值与审美意向的社会建构；践行文学即人学观念与人文学和新人文教育核心要求。第二，其教学组织形式尤为注重教学民主与教学协作，构建开放和谐的学习情境，实现更高层次、更接近专业内质的探讨与研究。

（二）教育教学理念创新：德、志、能、美、行“五位”一体化

文学理论课程教学范式改革推动教育教学理念的创新。其致力于确立卓越高等教育理念，诉求建立在学科知识基础之上的遵循新人文教育发展方向并与文学的人文学特质相匹配且深层协调的时代性的人的生命、灵魂与专业素养的卓越。在此前提下，依据高师院校拔尖人才的专业性与师范性的双向要求，本成果创造性地建构起德（文德＋师德，“德”是支撑）、志（文志＋师志，“志”为引领）、能（文能＋师能，“能”乃内核）、美（文美＋师美，“美”显趣味）、行（文行＋师行，“行”在实践）“五位一体”的拔尖人才标准。

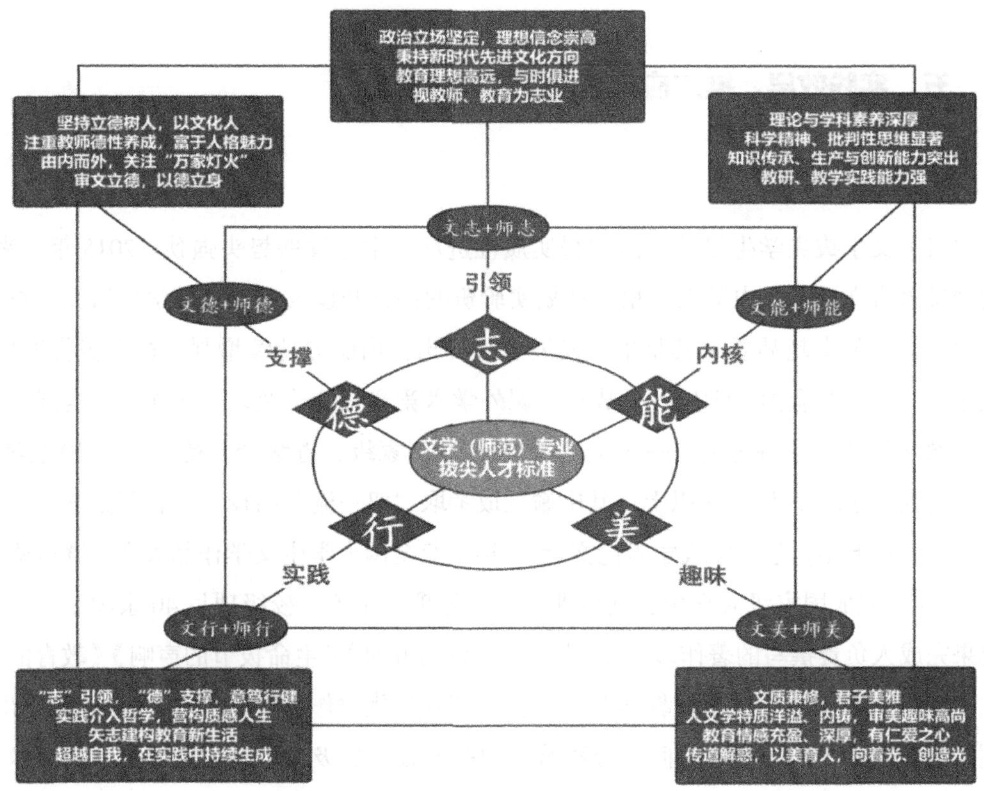

图 1　文学（师范）专业拔尖人才标准

（三）人才培养路径创新：确立“1+2+3+4+5+6+1”模型

基于对文学理论课程的性质及其根本育人方向的理解，尤其是依据上述专业拔尖人才标准的理论创新与界定，并结合对新时代教育发展根本目的问题的深层次思考和研究，本成果负责人经过多年探索，讨论、确定了文学理论课程教学范式改革引领下的文学专业拔尖人才培养的“一个根本方向、两种能力培养、三个重要维度、四层级意识强化、五种行动融合、六种教育形态融入、一个终极目的”这一相对完整而成熟的实践模型。

五、实践效果、推广应用情况及校内外评价

（一）实践效果

（1）文学拔尖学生培养实践取得实质性进展，学生发展势头强劲。2015 年以来，随着汉语言文学专业内部人才培养计划实验班的持续开设及重点培育学生培养工作的深化，学生的卓越品质尤其是生命发展意识突出，内驱力持续增强，社会美誉度好。近年来，学生获全国大学生“挑战杯”课外学术竞赛三等奖及以上 4 项；获全国性师范生教学技能大赛特等奖、一等奖近 30 项；获国家级、省级个人德育荣誉 10 余项；硕士研究生录取率为 20% 以上，其中逾三成考取“双一流”高校，另有部分学生赴海外求学。近五年，学生发表学术论文近 50 篇；获全国大学生文学作品大赛等赛事奖项近 40 项；完成国家级大学生创新创业训练计划项目 1 项、校级项目 40 余项；参与本成果完成人负责撰写的著作多部（《生命与教育的方向》《生命拔节的声响》《教育的时代性镜像》《部编本语文教材教学设计》等）。毕业生优秀作品集《瑶湖青春》连年推出，创意写作班学生作品集《时间的金蔷薇》顺利出版，院级学生刊物《文学苑》学术品格突出，每年获评校级“百优论文”10 篇左右。

（2）课程、专业、学科建设成效显著，教师发展好、育人水平佳。基于拔尖学生培养目标的文学理论课程文化建设取得创造性发展，课程长效建设机制有效确立，以适切的课程思政为引领的课程教学范式改革持续深化。教师育人意识显著增强，教学科研双向互动。团队成员近年获评江西省高校教学成果奖 7 项，其中，一等奖 5 项。

2017 年、2022 年，中国语言文学学科两次入选江西省一流学科；2019 年，汉语言文学入选国家一流专业建设点，2022 年获评全国高校六星级专业（中国顶尖专业，校友会网）、江西省高校五星级专业。近三年，入选教育部基础教育语文教学指导专业委员会委员 1 人，获评江西省“新时代学生心中的好老师”1 人。

（二）推广应用情况

和谐教育生态形成，以改革促卓越的人才培养理念传播广远。具有生态品质的新时代和谐教育形态的生成是本教学成果价值的集中体现。其尤为关注人的建设，践行温暖教育、美丽教育旨趣，寻求和探索文学专业人才的更具发展性和塑造性的未来。

2014 年，江西师范大学文学院与江西省高校师资培训中心联合举办全省高校文学类课程教学范式改革与创新培训班，近三年主办江西省高校中国语言文学学科联盟及

江西省文艺学会文艺理论与批评专业委员会“新时代文学理论课程教学改革”论坛各1场，传播理念、示范实践，反响很好。南昌大学、赣南师范大学等十余所省内高校陆续跟进。此外，首都师范大学、玉林师范学院等多所省外高校文学院领导与专业负责人专程前来交流，深度了解文学理论课程教学范式改革及专业拔尖学生培养探索与实践状况。

（三）校内外评价

文学理论教学范式改革，具有鲜明的价值导向、当代视野、问题意识、探索意识和创新意识，将知识性与价值性、守正与创新、理论思维能力培养与审美感受力培养统一起来，致力于培育新时代文学人才、文学教育者和文学理论家。在学生中反响很大，也得到省内外许多高校的关注与认可。江西师范大学官网等媒体曾深度报道詹艾斌的育人理念与教改实践。

江西财经大学：

秉承价值引领，坚持立德树人 推进课程思政建设

一、团队负责人及主要成员简介

（一）负责人简介

卢福财，江西财经大学党委书记，博士、教授、博士生导师，全国模范教师，财政部跨世纪学科带头人，江西省高校中青年学科带头人，江西省“百千万人才工程”，江西省首批“赣鄱英才 555 工程”领军人才，江西省首届十佳青年教师，江西省级教学名师，享受江西省人民政府特殊津贴；担任全国工商管理专业学位研究生教育指导委员会委员、教育部高等学校工商管理类专业教学指导委员会委员、中国工业经济学会副会长、互联网经济与产业创新发展专业委员会主任、中国企业管理研究会副会长。

（二）主要成员简介

邓辉，江西财经大学校长，博士、教授、博士生导师。十二届全国人大代表，十一届、十三届江西省人大常委会委员、法制委员会委员。民进中央委员、民进中央监督委员会委员，民进江西省委会常委。担任教育部高等学校法学类专业教学指导委员会委员、江西省法学会副会长，中国法学会证券法学研究会常务理事，中国法学会商法学研究会理事，江西省法学会金融法学研究会会长等职务。

李春根，江西财经大学党委常委、副校长，博士、教授、博士生导师。国家社会科学基金重大专项招标项目首席专家、井冈学者特聘教授、江西省百千万工程人选、江西高校中青年学科带头人、江西省优秀研究生导师、江西省青年五四奖章获得者、全国优秀社科普及专家。担任中国财政学会理事、中国社会保障学会常务理事、中国高等教育学会劳动教育专委会常务理事、教育部学位与研究生教育评估专家。

王乔，江西财经大学原校党委书记，教授，博士生导师。“赣鄱英才 555 工程”领军人才、江西省人民政府特殊津贴获得专家、“江西全面建成小康社会决策支持协同创

新中心”首席专家。在国内外重要期刊发表论文30余篇，出版专著、教材12部；主持国家省部级课题20余项，多项成果获得省部级以上奖励；主持多项江西省教改研究重点项目，主持江西省高校“课程思政”示范课程、江西省高校课程育人共享计划项目、国家级精品资源共享课、国家精品在线开放课程、国际在线开放课程等重要教改项目。荣获国家级教学成果二等奖、江西省教学成果一等奖、江西省防疫期间线上教学优质课（本科组）二等奖等。

廖国琼，江西财经大学教务处处长，博士，教授，博士生导师，江西省高校中青年学科带头人，中国计算机学会高级会员，中国计算机学会数据库专业委员会委员，ACM SIGSPATIAL中国分会会员，江西省计算机学会理事。主持及参与包括国家自然科学基金项目、国防重点项目、中国博士后基金项目、江西省自然科学基金项目等在内的20余个项目研究，发表论文80余篇，授权专利2项，获省部级奖励10余项。

邹艳芬，江西财经大学教务处副处长，博士，教授，博士生导师，英国伯明翰大学商学院高级访问学者，获得江西财经大学“师德标兵”“巾帼标兵”“教学十佳”和“青年学科带头人”等称号。担任中国系统工程学会能源经济与战略管理分会常务理事、可持续发展分会常务理事、能源系统工程常务理事、青海省委党校特聘教授。主持及参与包括国家自然科学基金项目、国家社科基金重大招标课题、国家社科基金项目、教育部规划基金项目、江西省自然科学基金项目、江西省教育厅科技项目、高等学校教学改革项目、人文社科基金项目等在内的40余项，发表核心及以上期刊论文40余篇。主要研究方向为运营管理、技术创新、生态效率等。主持江西省高校课程育人共享计划项目、江西省精品资源共享课、江西省线下一流课程、在线开放课程等重要教改项目。荣获江西省教学成果二等奖、江西省防疫期间线上教学优质课（本科组）三等奖等。

二、解决的主要问题及工作目标

（一）解决的主要问题

1.解决了思政教育和专业教育生硬切割的问题

课程思政由学校思想政治工作领导小组统一领导，统筹推进全校思政教育和课程思政教育教学改革工作。各学院成立由党政一把手为组长的院课程思政建设工作小组，领导和组织学院课程思政建设工作，把教师参与课程思政教学改革情况和课程思政效果作为教师考核评价、岗位聘用、评优评先的重要依据。全体教师成为课程思政改革的实践者和担当者，改变了只由思政教师负责思政教育的局面。充分发挥课堂主渠道在学校思想政治工作中的作用，促进思政教育和专业教育的有效融合。让所有教师、所有课程都担好育人责任，守好一段渠，种好责任田，使各类课程与思政课程同向同行。

2.解决了专业课教师重知识传授轻价值引领，知识传授与价值引领“两张皮”的问题

所有课程深入挖掘各类课程蕴含的德育内涵和价值元素，编制课程思政教学指南和教学大纲，切实将课程思政目标融入教学大纲、教学设计及教学过程，让教师在传授专业知识的同时，提高大学生的思想政治觉悟，帮助形成正确的世界观、人生观、价值观，达到教书和育人的和谐统一。改革学生的课程学习评价方式，把价值引领作为教学目标纳入学生的课程学习评价。

（二）工作目标

课程思政在所有学科专业全面推进，课程思政理念在全校范围形成广泛共识，教师开展课程思政建设意识和能力全面提升，协同推进课程思政建设体制机制基本健全，立德树人成效进一步提高。

三、改革实践的思路和主要举措

（一）改革实践的思路

通过分步实施，选树一批学生真心喜爱，终身受益、毕生难忘的课程思政示范课程；推出一批具有亲和力和影响力的课程思政教学名师团队；提炼一系列可推广的课程思政教育教学改革典型案例；形成一套科学有效的课程思政教育教学质量考核评价体系。

（二）主要举措

（1）系统设计，整体推进，出台《江西财经大学加强课程思政建设工作方案》。方案明确了课程思政建设目标、建设要求、重点任务和保障措施。课程思政由学校思想政治工作领导小组统一领导，确保课程思政与思政课程同向同行。由校党委书记、校长担任课程思政建设领导小组组长，校党委副书记担任常务副组长，分管本科教学的副校长担任副组长。围绕各项重点任务，设立不同的牵头单位和配合单位，确保各项任务落实落细，全校一盘棋，多部门协同联动。

（2）开展课程思政大研讨，增强课程育人意识。结合教职工思想政治理论学习，开展“课程门门有德育，教师人人讲育人”研讨活动。主要校领导亲自主持召开由全校各院长、相关职能部门负责人参加的课程思政专题研讨会，明确了课程思政的建设任务和重点，要求各学院制定课程思政行动方案和工作计划。各学院纷纷开展课程思

政学习讨论活动与经验交流，提高每位老师对加强课程思政重要性的认识。

（3）组织专题辅导，提升思政教学能力。邀请南京审计大学副校长董必荣和上海大学原副校长叶志明两位专家面向全校教师举办课程思政专题讲座，对课程思政深入解读，加深对课程思政的内涵、目标及原则等的理解。组织教学观摩、教学竞赛、教学研讨等活动，提升课程思政教学能力。

（4）示范引领，分步实施，稳步推进，建设示范专业课程。分批建设课程思政示范课程培育项目，各培育项目采取“先建设、后认定”方式，成熟一个，验收一个，对通过验收的项目给予一定奖励。立项建设100余门课程思政示范课程培育项目，获首批国家级课程思政示范课程1门及教学团队1个，立项省级课程思政示范课程3门，认定18门校级课程思政示范课程，形成一批课程思政优秀教学案例。

（5）加强课程思政研究，推动课程思政改革走深走实。将课程思政建设纳入校级教学改革项目申报指南，立项课程思政类教改项目30余项。课程思政类教改项目校级立项数逐年递增趋势，教师开展课程思政研究的热情高涨。

（6）积极加入全国财经类高校课程思政联盟，成为副理事长单位，共同探讨高校课程思政建设的理论与实践发展。2020年12月21日，由对外经济贸易大学主办的首届全国财经类高校课程思政建设研讨会暨财经类高校课程思政联盟成立会议成功举行，江西财经大学作为副理事长单位加入联盟。

（7）着力推进课程思政教育与劳动教育结合。率先制定《江西财经大学关于加强劳动教育的实施方案》，将劳动教育纳入人才培养方案，着力推进思政教育与劳动教育、专业教育与劳动教育、社会实践与劳动教育的融合，形成“构建劳动教育新体系、搭建劳育交流新平台、建设劳动教育新课程、探索劳育实践新路径、创建劳育评价新机制”的“五位一体”劳育教学模式。

四、特色及创新点

1.教学活动创新

对现有课程教学大纲和教案进行完善，将课程思政要求纳入人才培养方案，在教学目标中增加课程思政目标；探索多样化教学方法，根据课程思政目标设计相应教学环节，创新教学活动，将课程思政元素融入学习过程中，体现在学习评价方案中。

2.建设方式创新

课程思政采取“示范引领，分步实施，稳步推进”方式开展建设，确保取得实质效果。各类课程思政项目采取“先建设、后认定”的方式，成熟一个，验收一个，对通过验收的课程思政项目给予一定奖励。项目建设注重过程引导与质量监控，定期组织专家听课跟进与指导。

3.总结模式创新

注重示范引领和总结宣传，总结提炼了一批课程思政教育效果好、学生反响佳的教学案例，形成一批参考性强、推广价值高的典型案例结集出版。首批即将出版的案例涵盖工、文、经管、法、教育、艺术等学科门类，涉及工商管理类、经济类、财政学类、金融学类、经济与贸易类、马克思主义理论类、新闻传播类、管理科学与工程类、计算机类、艺术类、法学类、体育学类、外国语言文学类13个专业（类）。各案例充分挖掘思政要素融入点，寻找课程教学中将思政教育内容与专业教育内容有机融合领域，从总体设计思路、实施步骤、采用的教学方法、教学资源运用等方面详细描述了案例实施过程，具有很强的参考性和推广价值。

五、实践效果、推广应用情况及校内外评价

（一）实践效果

1.率先建成“大美劳动”慕课

该课程已正式面向2020级本科生和社会开放。2020年10月，“大美劳动”慕课在智慧树平台上线，目前已完成两轮运行。截至2021年10月，选课人数已超30万，累计选课学校214所，累计互动117.45万人次，在社会上产生了广泛影响，已成为全国最有影响力的劳动教育课程之一。

2.教师课程育人意识明显提高

“课程门门有德育，教师人人讲育人”的理念已经入心入脑。各门课程竞相挖掘课程思政元素，所有已修订课程教学大纲，增加思政育人目标与思政映射点。

（二）推广应用情况

1.经验交流

江西财经大学作为全国财经类高校课程思政联盟副理事长单位，在首届全国财经类高校课程思政建设研讨会做经验交流。江西财经大学教务处长廖国琼主持了以“学习交流 携手同行”为主题的交流会谈，李春根副校长介绍了学校在课程思政教育教学改革方面的做法和经验。

2.组建联盟

成功组织召开全省劳动教育成果展示交流会，牵头筹建江西省高校劳动教育联盟，加入中国高等教育学会劳动教育专业委员会和新时代财经高校大学生劳动教育联盟。

3.成果推出

率先编写《大学劳动教育》教材，已由高等教育出版社出版。实施“六个一”劳育实践活动，即一场劳动教育主题班会、一个劳动周、一次生产性劳动、一次社会实践活动、一次志愿公益活动和一次创新创业活动，取得良好效果。

（三）校内外评价

课程思政和思政课程教学改革整体推进，做到了专业教育与思政教育的有效融合，构建了大思政格局，浓厚了大思政氛围。改革思路清晰，目标明确，全校整体协同联动，成效明显。课程思政示范课程培育项目采取“先建设、后认定”方式，有效地避免了重立项轻建设的矛盾，值得推广。

优质课程思政示范课程获得认可。2019 年，王乔教授负责的“中国税制”、陈始发教授负责的“中国近代史纲要”、胡少勇副教授负责的“保险学”课程入选“江西高校课程思政示范课程”，2021 年王乔教授负责的“中国税制”进一步入选教育部课程思政示范课程，课程团队同时入选为教育部课程思政教学名师和团队。

江西财经大学：

“中国税制”课程思政示范课程

一、团队负责人及主要成员简介

（一）负责人简介

王乔，江西财经大学原校党委书记，教授，博士生导师。现为“赣鄱英才555工程”领军人才、江西省人民政府特殊津贴获得专家、“江西全面建成小康社会决策支持协同创新中心”首席专家。在国内外重要期刊发表论文30余篇，出版专著、教材12部；主持国家省部级课题20余项，多项成果获得省部级以上奖励；主持多项江西省教改研究重点项目，主持江西省高校“课程思政”示范课程、江西省高校课程育人共享计划项目、国家级精品资源共享课、国家精品在线开放课程、国际在线开放课程等重要教改项目。曾荣获国家级教学成果二等奖、江西省教学成果一等奖、江西省防疫期间线上教学优质课（本科组）二等奖等。

（二）主要成员简介

李春根，江西财经大学副校长，教授，博士生导师。主持国家重点项目10余项，出版著作教材10余部，在核心期刊报刊发表学术论文130多篇，多篇文章被《新华文摘》、人大复印资料转载，多个研究报告获得省领导肯定性批示。曾获多项全国财政优秀科研成果、江西省社会科学优秀成果及人文社科优秀成果奖、江西省优秀教学成果奖、江西省高校优秀教材奖等奖励。

张仲芳，江西财经大学财税与公共管理学院院长，教授，博士生导师。江西省“百千万人才工程”人选、江西省高校中青年学科带头人、江西财经大学“百人计划”青年学科带头人，在核心期刊发表学术论文40余篇，出版专著3部，主持多项国家、省部级课题。

陈始发，江西财经大学马克思主义学院院长，教授，博士生导师，中宣部文化名家暨“四个一批”人才，教育部全国高校黄大年式教师团队负责人，享受国务院政府特殊津贴。教育部思政课教指委委员，全国思政课有影响力十大标兵人物，教育部“新世纪优秀人才支持计划”和“首届中青年思政课教师择优资助计划”人选，省中青年学科带头人、思想政治理论课名师。参加习近平总书记主持的“学校思想政治理论课教师座谈会”。

姚林香，江西财经大学财税与公共管理学院，教授，博士生导师。主持多项省级教改课题，发表多篇教改论文。

陈荣，江西财经大学财税与公共管理学院，教授。校“教学十佳”，省级精品在线开放课程项目负责人。

徐建斌，江西财经大学财税与公共管理学院税务系系主任，副教授。曾荣获江西省防疫期间线上教学优质课（本科组）三等奖。

王雯，江西财经大学财税与公共管理学院系副主任，博士，讲师。曾获第四届江西省青年教师教学竞赛（文科组）一等奖。

二、解决的主要问题及工作目标

（一）解决的主要问题

“中国税制”课程以习近平新时代中国特色社会主义思想为指导，坚持价值塑造、知识传授和能力培养紧密融合，充分运用思政元素培养大学生的理想信念、价值取向、社会责任、法治观念，扭转传统专业课教学整体重理论轻实践、重专业轻思政、重技术轻价值等倾向，着重解决以下问题：

1.思政设计要能“顶天”

围绕国家战略方针，深入贯彻依法治国、依法治税方略，增强税收法治观念；坚持经典理论与改革实践的有效契合，要能讲好大国税收治理的“中国故事”“中国方案”，以此增进学生对中国税收治理的“理论自信”“道路自信”“制度自信”。

2.改革成效要能“立地”

要创建专业课程思政元素资源库，全方位打造课程思政的“江财样板”，示范引领其他相关课程思政“常规化”，辐射推动省内外高校课程思政建设，从而创建可复制推广的专业课程思政模式。

3.思政实践要体现“育人”

要以专业知识和技能为载体，优化课程思政内容，通过“隐性知识”与“显性知识”结合，将社会主义核心价值观、税收法治观等内化于心、外化于行。

4.教学相长要实现“培优”

要从教学目标、教学内容、教学资源、教学评价等多方面融入思政元素，强化价值引领；要培育一批课程思政优秀教师，推动课程教学质量的全面提升，助推“中国税制”国家级“金课”建设和税收学国家一流专业建设。

（二）工作目标

1.课程专业教育目标

“中国税制”课程以习近平新时代中国特色社会主义思想为指导，坚持价值塑造、知识传授和能力培养紧密融合，运用丰富的思政元素厚植学生的理想信念、价值情操、法治精神和责任担当，旨在培养具有社会责任感、公共意识和创新精神，掌握税收基本理论和基本方法，具备综合运用专业知识分析和解决税收经济问题能力，秉承“慎独尚公”精神，具有“信、敏、廉、毅”素质的三观正、德商高、匠心好、专业能力强的应用型税收专业人才。

2.课程思政育人目标

帮助学生了解税收专业和行业领域的国家战略、税收相关法律法规政策，引导学生深入社会实践、关注现实问题，强化学生的“四个自信”和专业认同感，培育学生经世济民、诚信敬业、德法兼修的职业素养，培养以“税”为核心的家国情怀和以税收实践为基础的工匠精神。

三、改革实践的思路和主要举措

（一）改革实践的思路

“中国税制”课程具有鲜明的中国特色与时代特征，课程思政的融入，紧紧围绕强化具有“信、敏、廉、毅”素质的创新创业人才培养特色，深化学校本科教育教学改革，构建高水平本科人才培养体系的目标展开。具体包括：

（1）坚持“经师”与“人师”的有效契合，打造红专结合的教学团队，实现“个体承担”与“团队作战”的有机统一。提高教师的道德水准、专业素养、业务水平，要做有理想信念、有道德情操、有扎实学识、有仁爱之心的“四有”好老师；落实主体教师的思政理念与育人意识，通过集中研讨、集体备课、集体培训等形式进行整体化思政设计，打造优秀思政团队，强化专业课教师人格魅力示范效应和团队效应，将育人工作引向深处。

（2）坚持“特色化”与“普适性”的有效契合，完善教学内容，实现工具化知识传授与价值化理念塑造的有机统一。坚持规范的知识传授、严谨的理论阐释、深刻的思想教育并重，依据学科前沿动态重构知识体系。从税制发展历史、改革方向、文化基因、社会贡献、前沿问题、内在逻辑、研究范式等众多领域挖掘思政元素，实现专业知识的“精”与思政元素的“泛”的有效契合。

（3）坚持发现个体与重塑自我的有效契合，创新“以生为本”的教学方法，实现总体“漫灌”与精准“滴灌”的有机统一。积极开展线上与线下混合式教学、虚拟仿真实验教学，利用多媒体新技术展现课程思政魅力。积极探索模块教学、情境教学、比较教学、项目教学、案例教学以及研讨式教学，多形式拓展教学内容、增加教学互动，引导学生进行独立思考与个性化探索，在理论思辨的过程中形成师生同频共振、双轮驱动，在“点对点 + 面对面 + 键对键”的沟通中深化课程思政。

（4）坚持课堂内外、线上线下的有效契合，拓展教学时空，实现激活第一课堂与拓展第二课堂、第三课堂的有机统一。积极探索将“教学活动场”转化为“价值体验场”，增强学生价值体验感，达成育人目标。课堂内，以专题教学、案例教学、微课、江西财经大学税收票证博物馆现场教学等形式，将思政素材融入课程教学。课堂外，探索互联网“云思政”教学模式，打破时空限制，邀请海内外专家学者、优秀校友等开展线上交流，打造全时空浸润式育人环境与育人模式，实现课堂教学、社会实践、网络运用三维教学方式的融合统一。

（二）主要举措

“中国税制”课程以习近平新时代中国特色社会主义思想为指导，坚持价值塑造、知识传授和能力培养紧密融合，运用丰富的思政元素厚植学生的理想信念、价值情操、法治精神和责任担当，切实把大学生培养成为对党忠诚，具有社会责任感、创新精神和实践能力的社会主义事业的合格接班人。

（1）在课程设计上，将专业教育与思政教育有机融合。深入贯彻依法治国方略，增强税收法治观念，既要讲好税收制度的经典理论，又要讲好税收治理的“中国故事”“中国方案”，积极向学生传播税收法治理念，培养学生依法纳税、宣传税法意识。通过传统与思政的有效契合，形成专业课程的价值维度，与专业理论和知识融为一体，创建“价值塑造、能力培养、知识传输”多位一体的教学目标。

（2）在思政元素上，将“政治高度”与“生活浓度”有机统一。既大力弘扬社会主义核心价值观，回应培养什么样的人、怎么培养人、为谁培养人这一根本的政治问题，又将活生生的税收案例引入课堂，达到思政育人目标。利用思政元素的融入与案例实践演练，将零碎的知识点串成线，进而形成模块，最终通过知识和理论内涵发掘、广度延伸、深度研读、价值提炼等手段将模块整合成为体系，在融入思政元素基础上实现知识点的“点—线—模块—体系”逻辑图。

（3）在教学团队上，建立了基于集体备课制度的专业课程思政元素挖掘机制。课程组直面专业知识教育与思政元素“两张皮”的现实问题，较早建立集体备课制度，围绕思政元素的“科学取舍、重点突出、系统提炼”等基本环节，充分发挥集体智慧，深入挖掘专业课程思政元素，并在此基础上找准专业知识与思政元素的“契合点”与“植入点”，将知识传授与价值引领有机结合。

（4）在教学方式上，坚持教师主导与学生自主学习的有效契合，实现教师“系统讲授”与学生“自主建构”的有机统一，将“春风化雨”的思政教育转化为“润物无声”的育人效果。以专业知识和技能为载体，“显性知识”传授与“隐性知识”感化相结合，将社会主义核心价值观、税收法治观念等内化于心、外化于行。具体而言，“中国税制”课程思政将围绕税制基本理论与基本技能，将教学过程分为四个阶段，每个阶段均通过思政教学案例与思政植入点来牵引整个教学过程。具体而言，第一阶段，通过“思政案例激活”，来突出教学的问题导向和创设教学情境；第二阶段，通过“思政案例解读”，来浓厚学习兴趣和梳理理论知识；第三阶段，通过“思政案例演练”，来强化学生的“意义学习”与动手能力；第四阶段，通过“思政案例总结”，来突出教学重点与难点，引发学生对问题的再思考。

（5）在教学时空上，坚持教师课堂教学与学生课外实践活动的有效契合，实现激活第一课堂与拓展第二课堂的有机统一。通过研究专业课程思政内容的选择和融入路径、开展专业课程思政的方法、思政目标与专业课程的融合的“标准”等，实现课堂内外、学校内外、线上线下的三个有效结合，将第一课堂向第二课堂，甚至第三课堂延伸，构建了由学生、教师、学校、社会等多方主体组成的理论与实践相结合的一流本科教学生态模式。

（6）在教学评价上，坚持多主体合作与多形式考核的有效契合，实现尊重“权威标准”与体现“平等多元”的有机统一，将终极性的“结果评价”与表现性的“过程评价”相结合。学业评价既重实效，又重过程，通过加强过程性、表现性的评价，增强学生参与、师生互动，将“以学生为中心”的教学理念落到实处。此外，对专业思政课程教师的教学评价，注重实际效果的同时也关注长期效应。

四、特色及创新点

“中国税制”课程是一门有雄厚基础的、注入了丰富思政元素的高质量课程，为国家精品课程、首批国家级精品资源共享课程，是国家精品在线开放课程和国际在线开放课程，为江西省高校“课程思政”示范课程；为该课程编写的教材 2014 年获批国家级规划教材。该课程教学改革成果 2014 年获国家级教学成果二等奖，课程团队获“2020 年江西省高水平本科教学团队”称号。税收学专业为国家一流本科专业建设点。

（一）“中国税制”课程形成了以党建为引领的专业课程思政模式

课程组以教师党支部为依托，以专业课程为载体，以课程思政为支部活动主题，形成了以党建为引领的专业课程思政模式，有效解决了课程专业教师对课程思政的认识偏差问题，显著提升了课程专业教师的思政素养与能力，也充分发挥党支部的战斗堡垒作用，为培养德智体美全面发展的社会主义建设者和接班人提供坚强组织保证。

（二）“中国税制”课程构建了多场景、多方式、全方位、全要素的“又红又专浸润式”课程思政模式

通过“线上 + 线下”“校内 + 校外”“虚仿 + 体验”联动，实现“专业 + 课程 + 思政”融合，传承红色基因，实现“浸润式”无声育人。如在“增值税”学习中，学生线上学习专业基础，线下通过“女大学生虚开发票被判 2 年开除学籍”案例进行遵法守法教育；教师带领学生到税务部门走访座谈，树牢为国聚财、依法治税理念；到瑞金中华苏维埃政府旧址群（财政部）开展红色教育，坚定“四个自信”。

（三）“中国税制”课程打造了国内首家税收票证博物馆，为税收历史文化教育提供了实践基地

馆内我党早期的税收票证实物为帮助学生加强党史学习、了解我党光辉历史提供了生动的教学素材。在“中国税制”课程“印花税”教学中，教师带领学生参观“印花税”展厅，感受生动直观的税收历史文化，强化了税史教育和党史教育。

（四）“中国税制”课程以“课中课”“课外课”教学模式强化师生多元互动，启发学术思维

在专业知识点讲授的基础上，积极培育学生深入钻研的热情。例如在“房产税”章节教学中，教师通过“房住不炒，房地产税真的能抑制房价吗”教学案例，以辩论的形式引导学生思考，学生以“房地产税”作为研究对象申报的校级以及省级科研课题成功获得立项。

五、实践效果、推广应用情况及校内外评价

（一）实践效果

为解决课程思政元素挖掘不够与不准的问题，课程组始终坚持集体备课制度，探索建立课程思政全面融入教学管理机制和持续推进机制，每学期平均开展3次以上集体备课活动，并于2019年成功举办全国高校“中国税制”慕课集体备课会、2020年举办全国高校“中国税制”课程建设分享会。

课程思政教学改革成效好。2019年获批为江西省高校“课程思政”示范课程，2020年获批教育部首批“课程思政”示范课程。围绕课程思政教学改革，已立项省级教改项目2项，在核心期刊和报纸发表教改论文5篇，获省防疫期间线上教学优质课程二等奖、三等奖，课程组青年骨干教师获省青年教师教学竞赛一等奖。

人才培养质量明显提升,学生综合能力显著提高。团队教师指导学生获得“挑战杯”全国大学生课外学术科技作品竞赛、德勤税务全国精英挑战年赛、全国税收风险管控案例分析大赛等各类国家级、省级奖项。

（二）推广应用情况

课程思政示范辐射范围广。

在校内，在“中国税制”课程的示范引领下，税收学教学团队探索并形成了“一课一思政”的课程思政示范课群，“税票鉴赏”视频课程登上学习强国，“税法”课程获得省级精品课程与共享育人计划立项，“税务管理”“税收经济学”“税务筹划”等课程也在积极探索中。

在校外，2019年教学团队成功举办全国高校“中国税制”慕课集体备课会；2020年由教育部高等学校财政学类专业教学指导委员会、江西财经大学主办，课程团队承办的全国高校“中国税制”课程建设线上分享会成功举办，十多所兄弟院校的280多位教师在线观看直播，《人民日报》、凤凰网、中央广电总台国际在线、海外网、凤凰网等做相关报道，产生了较大的社会反响。“China’s tax system”国际在线开放课程于2020年成功上线，课程影响力持续提升。

（三）校内外评价

通过深入挖掘课程思政元素、找准契合点，课程较好地实现了知识传授与价值引领的统一。将法治意识、国家意识、诚信意识、制度自信等思政元素有机地融入了课

程教学全过程，又红又专的专业人才培养质量显著提升。学生对课程的教学评价均为优秀，并获批多项本科生科研课题，荣获多项挑战杯奖项。同时，业界专家对“中国税制”课程思政育人的效果给予高度认可。江西财经大学税收票证博物馆建设及其育人功能得到业界肯定。

东华理工大学：

新文科背景下中国文化“双金”课程“五育并举”实践模式探索

一、团队负责人及主要成员简介

（一）负责人简介

廖华英，东华理工大学外国语学院院长、教授，教育部课程思政示范课教学名师，江西省首届金牌教授，校级教学名师。研究方向为英语教育、中国文化对外传播、课程思政、跨文化交际等。主持2018国家精品在线开放课程（首届国家级线上一流课程）、首届国家级社会实践一流课程和教育部课程思政示范课程，并上线“学习强国”。主持国家社科、教育部人文社科等省部级以上课题10余项，主编国家级及高等教育规划教材8部，发表学术论文20余篇。荣获江西省教学成果奖一、二等奖，江西省社科优秀成果二等奖，江西省高校优秀教材一等奖，江西省英语微课大赛一等奖，江西省防疫期间线上优质课程一等奖等。指导的学生中国文化实践作品多次获得全国“挑战杯”、“互联网+”大学生创新创业大赛、“创青春”等大赛奖项。

（二）主要成员简介

周书民，二级教授，享受国务院政府特殊津贴，江西省先进工作者。东华理工大学教务处处长，中国核工业教育学会副会长，江西省电子学会副会长。主要从事电子信息、核应用技术领域的教学科研工作。主持国家自然科学基金项目3项，参与国家级新工科研究与改革实践项目1项，主持省级教研项目3项；获得国家科学技术进步奖二等奖1项，江西省科学技术进步奖一等奖1项，江西省教学成果奖二等奖1项，发表科研和教学论文50余篇，获得专利授权12项。

赵魁林，副教授、硕士生导师、江西省高校金牌教师、中央美术学院访问学者、中国摄影家协会会员、教育部高等动画、数字媒体专业教学指导委员会江西省专家小组成员。出版《发现生活中的美》专著1部、CSSCI期刊发表2篇、中文核心期刊发表论文及作品6篇、主持参与省部级课题5项，参与多部胶片电影、电视剧、微电影的拍摄，2014年荣获研究生国家奖学金，2018年5月远赴新疆拍摄专题影片《戈壁红柳核能先锋》，终获教育部举办的新时代教师公益广告征集活动全国最高奖。

万翠，东华理工大学外国语学院讲师，第二批江西省“新时代心目中的好老师”，先后参与了3项国家级及省级网络精品共享课程3项，编写专著两部、教材两部，参与江西省教育科学及社会科学规划课题各1项，发表期刊论文1篇，获江西省青年教师教学竞赛一等奖3项、三等奖1项。

二、解决的主要问题及工作目标

（一）解决的主要问题

（1）如何基于“文化引领+课程思政”理念实现中国文化“五育并举”协同育人目标?

（2）如何通过“互联网+”拓宽中国文化“跨学科”教学与实践的广度和深度?

（二）工作目标

本案例基于“德智体美劳”五育育人理念，通过整合多学科优势资源，创新新文科背景下的中国文化“五育并举”跨学科跨地区的教研与实践模式，全面提高中国大学生对外传播中国文化的能力，提升文化软实力，实现培养中国文化的践行者和传播者的育人目标。

三、改革实践的思路和主要举措

（一）改革实践的思路

习近平总书记指出要让中国优秀的传统文化走出去，讲好中国故事、传播好中国声音、阐释好中国特色。教育部高等教育司吴岩司长在新文科建设会议上指出，培养“知中国、爱中国，堪当民族复兴大任”创新人才和“创造光耀时代、光耀世界的中华文化”已成为新文科建设的历史使命。

团队研发高质量的课程资源：教材、慕课和实践平台，基于教育部颁布的《完善中华优秀传统文化教育指导纲要》，围绕家国情怀、个人修养、文化自信三个方面，根据中国文化课程特色和特性，“以德为先”“以智为源”“以体为基”“以美为趣”“以劳为乐"，形成跨学科、跨省区的体系化的中国文化教学与实践育人新模式。

针对高校大学生中国文化失语症现象普遍、中国文化认同遭遇危机、文化教学生态体系失衡、缺乏完整系统且可复制的育人模式等问题，围绕研发新时代"金课"所必备的"教材、慕课和实践平台"三大教学资源，基于"德智体美劳"五育并举，提高大学生中国文化传承以及对外传播能力，探索形成了具有中国特色的"跨层次、跨理论实践、跨学院学校、跨国家地区"的"四跨"卓越人才培养模式，通过国内"中国文化教学与实践"虚拟教研室的首发创建、省外高校本土化改造方式完成课程联动建设，实现培养"复合型、创新型、国际型"的"三型"全人教育，培养"知中国、爱中国、堪当民族复兴大任"的新时代文科人才和中国文化的践行者和传播者。

（二）主要举措

1.研发中国文化英文课程高质量的三大资源体系，创建"双金"课程

围绕研发新时代"金课"所必备的"教材、慕课和实践平台"。出版了国家级规划教材《中国文化概况》及劳动教育教材《中国文化实用教程》，研发了配套的在线课程，创建了学生中国文化实践各类平台（如线上实践课程、实践基地、公众号等）。该三大教学资源已经成为全国高校中国文化英文课程权威性的国家级教学资源。分别被认定为国家级首届线上一流课程和社会实践一流课程。课程的覆盖面已到近百个国家，70余万学习者。

图1　东华理工大学出版的国家级规划教材《中国文化概况》

2.围绕“五育并举”，开展跨学科实践育人活动

（1）围绕“德智体美”开展了全国性的中国文化对外传播品牌赛事——中国文化外语微视频大赛，已经成功举办了五届。

该赛事由校宣传部、教务处、团委、外国语学院、艺术学院、体育学院多部门联动举办，成为学校新时代文明实践中心项目。

赛事以育人为导向，与时俱进，立足课程思政点，开展各类主题专赛。如 2019 年结合新中国成立 70 周年开展了第三届“中国红色文化主题专赛”，2020 年“抗击疫情下的中国故事”主题专赛，2021 年举办“传播中国传统文化之美，弘扬身心健康之道”主题专赛。其中“抗击疫情下的中国故事”基于“云”社会实践吸引了全国 50 多个高校 8 种语言 636 个作品参赛，参赛人数达 3000 多人。

（2）举办首届中国文化“劳动教育”大赛，“体验中国刺绣”成为江西省劳动教育展览中央舞台展览项目。

为庆祝建党 100 周年，喜迎五一劳动节，彰显“劳动最光荣”理念，东华理工大学教务处、校团委、外国语学院面向校内外举办了首届中国文化云社会实践（外语类劳动教育）大赛。本次大赛基于中国高校外语慕课平台（UMOOCS）创建的“中国文化云社会实践（外语类劳动教育）”课程，组织校内外大学生进行劳动教育“云”学习和“真”实践。大赛历时三个月，共吸引了来自东华理工大学、南昌航空大学、齐齐哈尔大学、井冈山大学、湖北工业大学等几千名学生参赛。通过此次活动，学生根植了辛勤劳动、诚实劳动、创造性劳动的理念，他们更加坚信劳动最光荣、劳动最崇高、劳动最伟大、劳动最美丽。

建立 10 余个中国文化非遗传承研习基地，中国文化学生实践作品《体验中国刺绣》体现中国文化之美在劳动中创造，在江西省劳动教育成果展示——中央展区现场展示，受到省领导的赞扬。

（3）围绕“慕课”资源建设，培养学生的人文情怀与公益精神。

为实现文化与价值观的引领，项目通过实践增强思政育人的输出。团队老师指导学生积极参与中国文化公益类实践项目，培养学生的人文情怀和公益精神。2019 年“中国文化概论（汉语 + 手语版）”公益慕课被认定为江西省精品在线开放课程，应用到了江西省 14 所特教（聋哑）学校；2020 年受江西省教育厅委托，带领学生研发“手语导诊”课程，在首届世界慕课大会进行了展示。

图2　学生作品在江西省劳动教育成果展上进行展学

江西新闻　请输入关键字

江西新闻 > 文化 >近30所高校参与！我省高校发起成立虚拟教研室助力中国文化传播

近30所高校参与！我省高校发起成立虚拟教研室助力中国文化传播

2021-11-02 13:12:24　阅读:6339　来源：江西新闻客户端·江西日报

江西新闻客户端讯（江西日报记者龚艳平）近日，记者从东华理工大学获悉，该校与杭州师范大学共同发起成立“中国文化教学与实践”虚拟教研室，探索高校“云端”中国文化外语教研模式，共建中国文化课程资源共享案例库，构建中国文化外语教学与实践的教师共同体，更好地促进中国文化传承与对外传播。据悉，该虚拟教研室目前已有来自江南大学、国家开放大学、中国石油大学等近30所高校的专家和教师共同参与。

图3　“江西新闻”对东华理工大学成立虚拟教研室进行报道

3.发起成立全国高校首个“中国文化教学与实践教研室”

为探索高校“云端”中国文化教学与研究模式，共建中国文化课程资源共享案例库，构建中国文化教学与实践的教师共同体，更好地促进中国文化传承与对外传播。该虚拟教研室有江南大学、国家开放大学、中国石油大学等30所高校的资源，学科遍布外语、对外汉语、汉语言文学、计算机等领域。

四、特色及创新点

（一）特色

1.研发了中国文化英文课程权威性的国家级教学资源，为新文科背景下中国文化

育人实践打下好的基础

团队研发了中国文化英文课程及配套资源，主编了国家“十一五”规划教材《中国文化概况》（2008.5）并出版了彩色修订版（2015.3）；研发的中国文化英文慕课，因制作精良，深受国内外学习者的欢迎。2018 年被认定为国家精品在线课程。创建了课程实践平台，认定为国家社会实践一流课程。

2.以课程为依托，以实践为抓手，实现“五育并举”育人模式

该项目以教材建设为突破口，在慕课建设、线上课程的应用和推广、线下翻转课堂实践、校园文化实践氛围的营造，校外社会实践历练等各个环节全过程展现了课程育人的效果；以学生实践作品创作检验学生的文化输出能力和效果的校本实践在全国高校产生了较大的影响，起到了示范和引领作用，助力了部分高校实现了本地化的改造。

3.借助“互联网+”的力量，创建了中国文化“云”社会实践新模式和中国文化教学与实践虚拟教研室以实现跨省跨校的有效联动

近年线上教学成为常态化的教学模式，混合式教学已成为主流教学模式。创建了 UMOOCS 平台中国文化“云社会实践”课程，开拓了全国学子共同学习和参与中国文化社会实践新模式。探索高校“云端”中国文化外语教研模式，共建中国文化课程资源共享案例库，构建中国文化外语教学与实践的教师共同体，更好地促进中国文化传承与对外传播。据悉，该虚拟教研室已有来自江南大学、国家开放大学、中国石油大学等近 30 所高校的专家和教师共同参与。

（二）创新点

（1）该案例以课程为突破口，围绕课程资源建设、实践育人模式等将各部门联动，实践主题进行专题式展开，既有辐射面，又有系统性。将中国文化串起各个学科、各个部门，串起专家、老师和学生，也串起了社会与学校的全育人培养模式。

（2）该案例通过“互联网 +”的力量将中国文化的广度和深度延伸，时空的更新促进新文科背景下中国文化走出去的探索，并引领中国文化教学改革在全国各高校实现本地化的改造。

五、实践效果、推广应用情况及校内外评价

（一）实践效果

（1）学校举行了五届中国文化外语微视频大赛，吸引了全国高校 3 万余人参赛。

（2）学生的中国文化实践作品获得全国“挑战杯”一、二等奖。

（3）团队被评为江西省高水平教学团队，培养了一批优秀青年教师，如江西省“新时代学生心目中的好老师”、“江西省首届金牌青年教师”、学校“锡源科技奖”暨“园丁奖”等。

（4）新冠肺炎疫情期间团队助力中国文化云社会实践。

（5）学生就业显现多元化态势。

（6）上线学堂在线国际平台。

（二）推广应用情况

（1）“中国文化概况”英文慕课上线“学习强国”总台慕课资源。

（2）“中国文化”课程应用到全国400多所学校，来自91个国家70万名学习者。

（3）全国30多所高校加盟“中国文化教学与实践虚拟教研室”。

（4）中国文化微视频大赛学生优秀作品通过UMOOCS平台推送和展播。福建医科大学、滨州医学院等高校还结合课程赛事开展了本校疫情下的中国故事比赛活动，对培养具有“医者仁心”的准医护人员们起到了很好的育人作用。手语公益慕课应用到了全省14所特教学校。

（5）实践育人成果得到了国务院新闻办网站、教育部网站、“学习强国”App平台、省政府官网及人民日报客户端、新华网、中国教育台、《江西日报》、江西教育台等主流媒体30余次的持续报道。

（三）校内外评价

本校校长孙占学高度评价“中国文化”课程培养中国文化的传播者和践行者，认为该课程对全校各专业学科的文化自信和家国情怀的培养产生了积极的影响。国家开放大学前中国传统文化研究室主任孙福万教授认为，“中国文化教学与实践虚拟教研室”开通了各学科对中国文化元素挖掘的路径，是很好的一个平台。

东华理工大学：

党的光辉照我心

——新文科背景下“舞蹈表演与实践”课程体系建设

一、团队负责人及主要成员简介

（一）负责人简介

闻慧莲，副教授，硕士生导师。毕业于中国艺术研究院，美国纽约市立大学皇后学院访问学者，艺术学院副院长，中国舞蹈家协会会员，中国傩戏学研究会会员，江西省舞蹈家协会理事，江西省普通高等学校舞蹈与表演类专业教学指导委员会委员。主要从事戏剧舞蹈理论研究、实践创作及舞蹈教学工作。主持教育部人文社会科学研究项目“梅兰芳戏曲舞蹈创意研究”等省部级及市级以上课题20余项；小舞剧《牡丹亭·杜丽娘》获江西省文化艺术基金项目；在《文艺争鸣》（CSSCI）、《戏剧文学》（核心）及省级等刊物发表论文近30篇，论文获抚州市社会科学优秀成果奖及江西省大学生艺术展演活动教育科研论文一等奖；指导学生获省级以上奖项近30项，国际学术研讨会会议论文集收录6篇；导演表演实验戏剧《罗生门》北京繁星戏剧村公演，入选第18届中韩日BeSeTo国际戏剧节展演；江西省高雅艺术进校园项目音乐剧《汤显祖》艺术总监；2019年1月和5月分别在纽约林肯中心和LAMAMA剧场表演舞蹈项目《Peony Dreams：on the other side of sleep》；2019年9月应邀参加联合国总部举行的联合国青年气候峰会。

（二）主要成员简介

董超，讲师，舞蹈教研室主任。毕业于北京舞蹈学院，艺术学硕士。主要从事中国舞蹈史、中国舞蹈美学的研究，开设“中国舞蹈史”“芭蕾舞基训”等课程。荣获国家级人才培养项目3项，省级人才培养项目1项，省级教学（研）奖3项，校级1项。在《北京舞蹈学院学报》等刊物发表文章7篇，其中CSSCI刊3篇，中文核心1篇。

创作舞蹈《芙蕖清韵》《浴血广昌》等先后荣获江西省级舞蹈比赛二等奖1项、三等奖4项。完成市级社科项目1项，编著1本。

林佳昕，毕业于韩国祥明大学舞蹈学硕士。论文《中国小学舞蹈教育现状分析》在《韩国未来舞协会研究论文集》发表。参与江西省艺术文化艺术基金小型舞台艺术作品资助项目、东华理工大学课程思政示范（特色）课程建设项目及教育科学规划课题。

孙泉，讲师，参与国家、省级、市级课题共11项，发表论文8篇，创作指导的舞蹈作品多次参加舞蹈比赛20余项，江西省高雅艺术进校园音乐剧《汤显祖》副导演，江西省高雅艺术进校园演出活动优秀指导。

二、解决的主要问题及工作目标

（一）解决的主要问题

2019年教育部启动的新文科建设给人文社会科学领域的教育教学改革注入了建设的新方向、新思维、新范式、新格局和新途径。如何建设新文科，舞蹈表演与实践课程如何适应新文科建设改革的要求等议题都迫切需要深入探索、研究和解决。本案例从新文科理念出发，探索和研究舞蹈表演与实践课程体系的教学改革与实践，以适应新时代、新科技、新经济社会需求对舞蹈学专业人才培养提出的新要求。

（1）分析新文科面临的时代挑战，优化"舞蹈表演与实践"课程体系。从新技术、新产业、新形式、新需求和新变化等方面来探索、优化"舞蹈表演与实践"课程体系，调整不适应新文科要求的"舞蹈表演与实践"课程体系。

（2）体现新文科建设要求，开展多学科交叉融合的"舞蹈表演与实践"课程体系建设。优化和完善适应新文科要求的"舞蹈表演与实践"课程知识体系建设。凝练与新文科匹配地将思政融入"舞蹈表演与实践"课程内容，实现"舞蹈表演与实践"课程内容"红色+古色"的双色优化配置。改革和创新舞蹈表演与实践课程的教学方法，提升学生应对时代变化和市场要求的能力。

（3）适应新文科理念和内涵，完善"舞蹈表演与实践"课程的新形态教案建设。根据人才培养计划中的专业课程，组织团队教师编写符合新文科建设内涵要求的"舞蹈表演与实践"课程的新形态教案。

（二）工作目标

在新文科背景下，落实立德树人根本任务，贯彻好习近平总书记"3·18"重要讲话精神，立足构筑"大思政"育人格局，以党史学习教育为契机，"党的光辉照我心"，在“舞蹈表演与实践”课程中通过实施“五个一”，促进红色文化及古色文化融入教材、课程、实践、师资、校园文化，形成校本教材育精神、“红色＋古色”元素进课程、“红色＋古色作业”领实践、一线课堂强师资、文艺精品传文化等成果。打造“有时代热度、有人文温度、有思想深度”的红色思政育人“舞蹈表演与实践”课程模式，有效引导大学生传承红色基因、争做时代新人，更好地提升服务经济社会和时代要求的能力。

三、改革实践的思路和主要举措

（一）改革实践的思路

2016年，习近平总书记在哲学社会科学工作座谈会上指出，按照立足中国、借鉴国外，挖掘历史、把握当代，关怀人类、面向未来的思路，着力构建中国特色哲学社会科学。2019年教育部启动了《“六卓越一拔尖”计划2.0》，提出全面推进新工科、新医科、新农科、新文科建设。2020年的新文科建设工作会议发布了《新文科建设宣言》，对新文科建设作出了全面部署。提出要抓好中国政法实务大讲堂、中国新闻传播大讲堂、中国经济大讲堂、中国艺术大讲堂“四大关键突破”，培养适应新时代要求的应用型、复合型文科人才。适逢建党100周年，舞蹈教育是艺术教育大家庭中的重要一员，理应对此发挥应有的作用。本案例研究与改革的主要思路是：依据新文科建设的要义，对“舞蹈表演与实践”课程教学进行改革，实现学科交叉，把思政、影像等融入“舞蹈表演与实践”课程体系中，为学生提供综合性、实践性和创新性的学习平台，提升学生跨学科、多维度的知识能力素质培养。在传统“舞蹈表演与实践”课程的基础上，以优化“舞蹈表演与实践”课程内容体系，开展多学科交叉融合的专业课程体系建设和完善思政融入课程的新形态教案建设三个方面来研究新文科理念下的“舞蹈表演与实践”课程教学改革与实践，探索舞蹈表演和思政的有机融合，培养适应经济社会需求和技术变化的复合型专业人才的有效方法与途径。

（二）主要举措

1.立一项课程思政课题

申报“舞蹈表演与实践”课程思政项目，通过课程思政项目有效引导广大青年学子赓续红色基因，激发报国之志，练就过硬本领，争做担当民族复兴大任的时代新人。

2.“红色+古色”元素进剧目

在舞蹈表演课程教学内容中，增加红色文化、古色文化内容，用心打磨经典剧目，以激励学生结合自身专业实际，坚定理想信念、传承红色基因、做红色江山接班人，增强民族文化自信。

3.推出一张“红色+古色作业”环境舞蹈即兴清单

向学生推出一张以“红色＋古色书籍、影片、歌曲、故事、知识、景点”为内容的“红色＋古色作业”清单，据此有效引导大学生根据环境背景，融入思政内容即兴舞蹈，自觉争当红色基因传承者、实践者。

4.“一线课堂”强师资

以“一线成果展风采”的方式，改进舞蹈表演课程教法，提升教师师资能力。把课堂与舞台之间无缝对接，丰富舞蹈表演课内容和形式，增强舞蹈表演与实践课实效性和感染力。

5.打造一批红色+古色文艺作品

以“建党100周年”“建校65周年”为主线，打造一批内容丰富、形式多样的文艺作品，充分展现东华理工与祖国同进退、共成长的家国情怀，敢于担当、勇于奉献的精神风貌。

四、特色及创新点

（一）特色

采用立足地方、立足特色、立足行业的“三立足”培养定位；“厚基础、宽口径、协同育人、接轨市场”人才培养理念；“师徒制与双师制”教学手段；“多元一体、四年不断线”的实践教学模式，通过以赛促教、产学研结合、校企合作、服务地方等途径，凸显浓厚红色、古色双色文化和人文底蕴，体现了集“教学、编创、实践及服务社会”为一体的新文科育人内涵和“舞蹈表演与实践”课程育人的明显优势和鲜明特色。

（二）主要创新点

（1）翻转课堂教学，通过翻转课堂教学完成课程主要内容的讲解及学生各小组之间相互探讨和剧目还原再现。共享学习资料、舞蹈视频、课程PPT等内容，提供各种类型的舞蹈视频资料、党史知识点等参考书目辅助教学，每个学生都能成为课堂小老师，多手段并用，激发学习兴趣，提高教学效果。

（2）课堂与舞台相结合，提高学习兴趣，实现了从“课堂—排练厅—舞台”的闭环式培养，增强实践能力。

（3）科研项目融入课堂，将课程思政课题、江西省文化艺术基金小型舞台剧创作项目纳入课堂教学，课堂组织与管理过程中紧扣项目任务进行分工协作，增强学生的组织创造能力，了解除舞蹈动作本体之外的灯光、服装、化妆、道具等全方位的舞台创作过程。

（4）融入课程思政与美育相结合，课程的教学内容以“红色”“古色”双色题材贯穿整个教学过程，汲取中华优秀传统文化，融入原创作品，把课程的“知识—思政—美育”点进行广度延伸和深度解读，将传统、经典的专业知识点与历史的党史学习生动结合。

五、实践效果、推广应用情况及校内外评价

（一）实践效果

（1）实现了专业人才培养模式与专业定位吻合度高。

（2）优化了人才培养方案，创新了人才培养模式。

（3）构建了科学的课程内容体系、高效的实践教学体系和系统的创新创业教育体系。

（4）提高了人才培养质量。学生参赛获奖数量增加，教学质量显著提高，社会声誉持续攀升。

（二）推广应用情况

自团队承担“舞蹈表演与实践”课程以来不断优化课程设置与教学内容，其中心内容在于探讨如何更好地建立从“课堂—排练厅—舞台”的闭环式培养模式，增强学生实践创造能力。同时使学生们用身体感知历史，用舞蹈传承文化，引导当代大学生深刻理解中华优秀传统文化和革命精神的思想精华和时代价值，完善大学生的道德品质，培育理想人格，展现中华文化的无穷魅力和时代风采，打造“红色”“古色”的思政课堂。目前在校四个年级的“舞蹈表演与实践”校内课程已全面推广，同时延伸至学生教学实习的中小学及企事业单位；创作表演的舞蹈作品《逆行者》《答案》等作品视频发表于中国舞蹈家协会、江西省文联及抚州市文联等新媒体网络平台。

（三）校内外评价

输送的毕业生及校外实习生获用人单位高度评价，同时极大地丰富了校园文化建设工作。通过新文科背景下“舞蹈表演与实践”课堂建设，走出了一条具有东华理工特色的美育教育发展之路，在“学习强国”、中国教育网、江西校园资讯网、《抚州日报》等媒体均有报道。

1.课外艺术活动及校园艺术环境

依托“舞蹈表演与实践”课程构架起舞蹈学专业的“学科展演竞赛 ”体系，包括全国大学生艺术展演、大学生舞蹈比赛等，竞赛规模从校级、省级到国家级不等，逐

步建立了一套以专业课程为依托、政策制度为保障、培养学生实践动手能力为目标，由学院搭台、教师指导、学生参与、系（部）负责、成果展示的运作机制，并成为学院美育教育发展的新常态。仅2021年上半年课程团队创作多部红色作品参加十大项展演活动，部分罗列如下：

（1）2021年6月创作情景剧《傅烈：争得神州遍地红》参加了“赣鄱学子心向党”活动，讲述发生在江西红土地上的党史故事比赛，获省级一等奖。

（2）2021年4月26日为庆祝中国共产党成立100周年和五一国际劳动节，创作的红色舞蹈《浴血广昌》等三个节目参演了抚州市“中国梦·劳动美——致敬最美劳动者”文艺晚会。

（3）2021年6月15日选送情景歌舞《社会主义好》参加江西统一战线庆祝中国共产党百年华诞文艺汇演。

（4）2021年6月28日选送红色舞蹈作品《不能忘却的记忆》参演由江西省舞蹈家协会主办、江西省高校舞蹈教育学会承办的“向经典致敬”——江西省高校红色舞蹈作品展演。

（5）东华理工大学在江西省第十届大学生艺术展演活动中取得佳绩，根据省教育厅相关通知要求，学校组织选送了4部舞蹈优秀艺术作品参加展演。

2.艺术团特色案例

2017年始，学院以“舞蹈表演与实践”专业课程为依托，搭建玉茗艺术团，提供空间和一定的经费、设备的支持。艺术团由专业负责人牵头，下设若干工作组（包括演员组、服装化妆组、灯光设计组、影像制作组等），工作组负责人为课程团队骨干教师，每个团队由10—20名的专业学生组成。艺术团充分发挥专业优势，积极参加各类专业竞赛，支持及负责校内外的活动创作编排，亦为学校其他部门的项目提供专业意见。创作小组可以作为教学及科研成果产业化的接口团队，与企事业单位建立长期合作关系、争取较大型活动方案，成为教学部门与社会其他单位及产业的沟通桥梁，给学生提供了提升创新实践能力的空间。玉茗艺术团以项目为依托，紧密结合高雅艺术进校园及江西省文化艺术基金等项目，形成闭环训练，从课堂到舞台，从学生到演员，从教师到导演等身份角色转换，实现课堂美育教学内容与社会人才需求紧密结合。

（1）依托《舞蹈表演与实践》课堂“古色”内容创作的舞剧《牡丹亭·杜丽娘》获批江西省财政厅公共文化建设（文联）专项资金项目、江西省文化艺术基金项目；项目组以“创造性转化，创新性发展，弘扬中华优秀传统文化”为宗旨，繁荣文化艺术创作、打造和推广原创精品力作、培养文化艺术创作人才、推动江西文化艺术事业健康发展贡献自己力量。并在《临川晚报》《抚州日报》、“学习强国”等媒体报道。

（2）音乐剧《汤显祖》连续获江西省高雅艺术进校园十大曲目之一，中国教育网、江西校园资讯网等多家媒体报道，获各界好评。

图1　音乐剧《汤显祖》剧照

在新文科背景下“舞蹈表演与实践”的课程体系建设还处于探索过程中，从舞蹈审美的角度诠释中国发展的历史，彰显出中华民族音乐舞蹈文化特质，使“舞动”的专业思政课堂“传承红色基因，做时代追梦人”，让党史学习教育与美育相结合，起到弘扬民族文化、传播民族舞蹈，凝聚民族精神的作用。

豫章师范学院：

新文科背景下专业课思政育人的探索与实践

——以“个别化教育与教学”为例

一、团队负责人及主要成员简介

（一）负责人简介

左秋芳，硕士，讲师。主持“个别化教育与教学”省级课程思政示范课程建设课题1项，主持省级课题3项，校级“个别化教育与教学”课程思政教学团队带头人，主持2020年校级精品在线开放课程项目“个别化教育与教学”，国家级一流本科课程“走进特殊教育”主讲之一，参与各种省级课程质量工程。第一作者发表CSSC论文3篇。中国残疾人心理卫生分会委员。曾被评为豫章师范学院优秀班主任、优秀毕业论文指导教师等荣誉称号。

（二）主要成员简介

刘明清，博士，讲师。豫章师范学院特殊教育学院副院长，江西省特殊教育融合资源中心副主任。兼任中国教育学会特殊教育分会理事。主持省部级课题6项，发表学术论文21篇，参编著作2部。获得省级高校教学成果一等奖2项。曾被评为江西省教育系统创先争优优秀共产党员，豫章师院首届师德标兵、第三届教学标兵等荣誉称号。

岳瑞珍，博士，研究方向为中医内科学针灸推拿，长期从事针灸推拿临床。主讲“特殊儿童的生理与病理”“儿童生理病理学”等课程。

邓云梅，讲师，国家级一流本科课程“走进特殊教育”主讲之一，参与各类省级课程项目4项，主持及参与校级项目多项。豫章师范学院社会实践优秀老师。

崔芳芳，讲师，特殊教育教研室主任。主持校级课题3项，参与各类课题7项，发表学术论文6篇，获得校级教学成果奖2项，主持校级精品在线开放课程项目“儿童行为塑造与矫正”。

黄存泉，助教，硕士。兼任豫章儿童康复中心主任。发表论文 3 篇，主持与参与省校级课题 5 项，参与校级与省级精品课程建设 2 项，曾获全国教育康复技能大赛优秀指导教师奖，省级教学成果二等奖，豫章师范学院社团指导教师优秀奖等荣誉称号。

王园，助教，硕士。主持校级课题 1 项，发表学术论文 6 篇，国家级一流本科课程“走进特殊教育”主讲之一，参与各类省级课程项目 4 项。

刘永萍，教授，硕士。现为江西省特殊教育学科带头人，江西省“百千万人才工程”人选，获第五届江西省师德先进个人、江西省高等学校中青年骨干教师、豫章师范学院首届教学标兵等荣誉称号。国家级一流本科课程负责人，江西省本科高水平教学团队带头人，主持省部级课题 8 项；获省级教学成果一等奖 2 项；级教学成果二等奖 1 项等奖项。

二、解决的主要问题及工作目标

（一）解决的主要问题

“培养什么人、怎样培养人、为谁培养人”是新文科建设面对的首要问题。课程建设要服务于科技进步和经济社会发展需要，要把社会需求作为高校专业设置和优化调整的第一准则。党的十七大、十八大、十九大提出，要“关心特殊教育”“支持特殊教育”“办好特殊教育”，可见党和国家对特殊教育事业的重视程度逐渐提高。特殊教育的质量是社会物质文明和精神文明发展到一定水平的集中体现，而能否培养出一批优秀的、高水平的特殊教育教师，则从根本上决定了特殊教育质量的发展。

特殊教育最鲜明的特征是教育对象的显著差异性。个别化教育与教学被认为是特殊教育发展的核心出路，是提高特殊教育质量发展的关键。学生毕业后，能否从容地面对各种障碍类型、障碍程度的学生，准确地评估出每名学生的教育需要，并制定适合每名学生的个别化教育计划（简称 IEP），最后能基于 IEP 设计来实施教学，这些能力，是他们职业生涯的“立身之本”，也是职业专业性的集中体现。

然而，面向本专业毕业生的调研显示：当障碍类型、程度等差异较大的学生们坐在同一个教室时，他们依然束手无策，该如何精准地为学生制定 IEP，实施基于 IEP 的教学，成为他们最大的挑战。专业教学上的挫败感，逐渐浇灭他们从教的热情，甚至连一些定向生都逐渐升学、转岗，人才流失现象时常发生。这些现象成为专业教学最大的痛点。

基于以上背景，本课程启动了系统性的课程建设与改革。力求解决当前所面临的三大问题：

（1）学生专业技能不够扎实，理论与实践结合不够密切，毕业后仍不能上手操作，满足不了个别化教育与教学的需求。

（2）毕业生专业情怀不够深厚，对职业认同度不够高，存在人才流失现象。

（3）探索基于本土化的个别化教育与教学实施路径，探索开发适合中国国情的个别化教育与教学人才培养模式。

（二）工作目标

本课程因内容覆盖面广，实操性强，有限课时难以达到理论与实践教学深度结合的目的。因此，应追求更高效地利用课时，让学生掌握扎实的理论功底与实践能力，掌握职业“立身之本”，并在专业效能感的强有力依托下，让学生认同与热爱特殊教育事业，植根深厚的专业情怀，具备发展我国特殊教育事业的信心与决心，毕业后能够在一线学校发挥一定的创新和引领作用，成为课程建设的主要目标。

三、改革实践的思路和主要举措

（一）改革实践的思路

新文科建设主张的培养理念应要树立能力与素质并重，实现创新性高质量文科人才的培养，既具备扎实的理论基础，又具备较强的实践操作和动手能力。因此，本课程在特殊教育相关政策解读、人才培养目标解读、一线调研的基础上，围绕育人为本的教育理念进行持续性改革，通过教学目标精准定位、教学内容重组、教学资源重整、教学模式重构、教学团队重建五个维度，进行整体改革，以期提高教学质量、提升育人效果。

具体来说，学生在学习完这门课程后，应达到以下目标：

（1）核心素养目标:形成正确“三观”即人生观、价值观和世界观，成长为“四有”准好老师；认同与热爱特殊教育事业。

（2）知识目标：了解个别化教育的发展现状及趋势，掌握教育评估、IEP 制定及实施的基本知识、方法与程序。

（3）技能目标：具备对特殊儿童进行精准教育评估、精准制定 IEP、设计与实施个别化教学活动的能力；具备观察、倾听、表达、合作、反思的能力。

（二）主要举措

1.课程目标精准定位

明确了一线特殊教育学校需求、毕业生素养与本课程教学目标之间的映射关系。形成了本课程核心目标体系，使在有限的课时中，课程教学着力点更聚焦、更清晰，更符合专业培养目标定位及学生毕业素质要求。

2.教学内容重组

明确了能力结构、素质要求与课程结构和课程内容的映射关系，着重根据一线特殊教育学校个别化教育与教学的实践思路来重组教学内容。重组后的教学内容分四大模块：个别化教育概述；个别化教育计划的制定；个别化教育计划的实施；一线个别化教育经验分享。四个模块中，核心模块是个别化教育计划的制定及实施。

此外，针对每一教学模块，设计了相应的课内实践主题及课外实践主题，使得理论授课与实践教学深度结合。学生分小组完成一个个实践主题任务的过程中，他们的创新能力、沟通能力、批判性思维能力、竞争与合作精神等都可以得到全面锻炼，动手能力可以全面提升。

3.教学资源重整

对标本课程核心目标体系，系统重整教学资源，使得学习资源建设、学习环境设计能充分支撑课程目标的达成。通过建设数字化教学资源，依托豫章儿童康复中心成立实践教学平台，挖掘一线特殊教育学校个别化教育经验，收集我国特殊教育领域前辈们、优秀同辈们的一些典型事迹的方式，整合成了多元、综合、立体的，能充分支撑理论与实践教学密切结合，专业教学与育人相结合的教学资源体系。

4.教学模式重构

基本形成了“线上线下混合式”教学模式和以“实践为导向的体验式”课程思政教学模式，为更好地落实培养理论知识与实践能力扎实、专业与德行合一，有理想信念、有扎实学识、有道德情操、有仁爱之心的人才提供了模式与方法上的保障。

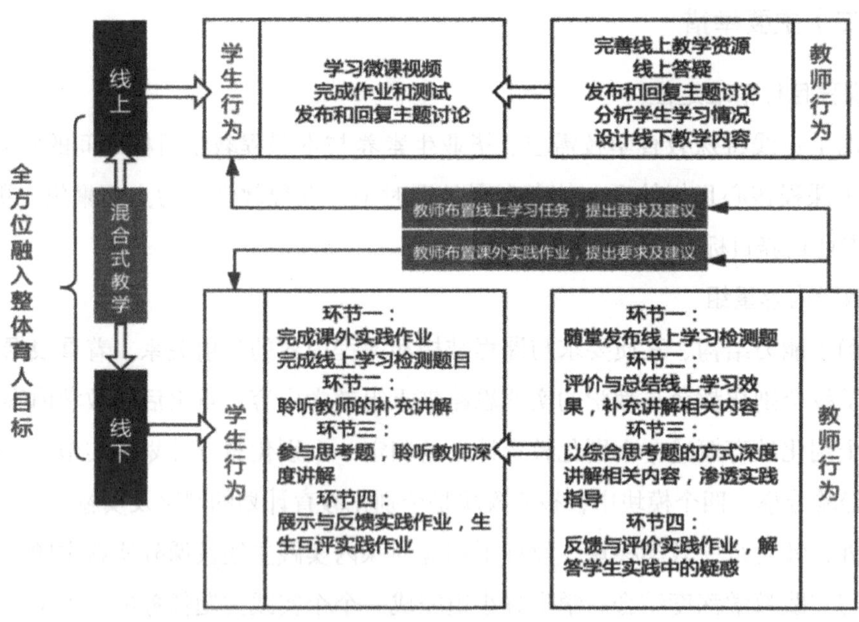

图 1　线上线下混合教学模式

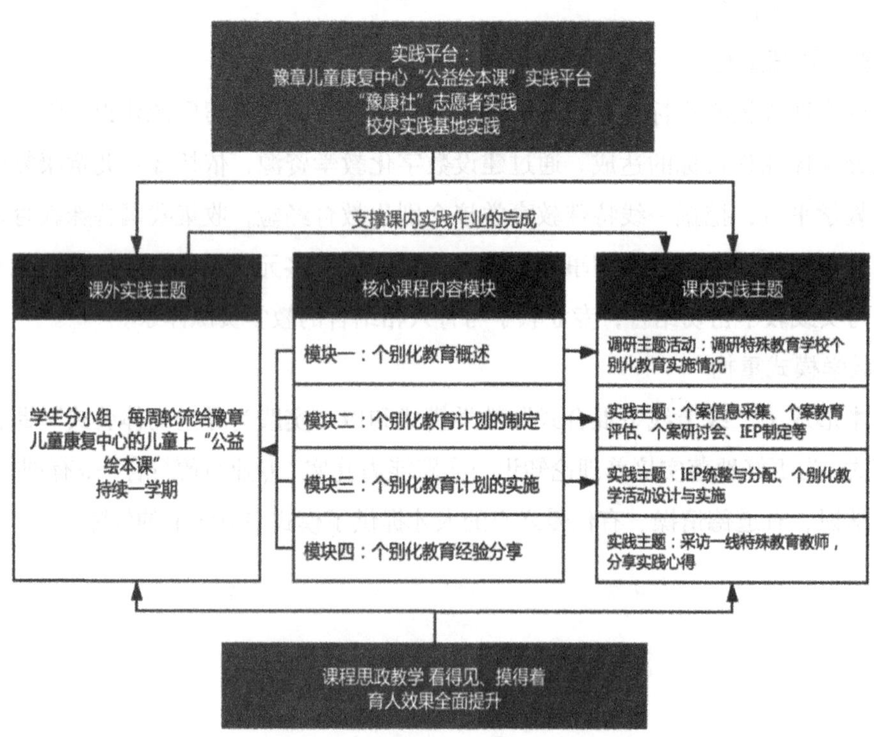

图2　以实践为导向的体验式课程思政教学模式

本课程所构建的教学模式，着重反映新文科教育所倡导的基于数据、分析、问题导向式的教学方式，具体强调：

（1）基于精准学情分析的教师教学模式。教师通过检测学生线上学习情况，从而锁定课堂中核心要讨论的问题，实施针对性的补充讲解；教师通过反馈学生课外实践作业，针对性地指导实践，解决实践中的具体问题，对标实际需求。

（2）合作式、实践导向式、问题导入式、体验式的学生学习模式。学生课外要合作完成基础知识的线上学习，要完成实践主题任务；课堂上要汇报实践主题任务，要参与教师以深度思考题展开的课堂教学。学生在这样的学习环境设计下，自主与合作学习、发现实践问题、探索实践问题的能力及意识得以显著提高，学生经由亲身体验、参与实践所衍生而来的社会责任感、使命感等油然而生，学生的专业情怀得以厚植。

（3）教学团队重建。打破高校与一线学校的壁垒，将一线特殊教育学校、机构的优秀教师吸纳进来，共同参与数字化教学资源的制作，共同承担实践教学的指导。在师资层面上，打通理论和实践联系的桥梁，更好地支撑本课程教学目标的有效达成。

四、特色及创新点

（一）将新文科建设的核心指导思想有机植入课程教学环节中

1.通过教学内容的重组，突出与弘扬我国优秀传统文化，提升文化自信

个别化教育计划虽是“舶来品”，但我国2000多年前的教育家孔子就提出过“因材施教”，可谓高度概括了个别化教育的本质，并且在其教育实践中，无时无刻不在践行着“因材施教”。此外，张载、王阳明、颜元等思想家、教育家都曾有过关于人的价值、差异化教学的论述。有意引导学生结合我国各地、各校的教育实际，创新个别化教育与教学的实施路径，推进个别化教育本土化。

2.引导学生辩证、理性看待我国个别化教育发展现实中的各种问题，提升社会主义道路自信

尽管很多地区、学校个别化教育存在诸多问题，但这是特殊教育事业发展过程中的必然现象。我国特殊儿童基数大，特殊教育起步晚，但是特殊教育学校数量在几十年改革开放中翻了几十倍，“十三五”期间特殊儿童在校生数量翻了一番，党和政府对特殊教育的投入与重视程度与日俱增，从而让学生坚定发展特殊教育事业的决心和信心。

3.传递“特殊引路人”的优秀事迹，讲好中国特教故事

朴永馨老师、张桂梅老师、郑璇老师等老师的贡献精神，让学生在行业前辈们、同辈们的身上学习到奋斗、坚持、热爱、奉献的优秀品质，植根深厚的专业情怀。

4.引导学生关注民生、关注社会服务，提升学生的社会责任感与使命感

通过搭建“公益绘本课”实践平台，组织学生给小朋友上公益课，不仅将理论与实践充分结合，而且引导学生理解到我们所学终究是为了所用。

（二）构筑了以“学生中心、成效导向”的新文科教育思路，围绕核心目标创新了课程整体运作结构

从教学内容、教学资源、教学模式、教学团队几方面进行重组、重整、重构、重建，使得全面支撑课程目标达成的运作结构得以形成。

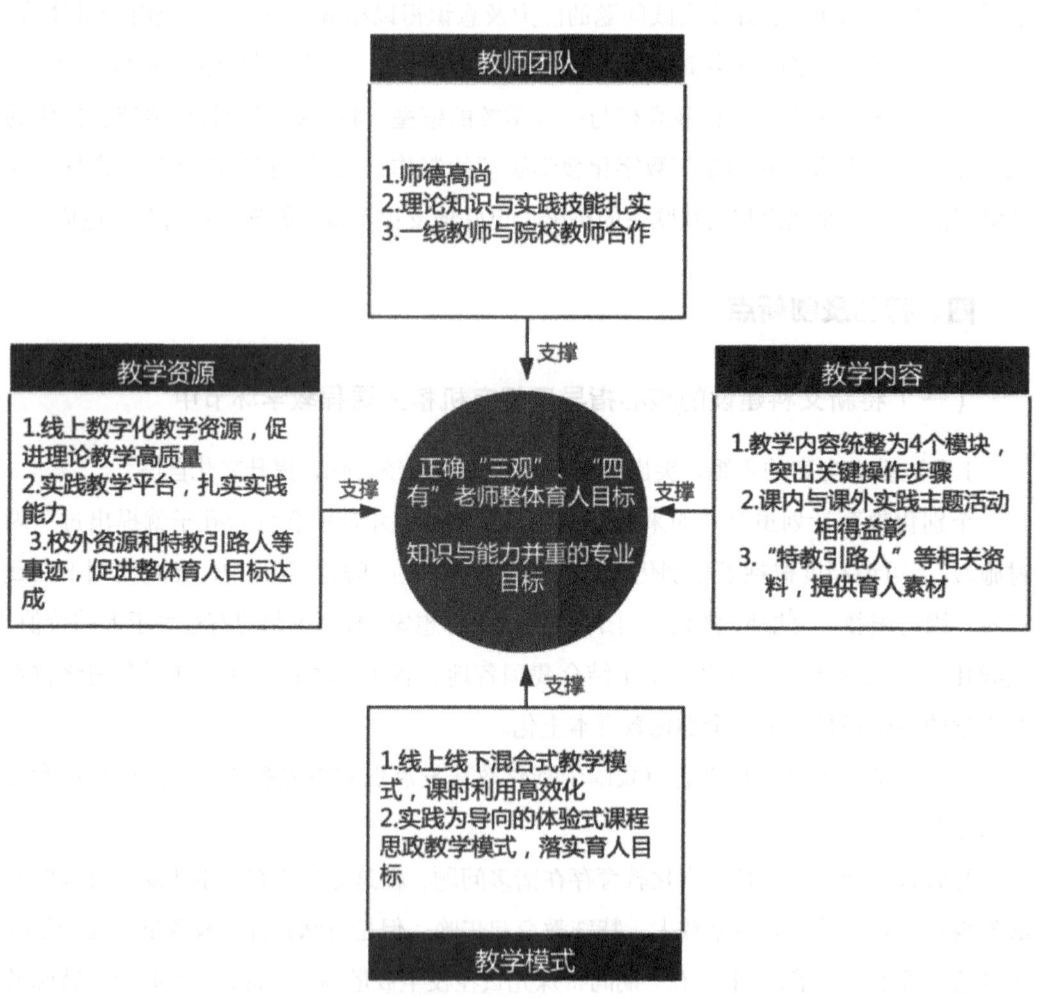

图3　以“学生中心、成效导向”的新文科教育思路

五、实践效果、推广应用情况及校内外评价

（一）实践效果

1.将新文科建设的核心指导思想有机植入到了课程教学环节中

充分挖掘了课程中所蕴含的优秀传统文化，课堂上弘扬我国优秀传统文化，达到了文化育人的目的，提升了师生的文化自信；有意引导了学生辩证、理性看待我国个别化教育发展现实中的各种问题，增强学生对中国特色社会主义道路的自信，树立积极发展我国特殊教育事业的信心与决心；向学生传递“特教引路人”的优秀事迹，在课堂上向学生讲好中国特教故事；引导学生关注民生、关注社会服务，热心公益事业，提升学生的社会责任感与使命感。

2.围绕以“育人为本、学习者中心、成效导向”的新文科教育思路，创新了课程整体运作结构，形成了具有一定中国特色的个别化教育人才培养路径

通过教学内容重组、教学资源重整、教学模式重构、教学团队重建，使得全面支撑课程目标达成的运作结构得以形成。能够更好地扎实学生的专业技能，促进理论与实践的深度结合，使得学生毕业后可以直接上手操作，掌握职业“立身之本”，可以满足一线个别化教育与教学的需求；厚植了学生专业情怀，提升了学生职业的认同度。

（二）推广应用情况

本课程已经于 2019 年起就全面应用于本校特殊教育专业与教育康复学专业的全体学生，以及面向全校选修特殊教育专业课程的学生，采取“线上线下混合式”教学模式进行授课。

此外，本课程免费向其他同类院校特殊教育相关专业学生和社会学习者开放学习，主要面向群体为：

（1）社会学习者：主要为省内 94 所特殊教育学校的教师、省内 11 市区的融合教育学校的教师、省内的康复机构教师及其他社会学习者开放学习。全省各特殊教育学校及相关机构的老师基本已注册学习。

（2）其他院校：向其他院校特殊教育相关专业的学生推送学习。

（三）校内外评价

历经几年的系统性改革，本门课程得到了学校和江西省教育部门的高度认可，获得多次教学质量工程项目立项：

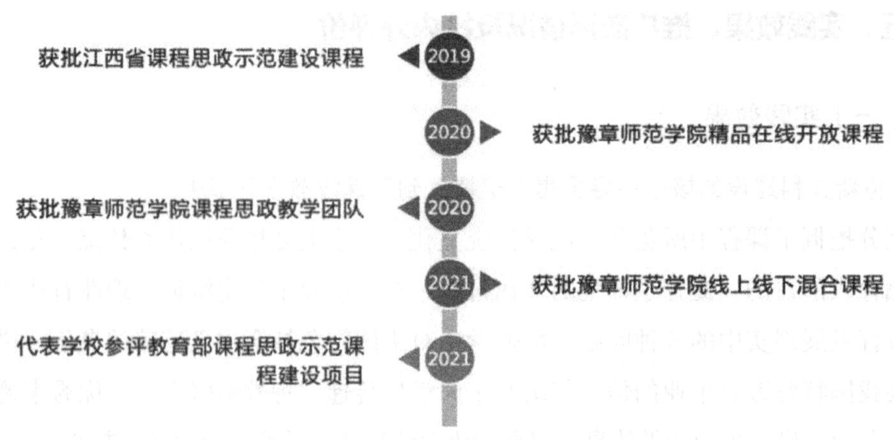

图4　本课程教学质量工程立项时间轴

校内外的特殊教育老师对本门课程给予了高度评价。进贤县维雨自闭症儿童训练康复中心吴晓容老师这样说："觉得这门课程非常实用。"新建区特殊教育学校章艳玲老师认为，本门课程"重点突出，内容精炼，让一线老师基本能够掌握个别化教育的核心知识与操作技巧"。新建区特殊教育学校高青春老师认为："这门课程非常好，对我开展个别化教育教学的工作有很大的借鉴意义。"新建区特殊教育学校席婷老师这样说："这门课程适合所有特教老师学习，特别是新进教师和非特教专业老师的学习。"金溪县博爱学校龚素芳老师说："个别化教育教学是我们学校的教学教研活动内容之一，对我们很多老师是非常有帮助的。"

南昌师范学院：
用“流动的思政课”增强立德树人实效

一、团队负责人及主要成员简介

（一）负责人简介

敖四江，法学博士、副教授、江西师范大学硕士生导师，南昌师范学院马克思主义学院院长，主要承担“中国近现代史纲要”课程教学任务，入选江西省“百千万人才工程”，江西省青年联合会委员，主持国家社科基金项目 1 项；主持完成教育部人文社科研究项目 1 项；获省级教学、科研优秀成果奖 6 项；第七届中国国际“互联网 +”大学生创新创业大赛全国总决赛金奖和铜奖项目指导老师。

（二）主要成员简介

肖良平，法学硕士、教授，南昌师范学院马克思主义学院党总支书记，主要承担“思想道德与法治”课程教学任务，荣获全国法治宣传教育先进个人、江西省优秀社科普及工作者、全省教育系统创先争优优秀共产党员，主持完成省部级项目多项。

向绪伟，博士、副教授，南昌师范学院马克思主义学院副院长，主要承担“马克思主义基本原理概论”“中国近现代史纲要”课程教学任务，全省高校十大优秀思想政治理论课教师，主持完成省部级科研课题 4 项，主持省部级科研课题 4 项，主持省“课程思政”示范课程项目 1 项。

宋扬，法学硕士、讲师，主要承担“毛泽东思想和中国特色社会主义理论体系概论”课程教学任务，学校辅导员工作室负责人，主持省部级科研课题 1 项。

刘向丽，法学硕士、讲师，主要承担“思想道德与法治”课程教学任务，获江西省优秀思想政治理论课教师称号，在省级教学比赛中多次荣获一等奖，主持省部级科研课题 1 项。

王俊，法学硕士、副教授，主要承担“毛泽东思想和中国特色社会主义理论体系概论”“思想道德与法治”课程教学任务，主持省部级科研课题2项，获得省优秀科研成果奖1项，省优秀软科学成果奖1项。

单森林，法学硕士（在读博士）、讲师，学校法律顾问，主要承担“思想道德与法治”“中国近现代史纲要”课程教学任务，获省高校思政课教学比赛一等奖、粤赣琼桂贵五省区思政课教师教学比赛三等奖，主持省部级科研课题1项。

闫洁，法学硕士、讲师，主要承担“马克思主义基本原理”“思想道德与法治”课程教学任务，获省高校思政课青年教师教学基本功比赛一等奖、省“战疫思政课”教学比赛二等奖、省高校青年教师教学竞赛一等奖。

柯梦春，讲师，主要承担“教育实（见）习”课程教学任务。

刘荣健，法学硕士（在读博士），主要承担“毛泽东思想和中国特色社会主义理论体系概论”课程教学任务，主持省部级科研课题1项。

江海昌，工学硕士、讲师，主要承担“中国近现代史纲要”课程教学任务，荣获学校优秀辅导员、省“挑战杯”创新大赛优秀指导教师等荣誉，主持校级科研课题1项。

二、解决的主要问题及工作目标

南昌师范学院马克思主义学院坚持用习近平新时代中国特色社会主义思想铸魂育人，贯彻落实《中共中央办公厅关于加强新时代马克思主义学院建设的意见》，贯彻落实习近平总书记有关思政课改革创新和“‘大思政课’我们要善用之，一定要跟现实结合起来”的重要指示精神，秉持培根铸魂、启智润心的理念，以立德树人为根本，以思政课改革创新存在的问题为导向，以新文科建设与学科、专业、课程、团队建设深度融合为抓手，巩固拓展立体课堂建设成果，积极培育“流动的思政课”特色，用思政的“盐”讲出真理的“味”，增强思政课的思想性、理论性和亲和力、针对性，实现知、情、意、行相统一，着力培养担当民族复兴大任的时代新人。

“流动的思政课”主要聚焦思想政治理论课理论教学与实践教学存在“两张皮”的问题，突出理论教学与实践教学相结合，突出体会式、沉浸式、访谈式相融合，突出专业人才培养与社会发展需求相契合，是探求回答好“培养什么样的人、为谁培养人、如何培养人”这一根本问题的生动实践，以实现增强立德树人实效的工作目标。

（一）解决的主要问题

（1）解决了思政课教学改革有痛点、“理论教学与实践教学结合还不紧”的问题。

（2）解决了思政课建设资源要素协同有堵点、“校内资源与校外资源融通还不够”的问题。

(3)解决了思政课创新方式方法有难点、“科研育人与课程育人衔接还不足”的问题。

(二)工作目标

1.在突出课程特色上更有为

以习近平新时代中国特色社会主义思想为思想政治理论课教学的根本引领，激发思政课改革创新的内生动力，加强马克思主义理论教育，加强党史、新中国史、改革开放史、社会主义发展史教育，加强爱国主义、集体主义、社会主义教育，将党的理论创新成果全面贯穿、有机融入思政课程。同时，巩固拓展井冈山实践教学及“问题导向、探究学习、互动研讨、专题授课、智能课堂”相结合的立体课堂建设成果，深入开展实践教学，引导大学生以体验式、沉浸式等方式自觉参与社会实践，凝练和培育“流动的思政课”品牌特色。

2.在用好江西红色上更有力

贯彻落实习近平总书记视察江西时提出的“推进红色基因传承”的重要指示精神，立足新时代中国特色社会主义在江西的鲜活实践，立足江西这片红色的土地，立足赓续红色血脉的时代要求，教育引导学生利用好、宣传好江西红色资源，在实践中感悟思想的魅力、人格的伟大和战略的思维，在服务江西经济社会发展的亲身经历中受教育、长才干、做贡献，帮助学生扣好人生第一粒扣子，厚植学生的家国情怀、民族情怀、人民情怀，增加学生对中国特色社会主义的政治认同、理论认同、思想认同、情感认同。

3.在彰显师范本色上更有效

按照一流课程标准打造思政课，发挥省级精品课程等引领辐射作用，强化思政课程案例库资源建设。树立全员、全程、全方位育人理念，建立校内外协同机制。依托学校“五青”思想政治工作体系和教师教育培养、培训、研究、服务“四位一体”等办学特色，促进思政课课内实践、校内实践与校外实践深度融合，加大师范生培养和师德养成教育力度。

三、改革实践的思路和主要举措

(一)改革实践的思路

坚持以习近平新时代中国特色社会主义思想为指导，贯彻习近平总书记关于教育的重要论述和视察江西重要讲话精神，落实立德树人根本任务，把马克思主义中国化最新成果的教学和研究作为重中之重，推动思想政治理论课改革创新，推动课程思政与思政课程同向同行、日常思政工作与思政课程同频共振，充分运用实践中的鲜活素材，促使课堂、资源、教师、学生“流动”起来，用思政的“盐”讲出真理的“味”，让思想政治教育像阳光和空气一样润物细无声。

（二）主要举措

1.融贯核心价值，凸显思政课教学的温度

突出思政课的价值性，抓住思政课作为落实立德树人根本任务关键课程的作用，寓价值观引导于知识传授之中，将显性教育与隐性教育、课程塑造与实践锻造、专业教学与文化建设、职业技能与人文素养相结合。改变漫灌式教育方式，聚焦经济建设、政治建设、文化建设、社会建设、生态文明建设领域的政策举措、发展现状和存在问题，深入企业、乡村、工业园区、生产基地等地开展国情社情观察，感知时代发展脉搏；深入乡村开展调研，比较乡村发展变化，熟悉精准扶贫，助力乡村产业发展，改善基础设施，美化乡村环境，促进公共服务，提升乡风文明，形成没有围墙的思政课堂。

2.融合红色资源，保持思政课教学的热度

以传承红色基因为主线，利用江西红色资源丰富的优势，组织学生前往革命老区、红色遗址、烈士故居等地开展实践活动，坚持开展井冈山实践教学，体悟红色教育基地背后的党史故事和精神内涵，筑牢信仰之基。突出思想政治教育元素的时代性，开设红色文化、中华优秀传统文化等教育模块，引导学生亲身投入红色走读、红色励志等社会实践活动中。创演红色家书故事，在跨越时空对话和润物细无声的家书诵读情境中帮助学生扣好人生第一粒扣子，获取人生启迪、时代思想、智慧光芒、精神力量，力促人才培养与时代要求同频共振。

3.融通资源要素，拓展思政课教学的广度

依托思政课程，打通校内资源与校外资源相互融通的渠道，在人才培养方案创建思想政治教育的专题化课堂教学、立体化实践教学、平台化教研创新、多元化成绩考核模块，设立思政课实践专项学分。将学校特色鲜明的“五青”思想政治工作体系向学院延伸，设立并打造好“青马学堂”这一“青年马克思主义者培养工程”的平台，以专题报告等形式，邀请社会各界著名专家学者、知名人士进校园。形成育人集聚效应，将教师教育、文化教育、经典诵读、视觉艺术、“互联网+”等“线”与德育、智育、体育、美育、劳育的“线”拼接融合为“面”，营造“人人都是思政老师、人人都做思政教育”的局面。

4.融汇教研实践，增强思政课教学的力度

坚持教师主导性与学生主体性相统一，注重教育者与受教育者协同、教育内容与受教育者成长协同、受教育者接受能力与教育途径协同，促进思政课程与“十大育人”

联动，把思政课教学融汇科学研究、创新创业、实习实践实训指导中，运用小组研学、情景展示、课题研讨、课堂辩论等方式展开教研，达到师生教学相长。促进思政小课堂与社会大课堂联动，组织引导青年学生将学习党的历史与讲述党的故事结合起来，深入一线基层、深入人民群众，面对面开展小规模、互动式、有特色、接地气的宣讲活动，并就近、就地参与政府和社会团体组织的志愿服务活动，采用创作文艺作品、采访报道等形式讲好典型故事。

四、特色及创新点

（一）特色

1.让课堂和学生流动起来

将红色资源、乡村振兴、抗疫精神等有机融入思政课实践教学，思政课教师在井冈山、古田会议旧址、于都红军长征出发地纪念园、安源路矿工人运动纪念馆等红色旧址讲思政课；师生到寻乌三标乡调研鹰嘴桃产业、于都潭头村探寻百姓致富密码，了解乡村振兴路上的奋斗历程，感知乡村日新月异的面貌、人民群众的幸福生活和精神风貌；寻访雷神山医院、面对面采访全国抗击新冠肺炎疫情先进个人，近距离了解武汉抗疫的生动实践，实地了解抗疫先锋奋战的艰辛历程，感受战“疫”正能量。

2.把社会名家邀请进来

将学校特色鲜明的“五青”思想政治工作体系向学院延伸，设立“青马学堂”这一“青年马克思主义者培养工程”的平台，以专题报告等形式，邀请社会各界著名专家学者、知名人士［包括博导、教授、全国全省先进个人、科学家、创新创业典型、劳动模范、道德模范、优秀校友、大中小幼学校名校（园）长、红色文化讲解员等］进校园，与青年学生座谈、讲学、分享先进事迹，并由思想政治教育专业学生负责接送专家、现场主持、颁发聘书、互动交流、宣传报道、成果整理等工作。

3.将红色家书宝库利用起来

充分利用红色家书这一优质红色资源和鲜活素材，深入挖掘红色家书蕴含的中国共产党人信仰信念信心、情怀情感情义、家庭家教家风等丰富内涵，凸显红色家书的育人功能，组织申报以红色家书为主题的国家级、省部级科研项目及大学生创新创业训练计划项目、科研项目，创演“诵读红色家书、讲好党的故事”，举办“庆祝中国共产党成立100周年‘奋斗·启航’红色家书展”，创作微视频，并将形式多样的成果融入思政课中，初步形成了红色家书研究宣传、诵读讲演、微视频创作、融入思政课程等方面的特色。

（二）创新点

将红色资源、脱贫攻坚、抗疫精神等有机融入思政课实践教学，让青年思想政治工作“活”起来。

（1）寻访红色旧址，讲好“大思政课”。思政课教师在古田会议旧址、于都红军长征出发地纪念园、安源路矿工人运动纪念馆等红色旧址讲思政课，让红色文化浸润学生心灵，红色基因入脑也入心。

（2）聚焦乡村振兴，聆听致富故事。实践团到寻乌三标乡调研鹰嘴桃产业、于都潭头村探寻百姓致富密码，了解乡村振兴路上的奋斗历程，感知乡村日新月异的面貌、人民群众的幸福生活和精神风貌。

（3）传递战“疫”声音，领悟抗疫精神。师生寻访雷神山医院、面对面采访全国抗击新冠肺炎疫情先进个人，近距离了解武汉抗疫，实地了解抗疫先锋奋战的艰辛历程，感受战“疫”正能量。

五、实践效果、推广应用情况及校内外评价

（一）实践效果

1.组织领导力度大

学校党委将马克思主义学院建设工作摆在重要位置，强化“马院姓马，在马言马”的鲜明导向，每年专题研究马克思主义学院建设工作，强化马克思主义学院党组织政治功能，马克思主义学院师生更加重视习近平新时代中国特色社会主义思想的学习研究宣传。

2.政策支持精度高

学校贯彻落实有关思政课建设、马克思主义学院建设、思政课教师队伍建设等系列文件精神和要求，在规划实施、人才引进、评优表彰、职称评聘等方面给予优先保障，落实思想政治工作责任制，强化思想引领，突出价值塑造，筑牢理论根基，引导学生坚定理想信念。

3.平台支撑效果好

马克思主义学院发挥实践育人的优势，强化在社会参与中引导学生增强“四个自信”，在学懂弄通做实习近平新时代中国特色社会主义思想上下功夫，切实服务学生成长成才。

4.氛围营造更加浓

在全院广泛开展“流动思政课”研讨，营造人人参与“流动的思政课”的氛围，引导师生主动参与社会实践，充分发挥师生参与的积极性、主动性、创造性，尊重师

生首创精神，使主题设置、地点选择、时间安排、保障措施更加优化。

（二）推广应用情况

（1）突出主动宣传与媒体报道相结合。新华社客户端、“学习强国”等媒体作出宣传，也得到多家媒体的关注和报道。

（2）突出校内媒介与校外媒体相结合。在利用校内报纸、电台、橱窗等平台进行宣传的同时，主动向《江西日报》等权威媒体推介实践成果。

（3）突出线下宣讲与线上推介相结合。开展由学生主讲的“流动的思政课”汇报会，思政课教师将实践成果融入思政课教学，还通过网站、微信、微博等媒介展开宣传。

（三）校内外评价

1.课程建设赋能

“毛泽东思想和中国特色社会主义理论体系概论”“思想道德修养与法律基础”课程分别获省级网络精品资源课程和校级精品课程；“中国近现代史纲要”“比较思想政治教育学”课程获江西省首批“课程思政示范课”。

2.学生成长加速

学生获第七届中国国际“互联网+”大学生创新创业大赛全国总决赛金奖和铜奖、全国大学生自强之星候选人、江西省大学生自强之星、“红色走读”一等奖、校级微团课大赛第一名等荣誉；学生作品《崇高的理想信念——学史增信，夯实信仰之基》在“百年辉煌路·奋斗正当时”——第五届全国高校大学生讲思政课公开课展示省级评审中获全省第一名，并获全国奖项。

3.教师发展提质

教师获第七届中国国际“互联网+”大学生创新创业大赛全国总决赛金奖和铜奖项目指导老师、全省高校十大“优秀思想政治理论课教师”、江西省高校思想政治教育先进个人、粤桂琼赣滇五省（区）高校思想政治理论课青年教师教学基本功比赛三等奖等荣誉，江西省高校思想政治理论课教师教学基本功比赛等省级奖项15项。

4.社会影响扩大

新华社客户端、“学习强国”、《江西日报》、江西省教育厅官网、江西思政、大江网、赣青团学、江西共青团官微、《江南都市报》等30余家媒体或官方网站、微信公众号进行宣传报道及转载，受到各方好评。

江西财经大学现代经济管理学院：

基于“掌上+线下”双平台的“西方经济学”课程思政的实践与成效

一、团队负责人及主要成员简介

（一）负责人简介

龚亮华，江西财经大学现代经济管理学院讲师，江西财经大学企业管理专业在读博士，长期从事“西方经济学”课程的教学。2014—2016 年，完成了“西方经济学”院级重点课程的建设。2017 年开始，运用该建设成果对“西方经济学”课程进行翻转课堂教学模式的教学改革，完成了 2017 年省高校教学改革项目“基于网络教学平台的翻转课堂教学模式的设计及应用研究——以《西方经济学》为例”的研究以及教改论文《信息化背景下〈西方经济学〉课程的教学创新初探》（发表于《广东蚕业》2018 年第 8 期）和《基于网络教学平台的翻转课堂教学模式的设计研究——以独立学院西方经济学课程为例》（发表于《现代职业教育》2020 年第 10 期）的撰写。2020 年获得了 2020 年省高校教学改革研究一般项目“‘掌上 + 线下’双课堂模式在西方经济学教学中的应用研究——基于超星学习通的设计与实践”的立项。

（二）主要成员简介

艾志红，副教授、博士，江西财经大学现代经济管理学院经济学系经济与保险教研室主任。主持完成 2 项省级教学改革课题，主持完成江西省“十三五”教育规划课题 1 项，获得 2018 年院级重点课程“宏观经济学”的申报立项，撰写“西方经济学”教改论文 2 篇，出版教材《宏观经济学》（吉林大学出版社 2019 年版）。

陆宇海，教授，江西财经大学现代经济管理学院副院长。长期从事电子商务专业和经济类课程的一线教学。主持完成省高校教改课题 2 项；主持完成国家社会科学基金项目和教育部高校人文社科一般项目各 1 项；主持完成省级课题多项，出版专著多部。

负责的“网络营销”课程获得2020年江西省一流本科课程的立项。

刘伟明，经济学博士，副教授，江西经济发展与改革研究院副院长。长期从事“西方经济学”课程的一线教学和经济学问题的科学研究，主持完成省高校教改一般项目“‘案例模块化’在西方经济学中的教学探索”的研究，出版教材《西方经济学简明教程》（江西人民出版社2021年版），在CSSCI期刊上发表论文多篇，主持省级以上课题多项。

袁立，经济学博士，副教授，江西财经大学现代管理学院专职教师。长期从事“西方经济学”“微观经济学”“宏观经济学”等课程的一线教学。主编教材《西方经济学》（华中科技大学出版社2014年版）；主持或参与完成省级教改课题3项；立项2018年院级重点课程“微观经济学”；获学院第二届和第三届青年教师教学竞赛一等奖。

二、解决的主要问题及工作目标

（一）解决的主要问题

（1）改变任课教师传统的教学理念和教学思维，促使他们在自己的课程教学中融合创新。高校“西方经济学”课程的教学仍应该以知识传授为主，部分教学管理人员在课程建设上也缺乏思政方面变革与创新的想法。因此，基于“掌上+线下”双平台的“西方经济学”课程思政的实践与推广，能够有效变革部分高校教学管理人员和任课教师的理念，促使他们在课程体系建设、课程计划安排和实际的课堂教学中融入思政元素，从而实现立德树人的根本育人任务。

（2）打破过去以课程知识点讲授和疑难解答为主的课程目标，有效解决经济学教学“广度”、“深度”和“温度”不够的教学现状。教学团队基于“西方经济学”课程的内容、性质和特点，深入挖掘课程内容中所蕴含的思想价值和精神内涵，在兼顾课程教学内容的理论性、学术性、实践性及前沿性的同时，有效提升专业课程的广度、深度和温度，增强课程教学的引领性、时代性和开放性。

（3）突破传统课堂教学的时空限制，有力解决课堂内教学内容讲不完与讲不透、学生知识运用不合理和不正确、课程思政开展缺失或效果不好的问题。“西方经济学”本身具有理论性、内容多、研究方法数学化等特点，而目前高校大学生大多经济学基础薄弱、学习积极性不高，因此在实际教学中，教学团队利用了“掌上+线下”双课堂混合教学模式的改革，将有限时间和空间的线下课堂延伸到不受限时间和空间的掌上课堂，从而使学生可以随时随地开展课前自主学习和课后自主练习，教师利用课堂时间进行集中答疑、通过案例分析、知识点拓展等方式开展课程思政，引导学生对案例、知识点有关的社会现象进行积极讨论，实现在经济学教学中浸润“思政元素”。

（4）改变大量“西方经济学”授课教师使用单一的线下课堂、单一的方法和手段来展开课程思政。“西方经济学”课程思政的开展，不仅可以线下课堂来进行，还可以结合网络教学平台、移动教学平台等先进的手段来进行。“掌上 + 线下”双平台的课程思政模式就是基于超星学习通平台，利用提前制作好的知识点拓展分析、案例分析、经济热点分析、理论前沿等课程思政微视频、微资料等灵活运用到课前、课中和课后的内容学习中，试图全面改善“西方经济学”课程思政效果不佳的问题。

（二）工作目标

（1）实现“西方经济学”课程目标与立德树人目标的紧密结合。

（2）实现“西方经济学”课程知识点与课程思政元素的高度契合。

（3）实现“西方经济学”课程教学和课程思政实践与网络化、信息化技术的深度融合。

三、改革实践的思路和主要举措

（一）改革实践的思路

1.革新教学理念，转变教育思想

（1）树立知识传授、能力培养和价值塑造的教学理念。知识传授和能力培养是本科课程教学的基本目标，因而“西方经济学”的课程教学要把课程知识和基本理论的教学放在首位。然而，在短短一学期或一年的课堂教学中，所能传授的知识非常有限。只有在课程教学中浸润思政元素，帮助学生树立正确的世界观、人生观和价值观，坚定马克思主义和具有中国特色的社会主义，才能让他们成为合格的社会主义建设者和接班人。

（2）转变教育教学中“以教师为主”的传统思想，树立现代教育观念。独立学院中部分任课教学仍然秉持“以教师为中心、学生被动接受知识”的传统教育思想，从而在教学中仍采用“填鸭子式”的传统教学模式，教学效果差强人意。现代教育观念是以学生为主体，教师为主导的“双主”关系理念，该理念强调，无论是知识点讲授、实践教学还是课程思政，都应该以学生为中心，才能达到理想的课程教学和思政教育效果。

（3）重视现代教育技术和教育手段的运用。在教育信息化 2.0 时代，大量高校教师尚在运用“粉笔 +PPT”的教学手段来开展教学，极大地降低了课堂教学的趣味性和课程思政的效果。多媒体、网络教学平台、移动教学平台等先进教学手段的现代教育技术，能够很好地解决传统教育手段和方法中存在的各种问题，因而高校“西方经济学”的授课教师们应该广泛运用并推广。

2.改革教学内容

（1）增加并不断完善课堂教学中课程思政的内容。在新文科建设背景下，高校“西方经济学”课程要达到理想的育人效果，需要事先对整个课程的内容体系进行解读，明确思政元素融入“西方经济学”知识点所要达到的思政目标、融入路径及具体的呈现方式，为“西方经济学”课程思政的开展提供现实基础。

（2）正确把握“西方经济学”课程的理论教学、实践教学和课程思政中的量与度。尽管“西方经济学”是一门理论性很强的课程，但其与社会经济现实有着紧密的联系。而且这门课程有着与生俱来的阶级属性，因而在教学中将实践教学和课程思政相结合。然而，并不是所有内容都适合进行实践教学和课程思政，因此，在课程内容的改革和修订上，要注意把握三类教学内容的协同，努力做到“西方经济学”教学内容的系统性、先进性和育人性。

（3）合理分布线上和线下课堂的课程内容和教学时间。尽管“西方经济学”课程内容的教学采用线上和线下两个平台来进行，但由于该课程本身具有理论性强、研究方法数学化的特点，因而在各类课程内容教学的安排上，需要事先规划和设计线上、线下的教学内容、教学时间、教学方法、教学活动及如何开展课程思政等问题，实现网络课堂、传统课堂和实践课堂的联动，以保证线上、线下双课堂的教学和思政教育效果。

3.变革教学手段和教学方法

“西方经济学”教学要在保证教学难度和深度的同时开展课程思政，就要利用好网络教学平台、移动教学平台、大数据等先进的教学手段，给学生提供更多自主学习的空间和时间，培养他们自主学习的习惯，试图构建“以学生为主体、以教师为主导”的新型教学关系。

无论是理论教学，还是实践教学，都应该采用学生导向的、灵活的、多样的教学方法。要提高“西方经济学”课程的教学和思政教育效果，任课教师在教学方法上的改革应该注重对学生的引导和启发，结合使用多种教学方法，融会贯通于知识点讲授、实践活动的开展和课程思政的教育中。

（二）主要举措

1.制作并完善了“西方经济学”课程思政的教学大纲

“西方经济学”教学团队在课程教学中坚持以马克思主义为指导，引导学生关注现实经济问题，注重培育学生经世济民、诚信言行、德法兼修的职业素养，同时结合我国应对不同经济问题的成功案例，增强学生的中国特色社会主义道路自信、理论自信、制度自信、文化自信。为此，在多次研讨和交流的基础上，制定了较为完备的“西方经济学”课程思政的教学大纲，明确了哪些知识点可以开展课程思政、思政目标、课程知识点与思政元素的融入路径、呈现方式、时间安排等，为实现课程教学和思政教育协同育人奠定基础。

2.积极结合掌上（移动）学习平台和传统课堂对“西方经济学”课程的教学模式、教学内容、教学手段与方法进行改革

在教学模式上，教学团队基于超星学习通上的线上资源，积极进行“掌上＋线下”双课堂混合教学模式的改革。该教学模式将整个教学过程分为“课前知识传递—课中知识内化—课后知识升华”三个阶段，采用“学生课前平台自主学习＋教师课内引导课堂讨论或反思＋学生课后巩固或实践”的教学流程。在教学内容上，任课教师不仅讲授“西方经济学”的知识点、开展各种教学活动提高学生的理论水平和实践运用能力，还利用掌上学习通的微资源和传统课堂两个平台有效地开展课程思政。在教学手段上，教师不仅有效利用了网络课堂和移动课堂等线上课堂，教师还充分地利用了多媒体和智慧化教室来开展教学，创造积极、开放和活跃的课堂氛围，让课程思政“信息化”“现代化”。在教学方法上，教学团队针对不同的思政内容，结合了案例讨论式、任务驱动式、体验式、调查式等多种方法，充分调动学生课堂参与的积极性和主动性，突出以学生为中心的教学地位。为达到理想的课程思政效果，教师还会在知识点讲授的基础上，通过案例延伸、知识点拓展、经济热点解析等多种方式实现“润人无声”的思政目标。

3.改进教学评价和考核方式，科学评估课程思政效果

为提升学生进行线上自学的积极性，教师对“西方经济学”的期末考核分为过程性评价和终结性评价两个部分。过程性评价主要考查学生的网络学习表现和课堂参与表现，其成绩占到整个期末考核的40%，终结性评价（即期末考试成绩）的考核占比则由原来的70%降到60%。对于课程教学的思政教育效果，教学团队采取用期末问卷调查的方式来进行，从知识、情感、思想和行为多维度来考察“西方经济学”课程思政的效果。

4.树立教学团队的课程思政意识，开展对任课教师现代教育技术的培训

在“西方经济学”教学中，任课教师仍然处于主导地位，因而只有当教学团队中的每一位任课教师都有强烈的课程思政意识，才能使“西方经济学”课程思政的效果覆盖全院。因此，经济教研室不仅邀请课程团队的全员教师思考、探索、参与课程思政教学大纲的制定和完善，还要求全体任课教师必须在课程教学中根据大纲开展课程

思政。“西方经济学”课程采用“掌上＋线下”相结合的课堂模式，因此，对于“掌上”（移动）课堂的使用和教学衔接，我们也对全员教师进行了培训，保证该教学模式在“西方经济学”课程教学中的广泛使用和推广。

四、特色及创新点

1.新理念

“西方经济学”课程的教学颠覆了传统以知识传授为主的教学理念，秉持着课程教学应该实现知识传授、能力培养和价值塑造相统一的新理念。在这一理念的引导下，我们对“西方经济学”课程的教学目标、内容体系、教学设计等进行了变革与创新，以达到整个教学过程和课程思政元素的全面融合。

2.新模式

“西方经济学”课程基于“掌上＋线下”双平台的课程思政模式颠覆了单一线下课堂开展课程思政的模式，利用超星学习通和多媒体教室两个平台来开展教学和课程思政。这一教学模式采用了“课前知识传递—课中知识内化—课后知识升华”的一体化设计，运用“学生课前平台自主学习＋教师课内引导课堂讨论或反思＋学生课后巩固或实践”的教学流程，运用网络课堂、传统课堂和实践课堂三个课堂来开展课程思政，在全面提升教学效果的同时，还能有效保障课程思政教育的效果。

3.新关系

在师生关系上，“西方经济学”课程的教学打破过去“以教师讲授为主，学生被动学习为辅”的状态。“掌上＋线下”双课堂模式强调，在教学过程中，学生才是学习的主体，教师发挥引导和指导作用，因而“西方经济学”课程思政的开展也要以学生为中心，任课教师可以要求并指导学生在课前、课后自主完成学习内容、作业和拓展活动，并参与到课程思政微资源的学习和反思中，从而建构“以学生为主体，教师为主导”的新型教学关系。

4.新方式

“西方经济学”课程的“掌上＋线下”双课堂模式突破了传统教学的时空限制，将传统课堂学习的有限时间和空间延伸到平台资源学习的无限时间和空间，使学生可以随时随地进行课程学习并接受思政教育。教学内容的呈现方式、课程思政的开展方式、学生的学习方式、教师的教学方式、师生的互动方式、教学评价方式等方面都有不同程度的创新。

五、实践效果、推广应用情况及校内外评价

（一）实践效果

1.达到了良好的课程思政效果

通过对 2020—2021 学年第二学期教学团队所授班级的部分大学生开展了“西方经济学”课程思政效果的问卷调查，发现绝大多数学生认为，“西方经济学”课程的学习，让他们对资本主义市场经济体制的缺陷与劣势、对中国特色社会主义市场经济体制、社会主义制度的优越性有了更新、更正确的认识；在情感上，对马克思主义、中国特色社会主义道路更加坚定，对党和国家更加认同与热爱；在思想和观念上，该课程的教学对于培养他们的人生观、价值观、处世观、创新意识和责任意识方面都有一定的积极作用；在行为上，多数学生都愿意积极投身到利国利民的行动中去。

2.显著提升了教学效果

“西方经济学”课程的“掌上＋线下”的双课堂教学模式不仅获得了显著的课程思政效果，还显著提升了学生的考试成绩。通过对 2020—2021 第二学年实验班的期末考试成绩与对照班的比较，发现实验班的考试成绩显著高于对照班，而且显著降低了不及格率，说明该教学模式对于教学效果提升的有效性。

3.增强了任课教师的课程思政意识，提高了他们的教学水平和信息素养

由于经济教研室要求所有“西方经济学”的授课教师在教学中开展课程思政，并向他们推广基于“掌上＋线下”双平台的课程思政模式，因而不仅增强了教研室全体教师的课程思政意识，还显著地提高了他们的教学改革、创新意识和信息化应用水平，进一步提高了“西方经济学”课程的教学效果。

（二）推广应用情况

“西方经济学”的课程思政已在所有授课班级运用，每年覆盖 2000 多位学生；而且基于线上线下混合教学模式的课程思政已积极推广至经济学系其他教研室和其他教学系部，每年 10000 多人受益。这种课程思政的实践模式及其经验还可推广至其他高校和专业，具有很强的推广示范意义。

（三）校内外评价

1.校外评价

邹艳芬教授认为，“西方经济学”是我国教育部规定的高校财经管理类本科生必修

的一门专业基础课。该课程组由教授、副教授和博士组成，年龄结构、知识结构合理，教学经验丰富，是一支年富力强的教师队伍。

2.校内评价

通过教学检查、听课以及学生反映，各方对该课程组教学的总体评价是优秀。

学生余亚萍：作为一名保险学专业的学生，“西方经济学”是我们的一门专业基础课。我们的授课老师龚亮华老师，讲课通俗易懂，风趣幽默，深入浅出，结合实际。李老师学识广博，经验丰富，教学方式灵活，授课内容丰富。她将超星学习通平台引入了我们的课堂教学，平台上有很多丰富的学习资源，而且有强大的互动功能，我们在学习中感到既新鲜又有趣。她经常会布置一些课前和课后的学习任务让我们自己去完成，然后课堂上会把我们的疑难杂症通通搞定。更有趣的，龚老师经常会在课上播放或介绍一些社会现象、经济热点和我们身边的一些事情，让我们去讨论，相互启发。这个过程中，大家可以畅所欲言，非常轻松和愉快。龚老师的知识面非常宽广，她经常在线上和线下课堂上旁征博引，分析出一些我们意想不到的观点和结论，她的发散性思维给予了我们强烈的冲击。龚老师真是我们的良师益友，每个星期我都非常期待能上她的课。

江西财经大学现代经济管理学院：

国际经济与贸易专业“国际商务谈判”课程思政研究

一、团队负责人及主要成员简介

（一）负责人简介

李泽宇，从事国际商务谈判教学5年，2016年度获得江西财经大学的青年教师英语演讲赛第一名；2018年12月参编《商务谈判》教材一本；带学生参加国内跨国类专业学术竞赛，获得国家特等奖3项、一等奖1项，省级二等奖3项。

（二）主要成员简介

张曦凤，曾获得学校“教学十佳”“金牌老师”称号，从事国际商务谈判教学与研究近20年，发表国际商务谈判方面的研究论文6篇，主持科研课题3项；获得省级教学质量工程立项一项；国际商务谈判课程获江西省微课竞赛二等奖一次。

张善军，从事跨文化教学工作十余年，先后主持完成省级教学研究课题2项，校级课题3项；发表教学类论文5篇；其研究成果获校级优秀教学成果奖3次，高校省级教学成果一等奖、二等奖各1次；带学生参加相关国内国际竞赛获奖20余次。

二、解决的主要问题及工作目标

（一）解决的主要问题

随着对外商务谈判的迅速增多，学术界对谈判的研究也随之增多。但综观现有的研究成果与内容：

（1）中国文化对中国商人在谈判影响等方面的研究不多见。

（2）谈判教学中老师可从教材中直接采用的中国谈判案例极少。

（3）国际商务谈判的课程思政建设的研究几乎没有。

综上，本研究主要以独立学院涉外经济管理专业学生为研究对象，以国际商务谈判课程建设为抓手，探索课程思政教学研究。课题研究将探讨“国际商务谈判”课程中的课程思政问题，思考如何紧扣商务活动的实际，运用实际案例，培养学生的爱国情结和正确的价值观念，填补“国际商务谈判”教学与研究中的部分空白。

（二）工作目标

（1）凸显教师的使命与担当。在学生掌握基本理论的同时，教师自己也在学习和传承中华民族的优秀传统文化，思考与探讨课程教学中教师的使命和担当。

（2）分析中西方文化差异。通过对经典中外国际商务活动案例的分析，帮助学生掌握国际商务谈判的技巧，体会跨文化谈判中的策略使用。

（3）立足中华优秀文化。从周恩来外交谈判到中国入世谈判，再到当今的中美贸易谈判，国际商务谈判是每个涉外经济管理专业学生必须掌握的技能。

（4）讲好中国故事。将思想政治教育运用在国际商务谈判实际教学中，让学生正确了解我国企业在谈判过程中的价值观和普世哲学。

（5）解读中国智慧。通过组织商务谈判模拟，让学生更好地理解谈判者的心路历程，实现理论联系实际的升华。

三、改革实践的思路和主要举措

（一）改革实践的思路

在“一带一路”倡议的推动下，大量的中国企业纷纷走出国门，中国的对外直接投资迅速突破千亿美元大关。在中国经济全球化的过程中，中国企业急需国际商务谈判人才。2017 年 12 月，教育部发布《高校思想政治工作质量提升工程实施纲要》，提出以“课程思政”为目标推动课堂教学改革。专业课程作为“课程思政”体系的重要组成部分，要将中国特色社会主义价值观、理想信念、中华传统文化、职业文化、工匠精神等融入教学中，引导学生树立正确的世界观、人生观和价值观，实现专业知识讲授和社会主义核心价值观的有机统一。

习近平总书记在全国高校思想政治工作会议上强调，要用好课堂教学这个主渠道，各类课程都要与思想政治理论课同向同行，形成协同效应。从思政课程到课程思政不是简单的文字次序调换，是将思想政治教育寓于、融入专业课或通识课的教育实践活动。

随着我国经济的迅速发展，国际商务谈判人才的重要性日益凸显。为培养符合企业需要的国际商务谈判人才，积极开展“课程思政”，以提高学生谈判实践能力为目标，进行全方位、全过程改革，重构国际商务谈判课程体系，在教学内容上，增加思想政治教学、调整理论教学和完善实践教学；在运行保障上，加强教学管理制度和师资队伍建设，探索多种教学方法和手段。

因而，在国际商务谈判课程中采用案例法、模拟谈判法等教学方法能够培养学生解决国际商务实际问题的能力，尤其是培养学生正确的思想和价值观，从而建立和谐友好、长久稳固的业务伙伴关系。

1.目标

教学的改革，旨在寻求如何讲好中国故事，尤其是讲好中国外交家、中国谈判家的故事，帮助学生更好地树立正确的人生观、价值观，将中华优秀传统文化传承下去。教学中教师们应该一直坚持正确的政治方向，引导学生们建立健全的世界观、人生观和价值观，应体现我国的“文化自信”和“制度自信”，坚持一定的理想信念教育：

（1）引导学生进一步认识中国文化、了解中国商务谈判风格和策略。

（2）帮助学生在实践中培养和提高跨文化意识、敏感性，形成同理心、良好的职业道德素养，发挥课程的育人功能，达到“立德树人”之目标。

（3）帮助学生培养和提高跨文化交际能力，善于以中国文化为视角开展商务谈判等实践活动。

（4）为高校同行提供一种针对涉外经济管理类学生的专业“课程思政”教学新模式。

2.目标达成途径

强调“国际商务谈判”课程与思政教育在实践行动上的协调、融合、互补和互促，这就意味着：课堂教学和课外实践环节均要与思想政治教育的主旋律统一协调，其次，要避免在学生的课堂教学中生硬地塞入思政内容，以免引起学生的反感。在设计“国际商务谈判”课程思政目标和内容的前提时，将从以下三个方面探索推进：

（1）增强任课教师的思政素质和专业素质，提升课程思政的教学效果。

（2）将课程体系中隐藏的思政元素通过案例分析与讨论的方式显现化。

（3）通过情景模拟式教学，再现谈判人的思维模式与谈判策略设计。

3.解决的关键问题

（1）如何收集、编辑与开发有中国特色的商务活动经典教学案例；

（2）如何营造合适的环境，帮助学生课内外体验具有中国特色文化元素的商务谈判实践活动。

（二）主要举措

1.教学改革对象

江西财经大学现代经济管理学院，涉外专业大三年级下学期的学生。学生在之前两年多的课程学习中，已学习掌握了国际贸易、国际商务函电、国际商务沟通、国际市场营销等相关课程；同步学习的课程包括进出口业务模拟操作、外贸英语口语等实践性课程，帮助学生为今后的课外实习实践做好准备。

2.主要教学改革内容

（1）帮助学生熟悉和掌握国际商务谈判的理论知识，掌握国际商务谈判及冲突解决的基本理论体系，掌握基本谈判技能，贯穿“双赢”理念。培养学生沉着的思维能力、有效的应变能力和良好的管理能力。为今后从事商务谈判工作，尤其是在代表中方作为主要谈判人员时，树立文化自信和思想认同。

（2）让学生们在了解国际商务谈判的过程、类型、僵局和让步等各个环节的谈判策略的同时，掌握跨文化谈判的融洽。

（3）如表1，每一讲中都将在现有的教材基础上补充大量的中华民族优秀文化的内容，培养学生的民族认同感。这部分内容中，将是课程思政建设可以挖掘和重点思考的部分。

表1 “国际商务谈判”课程的教学内容

上课节次	教学主要内容
第一讲：谈判理论篇	国际商务谈判概论 a. 商务谈判的概念：谈判、国际谈判、国际商务谈判、现代国际商务谈判的概念及特点 b. 国内外对谈判学的研究现状简介 前沿研究：谈判与博弈的关联研究，商务谈判与孙子兵法的关联研究 传统研究：谈判与跨文化的关联、谈判过程中的技巧应用、谈判模式的对比研究、谈判礼仪、国际谈判案例的分析与探讨等 c. 简介谈判的类型和要求 d. 商务谈判的原则 如何组织高效的谈判队伍；如何确定国际谈判人员、主谈人员
第二讲：谈判理论篇	谈判的前期准备阶段 a. 国内外对商务谈判的一般阶段划分 b. 谈判的准备阶段：谈判的双方情况调研（包括环境因素、法律因素、心理因素等的调研） c. 谈判的目标与对象设定 d. 谈判的开启策略与技巧：开局气氛的营造，开局常用的语言、开局策略的种类、开局程序等 e. 国际上五种常见的谈判风格介绍：Controlling，Collaborating，Avoiding，Accommodating，Compromising f. 我国的谈判风格的分析

续表

上课节次	教学主要内容
第三讲：谈判实务篇	如何在谈判的中、后期运用好谈判策略 a. 谈判中的沟通与交流及其注意事项 b. 谈判中的让步策略 c. “让无可让”该怎么办 d. 中国人的面子与让步的关系案例与分析
第四讲：谈判实务篇	谈判冲突及其处理，谈判的礼仪与风格 a. 谈判冲突及其处理方式 b. 谈判的礼仪：（作为主方，在接待、宴请、礼物、服装、人员安排等方面的礼仪；作为客方，在入住、起居饮食、名片递接、服装等方面的主要礼节） c. 对比世界各地不同的商务习惯与谈判风格
第五讲：谈判实务篇	谈判活动中的“尴尬事”——谈判僵局 a. 价格谈判中的僵局与打破（这是本学科的重点与难点，各种谈判技巧都可能在此体现） b. 僵局产生的原因 c. 如何解决谈判僵局 d. 文化差异导致的谈判僵局 e. 谈判的签约
第六讲：跨文化管理篇	谈判中的跨文化管理 a. 文化的理论习得 b. 不同国家对文化的理解 c. 商务谈判中的伦理道德与文化差异探讨 d. 中华民族的传统伦理思想与价值观 e. 作为主方，在接待、宴请、礼物、服装、人员安排等方面的礼仪;作为客方，在入住、起居饮食、名片递接、服装等方面应主要的礼节 f. 对于不同风俗国家来的人在数字、花、颜色商标等的禁忌
第七讲：跨文化管理篇	中华民族传统文化对中国商人的影响分析 a. 具体案例分析 b. 儒家文化的精髓分析 c. 道家文化的思想分析 d. 孙子兵法 e. 传统文化在现代商务谈判活动中的利与弊
第八讲：实战阶段	模拟谈判：从分析谈判案例到模拟真实谈判事例 教学中自始至终将贯穿一个大型的中国历史上的成功案例，学生通过分析案例，模拟案例中的部分环节，使每一个学生见证了该谈判的全过程

四、特色及创新点

（一）特色

在教学模式方面，充分发掘泛文化引导式和泛文化体演式教学模式；在教学内容上，增强学生的跨文化意识，培养学生文化分析解释能力和沟通能力，树立对中国传统文化的认同感。

（二）创新点

（1）教学思想先进。探索在大思政背景下，课程思政融入国际商务谈判教学。

（2）教学活动多样。凸显“学生主体”课堂教学理念，努力实现“线上教学、课堂教学、课外活动”三个课堂联动。

（3）推广应用价值：探索如何将课程思政元素融入专业课程教学全过程，为国家和社会培养具有国际化视野、通晓国际规则的国际化人才。

五、实践效果及校内外评价

（一）实践效果

1.以“爱国主义教育、理想信念教育”为主线贯穿整个课堂

高校对大学生思想政治教育的内容基本涵盖理想信念教育、爱国主义教育、道德品质教育、心理健康教育、创新创业教育等几大领域。这些与“国际商务谈判”课程的很多理论和实践内容都有对应，课程教学中通过案例教学来实现。教师和学生一起关注社会热点、国际国内形势、现实问题，结合课程内容，收集和加工案例，构建“国际商务谈判”思想政治教学案例库。

“国际商务谈判”涉及的跨文化知识，课程中由师生共同搜集，均为彰显中华传统文化、中华风土、爱国爱家、社会责任担当等方面的文字、音频和视频资料。在对比中外文化的过程中，弘扬中华传统文化和美德，提倡集体主义和爱国主义，帮助学生树立正确的世界观、人生观和价值观，坚定真正的文化自信和制度自信，养成良好的职业道德和社会责任感。

“国际商务谈判”课程后期的综合实训和专业实习对学生的沟通能力和心理素质要求较高。教师通过开设主题演讲、专题讨论、分享体会，引导学生深度参与并进行思想互动，增强沟通能力;通过开设一对一专业心理咨询，帮助学生消除心理和思想障碍，增强他们的心理素质。

2.将“职业道德素养”融入实践教学课堂

实践教学可以分为认知实训、模块实训、综合实训和专业实习四部分。认知实训安排在国际商务谈判课程伊始，聘请在企业工作多年的资深谈判人员或者“双师型”教师以讲座形式进行。经过认知实训，学生对国际商务谈判的工作过程有了初步了解，

对国际商务谈判者必须具备的思想政治素质、谈判能力、职业道德、心理素质、人文素养等有了基本认知。

为了使学生切实掌握理论教学内容，在每一模块理论教学完成后，教师会借助谈判软件组织学生进行相应模块的实训。通过模块实训，学生将学过的理论知识连点成线成面，灵活地应用到实际操作中。模块实训有助于学生在动手操作中加深对理论知识的巩固和掌握，真正实现理论与实践一体化，为之后的综合实训和专业实习奠定良好的基础。

3.培养学生“团结合作”意识

综合实训安排在理论教学和模块实训完成之后，采用实景模拟谈判的方式进行。在“国际商务谈判”课程伊始，就把实景模拟谈判项目提前布置给学生，每个谈判小组内部根据成员的特点自行分配角色，并在整个“国际商务谈判”课程的学习过程中进行相应的准备工作。在模拟谈判过程中，学生亲身感受国际商务谈判人员的职业角色和国际商务谈判氛围，增强学生的职业体验感、培养学生的职业素养。

实景模拟谈判也是对学生进行思想政治教育的良好时机。通过设计模拟，学生对中华传统文化有了更深的了解；通过准备和进行模拟谈判，学生的合作意识和责任意识得到了培养，合作能力和担当能力获得了锻炼。实景模拟谈判使学生的爱国爱家、社会责任感、职业道德意识、心理素质等思想政治素养获得了培养和提升，学生的商务谈判能力、商务沟通能力、团队合作力、心理抗压能力、创新实践能力获得了很大提高。

（二）校内外评价

在课程育人上，统筹了课堂教学，建立了完备的课堂课程育人机制；明确课堂教学纪律要求，切实提高了教学质量；统一了教学大纲、教学进度、评价标准，校内教学反馈良好。

在实践育人上，把实践教学纳入了学院教学的总体规划，建立起了形式多样的课堂教学形式，确保课程改革的实践实效，学生反馈良好。

在文化育人上，坚持弘扬主旋律，传播正能量，积极推动了中华优秀传统文化、社会主义先进文化融入教育教学，并申请省级横向课题一项，获得了教学认可。

九江学院：

新文科背景下的“旅游学”课程与思政教育融通路径探索

一、团队负责人及主要成员简介

（一）负责人简介

乔秋敏，副教授，旅游管理专业教研室主任。承担“课程思政背景下‘旅游学’‘金课’建设探索与实践”“情景模拟法在旅游专业教学中的应用”等3项省级教改课题。实施3年混合式教学改革，推动信息化与教学深度融合。开展基于“课程思政”的教学过程设计研究，发表教研论文4篇，参编教材2部。负责课程被评为省高校课程育人项目、省一流课程；获省疫期优质课程三等奖、校级课程思政教学比赛二等奖、校级教学成果奖二等奖（2项）、校级优秀课程思政主讲教师、校级优秀论文指导教师、校级优秀共产党员等奖励和荣誉；指导学生获省科普讲解大赛三等奖和校创新创业大赛铜奖。

（二）主要成员简介

李松志，二级教授，博士。江西省高校中青年骨干教师，江西省“百千万工程”人选、江西省旅游管理教学团队负责人，省级一流专业建设点负责人。获江西哲学社会科学三等奖1项、江西省高校教育教学成果二等奖1项、获江西省旅游发展委员会首届旅游产品设计奖1项。江西首届省情研究特聘专家，江西省传统村落首批研究专家。主持完成国家社会科学基金2项，主持省部级教科研基金项目共14项；主持或参与课题研究与规划近50项目；在《经济地理》《人文地理》等学术期刊发表文章70余篇；出版学术专著4部，主编教材2部。

雷彬，博士，江西省传统村落研究中心副主任。主要从事地学旅游、传统村落与乡村振兴、旅游社会经济效应等领域的教学研究。主持国家自然科学基金1项，主持省高校人文项目1项。公开发表学术论文20余篇，出版专著2部，编写教材多部。校级优秀教师、校级优秀论文指导教师；指导学生参与大学生“挑战杯”、“互联网+”比赛获得省级铜奖。

史术光，副教授，主持省级纵向课题 6 项、横向课题 4 项、校级课题 2 项；公开发表各类学术论文 20 余篇。

张辉，教授，江西省中青年骨干教师，主讲“旅游学”“导游业务”等课程，主要从事旅游文化与旅游经济研究。主持或参与完成国家及江西省科研项目 8 项，发表学术论文 30 余篇，主编及参编教材 4 部。

二、解决的主要问题及工作目标

（一）解决的主要问题

1.解决课程思政教学观念问题

目前专业课教师对课程思政建设的观念不清，认同感不高，缺少主动改革、主动融合的意识；课程思政教学大多照搬思政课概念，对学生的思想引导处于随机状态。

观念支配行动，态度决定高度。“课程思政”建设需要根据教学实际精心设计每一堂课，把旅游从业者所具有的责任感、文化自信、文化传承等精神，以润物细无声的方式进行渗透。

2.解决课程定位问题

“旅游学”课程是旅游专业基础入门课，介绍有关旅游知识和现象的同时，阐释其中的原理，启发学生能够举一反三，能够联系旅游发展实践，注意“区域领先”、“中国特色”与“国际接轨”的融合。确立学生专业认同感、培养学习兴趣和树立从业志向。引导学生建立正确的学科概念，从不同视角和认知层面对学科有全面准确的了解，树立专业价值观。“游客为本，服务至诚”旅游行业核心价值观，是旅游行业道德准则、道德情操和道德品质的总和。“旅游学”课程教学中，通过不文明旅游现象的出现、旅游环境及资源的破坏等，引导学生重视资源价值，更要重视可持续发展，同时转化为自觉行动，深化对专业价值观的认识。

3.解决课程内容选取问题

“旅游学”课程内容具有基础性、综合性和前沿性的特点，教学中注重基础理论的系统性，还要注重价值观和多维思维的培养，同时注重能力的训练。

结合区域旅游实际,务“实”。“旅游学”课程的教学内容结合江西旅游业发展实际，着重联系热点旅游事件及旅游开发，全面分析分享江西旅游的优势及不足，引发学生感同身受，增强学生的家国情怀及历史责任感。

融入学术研究最新成果,重“时”。“旅游学”课程团队教师把乡村振兴、研学旅游、红色旅游、地质旅游等研究成果及时进行整理、归纳，补充到教学内容中。以互联网+、创新创业、导游比赛等为契机，引导学生的专注多向思维，并主动提升自身的动手能力。

（二）课程建设目标

1.课程师资建设目标

组建高水平的教师队伍，形成合理教学队伍结构。

2.课程教学建设目标

紧盯“一流课程”两性一度的要求，通过思政元素隐性和显性的渗透，合理设计教学内容，强化实践教学；根据课程内容和学生特点，改进教学方法和教学评价体系，有效调动学生学习的积极性，引导学生积极思考、乐于实践，提高自主学习效果。

3.课程服务学生目标

由以教为中心转变为以学为中心，从强调知识传授转变为强调能力培养，最终使整体教学及课程质量不断迈上新台阶。

三、改革实践的思路和主要举措

（一）改革实践的思路

1.转变教学观念——由教师“教”转向学生“学”

要有效实行“旅游学”课程改革，首先必须从转变教学思路做起，所谓“教学实践，理念先行”。著名教育专家陶行知先生说，好的先生不是教书，不是教学生，乃是教学生学。因此“旅游学”课程改革首先要让老师充分理解课程思政教学改革的重要性、主旨思想以及基本内容等。强调形成积极主动的学习态度，使获得基础知识与基本技能的同时，学会树立正确价值观。

2.明确课程建设目标

“旅游学”传统的教学目标强化知识，实施满堂灌；课程和思政的融通教学注重能力和素质，强化引导。

知识目标：了解旅游的产生和发展。理解旅游及旅游业的基本概念。理解旅游市场的概念、分布及特点。掌握旅游活动和旅游者的构成。掌握生态旅游和旅游可持续发展的要求。

能力目标：能够利用各种资源进行自主学习；能够客观分析和解决旅游行业实际问题；能够准确表达自己的观点；能够团结协作；能够在工作中有开拓精神和竞争意识。

素质目标：树立文化自信，激发学生对旅游事业的热爱和爱国热情，培养良好的文明意识、服务意识、生态意识、可持续发展意识、乡村振兴意识。

3.设计“和谐、互动、有效”的教学过程

教师课堂组织由重输出转变为重组织、启发、促进学生学习，实现教育教学目标。根据不同内容设计不同教学过程，案例教学、专题研讨、线上线下互动、调研实践等方式交替使用，形成多元互动的立体教学。

4.实现目标、内容与方法的契合

借鉴国内外优秀大学的教育教学模式，按照 OBE 教学理念，形成以 PBL 教学、旅游实践教学以及课程思政教学等三位一体的全面教学模式。在教学实践中实现三个转变，即“以教为主向以学为主转变、以课堂教学为主向课内外结合转变、以结果评价为主向结果与过程评价结合转变”，强化旅游实践教学的重要性，同时建立与课程学习相适应的考核评估方法和体系。

（二）主要举措

“旅游学”课程，以“两性一度”（高阶性、创新性、挑战度）为目标，突出开放性和创新性。具体做法：

1.以“思政”为导向，进行教学总体设计

“旅游学”课程立足四个自信及家国情怀、生态意识、文明素养、创新意识等思政

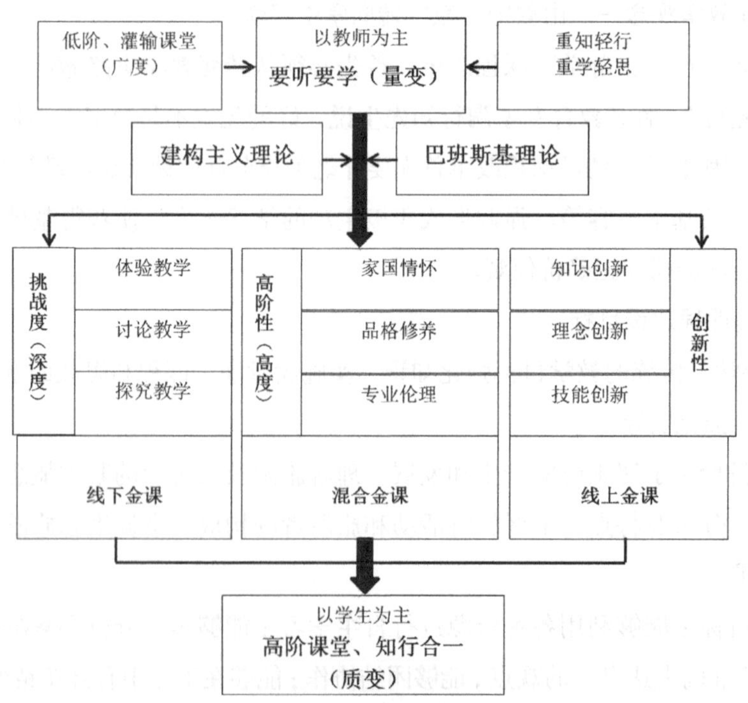

图 1　旅游学课程改革设计总体思路

元素。将专业知识和技能教学目标与“课程思政”的教学目标相结合,按照“初识旅游—感性体验—理性领悟—思政浸润—感同身受”的教学思路，通过教学设计，架起理论与实践的桥梁，为学生的文明意识及德育培育保驾护航。

（1)引导学生走近自然,看绿水青山。树立和践行“绿水青山就是金山银山”的理念。教学中让学生感受祖国山河的美好，提升学生的审美意识和审美品位。

（2）引导学生从丝绸之路到“一带一路”，看大国文化。丝绸之路已经从30多个国家伸展到60多个国家，这是一条文明之路、文化之路。教学中充分结合五千年的文明和文化，提升学生的文化自信。

（3）引导学生走进新时代，看旅游强国。如今，旅游业以创新、协调、绿色、开放、共享为指导，全面满足着中国人的幸福生活。教学中联系学生家乡变化的实际，把可持续发展理念、乡村振兴理念、田园综合体理念等融入教学中，增强学生的情感认同与行动自觉。

（4）引导学生用心走进社会。引导学生欣赏一座城市的光怪陆离，感受一方水土的自然淳朴，体验原汁原味的市井风俗，从中体会出人类文明发展的必然规律和历程。

（5）引导学生从我做起，走向文明。社会需要文明来维护，需要文明来完善。一城一风光、一村一幅画，每一个大学生需要有全域大美格局，为建设现代版的富春山居图贡献自己的青春和力量。

2.以“高阶性”为导向，分层递进课程内容

“旅游学”课程群聚焦“理论创新”和“思政育人”，把红色文化、行业文化、传统文化融为一体，增强学生对文化的认同感和自豪感。

按照“兴趣旅游、乐趣旅游、志趣旅游”等多层次提升规律，明确认知—应用—创新等不同模块的职责功能和建设方向，有序固化、层次递增、协同提升。

首先，用10节课左右时间进行入门认知学习。介绍课程性质、旅游的前世今生；入门学习重点是精选案例。根据案例解说—设置悬念—理论引导—剖析方案的学习过程，形成直观具体，生动形象的教学氛围。

接下来用10节课进行知识应用学习。围绕乡村振兴、旅游扶贫、研学旅游、旅游新业态等主题展开讨论，引导学生思考并主动寻找答案，调动学生的积极性、创造性。

最后进行创新应用学习。通过教学互动，及时发现逻辑思维能力强、对旅游学习有兴趣与潜力学生；设计8次课调研实践和8次课多维思维引导训练，就“黄金周的利与弊”、疫情下旅游业发展的挑战与机遇、旅游资源开发的利与弊、家乡研学我能行……引导学生在争论中分析思考，在调研汇报中互相交流、完善思维。学生可以相互交流剖析、合作查阅相关资料等。由此提高他们的逻辑思维能力、团结合作能力、

创新创意能力，从而实现二元智力培养训练。

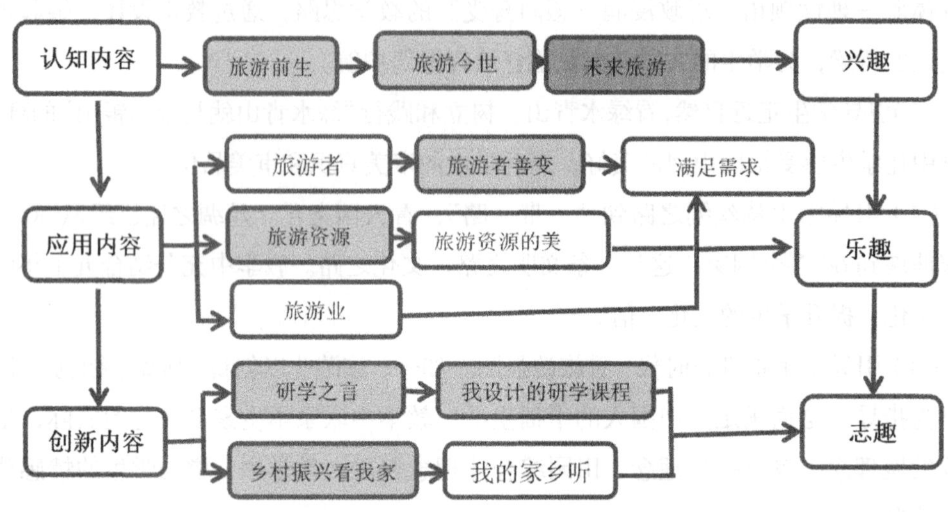

图2　“旅游学”课程内容层级定位

3.以创新性为契机，多元化教学融合

课程与地域文化融合。九江学院地处美丽的江西九江，长江、鄱阳湖、庐山汇聚于此，大江大湖大山赋予了九江独具品位的资源魅力。“旅游学”课程教学通过整合当地的红色文化资源与传统文化资源，结合所在地区的文化表征，提出旅游发展中的问题，由学生自行研究、分析。一方面进一步挖掘地域文化中的核心竞争力，另一方面引导学生知家乡、爱家乡，以家乡为荣，为家乡增砖添瓦。

理论与实践融合。“旅游学”课程实践教学主要有“走出去”和“请进来”两种形式。“走出去”，是将学生带到相关旅游区景点和企业进行短时间的考察学习，促进学生对旅游资源、景区景点、开发保护、旅游业、旅游市场等情况直观感受，增加对旅游活动的感性认识。“请进来”，是将行业专家和优秀员工请进课堂，为学生进行专题讲座和座谈交流，了解旅游业发展动态和问题，开阔视野，深化相关知识点的认识。

线上线下互动融合。2019年起，开启线上线下互动教学。线上有资源，线下有互动，线上线下重反馈。通过问卷调查、小程序调研等反馈方式，让教学的活动更加具有针对性，不但让学生学得明明白白，也让教师教得明明白白。

中外融合。在课程教学中，教师通过对国外旅游运营的解读、旅游文化现象的分析以及对文化背后上层建筑意识形态的分析，阐述“旅游是政治经济文化的投影”这一观点。教学的目的是促使学生提升格局，关心时政，爱国、爱党、爱文化。

古今融合。引入优秀的传统文化思想，以古人智慧启发学生，引起他们的反思与行动。通过对李白移情山水、徐霞客畅游天下、苏轼纵论古今等案例的思想内涵与历史文化剖析，将专业元素与思想政治元素结合起来，用文化情感的力量激发学生对传统文化的兴趣，让学生了解中华文化的沿袭历程，从而理解当前吾辈当自豪和自强。

4.以“挑战度”为标准评价学生的最终学习效果

旅游专业课程考核量化过程学习，全方位评价学生学习能力、实践调研能力、分析归纳能力、创新能力、综合素养等，实现考评方式多元化。

过程考核：线上记录学生的各项数据（主动学习能力）；日常作业以探究性、创新性、思政性为导向，引导学生进行学科前沿知识探索及阶段性成果分享（分析归纳能力、创新能力、综合素养）；鼓励学生节假日进行旅游调研，形成调研报告等（实践调研能力）。

终结性评价：采用“客观题和非标准化的主观题”相结合的方式。鼓励学生答出自己的见解，实现对学生学习效果的综合评价。

四、特色及创新点

（一）课程建设特色

1.交互融合的教学内容

“旅游学”课程知识体系涉及社会学、环境学、民俗学、资源学、营销学、心理学等基本知识。“基础不能丢，前沿不可少”，课程内容更新及时，力求做到教学内容与行业同步更新。紧跟旅游市场的发展需求，不断将学科最新成果引入教学，在本课程中集中体现了历史传承与时代前沿相结合、案例分析及行业创新相结合、学科理论与区域特色相结合等，通过历史文化、未来可期、文明传承、生态保护等渗透文化自信、家国情怀，唤醒学生自觉意识。

2.不断创新、层层递进的教材结构

经过多年的实践，“旅游学”课程内容经过提炼，基本确定三大模块：基本概念和理论模块；旅游要素应用模块；旅游创新发展研究模块。其中，基本概念和理论部分是基础，是专业认知；旅游三大要素、六大元素是课程的主要内容，根据每年的旅游大事件和区域旅游现状进行应用引导；旅游的创新研究是旅游活动的延伸，三个组成部分有机地联系构成了“旅游学”课程完整的课程体系，环环相扣，从认知到应用，最后到创新，层层递进。

3.先进的实践教学环节

通过实践调研训练学生分析问题、解决问题能力。这些旨在为学生打下较为宽厚而扎实的学科基础，从而有助于将学生培养成适应旅游业发展需要的素质型、应用型、复合型人才。

4.立体式的教学互动

在教学方法上，除了传统的课堂讲授法外，我们还融入了案例分析法、课堂讨论法、情景模拟法，由这些方法构建成的立体式教学，既丰富了学生的知识结构，也充分调动了学生的积极性，提高了教学质量。

利用网络教学平台，学生可以随时随地自由选择内容学习，检测学习效果和复习所学内容，老师随时在线答疑。

（二）课程建设创新点

1.构建层级递进的课程体系

根据“四个自信 + 两性一度”的教学改革理念，实现线上线下结合、理论和实践结合、课程和思政结合。通过地域文化的融合、古今融合、中外融合，对相关学科的知识体系进行合理设计和整合，使不同知识点之间相互照应，渗透互补，促进课程资源优化。

2.构建具有较强的交互性、实践性和融合性的教学模式

通过案例教学、实践调研、体验分享等教学方式，激活多向创新思维、激发自主学习能力，营造课堂活跃气氛。

3.突出课程育人

课程在教学中融入三个理念：“课程思政教育理念”“体验式教育理念”“四化育人理念”，把最新的教研成果直接引入教学，引领学生参加创新创业比赛、“互联网 +”大赛，促成产教深度融合，在教学中培养科学精神、探索与创新能力，实现文化育人、专业育人、课程育人的目标。

五、实践效果、推广应用情况及校内外评价

（一）实践效果

课程思政视域下的课程群建设，体现了对课程思政的深刻认识，契合了先进的教学理念，实现了人才培养目标。

1.育人成果丰硕

通过思政引导、金课推动，学生的综合素质明显提升。近几年共为五星级酒店、旅游集团、旅游景区输送专业人才 1200 多名。据江西赣中旅集团公司、远洲国际酒店、共青城富华山景区、庐山西海景区等用人单位反馈，旅游管理专业毕业生“有很强的动手和创新能力”“认真负责，敬业精神极佳”“多已成长为部门骨干”。

旅游管理专业学生积极参与地方旅游发展与规划，积极参加各类比赛，主动进行

家乡旅游调研并为家乡旅游业建言献策。近三年在校生获省部级各类赛奖数量呈现台阶式提升，2017 年获奖 6 人次，2019 年获奖 8 人次，2020 年获奖 10 人次。近三年，参加考研的学生也由原来的 10% 提高到 30%；多名学生参与“江西省社会主义核心价值观先进个人”“中国大学生自强之星”等评选取得优异成绩；学生班级也获得省级“雷锋班”，市级“五四红旗团支部”等荣誉称号。

2.教改及课程建设成果丰硕

按照“两性一度”指向，结合专业特色及地方应用型本科特点，朝向一流专业、一流课程方向发展，推动了旅游管理专业课程建设，获得了一定的成果。

目前“旅游学”建成江西省线上线下混合一流课程和省级育人共享课程，并且在疫情期间获得江西省防疫期间线上教学优质课程三等奖。在此示范引领下，形成了一批优质课程：“旅游规划与开发”（校特色课程）、“职业形象塑造”（校线上金课）、“现代公共关系”（校线下金课）、“旅游心理学”（省双语特色课程）、“旅游市场营销”（省双语特色课程）、“中国茶道”（校混合金课）、“传统村落调研与乡村振兴”（校社会实践金课）、“旅游法规”（课程思政建设示范课）、“旅游口语实践”（课程思政建设示范课）等。

主编《现代公共关系学》教材属“十三五”规划教材，在多个二本院校使用，年使用量达 5000 本；获得江西省教育教学改革课题 2 项，获省级教学成果奖 1 项，校级教学成果奖 2 项。

（二）推广应用情况

本成果构建了旅游管理专业课程群的构建框架模式，已经过 4 年的教育教学实践检验，推广应用效果显著。

1.培养了一大批德才兼备，适应旅游行业发展需要的应用型、复合型的高层次人才

近几年共为五星级酒店、旅游集团、旅游景区输送专业人才 1200 多名。毕业生在各自的岗位日益发挥重要作用，很多已经走上基层领导岗位，为推进旅游健康稳步发展做出了积极贡献。

成果实施期，鼓励学生参与地方旅游发展与规划，鼓励学生参加各类比赛，鼓励学生自主完成家乡旅游调研，鼓励学生为家乡旅游业建言献策，通过课程线上线下互动，理论和实践的结合，学生的综合素质明显提升，不管毕业后处于何种行业和从事何种工作，其敬业精神和开拓创新意识都得到好评。据江西赣中旅集团公司、五星级酒店等近年统计证明，本专业毕业生“多已成长为技术骨干”“有很强的动手和创新能力”。

2.课程与教材建设的辐射和示范作用

课程改革建设以来，已在本校本专业学生中进行实践，覆盖面广，学生评价良好，

受益2000余人。“旅游学”由专业课慢慢转为综合素质教育课，由专业引导开始转为兴趣引导，让学生从认识旅游到兴趣旅游；在旅游学课程改革建设的影响下，形成了一批优质课程群。“旅游职业形象塑造”课程由专业课开始转变为素质提升课“职业形象塑造”，学生选修热情异常高昂；“旅游公共关系学”在2018年整合前人的研究成果，结合学校教学实践编成“十三五”规划教材《现代公共关系学》，在多个二本院校使用，年使用量达5000本；“旅游规划与开发”结合九江乡村振兴规划，融入各种自行设计案例，其成果用于“旅游策划”“乡村旅游”等课程。示范引领作用逐步体现出来。

3.教学理念、培养模式和教学方法改革的可借鉴性

课程内容及教学方式的构建模式，从某种程度上推动了旅游学院课程建设，学院内部课程参照此体系，收获颇丰。成果实施期间，获江西省高校共享育人课程项目1项，江西省教育教学改革课题2项，编写教材1部，获校级教学成果奖1项，获校级在线开放课程立项2项，获校级线下金课1项。有关教学改革成果通过公开出版、发表等方式，对相关学科和课程建设起到积极的示范和带动作用。

4.学生学习主动性明显提高

在校生获省部级各类赛奖数量和级别呈现台阶式提升。如参加全国大学生导游竞赛、江西省自然科普讲解比赛，大学生创新创业比赛，近三届学生多项能力提升较快，获奖数量和级别逐年提高。

（三）校内外评价

1.校内学生评价

作为一门特色鲜明的专业课程，“旅游学”已为数千名学生带去了新鲜的知识与思考的技能，该课程教学紧贴旅游行业要求，受到了学生的欢迎。

从连续三年学生评教的结果上看，学生认为该课程内容丰富，理论与实践结合紧密，主讲老师知识渊博，讲课条理清晰、重点突出、仪表大方、课程设计有趣，教学理念先进。

2.校内专家评价

校内督导专家认为“旅游学”课程教学备课充分，内容充实，信息量大，不时结合学科新发展，特别是当今热门旅游——红色旅游案例进行穿插，引起学生共鸣。该课程教学目标明确，教学设计新颖，课程思政渗透其中，达到了育人的目的。

高校本科课堂教学评价表

<table>
<tr><td colspan="2">任课教师</td><td>乔秋敏</td><td>所在单位</td><td>旅游与地理学院</td></tr>
<tr><td colspan="2">授课时间</td><td>2021.4.21</td><td>授课地点</td><td>香远楼 105</td></tr>
<tr><td colspan="2">课程名称</td><td>《旅游学》</td><td>讲授题目</td><td>红色旅游</td></tr>
<tr><td colspan="2">授课对象</td><td>本科 专业 级 公共课 班</td><td>听课人数</td><td>80</td></tr>
<tr><td>序号</td><td>评价项目</td><td>项 目 内 涵</td><td>分 值</td><td>得 分</td></tr>
<tr><td>1</td><td>教学准备</td><td>从教材、教学大纲、教学周历和教案等方面评价，重点是教案。</td><td>15</td><td>14</td></tr>
<tr><td>2</td><td>教学能力</td><td>从教学内容、教学方法和手段、语言表达等方面进行评价。</td><td>30</td><td>29</td></tr>
<tr><td>3</td><td>教学管理</td><td>从课堂纪律、上课秩序、学生到课率、课内外作业和学生学习过程（成绩）管理等方面进行评价。</td><td>30</td><td>25</td></tr>
<tr><td>4</td><td>教学效果</td><td>从课堂氛围、学生听课率、老师授课特色等方面进行评价。</td><td>25</td><td>20</td></tr>
<tr><td colspan="2">总 分</td><td colspan="3">88</td></tr>
<tr><td colspan="2">评 语</td><td colspan="3">4.21 日乔秋敏老师主讲《旅游学》线下课程，首先对线上课程进行了在线测验，然后导入新课“红色旅游”，分析了红色旅游的概念和价值，江西和九江的红色资源，并让学生设计红色旅游线路。教学过程思路清晰，能够引导学生开展课堂交流、主题思考等多种形式的活动，使学生直观地感受红色文化魅力并引发爱国爱家情怀。教态亲切、仪表端庄举止自然。课堂氛围调控得当，是线上课程的有益补充，达到预定的教学目标，教学效果良好。望今后进一步充实红色文化内涵，通过故事引导唤起学生共情。</td></tr>
</table>

图3　校内评价材料

3.校外专家评价

上海商学院酒店管理专业系主任钟教授评价认为，该课程有一支素质好、水平高的教师队伍。团队有很强的合作精神，工作责任心强，业务水平高。课程的设计理念新颖、思路清晰，教学内容的组织与安排合理，教学手段独特，既注重教师的理论讲授，又凸显学生的实践体验。“线上理论研讨——线下案例分析——实时讲解——归纳总结——课后练习——实时交流”的教学模式，充分体现了学生的主体性，为培养学习型、创新型的专业人才打下良好的基础。

校外专家课程评价

《旅游学》课程自 1993 年九江学院创设旅游管理专业时即已开设，自 2014 年以来由乔秋敏教师担任课程主要主讲人，至今已完成 7 届教学，积累了丰富的教学经验，系九江学院旅游管理专业必修课。

该课程具有以下特点：

1.师资队伍强。课程负责人乔秋敏，积极探索课程教学改革，从情景教学到金课建设，从线下到线上到线上线下互动，对旅游行业和旅游教育有着全面深刻的认识和理解。团队成员来自不同大学不同专业，学缘背景多元化，年龄以中青年为主，开拓创新、勇于改革、锐意进取。

2.教学方法好。课程采用线上案例式、专题引导方式，将学生由被动接受转变为主动探究，能够培养学生的专业兴趣和研究能力。其次，该课程经常发布行业专家讲座，使得课程教学更为多元化和高端化，使学生接触到学界的最新研究动向和成果。

3.教学内容点面结合、推陈出新。该课程的教学内容既全面涵盖了旅游地理、历史、民俗等多方面内容，又做到重点突出。在教材内容之外，该课程还补充了如一些重大历史事件、红色旅游、生态旅游等旅游热点问题，弥补了视频内容无法及时更新的弱点。

基于以上认识，该课程符合线上一流课程的评价标准，特此推荐参加线上一流课程的评选。

上海商学院酒店学院 钟华 系主任/博士

2021 年 10 月 8 日

图 4　校外评价材料

九江学院：

新文科建设背景下的国际贸易专业课程思政

——以“外贸商品学”为例

一、团队负责人及主要成员简介

（一）负责人简介

张敏，九江学院专职教师，西安交通大学博士在读。完成教学改革项目 8 项、主编教材 1 部、发表教研论文 9 篇；负责的“外贸商品学”课程 2020 年获批省级线上线下混合一流课，同时被推荐参与 2021 年国家一流课程评审。2021 年“外贸商品学”课程设计获全国商业精英挑战赛课程设计决赛（教师组）一等奖；2020 年负责的“外贸商品学”课程获江西省疫情期间线上教学优质课评比优秀奖。获得各类教学科研奖励 24 项，疫情期间优质课程 2 项，省级一流课程 2 项，省哲学社会科学优秀成果奖三等奖 1 项；指导学生获国家级学科竞赛奖 7 项。

（二）主要成员简介

李华，九江学院经济学院教学副院长，经济学博士，主要承担研究生专业课程教学。省级线上线下混合式一流课程“外贸商品学”、省级在线精品课程“国际贸易实务”主讲教师，主持建设了校级精品在线课程“国际贸易理论与政策”；指导学生完成国家级创新创业项目 1 项、省级创新创业项目 3 项；获校级教学成果奖一等奖、二等奖各 1 项，主持参与省级校级教改项目 10 余项，发表教改论文 10 余篇，主编《国际贸易实务》教材 1 部。曾获校级双语授课教学比赛校级二等奖，师德师风标兵。

闫观渭，九江学院教师，管理学博士。参与教改项目 6 项，获校级教学比赛奖励 3 次，参与省级一流课程“外贸商品学”的建设、主持建设了校级精品资源共享课程“西方经济学”、线上线下混合式一流课程“计量经济学”。指导学生参加大学生竞赛获全国三等奖 1 项、省级三等奖 1 项，参加学科专业竞赛获全国二等奖 1 项，指导学生完成省级大学生创新创业训练项目 2 项。

二、解决的主要问题及工作目标

（一）解决的主要问题

当前，在新文科建设背景下，为强化高等院校国际经济与贸易专业的课程思政和通识基础教育，拓展经济学科人文性和应用性的内涵，培养高素质、国际化的新型人才，实现立德树人的目标，“外贸商品学”课程改革始终坚持把立德树人作为教学的中心环节，把思想政治教育工作贯穿教学的全过程。在“新文科”学科重组、学科交叉的背景下，把思政教育融入专业课程，解决的主要问题有：

（1）厘清新文科建设背景下“课堂思政”的内涵及其对高校专业课程改革带来的新挑战有哪些。

（2）研究新文科建设背景下，课程思政如何以渗透的方式实现专业课内容与思政内容融会贯通，促进课程思政教育与国际贸易类专业课程教学有机融合的可行性和有效性。重点探讨三个问题：

①“外贸商品学”课程思政内容的选择与融入点。

②教师素养的提升，如何做到四个“要”：教案的文案立意要高，教学案例的选择要精，课堂呈现艺术要新，教师自身修养能力要正。

③如何做到将思政元素融入课堂、潜移默化对学生的思想意识、行为举止产生影响，实现课程思政对学生专业知识学习的实效性？

（3）研究外贸商品学课程混合式教学中，线上课堂主要的在线视频学习、线上话题广场、线上作业设计，线下课堂见面讨论课、实践成果展示、创新实践等环节考核的重点内容与方式，以及考核内容与方式如何实现知识、能力和素质的有机融合。

为大力加强专业课知识传授的针对性、能力素养培养的实效性，团队通过对上述问题研究、在教学中践行，通过课堂教学完成“知识传授”，借助学科竞赛及社会实践实现“知识内化”，做到专业教学与素质培养“同频共振”。

（二）工作目标

“外贸商品学”课程思政做到“两个要”：要将习近平新时代中国特色社会主义思想及社会主义核心价值观融入课堂；要对接新文科建设，做到“知常明变，守正创新”，以实现“提升国家文化软实力，塑造国家的硬形象”的建设目标。

学校致力于培养“综合素质高、专业基础实、实践能力强，具有创新创业精神”

的高级应用型人才，为支撑国际经济与贸易专业培养高级应用型外贸人才的需要，本课程目标为：

（1）知识目标：培养学生经验研究型思维，使学生掌握商品品质、标准、商标的基本规范；掌握商品检验及分类编码的知识；熟悉商品包装材料与基本养护方法、商品在储运期间质量变化的影响因素等。

（2）能力目标：提高学生自主学习能力，能够发现和提出有价值的经济问题，敢于质疑、勤于思索，学会评价、反思，培养其在商务谈判中准确推介商品的能力；国际贸易中选择适销对路商品、鉴别商品品质、科学储运商品、规避与产品有关的交易风险的能力。

（3）素质目标：实现"育智"与"育人"深度融合，培养业务精湛、德才兼备的高素质外贸人才；引导学生树立以质取胜的经营思想和为贸易强国而奋斗的价值观。

三、改革实践的思路和主要举措

（一）改革实践的思路

思政就像盐，非常重要，但是你不能光吃，最好的方式是将盐溶解到各种美食中然后自然吸收。因此要注意方法，不能够为了思政而思政，不能够出现课程内容与思政元素两张皮的现象、让学生产生抵触心理。所以如何做到将思政元素融入课堂、潜移默化对学生的思想意识、行为举止产生影响是老师要思考的。

"外贸商品学"的实施思路：建立在授课教师对该课程、学科体系很熟悉的基础上，把课程内容按需梳理成为5大模块，确定教学目标，然后寻找与之匹配的思政元素，探究合适的教学方法，做到有机融合。团队自创了基于"雁阵理论"的"外贸商品学"线上线下混合式教学方法。

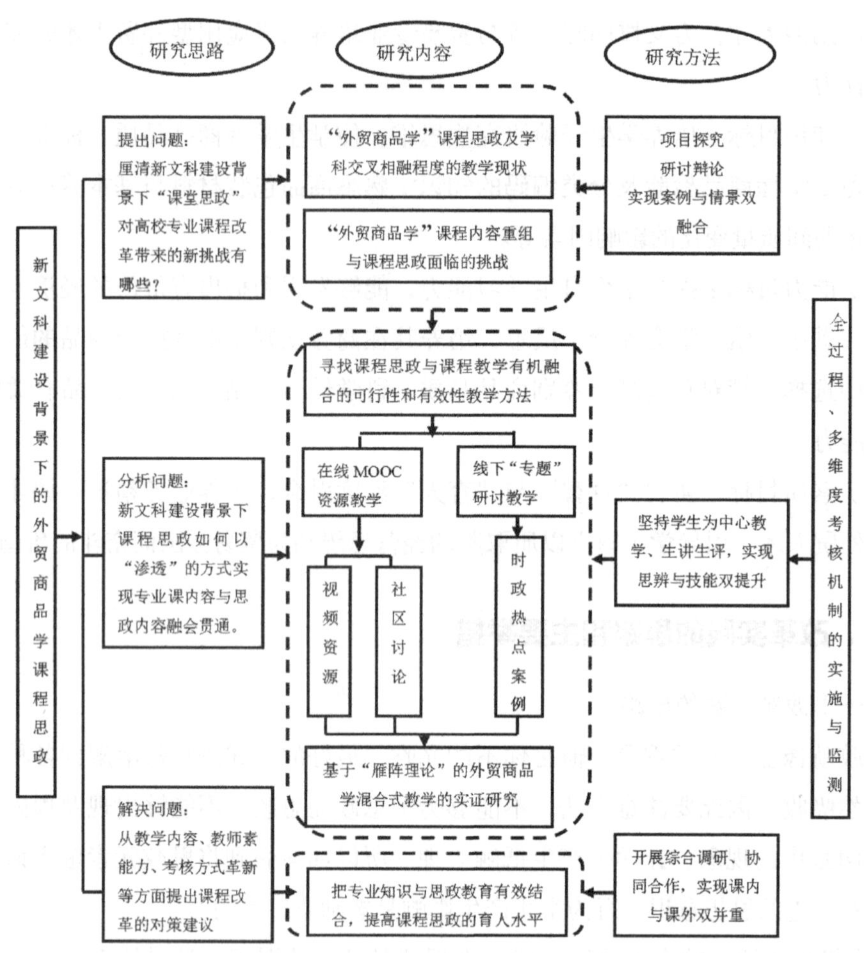

图1　“新文科建设背景下的外贸商品学课程思政”改革实践的思路

（二）主要举措

在实际的教学过程中，“外贸商品学”教学团队探索高素质国际贸易专业人才应具备的职业技能体系，同时以职业能力为导向，重点研究国际贸易专业课程教学中主要任务驱动模块，融合学科交叉知识、深化课程目标、重构课程内容。具体做法如下：

1.“知识模块+思政元素”的选择与融入

精心设计课程模块，强化教学方法创新，切实改变以教师为中心，以教室为主阵地的课堂形式，实现学生从知识传授→知识内化→知识强化的转变。

（1）线上课程内容及优势

第一，线上教学视频能充分满足学生在线自主学习需求。课程顺应新形势下国际贸易模式变化对经贸人才知识和能力素养新要求，将原有课程内容进行拆分，构建以核心知识点为基本单元的知识体系，精心选择并拍摄 41 个教学视频，视频总时长 568 分钟，图文并茂、清晰讲解，高质量呈现课程内容，学生可根据需求进行反复学习。

第二，多种线上学习互动方式能增强学生主动性和课堂参与度。课程基于网络教学平台建立互动讨论板块、班级群聊、一对一问答等多种实时在线交流方式，师生可在线上及时互动交流，努力让线上教学“活”起来，实现在线学习由单向输出向双向互动转变。同时，课程平台能全过程详细记录学生各环节在线学习数据，实现在线学习过程管理。

第三，课程资源库能满足学生在线学、测、练、考多样化需求。在教学平台上整合了 100 多个非视频教学资源、300 多个在线社区讨论课程公告、100 多份优秀作业、若干课程知识相关热点案例图片和视频，给学生自主拓展学习提供了充足学习资源。同时，提供测试和作业习题总数 999 题，考试题库 420 道，教师可根据授课需求随机组题，进行在线测试、练习，实现以测、练、考多方面促进教学效果。

在线教学内容如具体知识模块：

①理论知识模块：介绍商品分类与标准、商品品质与检验、商品包装与养护、商品与环境等，培养学生鉴别商品、正确使用商品、保养维护商品的能力。

②思维培养模块：重点介绍食品类商品、服装类商品、日用工业品，培养学生在贸易中准确推介商品、认证管理等方面能力。

③扩展知识模块：通过创新创业大赛、科研成果等，强化学生基础知识运用能力，以及关注社会经贸问题的主动性。

（2）线下课程内容及特色

采用翻转课堂教学，通过“华为 5G 鸿蒙操作系统”与“美国安卓”之争等 8 个专题和 2 个校外实践专题对线上知识进行巩固和拓展。课程内容设计中突出“三结合”：将知识传授与能力培养相结合，专业教育与思政教育相结合，外贸商品与内贸商品相结合。通过团队精心遴选、不断打磨，在线下 8 大专题教学资源的基础上，团队在超星平台资源库成功建设了课程思政案例库。建设 20 多个思政案例，依据三条思政主线“法制诚信教育、爱国主义教育、协同合作教育”分成三大模块，形成模块化思政案例库。（详见表 1）

表 1　线下专题及部分思政案例资源库展示

	线下课堂专题・社会实践任务		思政主题
1	线下专题课	专题一：疫情期间口罩侵权事件的涉疫情违法犯罪	开展法制诚信教育 德法兼修、诚信服务 开展爱国主义教育 家国情怀、科技自信 开展协同合作教育 团队意识、工匠精神
2		专题二：“高铁一次性快餐盒”包装材料及产品生态价值	
3		专题三：“鸡蛋行业供应链”商品质量标准化及检疫	
4		专题四：华为积极抗辩美国 337 立案调查	
5		专题五：“猪肉价格飞涨”进出口食品安全与贸易形式	
6		专题六：一代天“椒”，辣椒籽的太空游与品质改良研究	
7		专题七：“新疆棉花事件”，产品网络竞争与企业的营销	
8		专题八：“地摊经济”背景下商品分类与城市治理	
9	校外实践	实践一：食品安全、中国服装国际地位，调研、撰写报告	
10		实践二：以国贸现场赛事，提升国际贸易实战应对能力	

2.“教学方法+授课形式”的探究与实践

在新文科背景下,“外贸商品学”课程教学拥抱新技术,基于雁阵理论构建教学模型、借助智慧工具“雨课堂”开展线下混合式教学模式：通过视频教学、多模块讨论等方式开展线上教学，通过自主创新项目、各类技能大赛及大学生社会实践践行线下教学。

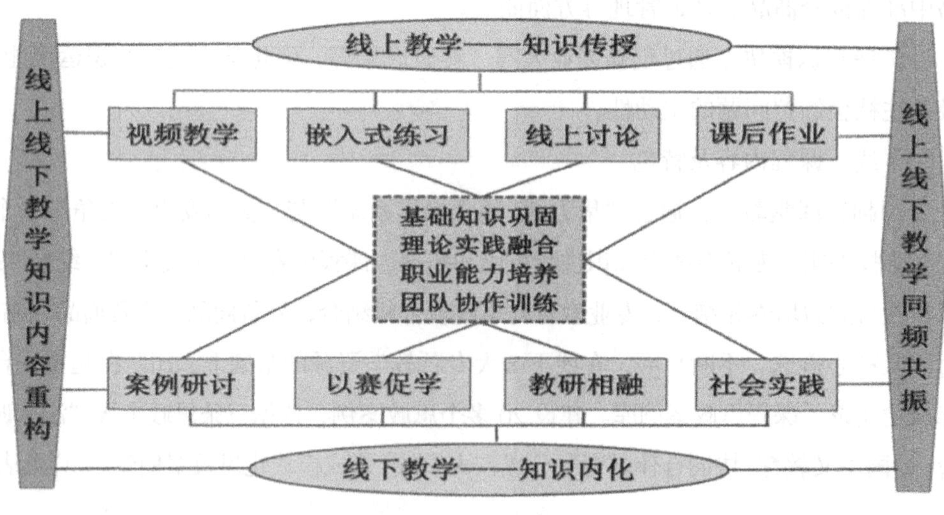

图 2　“外贸商品学”课程混合式授课方法设计

（1）教学方法

案例教学法贯穿课程教学全过程，并通过校外社会实践实现对基础知识拓展运用。以下为“雨课堂”的教学实施几个特色环节：

①通过项目探究、研讨辩论，实现案例与情景双融合：遴选时政热点、以公开发表的科研论文为教学案例，学生分组进行调研、汇报、点评。

②坚持以学生为中心，生讲生评，实现思辨与技能双提升：教师主导、学生主体、协同合作，针对开放性论题进行项目论证整合，强化知识体系。

③开展综合调研、协同合作，实现课内与课外双并重：通过系统学习基础知识、专题研讨，组织学生到大型卖场（超市）开展综合调研，真正做到理实融合。

（2）授课形式

①课前：基于“热点案例、竞赛项目资源、精品在线视频平台”线上推送预习资料、在线预习、知识获取、形成数据反馈，激发带着问题学习的学习主动性以及独立思考能力。

②课中：借助“雨课堂”、线下通过“项目探究—研讨辩论—生讲生答”演绎课堂，积累过程性数据、形成知识众筹，培养学生对经济现象的综合研判和分析能力。

③课后：结合“数据反馈”教学，设计实践项目、竞赛项目等，与时俱进设计教学内容及方法，培养学生积极关注，并正确分析解决现实问题的能力。

④思政资源：课程内容融合时政案例、突出思政引领，聚焦“道德培育、国际视野、伦理安全、职业规范、创新创业”，有效融入思政元素。

3.“全过程、多维度考核+检测机制”的试行

团队基于外贸商品学课程混合式教学的全过程、多维度过程性评价机制研究构建与实践：

（1）围绕“考什么”，解决评价内容如何突破从学业评价向“知识、能力、素养”等多方面相融合的评价内容转变的路径与障碍。

（2）围绕“如何考”，解决评价媒介由试卷、作业为主，向借助“互联网”、教学资源共享平台等多渠道方式转变的方式和途径。

（3）围绕“谁来考”，解决成绩评价主体如何有教师主导向教师、学生、学生自身（自主学习效果）多元化主体转变的路径与障碍。

考核环节以多样化题型、宽领域内容、开展持续评估而非阶段性测试，突出知识和能力考核双并重。具体构成为：总评成绩 = 平时成绩 + 期中成绩 + 期末成绩，坚持三种测评并举，以“开卷”有益、持续评估为基本指引。具体为：

（1）平时成绩：占综合成绩的 35%，这一部分通过课程视频、在线作业和在线课堂笔记展示这三种不同的测评方式进行持续性评价，由超星学习通平台统计，其中课程视频学习占 10%、作业在线过程性考试占 10%、签到占 5%、课堂互动占 10%，合计占总成绩的 35%。

（2）期中测试：占综合成绩的15%，这一部分采用课程平台试题库资源随机组题开卷考查形式进行。

（3）期末考试：占综合成绩的50%，这一部分是综合性评价，采用线上客观题测试+线下案例综合测试的闭卷考试形式（在校学生），对课程内容进行全面检测，考试时间为120分钟；纯线上教学班级采用在线大型案例研究方式进行，试题会更加开放，考试更倾向于检测学生更高层面的分析能力、批判性思维和反思能力。

三项成绩累计60分以下为不合格，60—79分为合格，80分以上为优秀。

四、特色及创新点

1.以提升学生课程学习实效为导向，构建多元协同的授课模式

秉承“强化知识+培养能力+提升素质”的授课理念，以智慧工具革新授课方式，以时政热点案例研讨贯穿课堂全过程，组织学生开展案例剖析、研讨辩论，强化师生互动、生生协同，提高学生对课堂的黏合度，培养学生对国际贸易领域相关问题的独立探究与综合分析能力。

2.以激发学生内生学习动力为引领，构建双轮驱动的学习模式

多样化配置课程线上教学资源类别和内容，构建线上教学资源库；科学设计线下翻转课堂教学案例与专题，实现由以教为主导向以学为中心转变；严格落实全过程考核方式，在教师评价的基础上，将学生在“学习通”“雨课堂”等平台学习的客观数据记录，以及线下翻转课堂中同学互评成绩作为评价依据，形成教师、同学和学生自己三者并重的评价体系。在不同的板块、不同的内容、不同的环节分别设置多个任务点，激发学生学习内驱力，形成知识储备与能力提升“双轮驱动”的学习模式。

3.以提升学生核心经贸能力为目标，构建理实融合的育人模式

突出“思政引领+理实融合+智慧启迪”的育人思路，重构课程内容，将与课程相关的最新热点和思政元素植入课程内容，实现商品学课程知识由碎片化向系统化转变、由单科知识传授向职业技能培养转变，构建顺应新形势下经贸人才知识、能力和素质需求变革的趋势下，支撑国际经贸人才知识综合性、能力创新应用性和素质复合性育人新模式。

五、实践效果、推广应用情况及校内外评价

（一）实践效果

课程思政努力做到三点："贵在自然融入、重在严谨贴切、妙在画龙点睛"。其一，课程采用专题教学，每一个知识一个专题，遴选时政热点、公开发表的论文等作为案例素材，借助智慧工具采取项目探究式教学，让学生参与其中，让学生成为主体。并要求学生汇报借助学生身边的素材来回答，通过贴近学生学习、生活的案例，将思政教育落到小处、落到细处、落到实处；其二，课程考核突出知识和能力双并重，引导学生关注、探究社会热点，将经济思维和科研创造性实践结合，在教学实践过程中锻炼学生探究实际问题的能力。让学生成为教学主体，考察主体，这样，使得教学更有温度、思想引领更有力度、立德树人更有效果。具体如下：

1.通过课程改革学习效果明显提升

教学形式的多元化，以翻转式课堂为主借助"雨课堂"提高教学效率，促进学生自主学习，无形中也提高了学生分析解决问题的能力。

2.培养具有高品德、高能力的"新文科"优秀外贸人才

该课程"宽领域、多视角、交叉学科经济视角的案例探究"教学改革开阔了学生视野同时为学生提供了更多接受思政教育的机会，使课程思政在各个学科中交融，充分体现每一门课的育人功能。

3.教师素养得到提升

"师亦为范"当以德师施教，以德立身。专业教师不仅是学生国际贸易专业知识和基本技能的引路人，更是锤炼学生品格和道德素养的引路人，是教学改革的践行者和实现者。通过改革教师提高基本教学技能，拥抱新技术促进教学方式高效化、教学内容多元化、思政内容兴趣化，激发学生了解国际国内形势与政策、熟知思想道德以及法律知识，使德育深植学生心中，提升教师自身素养。

4.围绕课程已形成了系列教研成果

现已围绕本课程完成教学改革课题 8 项，被评为江西省省级线上线下混合一流课、江西省疫情期间线上教学优质课，获全国商业精英赛（教师组）教学设计大赛一等奖 1 项，校级教学成果奖一等奖 1 项，编写的《外贸商品学》教案获得校级优秀教案比赛一等奖，讲授"外贸商品学"获得教学竞赛一等奖等 6 次。鉴于课程内容设计合理、教学方法选择科学、教学效果得到师生公认，目前基于自建课线上资源的本课程已被推荐参加 2021 年教育部"线上线下混合式国家一流课"评审。

（二）推广应用情况

（1）通过“课程学科地位、课程目标、课程思政元素”三定位，探究“外贸商品学”与“课程思政”教育的融入点及实施的可行性与实效性。

本课程2017年立项为校级精品在线开放课程，2019年8月正式投入使用，开展线上+线下混合式教学模式，提出外贸商品学课程思政的具体实施方法，目前已在我校部分班级正式运行了5个学期。选课总人数672人，讨论区话题3046次，学生作业、讨论、测试完成情况良好、学习热情高。本课程在全院开展混合式教学公开课2次，获得学院领导的高度肯定；在艺术学院开展公开课1次，课后艺术学院选课人数达48人，在线课程深受学生欢迎。

思政元素的挖掘并融入教学，使得学生具有诚信经营意识、以质取胜的意识、法制意识，绿色健康、环保意识；懂得求真务实科技创新、科技自信是强国之本；认同国际贸易中文化差异；培养了学生精益求精的工匠精神和贸易强国的责任感和使命感。

（2）研究成果通过在同类课程的教学改革中进行交流，对交叉课程的思政教育、专业知识教学、考试测评方法改革也起到了参考作用。

（三）校内外评价

课程负责人及团队教师均是国际经济与贸易国家级特色专业、省级重点学科骨干教师，课程负责人是省级线上线下混合一流课负责人、江西省疫情期间线上教学优质课负责人，主要从事“外贸商品学”课程教学工作，年均学生人数210—260人，学生、校督导组、同行评价分数一直位居全校前列。

1.校内评价

本课程中始终致力于以学生为中心、根据社会人才需求进行课程供给，致力于以知识特性面向学生能力特征逐步整合、优化，项目驱动贯穿全过程，学生直面课程高阶性、挑战性，能力得到全面的锻炼，真正做到了学生解决能力、实践能力和创新意识的培养。课程得到了在校学生的一致好评：老师的授课教会了我们学会学习、学会做人、学会共处，锻炼我们学习能力、激发我们的学习兴趣；老师还教育我们做一个有责任、有担当的诚信外贸人。

同时，校内专家及同行也给出了较高的评价：《外贸商品学》课程教学团队以学生为中心，聚焦教学问题，持续进行创新实践，创建了“1核2融3阶全过程育人”的新文科教学模式，创新效果显著：团队教师职业素养、课程建设与教研水平显著提高。课程负责人在教学中将专业教育与思政教育相结合，实现思政教育的三点“贵在自然融入、重在严谨贴切、妙在画龙点睛”，2020 年获评九江学院“立德树人楷模“、2021 年获评九江学院“课程思政优秀教师”。

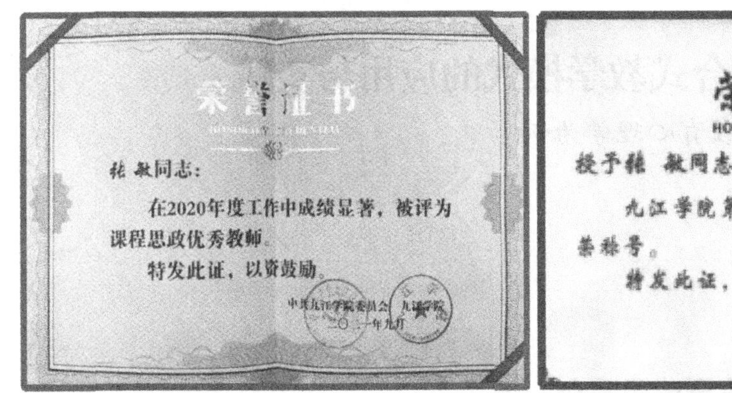

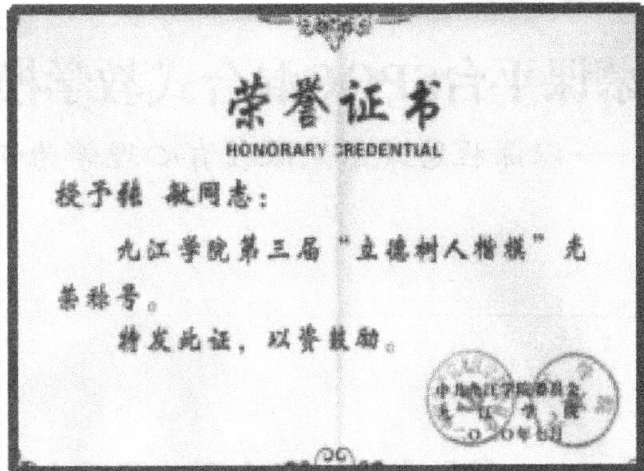

图3　校内评价材料

2.校外评价

课程质量获得兄弟院校高度好评。目前有 36 所高校学生选修本课程，课程得到学生在线五星好评。校外同行和专家一致认为 ：“外贸商品学” 课程内容有突破性创新，课程资源多源实用，教学模式合理高效，教学方法新颖多样，能大大激发学生的学习兴趣，对学生能力培养和价值塑造效果明显，可推广价值高。尤其，课程教学设计创设了跨学科协同育人机制，让思政元素清晰可循。教学过程精选思政案例引领教学资源实现守与创科学的遴选与应用，使得教学更有温度、思想更有力度、育人更有效果。

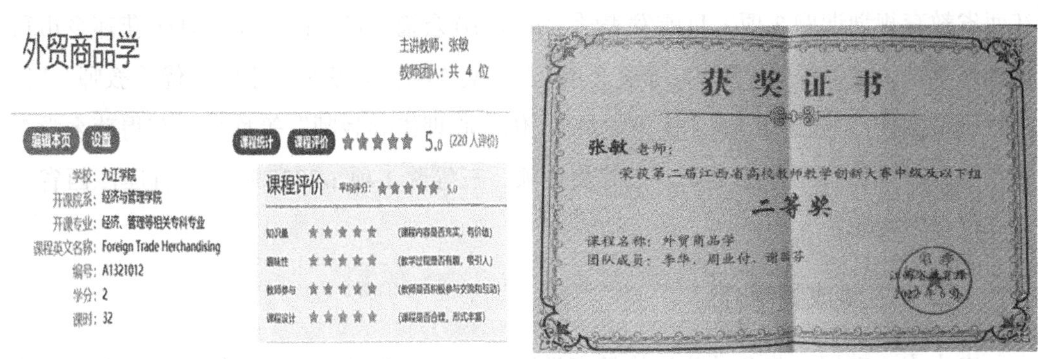

图 4　校外评价材料

萍乡学院：

慕课平台SPOC混合式教学模式的应用与实践

——以课程思政示范课教育心理学为例

一、团队负责人及主要成员简介

（一）负责人简介

徐海燕，副教授，深圳大学教育心理学硕士，国家二级心理咨询师，初等教育学院小学教育教研室主任，主要研究方向为:普通心理学，心理健康教育，教育心理学等。承担“普通心理学”“教育心理学”“儿童发展与教育心理学”“教育研究方法”等课程教学，目前主持江西省精品在线立项课题 1 项；萍乡学院精品在线立项课题 1 项；课程思政示范课 1 项。主持江西省高等学校教学改革项目 2 项；江西省高等学校党建课题 1 项;萍乡市科技项目 1 项;萍乡学院校级课题 3 项。参与教育部青年规划课题 1 项;江西省教育规划课题 3 项；目前发表学术论文 10 余篇，撰写的论文分别荣获萍乡市科技优秀学术论文一等奖 1 项，二等奖 2 项，三等奖 2 项。荣获萍乡学院“优秀教师”“优秀教研室主任”“先进个人”“优秀党员”“优秀心理指导教师”等称号；获得萍乡学院青年教师教学比赛一等奖 2 项，二等奖 2 项，三等奖 1 项；2020 年荣获首届江西省普通高校金牌教师。

（二）主要成员简介

史小力，教授，萍乡学院初等教育学院院长，主要研究方向：教育学原理、应用心理学、小学教育。主讲的“心理学”课程评为江西省优质课程，“教育心理学”课程选为江西省精品课程，“教育学”课程评选为江西省资源共享课程。发表论文 20 多篇，其中多篇为国家级双核刊（C 刊）和中文核心期刊文章,《心理科学》《中国学校卫生》《教育学术月刊》《中国临床康复》《中国校医》《健康心理学》等杂志上发表文章多篇。主持并结题江西省社会科学课题、江西省教育规划课题、江西省教育改革课题等省级以上课题5项，编著出版教材3部，其中2部教材获江西省优秀教材二等奖。荣获江西省高校教学名师；江西省高校骨干教师；享受江西省“政府特殊津贴”。

周云华，讲师，萍乡学院纪委监察审计处处长，主要研究方向：教育学基本原理，教育研究方法论及教育研究方法，廉政理论研究。一直担任教育心理学的教学工作，发表论文数篇，参编教材2部；荣获省纪委和省监察厅一等奖1项，二等奖2项；荣获江西省教育厅颁发的先进工作者。

二、解决的主要问题及工作目标

（一）解决的主要问题

党的十九大以来，习近平总书记非常重视高校的思想政治教育工作，提出立德树人是教育的根本任务。2019年8月，中共中央办公厅、国务院办公厅印发《关于深化新时代学校思想政治理论课改革创新的若干意见》，提出要整体推进高校课程思政和中小学学科德育，深度挖掘高校各学科门类专业课程蕴含的思想政治教育资源，解决好各类课程与思政课相互配合的问题，发挥所有课程的育人功能，构建全面覆盖、类型丰富、层次递进、相互支撑的课程体系，使各类课程与思政课同向同行，形成协同效应。建成一批课程思政示范高校，推出一批课程思政示范课程，选树一批课程思政教学名师和团队，建设一批高校课程思政教学研究示范中心。

习近平总书记还强调，要用好课堂教学这个主渠道，思想政治理论课要坚持在改进中加强，提升思想政治教育亲和力和针对性，满足学生成长发展需求和期待，其他各门课都要守好一段渠、种好责任田，使各类课程与思想政治理论课同向同行，形成协同效应，为新时期高校推进课程思政建设、更好地发挥专业课课堂育人的重要功能指明了方向。立德树人是高校的立身之本，思想政治教育是落实立德树人根本任务的核心环节。新时代奋斗目标的实现，迫切需要青年一代大学生有理想、有情怀、有责任、有担当，迫切需要高校坚持育人导向，全面统筹各方面的育人资源和育人力量，构建全员全程全方位育人的长效机制，从而担负好培养中国特色社会主义建设者与可靠接班人的重任。

1.如何挖掘课程所蕴含的思政元素

课程思政是要将专业课和思政内容进行有机的融合，把课程思政工作贯穿教育教学全过程，努力实现知识传授、能力培养与价值引领的有机统一。立足教育学和心理学这两门学科的学术内涵和传承脉络，从小处入手、细处落脚，挖掘学科的文化，发挥“教育心理学”课程本身的特色，提炼出爱国情怀、法治意识、社会责任、文化自信、人文精神等要素，使之与“思政”有机地融合、内化在一起。

2.如何将思政元素有效融入课程内容

首先，将思政元素和思政理念结合教育学和心理学的学科特点，制定“课程思政”元素的教学目标，修改教学大纲和教案。其次，将课程思政的理念和目的与专业知识和理论有机结合起来，精心进行教学设计，挖掘课程中蕴含的思政元素，让学生能自然接受，能够引起学生的情感共鸣，能够有效地激励学生产生学习内驱力，能够有效促进学生对课程知识的理解、掌握、拓展与深化。

3.如何评价课程思政的教学效果

将思政元素融入“教育心理学”课程教学中，制定课程思政的教学效果评价标准，考察课程思政融入课堂教学中的效果，建立有效的评价标准检测课程思政的教学效果。

（二）工作目标

（1）结合课程思政要求，修订新的教学大纲、教案、教学 PPT。

（2）组织教学团队建设好该课程的线上教学资源：拍摄教学视频、习题库、教师资格证真题库、主题讨论、教学案例集。

（3）编写课程思政的典型教学案例。

（4）结合课程思政要求，制定线上＋线下评价机制，评价课堂教学效果。

三、改革实践的思路和主要举措

（一）改革实践的思路

（1）从知识点中发掘思政元素。

（2）发掘教学内容中所蕴含的哲学思想与元素。

（3）教学内容涉及的教育学和心理学学科发展史、各个教育心理学家的成长道路、教师个人的经历经验等。

（4）失败的教训、警示性的热点问题，要多维度分析，敢于反思。

（5）教学材料选择时可以通过渗透中国元素等方式来获取课程思政教学内容。

（6）对专业相关社会热点问题的讨论，可以是课程思政很好的切入点。

（7）利用“反面教材”，通过思考、比较和理性分析，从而提高辨识能力和社会责任意识。

（8）要充分挖掘课程中蕴含的思政元素。

（9）制定与课程相关的制度、规范、仪式、教学流程。

（10）价值模块整合，由一个“思政点”，形成多个点，再汇成“思政线”，由多条线，构建“思政面”，辐射整个课程内容，建立课程的价值维度，与专业知识融为一体。

（二）主要举措

1.新修订课程教学大纲

将课程思政结合“教育心理学”课程的特点和要求，融入思政元素，重新修订课程的教学大纲，体现立德树人的要求，以培养“四有”好老师为目标。

2.新修订教学PPT

结合教学大纲，从知识点中发掘思政元素，教学内容涉及教育学和心理学学科发展史、教育心理学大师的成长道路、教师个人的经历经验、生活案例等方面，重新修订教学 PPT 中的教学内容。

3.新修订教案

由一个“思政点”，形成多个点，再汇成“思政线”，由多条线，构建“思政面”，辐射整个课程内容，建立课程的价值维度，与专业理论和知识融为一体。将教案中涉及课程思政的内容利用斜体标注，重新修订教案。

4.编制课程思政教学改革的典型案例

根据学校的要求，从案例主题、结合章节、案例意义、案例描述、案例反思、育人效果与反馈六个方面对案例进行概括描述，包括教学具体内容、教学方法等设计方案。案例反思：结合教学实际进行教学反思概述，对案例实施优缺点进行客观分析；育人效果与反馈：概述案例教学过程中及结束后学生的认知、情感、价值观等方面的效果、评价与反馈，撰写2—3个教学改革的典型案例。

案例：

第十章 第一节 态度与品德的概述

★课程思政：结合《龚全珍老阿姨的故事》的案例分析态度与品德形成的三个阶段，态度与品德的形成分为：依从、认同和内化三个阶段。

龚全珍，女，汉族，1923年12月生，山东烟台人，中共党员，西北大学教育系毕业。开国将军甘祖昌夫人、江西省萍乡市南陂小学原校长。1957年，龚全珍随甘祖昌回家乡江西省莲花县务农并一直从事乡村教师工作。离休后，又扶贫助学，开办“龚全珍工作室”服务社区、群众。著有纪实作品《我和老伴甘祖昌》。习近平总书记先后两次亲切接见龚全珍，亲切地称她为“老阿姨”。2013年，龚全珍获得第四届全国道德模范称号。2014年，荣获“感动中国”2013年度十大人物；“全国优秀共产党员”。2016年，龚全珍当选江西省首届“感动江西十大教育年度人物”；12月，龚全珍家庭被表彰为第一届全国文明家庭。2017年，龚全珍获得全国未成年人思想道德建设工作先进工作者奖项。2019年龚全珍被表彰为“全国模范退役军人”。2019年，被授予“最美奋斗者”称号。少年时寻见光，青年时遇见爱，暮年到来的时候，你的心依然辽阔。一生追随革命、爱情和信仰，辗转于战场、田野、课堂。跨越万水千山，脚步总是坚定，而爱越发宽广。人民的敬意，是你一生最美的勋章。选择案例是龚全珍老阿姨的人生经历，展现一个优秀乡村教师的风貌。通过这个案例讲解态度与品德形成的三个阶段。

态度形成的第一个阶段：依从，这个阶段表现为对他人态度的认知。老阿姨龚全珍1957年随甘祖昌回家乡江西省莲花县务农并一直从事乡村教师工作，甘祖昌将军认为活着就要为国家做事情，做不了大事就做小事，干不了复杂重要的工作就做简单的工作，决不能无功受禄，决不能不劳而获。龚全珍跟随着甘祖昌将军回到莲花县，表现为对丈夫态度的认知。

态度形成的第二个阶段：认同，在思想、情感、态度和行为上主动接受他人的影响，使自己的态度与行为让他人接近。这个阶段表现为对榜样的模仿。将军当农民，甘祖昌是新中国第一人，龚全珍完全理解和支持丈夫的决定。龚全珍全力配合丈夫，也把自己工资的大部分花在支援农村建设上。回到莲花头几年，她没有做一件新衣服。

态度形成的第三个阶段：内化是指将思想观点上与他人的思想观点一致，将自己所认同的思想与自己原有的观点、信念融为一体，构成一个完整的价值体系，形成较稳定的态度。相濡以沫几十载，龚全珍的人生观和价值观，已经同甘将军融为一体、须臾不分了。龚全珍老阿姨说：“人民给了我们荣誉，我们没有理由不为群众谋幸福。只要还能动，还能讲，就要为社会做一点事，永不掉队。”

★课程思政：视频教学《龚全珍老阿姨的故事》

★课程思政：请观看视频，龚全珍老阿姨的故事对德育工作有何启示？（小组讨论，并用学习通随机选2—3名同学分享感受）

教育的首要任务是育人，其次才是育才。思想教育和人文教育应该渗透在每一堂课中，那么怎样在教学课堂中恰到好处地进行思想教育呢？这是值得我们每一位教师思考的问题。我觉得教育心理学课堂上的思想教育不能牵强附会，不能生搬硬套，要用得适时适地才能取到应有的效果。教学必然具有教育性，是教学过程的一条基本规律。

育人效果良好：学生通过龚全珍老阿姨的故事感受到了一名中国共产党党员的伟大。

徐老师在这节课让我们学习了龚全珍老阿姨的先进事迹后，让我感触很深。龚全珍不仅是一位慈祥可敬的老人，更是一个不忘使命的共产党员，她激励着我们每一个人。从龚全珍身上我们看到了崇高的信仰，感受到了精神的力量，向龚全珍老人学习，就要立足本职，从小事做起，从点滴做起，好好学习，

今后在平凡岗位上贡献自己的力量。——小学教育（本）1901 班袁琪琪

在这节课中徐老师为我们讲解了龚全珍老阿姨的事迹，作为一名预备党员，我深深地被龚全珍先进事迹所感动，她用品格和信仰谱写了一曲为人民服务的跨世纪长歌。她踏实工作，甘于奉献，勤业进取。她那种无私奉献精神使我为之深思、感动。我们要学习龚全珍同志那种尽心尽力、尽心尽职的精神，以勤勤恳恳的态度来完成本职工作，不必计较个人得失。

——小学教育（本）1804 班汤璐瑶

5.建好超星泛雅的线上教学资源库，开展SPOC教学模式

教学团队则根据本课程的教学大纲和课程思政的要求，进行合理分工，负责制作相关 PPT、拍摄教学视频、搜集教学资料等。根据教育心理学的知识体系，将该课程的教学内容整理为 32 个重要的知识点，围绕重要知识点进行教学设计，教学设计时融入课程思政元素。教学视频的时长范围：5—20 分钟的教学视频。视频采用 MP4 格式，单个视频文件小于 200M，视频采用 H.264 编码方式，分辨率不低于 720p。根据该课程的知识点设计，拍摄了 32 个教学视频，采用抠像拍摄模式，主讲教师拍课时的仪表仪态比较讲究，着装要大方得体。上传教学 PPT、上传教学视频、章节测验、考试题库、主题讨论等，教学资源丰富。该课程建立好了线上资源，就根据每学期的教学计划运行，开展实施“线上教学 + 线下教学”混合式教学模式。

四、特色及创新点

1.教学理念新颖

将以学生为中心、主动学习、协作学习、差异化教学等教育理念注入课堂教学中。教育心理学是研究教育教学情境中学与教的基本心理规律的科学，它主要研究教育教学情境中，师生教与学相互作用的心理过程、现象。

2.融入课程思政

本课程将思政元素和思政理念结合教育学和心理学的学科特点，制定含有“课程思政”元素的教学目标，使得教学大纲和教案能凸显思政教育特点。将课程思政的理念和目的与专业知识和理论有机结合起来，精心进行教学设计，结合实例深入浅出地讲述课程中蕴含的思政元素内容，晓之以理、动之以情，能够有效地引起学生的情感共鸣，能够有效地激励学生产生学习内驱力，能够有效地促进学生对课程知识的理解、掌握、拓展与深化，使得学生能内化于心、外化于行。

3.融入师范特色

课前5分钟，按学号轮流，每节课有1位同学上讲台分享一个心理案例、心理学知识或生活中的心理学，要求制作PPT，语言流畅，内容积极健康，具有启发性和代表性。学生互评和老师点评，从PPT制作、语言表达、互动交流、内容呈现等几个方面进行简单点评。给学生机会展示自我，提高学生制作PPT、呈现教学内容、语言表达能力等师范技能。

4.教学方法创新

借助超星泛雅学习通平台，尝试SPOC教学模式，开展了“线上+线下”的混合式教学。率先使用网络学习通平台，通过改变传统教学的方式来探究这种教学模式，以提高教学质量为目的，在慕课平台建设“教育心理学”课程，采用线上教学，并对其应用效果做出评价和分析，为丰富混合式教学的理论起到了一定作用。

5.教学评价多元化

教学评价分为线上评价和线下评价，而超星平台对学生线上学习的评价比较具体，有详细的量化处理，评价具有全面性和系统性。线下课堂教学评价强调多元化评价，过程性评价占一定的比例。平时成绩占40%包括线上成绩和线下成绩、期中成绩20%、期末考试成绩占40%。

五、实践效果、推广应用情况及校内外评价

（一）实践效果

围绕“教育心理学”的课程特点和课程思政的要求，新修订课程教学大纲、教学PPT、教案，编制教学改革的典型案例集。已建好超星泛雅的线上教学资源库，以师范生（小学教育、汉语言文学、数学教育、英语教育、音乐教育、历史教育、思想政治教育、体育教育）为教学对象，开展了5期的SPOC教学模式（线上+线下混合式）的教学实践。

该课程荣获2019年江西省级精品在线开放课程的认定，近四年来课堂教学质量评估为优秀，荣获省高校防疫期间线上教学三等奖，荣获萍乡学院防疫期间线上教学一等奖。

（二）推广应用情况

依托超星泛雅平台和学银在线平台，从2019年9月开课以来，到目前为止，选课人数为3710人，累计页面浏览率为1278602，累计互动次数为4308次，选课学生

分别来自萍乡学院、江西师范大学、赣南师范大学等七所学校，起到了良好的教学示范作用。

（三）校内外评价

近四年的学校课堂教学质量评价为优秀，学生对课堂教学评价也为优秀。学生对教育心理学课堂教学的评价如下：

> 教育心理学这门课程有一定的难度，但老师讲解很到位，采用线上和线下相结合，有助于学生理解教育心理学的概念和理论知识，我们可以从中学到如何去教学，课堂氛围也很好，老师认真负责，很有想法。
>
> ——郑丽金
>
> 教育心理学理论知识有点难懂，但老师讲解方式特别有趣，课堂氛围轻松，同学们积极活跃，感觉老师很细心，很负责，在她的讲解中，我们能在快乐中学到很多知识，很喜欢老师的教学方式。
>
> ——朱巧
>
> 老师讲课比较生动，举例说明有助于我们理解，说话也很温柔，每一次课都很有活力。
>
> ——赵紫嫣
>
> 老师讲课很温柔，上课内容也很生动有趣并且会讲一些她自身的经历，因此我觉得很有趣有收获。
>
> ——罗微
>
> 授课有条理、有重点，注意启发学生，引起学生的思考，善于调动学生的积极性。上课形式也多样化，注重学生对课堂知识的应用，有耐心，课本知识讲解很清晰，小组活动多，团队配合要求高，锻炼性强。
>
> ——熊倩
>
> 老师上课给人一种亲切感，善于引导学生积极思考，很多深奥难懂的内容，在老师的口中变得生动有趣，课堂设计很好。
>
> ——徐志燕
>
> 老师讲述很清晰，复杂的概念讲得很通透，能够巧妙地将生活经历和知识结合在一起，使教育心理学的知识更加通俗易懂。
>
> ——龚佳露
>
> 我觉得教育心理学老师上课很有意思，很温柔，很有耐心，我很喜欢她的教学方法，她所讲授的内容也很容易理解。
>
> ——阮婉婷

我觉得教育心理学老师的课程结构框架很有条理、循序渐进、循循善诱，更容易理解和记忆，老师在课堂上举了很多有趣的例子和老师的生活经验，使我们更加集中注意力，课堂更加生动有趣。

——邹嘉逸

我觉得教育心理学老师的授课方式比较多样化，能够使我们更好地理解知识，得到锻炼，让课堂更加生动，让我们不知不觉掌握了很多新知识。

——李悦

老师上课的课堂氛围非常好，也很好地调动了学生在课堂上的积极性和参与热情，线上线下结合也非常棒，每次课都派两位同学去分享，这种教学模式对同学们有很大的帮助。

——章英芸

老师在讲第三章学习理论时，采取小组合作的方式，让每个组派一名同学去讲解一个理论，可以锻炼同学们的合作精神，对我们理解理论有很大的帮助，加深了同学们对理论的印象。

——冯玲

其 他

江西农业大学：

耕读传家　劳动育人

一、团队负责人及主要成员简介

（一）负责人简介

许晟，博士（后），教授，博士生导师，江西农业大学耕读教育书院（筹）临时执行者。美国夏威夷大学商业与劳动关系学院外聘合作学者，国家自然科学基金及教育部人文社科项目通讯评审，中华职教社江西分社委员，江西省农业农村厅农技推广领域项目评审专家，江西农业大学“大北农”教学标兵，现为江西农业大学农村教育及乡村振兴研究中心教授、职教学科点负责人。主要从事人力资源、农村教育及乡村振兴发展等方面的研究。主持包括国家自然科学基金 2 项、教育部人文社科、江西省社科规划项目等省部级以上项目 20 余项；出版专著 2 部、主编或副主编著作 3 部；在《心理科学进展》《中国人力资源开发》等重要学术刊物及 SSCI（SCI）刊物上发表论文 100 余篇；获江西省优秀社会科学成果奖、江西省教育科学优秀成果奖、江西省人力资源社会保障优秀成果奖、本科及研究生教学成果奖各 1 项，多篇成果被《新华文摘》、《中国社会科学》及人大复印资料等转载。耕读理念的组织者之一。

（二）主要成员简介

刘圣兰，教授，博士，主持省部级课题 20 项，发表论文 30 余篇，主持成果获省教学成果奖二项，省教案评比一等奖一项，校优秀教师，主要从事中国特色社会主义研究、教育史研究，是学院耕读理念的组织者、践行者之一。

陈中，讲师，教育学博士。主持教育部人文社科基金项目、江西省社科规划项目等省部级课题 4 项；发表学术论文 40 余篇；出版专著 2 部、教材 1 部；获全国教育科学研究优秀成果三等奖 1 项；江西省社会科学优秀成果二等奖 1 项，是学院耕读理念的践行者之一。

李斌，教育学博士，主要从事先秦职业技术教育研究，主讲“劳动教育”“教育评价”等课程，是学院耕读理念的践行者之一。

张智，中共党员，农教硕士，主要从事学生思想政治教育、学生管理与服务、大学生创新创业指导、大学生劳动教育实践、农业科技特派员等工作，是学院耕读理念的践行者之一。

二、解决的主要问题及工作目标

（一）解决的主要问题

（1）思政属性与专业属性的脱节问题。

（2）传统劳动形式与现代科技发展的脱离问题。

（3）课程内容与农科的融合问题。

（二）工作目标

（1）以耕读劳动教育推动立德树人，解决思政属性与专业属性的脱节问题。以“耕读传家”为推手，将学科体系、教学体系、教材体系、管理体系围绕立德树人来设计，积极构建课程思政、生活思政生态体系，形成更高水平的人才培养体系。

（2）强化耕读教育的实践属性，着力解决传统劳动形式与现代科技发展的脱离问题。以提升学生的实践能力和科学素养为方向，注重课内实践式教学，鼓励培育课外自主实践，积极培养掌握现代科技手段的新型农业人才。

（3）文科与农科融合，积极探索课程内容与农科的融合问题。以耕读教育教学为载体，以课程为视角，从提升教师人文素质、开设专门的劳动教育课程等方面，针对传统文科与农科教学过程中教劳分离、知行脱节进行教育教学改革，促进新文科与新农科的融合。

三、改革实践的思路和主要举措

（一）改革实践的思路

围绕立德树人、实践教学、文科与农科融合的目标，一是深挖耕读内涵，做好耕读文化建设；二是拓展耕读教育外延，将耕读从纸上落在实处，用在教育教学全过程。三是做好保障建设，确保耕读教育顺利实施。

1.耕读内涵建设

将耕读教育具化为“知农爱农，情怀教育；共大历史，传统教育；知行合一，道德教育；科教协同，实践教育；产学融合，竞赛教育；学历提升，贯通教育”六项教育，并融入日常教育教学管理全过程。

2.耕读外延建设

从“教学内容建设，编写耕读特色教材；教学场所建设，打造耕读实践基础；教师培养建设，开展教师劳动教育；教学特色建设，活用共大校本资源”四个方面拓展耕读外延，将耕读教育落到实处。

3.耕读保障建设

（1）学院组建耕读教育领导小组、耕读教育专家小组，从组织和专业两个角度实行双带头、双带动、双保障。

（2）出台了一系列耕读教育配套政策、文件，从制度上予以保障。

（3）划拨了经费、场地、人员，做到了人、财、物三保障。

（4）注重耕读宣传，营造耕读氛围，耕读人文环境有保障。

（5）将耕读列入教育教学考核，以考核保障耕读教育效果。

（二）主要举措

围绕立德树人、实践教学、文科与农科融合的教育目标，以“耕读”犁，以教学、实践、保障为着力点，从人才培养方案、教育教学、特色教材、实践教学、教师培养、教育考核、第二课堂等多个维度，对全面发展人才培养体系以及新文科建设进行立体式改革实践。

1.耕读立德树人举措

优化耕读人才培养方案。强化耕读教育常态化、教学内容精选化、教学过程精细化、教学管理规范化、管理手段现代化。结合耕读教育，实施“四个三结合”的人才培养改革。即，通过“知识传授、能力培养、素质提高”三结合，优化人才培养方案；通过“课程实验、校内实践、校外实训”三结合，构建实践教学体系；通过“创新实验、科研训练、专业竞赛”三结合，培养创新创业能力；通过“专业导师、实习导师、论文导师”三结合，实施本科生导师制。通过上述“四个三结合”，培养对接经济与社会需求的，德才兼备、全面发展的复合应用型人才。

严把耕读教学计划。制定课程教学大纲做到定位明确，注重实践教学，充分考虑耕读教育。课程教学实习、专业实习、毕业实习与毕业论文（设计）等，实践教学环节比重较高，文科类专业和理科类专业分别要达到其总学分的15%和25%以上。教学大纲坚持以立德树人为目标，学科融合交叉为着力点，能力培养为主线，构建宽基础和重实践的知识结构体系，注重教学功能和目标的整体优化。。

注重耕读教学执行。教师在选用教材、设计教案、备课、设计考核形式、命题和考试成绩分析等教学环节中，必须充分考虑耕读教育。学院每学期根据相应教学文件，核查教师的教学内容和教学进度，确保耕读教育有序实施。

实施多样化耕读教学。围绕耕读教育，鼓励教师开展教学方法与手段改革的教学研究。在教学实践中，教师积极采用体验式教学、案例教学、翻转课堂、理实一体化等多种教学方法，取得了良好效果，丰富了学生自主学习形式，推进了在线开放课程建设和应用。

强化耕读综合能力评价。结合耕读教育制定了《职业师范学院课程考试管理办法》，要求教师采取形式多样的考核方式，注重对学生分析问题和解决问题能力的考核。逐步形成了既有终结性考核，又有过程性评价，既检验学生对知识的掌握情况和应用能力，又考核学生平时的学习能力和效果的学习评价机制。

2.耕读实践教育举措

优化耕读实践教学体系内容。从耕读教育的学科特色出发，教育学院实践教学体系由实践教学环节和专业课程中的实践、实验、上机、实训课构成。实践教学环节（不包括课程中的实验课）30 学分左右，将近总学分的 20%。专业课程中的实践、实验、上机、实训等占课内总学时的 30%。通过长、短学期结合；动脑、动手结合；课上、课下结合的连接将实践性强的课程中的理论和实践有机结合。

着力耕读实践教学模式的改革。学院组建了多个实践活动小组：网站设计小组，影视制作小组，多媒体制作小组，数字媒体工作室等。以学院实验室为基地，采用教师指导，老生带新生的方式开展活动，几年里制作了大量多媒体包装、影视作品。这种开放性的实践教学方式帮助学生以生产实践为活动内容，将教学实践活动变“模拟”为“实际”，变“实验”为“真实”，实践教学与生产实际相结合，提高了学生的专业学习兴趣和实际动手能力。

完善课外耕读育人体系。认真贯彻落实教育部等部门关于进一步加强高校实践育人工作的若干意见，围绕立德树人的根本任务，结合耕读教育，以激发学生的主体性与创造性为目标，以提升学生的能力和素质为方向，形成了以文化活动、创新创业、社团建设、社会实践、志愿服务、国内外交流访问等为主要内容的第二课堂育人体系，训练了学生的创新创业能力，提高了学生的综合素质。

重视学生社团耕读建设。用耕读教育精神引领社团建设，公益、创新创业性质的学生社团蓬勃发展，学生社团的影响力不断提升，学院先后创建了集邮协会、摄影协会、梅子文学社等团体。学院将大学生创新创业教育作为第二课堂的重要支撑模块，建构了“经费保障、教师指导和奖励激励机制”三项机制、建设“文化、学分、实践、服务”四个平台）教育模式，以第二课堂竞赛、创新创业训练计划等为载体，促进大学生综合素质提升。学生参加第二课堂活动人数提升到22.27%，基本实现了创新创业教育的普及化发展。

3.耕读保障机制举措

耕读科研反哺教学。鼓励教师开展耕读教育研究、江西共大耕读经验教训研究等，引导老师将最新的科学研究成果应用于教学实践，表现载体上，通过推动教授、名师等承担教学研究课题和主持课程建设，根据科研最新成果增设新生研讨课、学科前沿课、科研案例课等，进一步拓展课程资源，优化课程结构。教师围绕新问题、新方法开展启发式、案例式教学，激发了学生学习兴趣，有效推动师生互动。。

编写校本特色耕读教材。深挖学校耕读教育特别是江西共大耕读教育的校本资源，结合职师院耕读传家优良传统，组织精干力量编写特色教材，并由贺浩华副校长担任总编。其中第一册已经付印，后续还将开发耕读系列教材，打造耕读教材生态系列。

耕读型教师培养。激励引导教师积极内化耕读式教育教学理念。按照教师耕读分类管理和分类评价办法，在学校的职称评审、学院的评先评优、学校每三年开展一次的“三育人”先进个人的推选，学校每两年开展一次的“优秀教师”推选，学校每年开展一次的先进工作者推选等方面，都优先推荐注重耕读教育实践的教师。与此同时，学院也先后出台了《职业师范学院科研奖励条例》《职业师范学院优秀教师评选办法》，引导教师将耕读式人才培养理念融入意识。

耕读教育经费和场地保障机制完善。学院将学校每年下拨给学院的部分教学业务费，以及利用“全国重点建设职教师资培训基地”的资源优势向校外争取到的部分办学经费，用于耕读教育的软硬件建设。另外，学院已建成耕读劳动园，并由教师和学生一起长期进行耕作。

耕读教育考核机制合理。把认真落实全国教育大会以来党和国家的教育方针政策，纳入领导年度绩效考核机制；坚持教学检查制、评教制、领导干部听课制、考场管理评估制、青年教师讲课竞赛制、学习成绩优秀学生和学习进步学生表彰奖励制、教学督导员听课制和教学秘书教学管理反馈制、领导定期研究教学工作制、新开课和开新课试讲制、新入职青年教师助教制、老中青教师传帮带机制等制度，有力凸显了耕读式人才培养的核心地位。

四、特色及创新点

江西农业大学职业师范（技术）学院作为我校专门培养职教师资和复合应用型人才的二级学院，是教育部“全国重点建设职教师资培训基地”“国家大学生文化素质教育基地”。办学以来，开设了大量如种植师资、养殖师资、农业工程师资等农业与教育相结合的专业，并形成了耕读树德、注意实践、文科与农科融合的育人特色，取得了良好的育人效果。

在办学与实践的过程中，职师院形成了既重农又重教，既重技术又重道德，既重教学又重科研，既重理论又重实践，既重基础又重竞赛，既向未来又记历史的“耕读”院风。耕读传家已经融入了职师院师生的生活日常，并成为职师院与众不同的传承力量。

创新点：

（1）以耕读教育促进思政教学，达到立德树人的效果。耕读教育是劳动教育的一种形式，劳动教育是思政教育体系的重要内容，具有树德、增智、强体、育美的综合育人价值。通过耕读教育的有效推广，解决了传统教学方式中思政属性与专业属性的脱节问题。

（2）以耕读精神强化实践，促进新时代农业人才培养。通过强化实践，培养了大批既掌握现代科学知识又动手能力强，并且知农爱农的现代农业人才，解决了传统劳动形式与现代科技发展的脱离问题。

（3）以耕读教育为试点，为文科教育与农科教育的有效融合进行了有效尝试。以学校耕读教育实际为教育素材样本，以学校耕读教育中遇到的真实问题为研究对象，开展观摩示范式教研、课题辐射式教研、师徒研讨式教研，拉近了文科教学与农科教学之间的距离，解决了课程内容与农科的融合问题。

五、实践效果、推广应用情况及校内外评价

（一）实践效果

1.立德树人成效显著

通过耕读教育，促进了立德树人的教育效果，学生政治立场、道德水平明显提高，并涌现出了感动中国年度人物、全国道德模范、全国三八红旗手标兵支月英为代表的一大批优秀毕业生。

2.实践育人硕果丰富

通过耕读实践教学方式帮助学生以生产实践为活动内容,将教学实践活动变“模拟”为“实际”，变“实验”为“真实”，实践教学与生产实际相结合，提高了学生的专业学习兴趣和实际动手能力。学生积极将学到的科技知识运用到创新、创业中去，并取得了第二届中国“互联网 +”大学生创新创业大赛铜奖和江西省第十届“挑战杯”大学生创业计划竞赛银奖等奖项。

（二）推广应用情况

1.出版发表了耕读教育实践和校本经验教训总结论著

编著有专著《社会主义教育发展道路的艰辛探索——江西共大研究》（获 2015 年省社科成果三等奖）和教材《新时代大学生劳动及耕读教育》，发表耕读教育实践和校本经验教训总结论文类有 10 余篇。

2.促进了人才培养质量的稳步提升

立德树人效果显著，学生综合素质明显提高。职师院农教 1701 班帅熠夫获全国大学生中华经典美文诵读大赛三等奖；历届毕业生凭借在校受到的文化熏陶和品格锤炼，在各级岗位勤奋工作、务实奉献，深受好评。 如学院 2001 级计算机专业毕业生张秋文入选全国感动人物候选人和中国十大杰出青年志愿者候选人，荣获了全国优秀共青团干部、中国百名优秀青年志愿者、中国十大骄子青春梦想奖、中国助人为乐好人、全国优秀西部计划志愿者等奖励。

（三）校内外评价

耕读教育课程依托单位被教育部列为“全国职教师资培训基地”；学校被教育部列为“全国大学生文化素质教育基地”；校友企业家和校史专家进大学生职业生涯与规划课堂在校园网和校外网进行广泛报道；兰芷国学社获得“全国高校优秀社团奖”称号；校本耕读教育资源应用类论文“校史文化融入高校思想政治理论课的困境及其消解路径”入选 2018 年高等教育国际论坛年会论文集，并被人大复印资料全文转载；校本耕读教育经验教训类论文《江西共大破解教劳结合难题的方法论蕴涵》《江西共大教劳结合的管理特色》《职业教育中的教劳结合理论与实践——以江西共产主义劳动大学为例》在教育类刊物发表并被广泛引用。

图1　职师院优秀毕业生张秋文分享成长经历

图2　职师院优秀毕业生支月英分享成长经历

获奖证书

詹　婷、黄韵姗、刘　超、刘禾铭、邱　威、杨　勇、于天博、谢　舒：

你们的作品《FRESH+WALL 生态智能绿墙空气净化器》，在第二届中国"互联网+"大学生创新创业大赛中荣获 铜奖

指导老师：吴春雅、李　飞

特发此证，以资鼓励。

主办：
教育部、中央网络安全和信息化领导小组办公室、
国家发展和改革委员会、工业和信息化部、人力资源和社会保障部、
国家知识产权局、中国科学院、中国工程院、共青团中央、湖北省人民政府

中国"互联网+"大学生创新创业大赛组织委员会
二〇一六年十月

图3　学生获第二届中国"互联网+"大学生创新创业大赛铜奖

创青春　获奖证书

江西农业大学

万春鹏、刘康、李飞老师：

你（们）指导的作品《赛切斯生物保鲜科技有限责任公司》在2016年电信杯"创青春"江西省大学生创业大赛中，荣获第十届"挑战杯"大学生创业计划竞赛银奖（本科组）。

特发此证，以兹鼓励。

共青团江西省委　江西省教育厅　江西省人力资源和社会保障厅　江西省科学技术协会　江西省学生联合会

二〇一六年五月

图4　学生获得江西省第十届"挑战杯"大学生创业计划竞赛银奖

图5　江西农业大学职师院师生耕读基地耕作

宜春学院：

以“青马文化工作室”为平台，培育青年马克思主义信仰者

一、团队负责人及主要成员简介

（一）负责人简介

王烨，中共党员，博士，副教授，从事马克思主义中国化、社会主义核心价值等研究，是宜春学院马院思想政治教育专业负责人，宜春市理论宣讲团成员，宜春市中特研究中心特邀研究员，江西省书法家协会会员，省教工委“王烨名师工作室”领衔人，宜春学院“优秀教师”“优秀党员”，发表论文数十篇，出版专著1部，主编1部，参编3部，主持或参与省部级课题10项。组建了宜春学院“青马文化工作室”，发动成立了两个青年马克思主义者组织并担任指导老师，培养了一批青年马克思主义信仰者和传播者。

（二）主要成员简介

朱向华，中共党员，宜春学院马克思主义学院党委书记，硕士，副教授。主持省部级课题6项，发表学术论文40余篇，其中核心期刊20余篇，发表文章500多篇，其中国家级经验材料8篇。

范松仁，中共党员，教授，硕导，马克思主义学院院长。先后被评为江西省第七批高校中青年骨干教师、江西省高校2020年度十大优秀思政课教师、宜春市优秀科技后备人才、宜春学院优秀双育教师等。先后受聘为江西省教育督导评估专家、江西省思想政治理论课教学指导委员会委员、江西省中国特色社会主义理论体系研究中心特约研究员、江西省政治学会常务理事。

张兴亮，中共党员，副教授，博士（后），宜春学院马克思主义学院副院长、党委副书记，（台湾）政治大学访问学者，江西省“百人远航工程”人选，江西省政治学学会理事；江西省委第六次巡视意识形态工作责任制专项检查组成员；曾任省级贫困村

驻村扶贫第一书记兼扶贫工作队队长。

李霞，中共党员，副教授，博士（后）。研究方向为马克思主义理论，思想政治教育理论与实践，红色文化。现担任宜春市中特中心特约研究员，市“五型”政府建设监督员、江西省青年讲师团成员、宜春市理论宣讲团骨干成员，系江西省作家协会会员、宜春市作协理事。

王永乐，中共党员，博士，研究员，复旦大学博士后，从事马哲、马克思主义中国化研究和中共党史研究，在《中国社会科学报》等刊物上发表论文30多篇，主持省部级课题3项，参与国家社科重大课题2项，曾获江西省高校思政优秀论文评比一等奖。

刘泰来，中共党员，博士，副教授，从事中国特色社会主义理论研究，参与完成国家社科基金重大委托项目、重点项目、重大招标项目等3项，主持江西省哲学社会科学项目、高校人文社科项目、教育规划项目、高校党建项目等多项，在《光明日报》等学术刊物发表论文20余篇。

李昭亮，中共党员，哲学博士，讲师。

孙曰娜，中共党员，硕士，助教。

二、解决的主要问题及工作目标

（一）解决的主要问题

1. 如何培养新时代青年马克思主义坚定信仰者和中国特色社会主义伟大事业的建设者与接班人。

2. 如何充分利用现有的红色资源进行高效的思想政治教育，学习红色历史，弘扬红色文化，树立红色理想，传承红色基因，赓续红色血脉。

3. 充分利用现代网络技术，结合新时代青年的成长特点，开展丰富多彩的线上线下、课内课外相结合的教育实践活动，形成一套青年马克思主义者培育模式。

（二）工作目标

1. 从事马克思主义理论教学、研究与传播，特别是对青年马克思主义者的思想政治、理想信仰的引导培育。

2. 深入学习研究党的十八大以来一系列重要创新理论，并深入机关、基层广泛宣讲。

3. 大力开展红色文化资源挖掘整理、研究利用与宣传弘扬，传承红色基因，赓续红色血脉。

三、改革实践的思路和主要举措

（一）改革实践的思路

以青马文化工作室为平台，整合思政课程与课程思政等校内外资源，充分利用现有的红色资源，利用现代网络技术，结合新时代青年的成长特点，开展丰富多彩的线上线下、课内课外相结合的教育实践活动，形成一套青年马克思主义者培育模式，在全校范围内吸聚、引导并培育坚定的青年马克思主义信仰者。

（二）主要举措

1.培养了一大批青年马克思主义信仰者和传播者

“青马文化工作室”原名“博学青年马克思主义者工作室”。自成立以来，在学校各级领导的大力支持下,工作室成员发动成立了两个青年马克思主义者学生组织，即“青年马克思主义者知行协会”和“青年马克思主义者知行班”。前者属于学校的社团组织，后者属于马克思主义学院的特色班级，成员来自全校各专业的学生。这两个组织均有自己的组织架构、徽标、学习活动规划、长期固定的学习活动场所。青年马克思主义者知行班班歌《红旗飘》参加 2019 年江西省委教育工委、省教育厅举办的“牢记时代使命 唱响青春旋律”优秀原创校园歌曲比赛，并获得三等奖。通过这两个组织每届六七十名学生和老师们的努力，本工作室在全校范围内吸引、聚集了一批政治立场坚定、思想积极上进、责任心和使命感强烈的有志青年，并定期进行马克思主义理论学习研讨、经典原著学习，开展一系列知行合一的社会实践活动，在马克思主义理论知识竞赛、爱心募捐、助力脱贫攻坚、经典著作阅读等方面形成了特色。

2.创建了一个马克思主义红色文化长廊（宜春学院红色文化教育教学基地）

在宜春学院马克思主义学院的积极领导下，2018 年“青马文化工作室”参与创建了马克思主义红色文化长廊（宜春学院红色文化教育教学基地）。该长廊实现了廊厅式空间、展馆式布局、专业化设计、开放式管理、无限时学习、全媒体融入、志愿者讲解、场景式教学，集中展示了马克思生平及其思想、马克思主义发展史上的重大事件以及宜春地区的红色文化历史，体现了政治性、思想性、艺术性、教育性相统一。它不仅是学院思想意识形态阵地建设的耀眼亮点和全校师生思想政治理论课实践教学的研习基地，还是省内外各级各类机构前来观摩学习的知名的开放式文化长廊。工作室还在教师和学生中培训了一批红色文化志愿讲解员，成立了“红一角”通讯社、“红一角”讲解队伍等学生组织。

3.组织了一系列“青马论坛”“思政讲坛”品牌活动

工作室常年开展“青马论坛”“思政讲坛”系列品牌活动。从创建至今，工作室总共开展了54期“青马论坛”和76期“思政讲坛”,组织学生及时学习讨论党的十九大精神、习近平总书记重要讲话精神、习近平新时代中国特色社会主义思想、党的十九届二中、三中、四中、五中全会精神，开展“四史”教育、百年党史专题学习教育活动，同时也制定了大学生自主学习计划，加强自学与朋辈教育氛围；“思政讲坛”邀请了北京大学博士生导师中共党史专家仝华，教育部长江学者特聘教授、湘潭大学哲学与历史文化学院院长李佑新等数十位知名专家学者前来讲学,与学生开展互动交流;2017年6月，组织师生朗诵马克思诗歌和经典原著活动，该活动被江西教育电视台、宜春广播电视台等媒体广泛报道；积极开展思政课“移动课堂”研学活动。2019年、2020年分别组织教师和青年马克思主义者先后赴远东福斯特新能源有限公司参观访问，切身体会现代企业的管理运行，赴新余参观罗坊会议纪念馆、傅抱石艺术馆、张春发故居等，融师生党建、思政实践于一体，集红色、绿色、古色于一色，这种校内校外实践交融研学模式令师生收获良多。

4.开展了一系列党的创新理论宣讲活动

工作室成员常年进行党的创新理论、形势与政策等系列宣讲活动，服务地方经济社会发展。“青马文化工作室”成员有的是宜春学院“博士宣讲团”成员，有的是宜春市委理论宣讲团成员，承担了党的十九大、十九届二中、三中、四中、五中全会精神、习近平新时代中国特色社会主义思想、习近平总书记重要讲话精神、“不忘初心、牢记使命”主题教育、“四史”教育、百年党史专题学习教育、宜春市“优环境 促发展大讨论”、“脱贫攻坚”主题教育等系列宣讲任务，常年赴宜春各县市机关、乡镇、社区、企业、学校等地进行宣讲。特别是2021年在迎接中国共产党成立100周年的特殊年份，工作室成员与宜春经开区非公有制企业对接，深入企业宣讲百年党史、开展一系列微党课活动，深受欢迎，为服务地方经济社会发展尽心尽力，产生了良好的社会效应。

5.策划了一系列主题实践活动

为纪念马克思诞辰200周年，2018年“青马文化工作室”在宜春学院全校范围内组织了纪念马克思诞辰的系列活动，包括征文、书抄《共产党宣言》全文大型书法创作活动、“我心中的马克思”美术创作活动以及纪念马克思诞辰文艺节目汇报演出等，聘请专家对学生作品进行评选，并颁发奖品证书，将学生作品推送到全国思政课教师中影响较大的“读读马原著”公众微信号上，还将活动成果汇编成作品集《马克思精神与新时代大学生——纪念马克思诞辰200周年系列活动成果集萃》，2019年由江西高校出版社结集出版，在校内外产生了较大的影响。2019年底，工作室还参与策划编创

《湘鄂赣苏区革命历史情景剧——赣水这边红一角》剧目，在全校范围内演出并获好评，为传承革命传统、传播红色文化作出重要贡献。2021年，为庆祝百年党建，工作室成员参与了“移动课堂”“党史金课”等专题系列摄制活动。

6.出版了一系列教学改革和科研成果

“青马文化工作室”工作室成员大力开展思政课教学改革，与时俱进策划和开展特色活动，成果积累丰厚。工作室成员坚持指导青马知行协会、知行班等团队的学生申报和开展大学生创新训练计划项目，进行国情社情调研，帮助一批学生骨干快速成长。多年来，工作室成员坚持进行分类教学、专题教学、实践教学改革探索，教学效果显著，每年将成果汇编成册并由江西人民出版社出版，作为系列教学辅导资料，受到同行好评。工作室成员获批几十项省部级以上课题，在人民出版社、中国社会科学出版社等机构出版著作十余部，多次召开赣西高校思政课教研联盟活动，构建了教学科研共同体，带动赣西高校思政课教学科研整体提升，充分发挥示范引领、集智创新、协同攻关、培根铸魂的功能。

四、特色及创新点

（1）以培育青年马克思主义者为主要任务，特色鲜明。“青马文化工作室”发动成立了两个青年马克思主义者学生组织，即“青年马克思主义者知行协会”和“青年马克思主义者知行班”。前者属于学校的社团组织，后者属于马克思主义学院的特色班级，成员来自全校各专业的学生。这两个组织均有自己指导老师、组织架构、徽标、会歌、学习活动规划、长期固定的学习活动场所，在师生共同努力下，成长了一大批青年马克思主义信仰者和传播者。

（2）整合校内外思政资源和红色资源协同攻关、集智创新、协同攻关、培根铸魂。“青马文化工作室”参与创建了马克思主义红色文化长廊（宜春学院红色文化教育教学基地），在教师和学生中培训了一批红色文化志愿讲解员，成立了“红一角”通讯社、“红一角”讲解队伍等学生组织，青马文化工作室师生与宜春市史志办等机构合作编著《湘鄂赣苏区红色故事选编》《湘鄂赣苏区红色歌谣选编》《宜春红色档案故事》等，用身边的红色资源开展党史学习教育。

（3）利用现代网络技术，结合新时代青年的成长特点，开展线上线下、课内课外相结合的教育实践活动。“青马文化工作室”有自己的微信公众号，组织了一系列“青马论坛”“思政论坛”活动，邀请数十位知名专家学者前来讲学交流；开展了一系列“四史”教育、党史学习教育、党的创新理论宣讲活动；策划了一系列主题实践活动，组织“纪念马克思诞辰200周年”“赣水这边红一角”等系列主题活动，编辑出版了系列活动作品集；大力开展思政课教学改革和社会实践活动。

五、实践效果、推广应用情况及校内外评价

（一）实践效果

“青马文化工作室”培养了一批坚定的青年马克思主义信仰者和传播者，在全校师生中产生了较大的影响，特别是在2020—2021年的全民抗疫中，他们以不同的方式发挥了表率作用。工作室成员还义务指导学生考研，许多学生在老师的影响下，跨专业考取马克思主义理论专业研究生，在读硕读博路上继续前行。

工作室参与创建的马克思主义红色文化长廊（宜春学院红色文化教育教学基地）已经接待了各级各类组织、团体达100余场次，加上各种实践教学、自主参观的学生，至少达10000人次，产生了良好的思想政治意识形态宣传与马克思主义理论教育传播效果。

工作室组织的一系列“青马论坛”“思政讲坛”活动、“四史”教育、党史学习教育、党的创新理论宣讲活动，常年深入宜春市企事业单位、学校、社区、乡村进行理论宣讲，服务地方经济社会发展，产生了良好的社会影响。

工作室开展思政课教学改革和特色活动，多次召开赣西高校思政课教研联盟活动，构建了教学科研共同体，带动赣西高校思政课教学科研整体提升。

（二）推广应用情况

“青马文化工作室”参与创建了马克思主义红色文化长廊（宜春学院红色文化教育教学基地），承担了校内外大量来自政府机关、企事业单位、科研院所、高校领导同行、学生到基地进行党史学习教育的接待任务，为学校师生、社会各界开辟了党史学习教育的新场所，成为宜春学院马克思主义学院的一张亮丽名片。

工作室团队成员参与宜春学院党史教员进企业的校企合作活动，深入宜春经济开发区，开展调查研究，了解企业诉求，为园区企业讲党课，并根据企业需求打造党史金课，梳理百年党史，展示党的成就，助推非公企业党建。这一校企合作、企业党史教员制度的做法被中央党史学习教育官网、人民网、“学习强国”平台等媒体关注报道，也被市委党史学习教育办公室作为典型案例推荐上报。

（三）校内外评价

宜春学院“青马文化工作室”有明确的创新目标、科学的管理制度、完善的设备设施、独立的活动场所，能定期开展学习实践活动，运作规范有序，得到了来自校内外的广泛赞誉。

工作室师生共同参与建设党史微课、金课。党史微课程通过在党史发生地讲述革命故事，缅怀革命先烈，弘扬红色文化，传承红色基因，赓续红色血脉，为新时代青年在实现中华民族伟大复兴的追梦路上提供坚定的理想信念力量。视频拍摄完成后，供全市党员干部、宜春经开区企业党员和宜春学院全体师生党员学习，助力“四史”学习教育，得到了地方干部群众的高度认可，对当地的红色名村建设、红色文化传播、红色旅游发展等方面起到了积极的促进作用，有助于促进地方经济发展。